직업기초능력평가

2022

고시넷 NCS

5대 발전회사

남동발전 중부발전
동서발전 서부발전
남부발전

기출예상모의고사

회사별 기출문제로 구성한 실전모의고사 6회 수록

gosinet
(주)고시넷

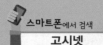

정오표 및 학습 질의 안내

정오표 확인 방법

고시넷은 오류 없는 책을 만들기 위해 최선을 다합니다. 그러나 편집에서 미처 잡지 못한 실수가 뒤늦게 나오는 경우가 있습니다. 고시넷은 이런 잘못을 바로잡기 위해 정오표를 실시간으로 제공합니다. 감사하는 마음으로 끝까지 책임을 다하겠습니다.

| 고시넷 홈페이지 접속 | > | 고시넷 출판-커뮤니티 | > | 정오표 |

🌐 www.gosinet.co.kr

 모바일폰에서 QR코드로 실시간 정오표를 확인할 수 있습니다.

학습 질의 안내

학습과 교재선택 관련 문의를 받습니다. 적절한 교재선택에 관한 조언이나 고시넷 교재 학습 중 의문 사항은 아래 주소로 메일을 주시면 성실히 답변드리겠습니다.

이메일주소 ✉ passgosi2004@hanmail.net

차례

 5대발전회사 필기시험 정복

- 구성과 활용
- 5대발전회사 채용정보 분석
- 5대발전회사 기출 유형 분석

파트 **1** 5대발전회사 기출예상모의고사

파트 **2** 인성검사

파트 **3** 면접가이드

책속의 책

파트 **1** 5대발전회사 기출예상모의고사 정답과 해설

구성과 활용

1 5대발전회사 소개 & 채용 절차

5대발전회사의 비전, 미션, 경영방침, 인재상 등을
수록하였으며 최근 채용 절차 및 지원자격 등을 쉽고
빠르게 확인할 수 있도록 구성하였습니다.

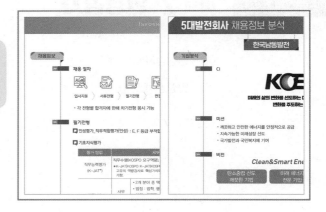

2 5대발전회사 기출 유형 분석

최근 기출문제 유형을 분석하여 최신 출제 경향을
한눈에 파악할 수 있도록 하였습니다.

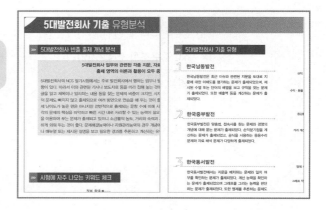

3 실제와 같은 기출예상문제로
실전 연습 & 실력 UP!!

5대발전회사의 기출예상문제로 자신의 실력을
점검하고 완벽한 실전 준비가 가능하도록
구성하였습니다.

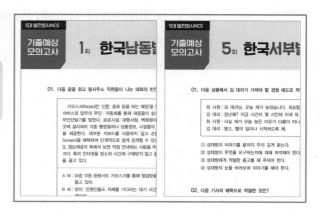

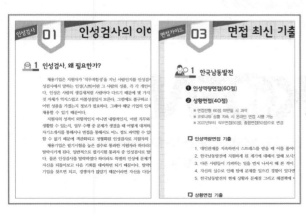

4 인성검사 & 면접으로 마무리까지 OK!!!

최근 채용 시험에서 점점 중시되고 있는 인성검사와
면접 질문들을 수록하여 마무리까지 완벽하게
대비할 수 있도록 하였습니다.

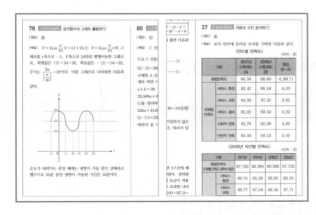

5 상세한 해설과 오답풀이가 수록된 정답과 해설

상세한 해설을 수록하였고 오답풀이 및 보충
사항들을 수록하여 문제풀이 과정에서의 학습
효과가 극대화될 수 있도록 구성하였습니다.

5대발전회사 채용정보 분석

한국남동발전

기업분석

>>> **CI**

KOEN

미래의 삶의 변화를 선도하는 대한민국 대표 에너지
변화를 주도하는 매개체

>>> **미션**

- 깨끗하고 안전한 에너지를 안정적으로 공급
- 지속가능한 미래성장 선도
- 국가발전과 국민복지에 기여

>>> **비전**

Clean&Smart Energy Leader

탄소중립 선도 깨끗한 기업	미래 에너지 전문 기업	국민이 신뢰하는 안전한 기업

>>> **핵심가치**

미래의 삶을 연결하는 변화의 스위치

>>> **인재상**

- 남다른 생각과 학습을 통해 새로운 기회를 만드는 학습형 인재
- 다양하고 소통하고 협업하는 개방형 인재
- 명확한 목표를 향해 스스로 행동하고 성과를 만들어내는 실행형 인재

채용정보

채용 절차

입사지원서접수   증빙서류   직무능력   면접전형   최종합격
& 서류전형   등록   검사

- 각 전형별 합격자에 한하여 다음 단계 지원 자격을 부여함.
- 채용 우대제도
  - 북한이탈주민 : 서류전형 5% 가점
  - 시간선택제 근로자(당사 재직자에 한함) : 서류전형 10% 가점
  - 저소득층, 다문화가정 : 서류전형 5% 가점

직무능력검사_2022년 공개채용

구분	공통영역	직렬별 영역
사무	의사소통능력, 자원관리능력, 문제해결능력	정보능력, 수리능력
기술		기술능력(전공문항*)

- 사무 : NCS 50문항/60분
- 기술 : NCS 30문항 + 기술능력(25문항)/60분
  *기술 분야의 전공문항은 관련 분야의 기사(대졸), 기능사(고졸) 수준으로 출제

면접전형_2022년 공개채용

직무면접
- 직군별 직무지식 및 회사관련 이해도 평가
- 1인당 15분 내외/50점

종합면접
- 인성 및 조직적합도 종합평가
- 1인당 15분 내외/50점

기업분석

>>> CI

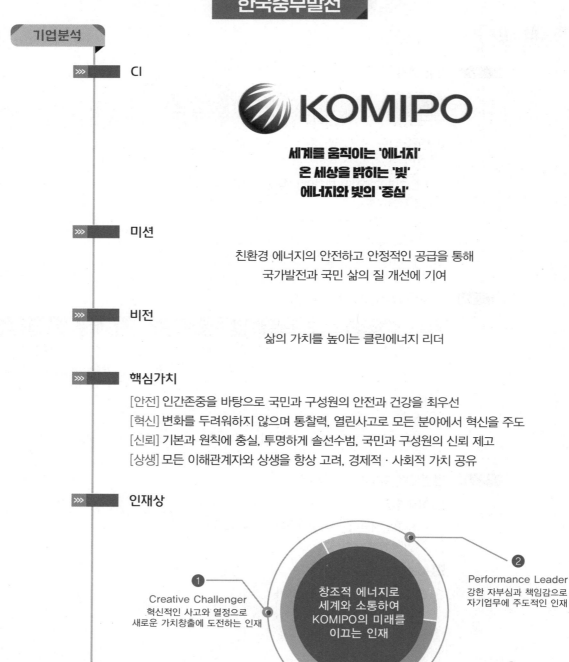

KOMIPO

세계를 움직이는 '에너지'
온 세상을 밝히는 '빛'
에너지와 빛의 '중심'

>>> 미션

친환경 에너지의 안전하고 안정적인 공급을 통해
국가발전과 국민 삶의 질 개선에 기여

>>> 비전

삶의 가치를 높이는 클린에너지 리더

>>> 핵심가치

[안전] 인간존중을 바탕으로 국민과 구성원의 안전과 건강을 최우선
[혁신] 변화를 두려워하지 않으며 통찰력, 열린사고로 모든 분야에서 혁신을 주도
[신뢰] 기본과 원칙에 충실, 투명하게 솔선수범, 국민과 구성원의 신뢰 제고
[상생] 모든 이해관계자와 상생을 항상 고려, 경제적·사회적 가치 공유

>>> 인재상

창조적 에너지로
세계와 소통하여
KOMIPO의 미래를
이끄는 인재

1 Creative Challenger
혁신적인 사고와 열정으로
새로운 가치창출에 도전하는 인재

2 Performance Leader
강한 자부심과 책임감으로
자기업무에 주도적인 인재

3 Global Communicator
상호 존중과 배려로
세계와 소통하는 인재

채용정보

채용 절차

| 입사지원서 접수 | 직무적합도 평가 | 직무능력 평가 | 1차, 2차 면접전형 | 최종합격 |

- 각 전형별 합격자에 한하여 다음 전형단계 응시 가능
- 전형단계별 합격자 결정시 40% 이상 득점(가점 제외)자로 제한함.

필기전형

직무적합도평가(인 · 적성검사)

구분	세부내용
검사방법	온라인검사
검사내용	회사 핵심가치 부합도 및 직업기초능력요소 중 인성검사
점수	C~D등급 부적합[전체 S~D(5단계) 등급]/부적합 대상 불합격

직무능력평가

한국사 및 직무지식평가[70문항/50점]			직업기초능력평가[80문항/50점]
직군	전공지식	공통영역	범위
사무	헌법, 민법, 행정법, 상법	한국사	의사소통, 조직이해, 자원관리, 수리
정보통신	정보처리, 정보통신, 정보보안기사		의사소통, 문제해결, 정보, 기술
발전화학	일반화학, 화공, 대기 및 수질환경기사		의사소통, 문제해결, 자원관리, 기술

＊한국사(10문항)/직군별 전공지식 : 50문항/직군별 직무상황 연계형 : 10문항

면접전형[심층면접]

구분	세부내용
1차 면접	• 직군별 직무역량평가/PT면접/토론면접 본인확인 : 1단계 전형(온라인 직무적합도평가) 평가결과 기준, 답변 일치율 70% 이상일 경우 합격(오차범위 초과 시 불합격)
2차 면접	• 인성면접 – 태도 및 인성부분 등 종합평가 – 점수반영 : 필기(20%)＋1차면접(30%)＋2차면접(50%)

한국동서발전

기업분석

CI

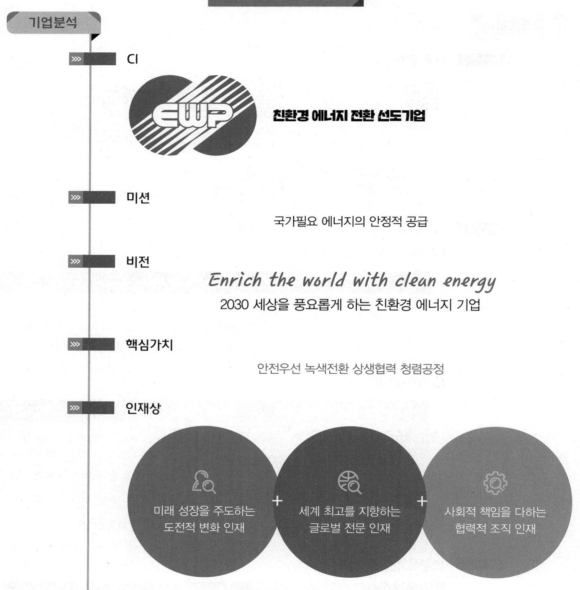

친환경 에너지 전환 선도기업

미션

국가필요 에너지의 안정적 공급

비전

Enrich the world with clean energy

2030 세상을 풍요롭게 하는 친환경 에너지 기업

핵심가치

안전우선 녹색전환 상생협력 청렴공정

인재상

미래 성장을 주도하는
도전적 변화 인재

+

세계 최고를 지향하는
글로벌 전문 인재

+

사회적 책임을 다하는
협력적 조직 인재

채용정보

채용 절차

서류전형

인성검사&
직업기초능력평가

1차 면접
[직무역량면접]

2차 면접
[인성면접]

최종합격

• 각 전형별 합격자에 한해 차기전형 응시 가능

필기전형

인성검사

검사 내용	검사 시간	검사 결과
회사 인재상, 직업윤리 등 지원자의 인성전반에 대한 검사	50분	2차 면접전형(인성면접) 시 참조자료로 활용

직업기초능력평가

평가 항목	문항 수	시험시간
의사소통능력, 수리능력, 문제해결능력	50문항	60분

직무수행능력평가

직군	전공	공통영역	문항 수	시험시간
사무	법학(헌법/민법/행정법/상법), 행정학, 경영학, 경제학, 회계학 등	한국사	50문항	50분
발전기계	재료/유체/열역학, 동력학 등 기계일반			
발전전기	전력공학, 전기기기, 회로/제어공학 등 전기일반			
화학	일반화학, 화학공학, 대기환경, 수질환경 등			
토목	응용역학, 측량학, 수리학 및 수문학, 철근 콘크리트 및 강구조, 토질 및 기초, 토목설계 및 시공학			
건축	건축계획, 건축시공, 건축구조, 건축설비, 건축관계법규, 건축시공실무 등			
IT	데이터베이스, 전자계산기 구조, 소프트웨어공학, 데이터통신, 정보통신시스템, 정보보안 일반 등			

면접전형[심층면접]

구분	세부내용
1차 면접 [직무역량면접]	• 직무수행능력 • 역량 및 상황분석력 • 의사소통 • 조직적응력 등 평가 • 직무구술면접(50점) • 직무PT토론면접(50점)
2차 면접 [인성면접]	인성 · 인재상 부합여부, 조직적합도 등 종합평가

5대발전회사 채용정보 분석

기업분석

>>> CI

모든 에너지의 근원인 태양의 활동 모티브로 푸른 하늘과 같이 힘차게 변화를 주도

>>> 미션

우리는 지속적인 혁신으로 안전하고 깨끗한 에너지를 만들어 사회 공공의 발전에 기여한다.

>>> 비전

새로운 시대를 여는 친환경 에너지 글로벌 리더

>>> 핵심가치

[최고를 향한 열정] 담대한 목표설정, 개인역량 극대화
[성장을 위한 도전] 적극적 변화선도, 창의적 대안 모색
[생명 · 안전의 존중] 생명 · 안전 등 사람 중심 가치를 실현
[상생을 통한 신뢰] 사회적 가치 창출 촉진자 역할강화

>>> 인재상

세계 최고를 지향하는 Global 인재

차별화된 글로벌 역량과 강한 리더십으로
세계 최고의 종합에너지 기업으로 성장을
추구하는 인재

상생의 조직문화를 구축하는 협력인재

신뢰를 바탕으로 서로 협력하여,
상생의 조직 문화를 구축하는 인재

변화를 주도하는 도전인재

열정과 도전정신으로 변화를 주도하고
혁신을 통해 미래를 개척하는 인재

가치를 창조하는 전문인재

전문성 확보를 통해 가치를 창조하고
경쟁력 향상에 기여하는 인재

채용정보

≫ 채용 절차

입사지원 〉 서류전형 〉 필기전형 〉 면접 〉 최종합격

• 각 전형별 합격자에 한해 차기전형 응시 가능

≫ 필기전형

🔲 직무지식평가

직군	전공(직군별 전공지식 50문항)	공통영역	문항 수	시험시간
사무(법정)	법학 개론, 행정학 원론	한국사 (10문항)	60문항	60분
사무(상경)	경영학 원론, 경제학 원론, 회계원리			
기계	재료역학, 기계열역학, 기계유체역학, 기계재료 등 일반기계기사 수준			
전기	전자기학, 전력공학, 전기기기, 회로이론 등 전기기사 수준			
ICT	디지털전자회로, 정보전송공학, 정보통신기기, 정보통신시스템, 전자계산기일반, 정보통신설비기준			
건축	건축계획, 건축시공, 건축구조, 건축설비, 건축관계법규, 건축시공실무 등			

🔲 직업기초능력평가

평가 항목	문항 수	시험시간
의사소통능력, 수리능력, 문제해결능력, 기술능력, 자원관리능력	50문항	60분

🔲 인성검사
- 필요역량과 성격유형 평가
- 평가 시간 : 20분

≫ 면접전형[심층면접]

🔲 역량구조화 면접
- 개별인터뷰(인성면접) : 60점
- 직무상황면접(그룹면접) : 40점

한국남부발전

기업분석

≫ CI

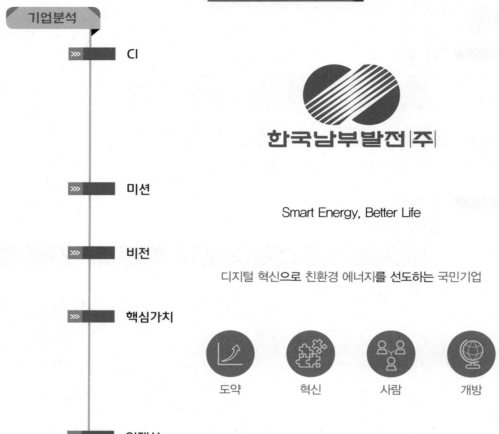

한국남부발전|주|

≫ 미션

Smart Energy, Better Life

≫ 비전

디지털 혁신으로 친환경 에너지를 선도하는 국민기업

≫ 핵심가치

도약 혁신 사람 개방

≫ 인재상

- 가치 창출에 앞장서는 실천인
- 디지털 혁신을 리드하는 도전인
- 상생과 협력을 추구하는 소통인

채용정보

채용 절차

입사지원 〉 서류전형 〉 필기전형 〉 면접 〉 최종합격

• 각 전형별 합격자에 한해 차기전형 응시 가능

필기전형

🗨 인성평가_직무적합평가(인성) : E, F 등급 부적합(A ~ F 등급)

🗨 기초지식평가

평가 방법	세부 내용		문항 수
직무능력평가 (K-JAT*)	직무수행(KOSPO 요구역량), 직업기초능력 ＊K-JAT[KOSPO K-JAT(KOSPO Job Aptitude Test)] : 남부발전 고유의 역량검사로 핵심가치와 연계된 KOSPO 필요역량을 평가함.		70문항
전공기초	사무	• 2개 분야 중 택1 • 법정 : 법학, 행정학 • 상경 : 경제학, 회계학, 경영학 ※ 출제수준 : 대학교 졸업 이상 수준	각 50문항
	기술	기계, 전기, 화학, 토목, 건축, ICT : 기사 수준	50문항
	한국사 · 영어		각 20문항

면접전형

🗨 역량면접

구분	세부내용
1차 면접 (300점)	• Presentation(100점) + Group Discussion(100점) + 실무역량(100점) • NCS직업기초능력 및 직무수행능력 검증 • 면접점수 합계 60% 미만은 불합격으로 판단하며 원 점수에 가점을 합산한 점수로 적용함.
2차 면접 (100점)	• 인성 및 조직적합성 평가 • 사전자기소개 영상 업로드(면접 참고자료로만 활용) ＊온라인면접 평가

5대발전회사 기출 유형분석

>> 5대발전회사 빈출 출제 개념 분석

5대발전회사 업무와 관련된 각종 지문, 자료에 대한 이해와 출제 영역의 이론과 활용이 모두 중요하다!

5대발전회사의 NCS 필기시험에서는 주로 발전회사에서 행하는 업무나 발전회사와 관련된 조사 자료가 출제되는 경향이 있다. 따라서 이와 관련된 기사나 보도자료 등을 미리 접해 놓는 것이 좋다. 의사소통능력에서는 제시된 기사나 글을 읽고 제목이나 일치하는 내용 등을 찾는 문제의 비중이 크지만, 사자성어, 맞춤법, 명제 추론 등 기본적인 유형의 문제도 빠지지 않고 출제되므로 여러 방면으로 연습을 해 두는 것이 좋다. 5대발전회사의 직업기초능력평가의 출제 난이도가 높은 편은 아니지만 전반적으로 출제되는 문항 수에 비해 시험 시간이 여유롭게 배정되지 않으므로, 각각의 문제의 핵심을 파악하고 빠른 시간 내로 처리할 수 있는 능력이 필요하다. 또한 수리능력의 경우, 기본적인 공식을 이용하여 푸는 문제가 출제되고 있으니 소금물의 농도, 거리와 속력과 시간, 순열과 조합 등의 간단한 공식은 철저하게 외워 두는 것이 좋다. 문제해결능력이나 자원관리능력의 경우 개념에 대해 질문하는 문제도 출제되지만 보고서나 매뉴얼 또는 제시된 설명을 보고 필요한 결과를 추론하고 계산하는 유형의 문제가 더 많은 비중으로 출제되었다.

>> 시험에 자주 나오는 키워드 체크

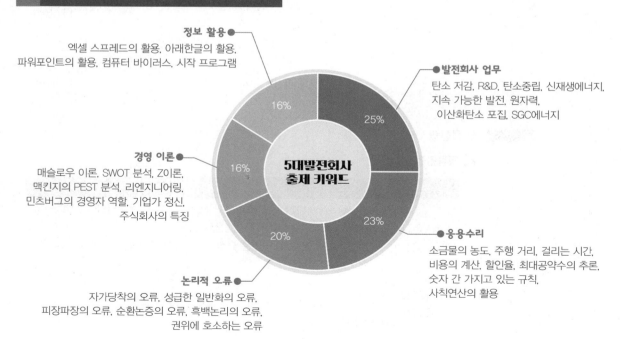

정보 활용
엑셀 스프레드의 활용, 아래한글의 활용,
파워포인트의 활용, 컴퓨터 바이러스, 시작 프로그램

발전회사 업무
탄소 저감, R&D, 탄소중립, 신재생에너지,
지속 가능한 발전, 원자력,
이산화탄소 포집, SGC에너지

경영 이론
매슬로우 이론, SWOT 분석, Z이론,
맥킨지의 PEST 분석, 리엔지니어링,
민츠버그의 경영자 역할, 기업가 정신,
주식회사의 특징

응용수리
소금물의 농도, 주행 거리, 걸리는 시간,
비용의 계산, 할인율, 최대공약수의 추론,
숫자 간 가지고 있는 규칙,
사칙연산의 활용

논리적 오류
자가당착의 오류, 성급한 일반화의 오류,
피장파장의 오류, 순환논증의 오류, 흑백논리의 오류,
권위에 호소하는 오류

5대발전회사
출제 키워드

16%
25%
16%
23%
20%

>>> 5대발전회사 기출 유형

1 한국남동발전

한국남동발전은 최근 이슈와 관련된 지문을 토대로 지문에 대한 이해도를 평가하는 문제가 출제되었으며, 제시된 수열 또는 단어의 배열을 보고 규칙을 찾는 문제가 출제되었다. 또한 매출액 등을 계산하는 문제가 출제되었다.

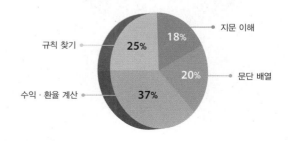

2 한국중부발전

한국중부발전은 맞춤법, 접속사를 찾는 문제와 경영의 개념에 대해 묻는 문제가 출제되었다. 손익분기점을 계산하는 문제가 출제되었고, 공식을 사용하는 응용수리 문제와 자료 해석 문제가 다양하게 출제되었다.

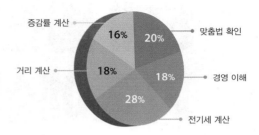

3 한국동서발전

한국동서발전에서는 지문을 배치하는 문제와 일치 여부를 확인하는 문제가 출제되었다. 계산 능력을 확인하는 문제가 출제되었으며 그래프를 그리는 능력을 판단하는 문제가 출제되었다. 또한 명제를 추론하는 문제도 출제되었다.

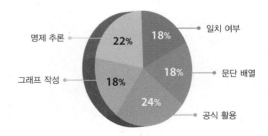

4 한국서부발전

한국서부발전에서는 지문의 제목을 찾는 문제와 문서를 이해해 적절히 적용하는 문제가 출제되었다. 증감률을 계산하는 문제가 출제되었고, 적절한 명제와 결론을 추론하는 문제가 출제되었다. 시간과 비용을 계산하는 문제와 벤치마킹을 묻는 문제가 출제되었다.

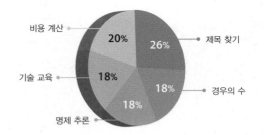

5 한국남부발전

한국남부발전에서는 속담을 찾는 문제, 문서의 종류를 구분하는 문제가 출제되었다. 자료의 해석 능력을 판단하는 문제가 다수 출제되었고 제시된 조건으로 일을 처리하는 문제가 출제되었다. 공문서를 해석하는 문제와 직장 내 예절에 대한 이해를 묻는 문제가 출제되었다.

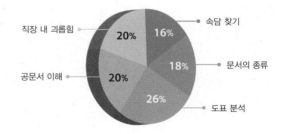

NCS
5대 발전회사 기출예상모의고사

NCS란? 산업 현장에서 직무를 수행하기 위해 요구되는 각종 지식, 기술, 태도 등의 내용을 국가가 체계화한 것을 의미한다.

5대 발전회사NCS 기출예상모의고사

유형분석 ≫

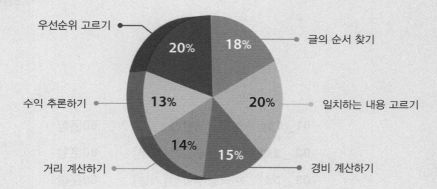

우선순위 고르기 — 20%

18% — 글의 순서 찾기

수익 추론하기 — 13%

20% — 일치하는 내용 고르기

거리 계산하기 — 14%

15% — 경비 계산하기

분석 ≫ 한국남동발전은 기존 의사소통능력, 문제해결능력, 자원관리능력 세 영역의 45문항에서 2022년에는 수리 능력과 정보능력을 더해 총 50문항으로 개정되었다. 최근 한국남동발전 기출의 의사소통영역에서는 주제를 찾는 문제와 글을 읽고 옳은 내용을 고르는 문제가 다수 출제되었다. 지문의 주제는 주택담보대출이나 건강보 험과 같은 최근 이슈가 대부분이었다. 문제해결능력에서는 단어를 규칙에 따라 배열한 다음 같은 규칙으로 배열된 형태를 찾는 문제가 출제되었다. 또한 여행 경비를 계산하고 시간을 추론하는 문제 등이 출제되었다. 자원관리능력에서는 수익과 매출액이 제시된 표를 제시한 다음 각각의 가중치를 적용해 우선순위를 고르는 문제나 환율을 계산하는 문제 등이 출제되었다.

한국남동발전

1회 기출예상모의고사

영역	총 문항 수
의사소통능력	
수리능력	
문제해결능력	50문항
자원관리능력	
정보능력	

- 수험번호 | _____
- 성   명 | _____

NCS란? 산업 현장에서 직무를 수행하기 위해 요구되는 각종 지식, 기술, 태도 등의 내용을 국가가 체계화한 것을 의미한다.

1회 한국남동발전

시험시간	60 분
문항수	50 문항

▶ 정답과 해설 2쪽

01. 다음 글을 읽고 동사무소 직원들이 나눈 대화의 빈칸에 들어갈 문장으로 알맞은 것은?

키오스크(Kiosk)란 '신문, 음료 등을 파는 매점'을 뜻하는 영어단어로, 정보통신에서는 정보서비스와 업무의 무인·자동화를 통해 대중들이 쉽게 이용할 수 있도록 공공장소에 설치한 무인단말기를 말한다. 공공시설, 대형서점, 백화점이나 전시장, 또는 공항이나 철도역 같은 곳에 설치되어 각종 행정절차나 상품정보, 시설물의 이용방법, 인근지역에 대한 관광정보 등을 제공한다. 대부분 키보드를 사용하지 않고 손을 화면에 접촉하는 터치스크린(Touch Screen)을 채택하여 단계적으로 쉽게 검색할 수 있다. 이용자 편의를 제공한다는 장점 외에도 정보제공자 쪽에서 보면 직접 안내하는 사람을 두지 않아도 되기 때문에 인력절감 효과가 크다. 특히 인터넷을 장소와 시간에 구애받지 않고 쓸 수 있는 인터넷 전용 키오스크가 관심을 끌고 있다.

A 씨 : 요즘 각종 증명서도 키오스크를 통해 발급받을 수 있어서 민원 업무 처리 직원이 줄어들고 있어.
B 씨 : 맞아. 민원인들도 차례를 기다리는 대기 시간이 짧아져서 키오스크 사용을 선호하는 편이야.
C 씨 : 하지만 (   )
D 씨 : 게다가 점자나 음성이 지원되지 않는 점 때문에 시각장애인들도 불편을 호소하고 있어. 이 문제점에 대한 개선이 필요해.

① 키오스크가 모든 사람을 대체하기에는 아직 기술적인 한계가 있어.
② 기술이 발달함에 따라 키오스크에서 발생할 수 있는 오류가 줄어들고 있어.
③ 중요한 업무 처리에서 키오스크 도입의 부작용에 대한 우려의 목소리도 나오고 있어.
④ 디지털 기기에 익숙하지 않은 일부 시민들은 키오스크 이용에 어려움을 느끼기도 해.

02. 다음은 로봇 개발 연구소 연구원들이 나눈 대화이다. 빈칸에 들어갈 말로 알맞은 것은?

> 인공지능(AI)는 1956년에 처음 등장한 단어로, 기계가 경험을 통해 학습하고 새로운 입력 내용에 따라 기존 지식을 조합하여 사람과 같은 방식으로 과제를 수행할 수 있도록 하는 것을 의미한다. 체스를 두는 컴퓨터에서부터 직접 운전을 하는 자동차 등 많은 분야와 관련이 있으며, 대량의 데이터를 처리하고 데이터에서 패턴을 인식함으로써 특정한 과제를 수행하도록 컴퓨터를 훈련시킬 수 있다.
>
> 표 사원 : 인공지능이 발전을 거듭할수록 일자리에 미칠 영향력에 대한 대중의 우려가 커지고 있어.
> 정 사원 : 그럴 만해. 우리나라 전체 일자리의 43%가 인공지능으로 대체될 가능성이 높은 고위험군이라 하더라고.
> 강 사원 : 하지만 요즘은 인구 감소의 문제와 맞물리면서 노동의 부족에 대한 걱정이 이만저만이 아니어서 인공지능 기술이 생산성 향상에 필연적이라는 의견도 만만치 않아.
> 유 사원 : (   )

① 또한, 인공지능의 발전이 오히려 새로운 일자리를 창출하는 경우도 많이 있다고 해.

② 맞아. 실제로 이러한 인구 감소 문제를 안고 있는 국가들은 인구 증대 방안이 매우 시급한 실정이야.

③ 실제로 과거엔 사무직, 생산직처럼 단순 반복적 직무만 로봇이 대체할 것이라 예상했지만, 지금은 전문직도 안전하지 않다는 인식이 점차 많아지고 있어.

④ 그래서 요즘에는 AI로봇 전문가, 생명정보 분석가, 의료정보 분석가, 닥터 셰프 등과 같은 인공지능이 대체하기 어려운 직업들이 향후 유망 직업으로 꼽히고 있어.

03. 이 대리가 다음 글을 읽고 작성한 목차로 적절한 것은?

> 발전소에서 근무하는 이 대리는 환경에 대한 글을 읽고 있다.

(중략)

이러한 식물이나 동물들이 대량으로 땅속에 묻혀 탄화 과정을 거치면 석탄이나 석유가 되는 것이다. 인류는 짧게는 수천만 년, 길게는 수억 년에 걸쳐 만들어진 석유와 석탄을 아주 짧은 시간에 써 버리고 있다. 화석연료가 급격히 감소하는 것도 문제이지만, 화석연료가 기후변화에 영향을 미쳐 지구온난화가 가속화되는 등 환경문제를 일으키는 것도 매우 심각하다. 지구환경을 감안해 2050년까지 온실가스 배출량을 현재의 절반으로 줄이려면 화석연료 사용량을 1900년 이전 수준으로 줄여야 한다.

결국 지속 가능한 에너지 생산과 소비를 위해서는 환경에 무해하고, 안전하면서도 재생이 가능한 에너지를 개발하는 데에 눈을 돌려야 한다. 그래서 오늘날 우리는 땅속에 갇힌 에너지가 아닌, 지구에서 실시간으로 만들어지는 에너지를 이용하려고 노력하고 있다. 거기에는 태양열과 태양광이 있으며, 수력, 풍력, 파력 등이 있다. 또한 밀물과 썰물에 의해 발생하는 조력, 땅속에서 발생하는 에너지를 이용하는 지열 등도 신재생에너지로 각광받고 있다. 이론상으로 전 세계의 사막에 6시간 내리쬐는 태양에너지를 모두 합하면 인류가 1년 동안 사용할 수 있는 에너지량이 된다. 하지만 자연에서 우리가 필요로 하는 에너지를 끄집어 내는 일은 결코 쉽지 않다.

유럽연합은 사하라 사막과 아라비아 반도의 여러 지역에 태양열 발전소를 설치한 후, 그 에너지를 유럽으로 가져오는 데저텍(Desertec : Desert+Technology) 프로젝트를 계획하고 있다. 2003년에 시작된 이 프로젝트가 완료되는 2050년이 되면 일반적인 원자력발전소 약 390개의 발전량과 맞먹는 엄청난 발전 용량을 갖추게 된다. 태양광발전이 아니라 태양열발전 방식이므로 환경조건이 좋은 곳에서는 낮 동안 저장한 열을 이용하여 밤에도 발전을 할 수 있을 것이다. 또한 냉각수로 사용한 바닷물을 증류하여 얻은 물로 농사를 짓는 방안도 모색하고 있다. 하지만 천문학적인 비용 문제와 기술적 장애가 있는 이 계획이 어떻게 실현될지는 미지수이다.

신재생에너지 중 세계 여러 나라에서 가장 많이 개발, 이용되고 있는 것이 풍력에너지이다. 독일, 미국, 에스파냐 등이 풍력 선진국이며, 이들 세 나라가 세계 풍력에너지 생산량의 50% 이상을 차지한다. 덴마크도 풍력에너지 개발에 힘쓰고 있다. 덴마크의 풍력발전은 세계 풍력에너지의 3% 이상을 차지하고 있으며, 덴마크 국내 전력 소비량의 20% 정도를 차지한다.

덴마크에는 세계에서 가장 큰 해상 풍력 단지인 혼스 레프 풍력 공원(Horns Ref Windmill Park)이 있다. 덴마크는 풍력발전소 건설 경험을 바탕으로 세계 풍력 산업 시장을 점유해 나가고 있다. 덴마크는 풍력발전을 넘어 생물체를 열분해시키거나 발효시켜 메테인·에탄올·수소와 같은 연료, 즉 바이오매스 에너지를 채취하는 방법 등을 연구해 탄소 배출 제로에도 도전하고 있다.

[04 ~ 05] 다음 글을 읽고 이어지는 질문에 답하시오.

기억체계의 구조는 1960년대 정보처리모형의 관점에 근거하여 여러 개의 기억저장고로 이루어진 것으로 보는 다중기억이론들이 제안되면서 세분화되고 체계화되었다. 다중기억 모형(Multi-store model of memory)에 의하면 기억은 감각기억, 단기기억, 장기기억으로 구조화되어 있다. 이 중 단기기억은 감각 기억을 통해 받아들인 제한된 용량의 정보를 일시적으로 저장해 두는 기능을 하고, 이 정보가 되뇌어지고(Rehearsal) 나면 장기기억이 된다.

시간이 흘러 1980년대 이후, 심리학자 앨런 배들리가 작업기억이라는 개념을 제시하였다. 그가 제안한 작업기억이란 단순히 정보를 저장하는 수동적인 개념이 아니라 일시적으로 정보를 저장하고 그것을 조작하거나 통합하는 역동적인 작업이 포함된 기억의 개념이다. 들어온 정보가 일시적으로 머무르는 것이기 때문에 단기기억과 유사한 부분이 있지만 작업기억은 단기기억과 달리 기억체계가 정보를 저장하고 그것을 조작하거나 통합한다는 능동성이 더 강조된 개념임을 가정하고 있다. 이처럼 작업기억 이론은 기억내용에 대한 인지적 작업이 발생하기 때문에 단기기억을 확장하고 기억의 기능을 세분화한 것으로 볼 수 있다.

앨런 배들리는 최초의 작업기억의 기억 요소로 ㉠ 중앙집행장치, 시공간잡기장, 음운고리로 구성하였고, 2000년대에 들어서는 ㉡ 일회적완충기가 하위 요소로 주기억장치에 추가되었다. 각 하위 요소들은 위계적으로 구조화되어 있다. 시공간잡기장은 시각적 정보를 부호화*한다. 일회적완충기는 시공간잡기장, 음운고리, 중앙관리자로부터 정보를 모으고 통합하는 임시저장소 역할을 하며, 이전의 경험들을 해석하고 새로운 문제를 해결하며 미래 활동을 계획하기 위해 정보를 능동적으로 조작하는 역할을 한다. 중앙집행장치는 음운고리와 시공간잡기장 그리고 일회적 완충기의 정보들을 통합하고 어느 것에 얼마나 주의를 기울여야 하고 또 어떤 것을 무시해야 하는지를 결정한다는 점에서 앞서 언급한 세 가지 요소들의 상위에 위치한다. 중앙집행장치는 불필요한 정보를 억압함으로써 통제자의 역할을 하며 문제해결을 위한 전략을 선택하게 하고 판단과정을 처리하지만 정보를 저장하지는 않는다.

* 부호화 : 나중에 필요할 때에 잘 기억해 낼 수 있는 형태로 기억하는 과정

04. 다음 중 윗글의 내용과 일치하지 않는 것은?

① 작업기억의 하위 요소들은 병렬적으로 구성되어 있지 않다.

② 되뇌어지는 과정을 충분히 거치지 않으면 단기기억은 장기기억이 될 수 없다.

③ 단기기억은 작업기억보다 기억 체계의 수동적 측면이 더 많이 강조된 개념이다.

④ 최초의 작업기억의 기억 요소는 중앙집행장치, 시공간잡기장, 음운고리이다.

05. 윗글의 ㉠과 ㉡에 대한 설명으로 옳지 않은 것은?

① ㉠은 ㉡의 기능을 통제하는 역할을 한다.

② ㉠의 기능이 손상되면 기억 저장에 어려움을 겪는다.

③ 작업기억 모형에서 ㉡이 ㉠보다 비교적 더 최근에 등장한 개념이다.

④ ㉡의 기능이 손상되면 앞으로 할 일을 계획하는 데에 어려움을 겪을 수 있다.

06. 다음 글을 읽고 추론할 수 있는 내용으로 적절하지 않은 것은?

> 언택트란 콘택트(contact, 접촉)에 부정의 접두사 '언(un)'을 붙인 신조어로 접촉을 아예 차단하거나 최소화한 서비스를 말한다. 이러한 추세는 직원과 직접 마주치지 않고 주문을 해야 한다는 요구와 맞아떨어지는 결과이다.
>
> 언택트 서비스를 선호하는 이유는 타인과의 관계에서 오는 피로감 때문이다. 2017년 설문 조사 결과에서도 응답자의 절반 가까이 "인간관계에 피곤함을 느낀다(49.1%)"라고 응답하며 개인적인 시간을 보장받고 싶어 하는 것으로 나타났다. 덕분에 언택트 서비스 업체들은 하루가 다르게 매출이 오르고 있다. A 카드가 지난 7월 내놓은 가맹점 이용 데이터 분석 결과를 보면 2017년 1월부터 올해 5월까지 2년간 언택트 서비스 가맹점 매출은 67억에서 359억으로 5배 이상 상승했다.
>
> 화장품 업계에서도 언택트 서비스를 적극적으로 활용하고 있다. 한 화장품 회사는 신제품 립스틱 리뷰 영상을 만들고, 여기에 AR 기술을 접목해 시청자가 립스틱을 바른 스스로의 모습을 볼 수 있게 했다. 셀카 형식으로 휴대폰 화면을 보며 경험하는 가상 체험이다. 하단에는 해당 립스틱을 온라인 몰에서 바로 살 수 있도록 연결하는 버튼들 두고 구매로 자연스럽게 연결하고 있다. 이 기술은 지난 6월 칸 국제 광고제에서 구글이 처음 선보인 것으로, 이 기업은 두 달 만에 이를 적용한 서비스를 만들어 미국에 이어 두 번째로 한국에 소개했다. 언택트 서비스의 예는 또 있다. 택시를 잡을 땐 모바일 앱을 이용한다. 패스트푸드점이나 분식집에선 키오스크를 통해 주문하는 일이 흔해졌다. 카페에 도착하기 전 앱으로 커피를 주문·결제하고(스타벅스 사이렌오더), 모바일 앱으로 빨래를 신청한 뒤 현관문 앞에 내놓기만 하면 하루이틀만에 보송한 옷을 받을 수 있다.
>
> 은행권에서도 역시 언택트 서비스를 제공하는 움직임이 활발하다. 영업점 방문이 줄어들고 스마트폰 등 비대면 제품을 통해 은행의 많은 서비스를 이용할 수 있다. 고객과 관련된 빅데이터를 활용한 소비자 만족 상품이 등장하여 소비자에게 적합한 상품을 추천하고 상품별 수익률을 한눈에 비교할 수 있도록 하는 등 고객만족도를 높이고 있다.
>
> 언택트 서비스는 소비자와 회사 모두가 선호하는 추세지만 부작용 역시 존재한다. 비대면 서비스가 증가하면 근로자가 줄어들 수밖에 없기 때문이다. 패스트푸드점과 분식점의 키오스크가 설치되면서 주문을 받는 근로자 수가 줄어들고 있다. 소비의 트렌드로 인해 다가올 비대면 서비스 문제점의 대책이 필요하다.

① 언택트 서비스의 증가로 비대면 디지털 격차 심화의 부작용이 발생할 수 있다.

② 언택트 기술의 발전은 고용시장뿐만 아니라 산업경제 구조의 변화를 가져올 수 있다.

③ 언택트 서비스의 등장은 AR 기술 등 4차 기술혁신의 계기가 될 수 있다.

④ 언택트 서비스 유행에는 사람과 접촉함에 따른 감정적 소모를 불편해하는 사람들의 심리가 반영되어 있다.

1회 한국남동발전

2회 한국중부발전[사]

3회 한국중부발전[기술]

4회 한국동서발전

5회 한국서부발전

6회 한국남부발전

인성검사

면접가이드

[07 ~ 08] 다음 글을 읽고 이어지는 질문에 답하시오.

삼단논법이란 전통적 형식논리학에서 대표적인 간접추리논법으로 아리스토텔레스가 그 이론적 기초를 이루었으며, 2개의 전제와 1개의 결론으로 형성된다. 삼단논법은 그 전제의 성격에 따라 정언삼단논법, 가언삼단논법, 선언삼단논법으로 구분되는데 가장 중요한 것이 정언삼단논법이다.

일반적으로 정언삼단논법을 삼단논법이라고 이야기하며 정언삼단논법이란 "A는 B이다(대전제)", "C는 A이다(소전제)", "따라서 C는 B이다(결론)"라고 하는 논법이다. 여기서 결론은 C와 B의 관계를 말하며 대전제는 A과 B의 관계, 소전제는 C와 A의 관계를 말한다. 이것이 전통적 논리학에서 전형적인 추론법이며 정언삼단논법이라고 한다. 가언삼단논법은 "만일 A라면 B이다", "A이다", "그러므로 B다"라는 형식을 취하는 논법이다. 선언삼단논법은 "A 또는 B이다", "A는 아니다", "그러므로 B다"라는 형식을 취하는 논법이다. 그러나 가언삼단논법과 선언삼단논법은 결국 정언삼단논법에 귀착한다는 것이 전통논리학의 입장이다.

그러나 현대논리학의 입장에서 볼 때, 모든 논증을 정언삼단논법으로 분석하려는 전통논리학의 방식은 불충분하고 부정확하다고 주장한다. 그래서 현대에 부합된 논증형식을 새롭게 분류한 여러 가지 새로운 이론체계가 생기게 되었다. 형식논리학에서 삼단논법에 관계되는 명제의 종별에 의하여 순수삼단논법, 혼합삼단논법 등으로 나눈다. 3개의 명제가 모두 같은 유(類)의 것을 순수삼단논법이라고 하며, 명제의 내용이 상이한 경우 이를 혼합삼단논법이라고 한다. 혼합삼단논법을 다시 혼합가언적 삼단논법, 혼합선언적 삼단논법 및 양도삼단논법으로 분류한다. 또한 두 전제나 결론의 어느 하나를 줄인 것을 생략삼단논법·귀납삼단논법이라고 한다.

07. 윗글을 읽은 사람들의 반응 중 적절하지 않은 것은?

① 아리 : 현대논리학에서는 전통적 형식논리학의 한계가 있다고 보는구나.

② 미수 : 우리가 흔히 알고 있는 삼단논법은 정언삼단논법을 말하는 거구나.

③ 수미 : 전통논리학에 따르면 모든 삼단논법은 다 정언삼단논법에 귀착하는구나.

④ 유진 : 아리스토텔레스로부터 비롯된 삼단논법은 2개의 대전제와 1개의 결론으로 형성되는구나.

08. 윗글을 바탕으로 할 때, 정언삼단논법에 대한 예시로 옳은 것은?

① 유리 : 어떤 정치가는 철학자고 모든 국회의원은 정치가니까 어떤 국회의원은 철학자야.

② 태연 : 사자는 포유동물이야. 그리고 사자는 육식동물이기도 하니까 육식동물은 포유동물이야.

③ 미연 : 동물은 모두 죽는데 내 애완견 미미는 동물이니까 언젠가 미미는 죽을 거야.

④ 현정 : 모든 소설가는 예술가야. 그런데 모든 물리학자는 소설가가 아니니까 예술가가 아니야.

[09 ~ 10] 다음 글을 읽고 이어지는 질문에 답하시오.

언론의 체제와 그에 대한 통제방식 등에 관한 이론으로서 미국의 언론학자인 시버트(F. Siebert), 피터슨(T. Peterson), 슈람(W. Schramm)등이 4이론으로 A 이론, B 이론, C 이론, D 이론을 분류하였다.

A 이론은 매스 미디어의 기능은 정치권력 구조에 의해 결정되고, 수행되는 정부의 정책을 지지하고 발전시키는 것이라고 주장한다. 이 이론은 오늘날 비공산 독재정권의 언론제도에 적용되고 있으며, 라틴 아메리카 제국에서 행해진다. 이 이론에서 미디어는 국가나 정부로부터 허가를 받은 사람만 운영할 수 있으며, 정부의 정책에 대한 비판은 금지되어 있으며, 언론은 정부의 입장에서 알아야 한다고 생각하는 내용만 수용자들에게 전달하기 위해 언론을 이용하였다.

반면에 B 이론은 A의 언론 통제에 반해 발생한 이론으로 계몽주의, 이성주의 이론, 그리고 천부적 인권론에 기반한다. 이 이론은 17 ~ 18세기에 유럽에서 태동하여 미국에서 활성화되었으며 이 이론은 밀턴, 로크, 제퍼슨, 밀 등에 의해 확립되었다. A 이론과는 달리 B 이론에서는 개인은 언론에서 제공하는 정보에 관하여 무엇이 옳고, 무엇이 진실인가를 판별할 수 있는 능력을 지니고 있다는 것을 전제로 하고 있으며 따라서 언론은 정부로부터 아무런 제약 없이 '자유로운 사상의 시장'으로서의 역할을 해야 한다고 주장하였다.

C 이론은 언론의 4이론 중 가장 최근에 대두된 이론으로, 20세기 미국에서 발전하였다. 이 이론의 핵심은 언론은 정부로부터 자유로우면서도 국민에 대해서는 책임을 져야 한다는 것이다. 언론은 자유사회가 필요로 하는 다양하고 질 좋은 정보와 논의를 제공하는 책임이 있으며 공동체의 이론과 수용자들에 의해 통제되어야 한다고 보았다. 20세기 들어 B 이론에서처럼 언론이 사상의 자유 시장으로 기능해서 정부로부터는 자유로워야 하며 국민에 대해서는 책임감을 지녀야 한다고 주장하였다.

D 이론은 과거 소련 및 동구권 국가들의 매스 미디어가 공산주의 개념을 수용하고 당이 소유하였으며 당 산하기관으로 운영되어야 한다고 주장하였다. 언론은 정권을 유지하기 위한 정부의 필요에 따라 운영되었으며 당에 엄격한 통제를 받았다. B 이론에서는 수용자들을 자립적인 존재로 보지만, D 이론에서는 수용자들은 감독자와 같은 지도가 필요한 존재로 여겼다. 자본가 계급이 언론을 소유하는 한 언론의 자유는 창달될 수 없기 때문에 D 이론에서는 언론을 국유화하거나 당의 엄격한 통제 아래 두어야 한다고 주장하였다.

09. 다음 〈보기〉는 윗글의 A ~ D 4이론 중 어떤 이론에 해당하는가?

인간은 지도받고 명령받는 예속적 존재가 아니라 진실과 허위, 좋은 것과 나쁜 것을 구분할 수 있는 이성적 존재이다. 또한 진리는 이제 권력의 전유물이 아니며 진리를 탐구하는 권리는 인간이 갖는 기본적인 권리 중 하나이다.

－중략－

권리가 보장되기 위해서는 인간은 아무런 제약 없이 다른 사람의 사상이나 사고에 접근할 수 있어야 한다. 바로 여기에서 언론매체는 단순한 정부의 도구가 아니라 진리탐구의 협력자로 간주된다.

① A 이론
② B 이론
③ C 이론
④ D 이론

10. 윗글의 내용에 대한 설명으로 옳은 것은?

① D 이론은 수용자들을 감독자의 지도 대상으로 본다는 점에서 A 이론과 거리가 있다.

② A 이론과 B 이론은 언론이 지배자들의 입장을 일방적으로 전달하는 권력의 도구로 본다.

③ B 이론과 C 이론은 언론이 정부의 명령으로부터 자유로워야 하나, 언론의 역할을 수행하기 위해서는 자발적 노력이 필요하다고 본다.

④ C 이론은 언론의 4이론 중 가장 최근에 대두된 이론으로 정부 권력으로부터의 언론의 자유와 언론의 사회적 책임을 강조한다.

11. 김 대리는 281km 떨어진 곳으로 출장을 다녀오려고 한다. 현재 김 대리의 자동차에는 0.5L의 기름이 남아 있고, 김 대리의 자동차는 1km를 가는데 0.07L의 기름을 소비하며, 주유 금액은 1L당 1,325원이다. 주유는 1L 단위로 주유한다고 할 때, 김 대리가 출장을 다녀오기 위해 주유할 최소 금액은?

① 49,025원   ② 50,350원

③ 51,675원   ④ 53,000원

12. 한 프로젝트가 성공했을 때 다음 프로젝트도 성공할 확률이 $\dfrac{2}{3}$, 프로젝트가 실패했을 때 다음 프로젝트도 실패할 확률이 $\dfrac{2}{5}$인 사원이 있다. 이 사원의 첫 번째 프로젝트가 성공했을 때, 네 번째 프로젝트가 실패할 확률은?

① $\dfrac{233}{675}$ ② $\dfrac{237}{675}$

③ $\dfrac{241}{675}$ ④ $\dfrac{49}{135}$

13. 김지원 씨는 10만 원으로 4,000원짜리 쿠키와 6,000원짜리 커피를 총 21개 구매하였다. 김 씨가 구매한 쿠키의 개수는? (단, 남은 금액은 없다)

① 8개   ② 10개

③ 13개   ④ 16개

14. A 씨는 출퇴근을 위해 하루에 두 번 자전거를 대여한다. A 씨의 집에서 회사까지의 거리는 30km이고 자전거 대여 요금은 다음과 같을 때, A 씨가 하루에 지불해야 하는 금액은? (단, A 씨는 출퇴근 시 자전거를 15km/h의 속력으로 타고 간다)

기본요금(30분)	1,000원
추가요금	10분당 400원

① 9,000원 ② 9,200원

③ 9,400원 ④ 9,600원

15. 다음은 A 회사의 드라이기와 청소기 중 적어도 한 가지 제품을 사용하고 있는 60명의 고객을 대상으로 진행한 설문 조사이다. 조사 결과 60명의 응답자 중 1-1번 항목에 '① 예'라고 답한 고객은 45명, 1-2번 항목에 '① 예'라고 답한 고객은 30명이었다면, A 회사의 드라이기와 청소기를 모두 사용하고 있는 고객은 몇 명인가?

〈설문 조사지〉

1. 다음은 A사 제품 보유와 관련된 질문입니다.

1-1) A사의 드라이기 제품을 사용하고 계십니까?

　① 예　　② 아니오

1-2) A사의 청소기 제품을 사용하고 계십니까?

　① 예　　② 아니오

---

① 10명 ② 12명

③ 15명 ④ 18명

16. 다음은 어느 지역의 연도별 고용률 및 인구 현황에 대한 자료이다. 이를 참고할 때 취업률이 높은 순서대로 바르게 나열한 것은? (단, 인구 계산 시 소수점 이하는 버린다)

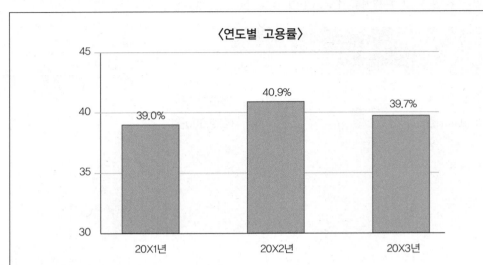

〈연도별 고용률〉

※ 고용률은 소수점 아래 둘째 자리에서 반올림한 값임.

〈연도별 인구 현황〉

(단위 : 천 명)

구분	20X1년	20X2년	20X3년
취업자 수	2,790	3,400	2,830
비경제활동인구	2,780	3,200	3,000

※ 취업률 = $\dfrac{\text{취업자 수}}{\text{경제활동인구}} \times 100$

※ 고용률 = $\dfrac{\text{취업자 수}}{\text{15세 이상 인구}} \times 100$

※ 경제활동인구 = 취업자 수 + 실업자 수

※ 15세 이상 인구 = 경제활동인구 + 비경제활동인구

① 20X2년 > 20X1년 > 20X3년

② 20X2년 > 20X3년 > 20X1년

③ 20X3년 > 20X1년 > 20X2년

④ 20X3년 > 20X2년 > 20X1년

17. 다음은 시도별 1인당 자동차 등록대수와 총 자동차 등록대수를 나타낸 표이다. 200X년 제주 특별자치도의 인구가 604,128명이라고 할 때, 자료에 대한 해석으로 적절하지 않은 것은?

〈200X년, 201X년 자동차 등록대수〉

(단위 : 대)

구분	200X년		201X년	
	1인당 자동차 등록대수	총 자동차 등록대수	1인당 자동차 등록대수	총 자동차 등록대수
서울특별시	0.3	2,954,704	0.3	3,124,157
부산광역시	0.3	1,116,719	0.4	1,395,183
대구광역시	0.4	909,222	0.5	1,190,154
인천광역시	0.3	895,818	0.6	1,635,323
광주광역시	0.3	494,460	0.5	676,281
대전광역시	0.4	553,857	0.5	673,899
울산광역시	0.4	427,610	0.5	565,639
세종특별자치시	–	–	0.5	163,339
경기도	0.4	4,014,392	0.4	5,765,692
강원도	0.4	587,707	0.5	782,700
충청북도	0.4	591,478	0.5	837,602
충청남도	0.4	796,918	0.5	1,118,117
전라북도	0.4	683,103	0.5	929,061
전라남도	0.4	686,384	0.6	1,056,239
경상북도	0.4	1,067,507	0.5	1,446,262
경상남도	0.4	1,303,680	0.5	1,721,503
제주특별자치도	0.4	(가)	0.9	596,215

① (가)에 들어갈 수치는 362,477이다.

② 201X년 강원도의 인구는 1,565,400명이다.

③ 200X년 대비 201X년에 자동차 등록대수가 백만 대 이상 증가한 곳은 한 곳뿐이다.

④ 200X년 대비 201X년에 1인당 자동차 등록대수가 가장 많이 증가한 곳은 제주도이다.

18. 다음은 20X0 ~ 20X6년 신재생에너지 생산량과 20X3 ~ 20X6년 에너지원별 신재생에너지 생산량에 관한 자료이다. 이에 대한 설명으로 옳은 것을 〈보기〉에서 모두 고르면?

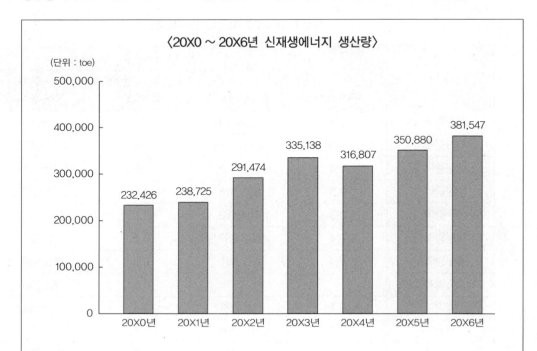

〈20X0 ~ 20X6년 신재생에너지 생산량〉

(단위 : toe)

〈20X3 ~ 20X6년 에너지원별 신재생에너지 생산량〉

(단위 : toe)

구분	20X3년	20X4년	20X5년	20X6년
폐기물	177,290	168,614	168,115	172,088
바이오	94,097	79,517	77,003	97,562
연료전지	36,965	38,137	69,689	68,432
태양광	16,676	19,355	23,663	29,072
지열	8,790	9,906	11,270	13,334
태양열	976	920	836	775
수력	301	315	258	236
풍력	43	43	46	48
합계	335,138	316,807	350,880	381,547

1회 한국남동발전

2회 한국중부발전[서류]

3회 한국중부발전[기술]

4회 한국동서발전

5회 한국서부발전

6회 한국남부발전

인성검사

면접가이드

보기

ㄱ. 20X4년부터 20X6년까지 매년 5개 이상의 에너지원에서 전년 대비 신재생에너지의 생산량이 증가하였다.

ㄴ. 20X4년부터 20X6년까지 풍력에너지 생산량의 비율은 근소하게 감소하였다.

ㄷ. 20X3년부터 20X6년까지 매년 생산량 상위 4개의 신재생에너지가 차지하는 비율은 95% 이상이다.

ㄹ. 20X3년 대비 20X5년 연료전지와 태양광의 생산량은 각각 60% 이상 증가하였다.

① ㄱ, ㄷ   ② ㄴ, ㄷ

③ ㄴ, ㄹ   ④ ㄷ, ㄹ

19. ○○공사의 영업팀에는 8명의 여자와 12명의 남자가 근무하고 있다. 이 중에서 출장을 갈 2명을 뽑는다고 할 때, 뽑힌 사람이 모두 남자일 확률은? (단, 소수점 아래 둘째 자리에서 반올림한다)

① 14.7%   ② 26.7%

③ 34.7%   ④ 44.4%

20. 다음은 연도별 전력수급실적을 나타낸 표이다. 이에 대한 설명으로 옳은 것은?

〈전력수급실적〉

(단위 : MW, %)

구분	설비용량	공급능력	최대전력	최대전력 발생일	평균전력	설비 예비율	공급 예비율
20X1년	81,808	79,972	75,987	12.26.(수)	58,012	7.7	5.2
20X2년	82,296	80,713	76,522	1.3.(목)	59,035	7.5	5.5
20X3년	93,216	89,357	80,153	12.17.(수)	59,586	(가)	11.5
20X4년	94,102	87,926	78,790	2.9.(월)	60,284	19.4	11.6
20X5년	100,180	92,395	85,183	8.12.(금)	61,694	17.6	(나)
20X6년	116,657	96,095	85,133	12.12.(화)	63,188	37.0	12.9
20X7년	117,205	99,570	92,478	7.24.(화)	65,142	26.7	7.7

※ 설비예비율(%)= $\dfrac{설비용량-최대전력}{최대전력} \times 100$

※ 공급예비율(%)= $\dfrac{공급용량-최대전력}{최대전력} \times 100$

① (가)는 10% 이하이다.

② (나)는 10% 이상이다.

③ 평균전력은 매년 증가하였다.

④ 설비용량과 공급능력은 매년 증가하였다.

21. 다음 단어들과 같은 규칙으로 배치된 것은?

	음식점	
국자		접시
	냄비	

①

	도서관	
문구점		서점
	학교	

②

	공사장	
철근		안전모
	안전화	

③

	우체국	
우신국		택배
	우편물	

④

	은행	
나무		대출
	예금	

22. 다음 단어들과 같은 규칙으로 배치된 것은?

입원		병
	질병	
우환		퇴원

①

책상		선생님
	학교	
학생		책

②

봄		가을
	계절	
단풍		개나리

③

당선		선정
	선거	
선발		낙선

④

까마귀		독수리
	새	
비둘기		참새

[23 ~ 24] 다음 규칙에 따라 A, B에 들어갈 단어를 고르시오.

23.

① 수정, 정정　　　　　　　　② 개수, 개환

③ 발선, 출선　　　　　　　　④ 개량, 개악

24.

① 장구, 베이스　　　　　　　② 하프, 비올라

③ 기타, 꽹과리　　　　　　　④ 단소, 플루트

25. 다음 내용이 모두 참일 때, 반드시 참인 명제는?

> • 출장을 가면 야근을 한다.
> • 자료 수집을 하지 않으면 프레젠테이션 준비를 한다.
> • 야근을 하면 자료 수집을 한다.
> • 출장을 가지 않으면 통계분석을 한다.

① 자료 수집을 하지 않으면 출장을 가지 않는다.

② 출장을 가면 프레젠테이션 준비를 하지 않는다.

③ 통계분석을 하지 않으면 자료 수집을 하지 않는다.

④ 프레젠테이션 준비를 하지 않으면 야근을 하지 않는다.

[26 ~ 27] 다음의 제시 상황을 보고 이어지는 질문에 답하시오.

P 기업의 총무부에서 일하는 K는 사내 기숙사를 관리하는 업무를 담당하고 있다.

〈사내 기숙사에 관한 다음 사항을 알려 드립니다.〉

1. 사내 기숙사 관리
   기숙사 건물의 시설물 관리는 시설관리팀에서, 운영은 총무팀에서 맡습니다.

2. 사내 기숙사 이용기간
   20X9년 9월 1일부터 12월 31일까지

3. 사내 기숙사 입주 자격
   ① 본사의 직원으로 1년 이상 근무하였거나, 신입의 경우 1년 이상의 계약을 한 경우 입주할 수 있습니다.
   ② 주소지가 회사 소재지(서울)에 해당하는 자는 입주 자격에서 제외됩니다.

4. 사내 기숙사 입주 순위 결정
   ① 입주 신청자가 많을 경우에는 다음과 같은 순서로 우선순위를 결정합니다.
      ⅰ) 나이가 많은 순서
      ⅱ) 본 기숙사 거주 경험이 짧은 순서
   ② 입주 신청자가 적어 기숙사의 여유가 있을 때에는 기숙사 입주 자격에 해당하지 않는 임직원도 입주가 가능합니다.

5. 사내 기숙사 신청 기간 및 방법
   ① 신청 기간 : 20X9년 8월 30일 금요일까지
   ② 신청 방법 : 입주신청서, 서약서, MMR 접종 증명서(1, 2차) 원본, 흉부 X선 진단서(2개월 이내)를 총무부에 제출합니다.
      * MMR 접종 증명서와 흉부 X선 진단서가 누락된 경우, 입사 후 제출이 가능합니다.

6. 사내 기숙사 입주자의 의무 및 책임
   ① 다음 사항은 엄격하게 금지되며, 두 번 이상 적발된 경우 기숙사 신청 자격을 박탈당할 수 있습니다.
      ⅰ) 타인에게 출입증을 양도 혹은 대여하는 경우
      ⅱ) 기숙사실 내에서 흡연, 도박, 폭행을 한 경우
      ⅲ) 회사가 입주를 허가하지 않은 자와 동거를 한 경우
   ② 시설물을 고의 또는 과실로 분실 또는 훼손하는 경우, 실비로 이를 변상해야 합니다.
   ③ 기숙사의 시설물 및 운영을 관리하는 책임자의 지시에 협조를 해야합니다.

7. 입주의 제한
   신청자는 다음과 같은 경우에 입주가 제한됩니다.
   ① 퇴사를 한 경우

www.gosinet.co.kr **gosinet**

1회 한국남동발전

2회 한국중부발전(사무)

3회 한국중부발전(기술)

4회 한국동서발전

5회 한국서부발전

6회 한국남부발전

인성검사

면접가이드

② 휴직 및 기타 사유로 기숙사를 두 달 이상 사용하지 않는 경우

③ 숙소 관리 규정 내 금지사항을 위반한 경우

④ 숙소를 사용한 기간이 총 5년 이상인 경우

26. K는 사내 기숙사를 신청한 지원자 목록을 정리하고 있다. 이 중 2명만 입실이 가능한 경우, 기숙사에 입실하지 못하는 직원으로 바르게 짝지어진 것은?

구분	생년월일	주소지	기숙사 거주기간	비고
김 사원	90.05.01	파주	없음.	
박 부장	78.07.29	대전	20X6.08.01 – 20X7.01.31	
이 대리	87.10.23	인천	20X9.01.31 – 현재	20X9.03.01 – 20X9.06.01 해외출장
최 부장	78.02.17	서울	20X1.05.01 – 20X1.05.31	

① 김 사원, 박 부장

② 김 사원, 이 대리

③ 김 사원, 최 부장

④ 이 대리, 최 부장

27. K는 사내 게시판에 올라온 기숙사 관련 질문에 답변을 게시하려고 한다. 다음 중 적절하지 않은 것은?

Q. 입사 6개월 차 신입사원인데, 기숙사 입주가 가능한가요?
└ ① 1년 이상 근무하지 않았더라도, 1년 이상 계약을 한 신입사원이라면 입주가 가능합니다.
Q. 작년에 입주했을 때 흉부 X선 진단서를 제출했었는데, 또 검사를 받아야 하나요?
└ ② 이미 흉부 X선 진단서를 제출한 기록이 있으므로 새로운 진단서를 제출하지 않으셔도 됩니다.
Q. 서울에서 통근하고 있기는 한데, 거리가 너무 멀어 힘들어요. 남는 방이 있다고 들었는데, 입주할 수 있을까요?
└ ③ 공실이 있는 경우, 주소지가 회사 소재지에 해당하더라도 입주가 가능합니다.
Q. 기숙사 에어컨이 작동은 하는데 시원한 바람이 안 나와요.
└ ④ 기숙사의 시설물 관련 사항은 시설관리팀에 여쭤보시면 도움을 받으실 수 있습니다.

[28 ~ 29] 다음 자료를 바탕으로 이어지는 질문에 답하시오.

○○기업 경영지원부에서 근무하는 P는 일자리 안정자금 관련 업무를 담당하고 있다.

〈자료 1〉 20X8년 일자리 안정자금

• 일자리 안정자금이란?

최저임금 인상에 따른 소상공인 및 영세중소기업의 경영부담을 완화하고 노동자의 고용불안을 해소하기 위한 지원 사업입니다.

• 지원대상 기업

－30인 미만 고용사업주(단, 공동주택 경비·청소원은 30인 이상 고용사업주도 지원)

※ 제외 ⅰ) 고소득 사업주(과세소득 5억 원 초과)　ⅱ) 임금체불 명단 공개 중인 사업주
ⅲ) 공공기관, 국가로부터 인건비 재정지원을 받고 있는 사업주
ⅳ) 당해 연도 최저임금을 준수하지 않는 사업주

• 지원 요건(지원대상 근로자)

대상 기업의 근로자 중 아래의 요건을 충족한 근로자에 대해 인건비 중 일부를 사업주에게 지원
ⅰ) 월평균 보수액 190만 원 미만 근로자(단, 배우자, 사업주의 직계존비속은 제외)
ⅱ) 1개월 이상 고용을 유지하고 있는 근로자

〈자료 2〉 20X9년 달라지는 일자리 안정자금

• 지원대상이 확대되었습니다.

55세 이상 고령자를 고용하고 있는 경우 고용규모가 30인 이상 300인 미만이면 지원 가능합니다(단, 공동주택 경비·청소원을 포함 사회적기업, 장애인활동지원기관, 자활기업, 노인돌봄서비스제공기관, 노인장기요양기관의 경우 기업 규모와 상관없이 지원 가능).

• 월평균 보수액 기준이 확대되었습니다.

월평균 보수액 210만 원 이하 근로자에게 일자리 안정자금이 지원됩니다.

• 5인 미만 사업장의 경우 근로자 1인당 2만 원이 추가로 지원됩니다.

5인 미만 사업장의 경우 노동자 1인당 15만 원, 5인 이상 사업장의 경우 노동자 1인당 13만 원이 지원됩니다.

• 20X9년 최저임금 기준이 반영됩니다.

월평균 보수액을 월평균 근로시간으로 나눈 금액이 20X9년 최저임금(8,350원)보다 적은 근로자가 있는 사업장에 대한 지원이 불가능합니다.

28. 다음 중 20X8년 대비 20X9년에 새롭게 지원대상 기업이 될 수 있는 사업주의 개수는? (단, 최저임금 기준은 모두 충족하며, 20X8년과 20X9년에 모두 신청했다고 가정한다)

〈20X9년 일자리 안정자금 지원신청 내역〉

사업주	고용 규모(명)	과세소득(원)	업종	비고
A	35	4억	공동주택 경비	–
B	30	5억	소매업	–
C	310	3억	노인돌봄 서비스제공	–
D	30	4억	운수업	55세 이상 고령자 고용 기업
E	4	2억	소매업	–
F	15	5억	유치원	국가 인건비 재정지원
G	300	4억	사회적기업	55세 이상 고령자 고용 기업
H	29	5억 5천	운수업	–
I	29	5억	요식업	–
J	15	4억 5천	요식업	임금체불 명단 공개 중
K	40	4억	공동주택 청소	–

① 2개　　　　　　　　　　　② 3개

③ 4개　　　　　　　　　　　④ 5개

29. 다음과 같은 경우에 해당 사업주가 지원받을 수 있는 금액은?

〈20X9년 일자리 안정자금 지원신청 세부내용〉

1. 기업 정보

업종	과세소득	비고
장애인활동지원기관	4억 9천만 원	55세 이상 고용

2. 고용인 정보

성명	20X8년 월평균 보수액	20X9년 월평균 보수액	20X9년 월평균 근로시간	비고
김○○	1,800,000원	1,800,000원	200시간	
윤○○	2,000,000원	2,100,000원	209시간	
송○○	2,000,000원	2,000,000원	200시간	사업주의 직계 비속
이○○	2,400,000원	2,500,000원	209시간	
최○○	1,600,000원	1,650,000원	209시간	

① 지원 불가능

② 26만 원

③ 39만 원

④ 45만 원

www.gosinet.co.kr gosi**net**

1회 한국남동발전

2회 한국중부발전[사무]

3회 한국중부발전[기술]

4회 한국동서발전

5회 한국서부발전

6회 한국남부발전

인성검사

면접가이드

30. 윤 사원은 재무팀의 지난달 카드 사용내역을 바탕으로 이번 달 혜택을 예상하고 있다. 가장 큰 혜택을 받기 위해 윤 사원이 선택할 카드는?

○○기업 재무팀에 근무하는 윤 사원은 팀에서 사용할 새로운 법인카드가 필요하다는 상사의 지시에 따라 카드의 종류를 조사하고 있다.

• 카드 종류별 혜택 및 조건

구분	혜택(결제 금액 기준)	조건
A	– 식당 14시 이전 결제건 1% 할인(할인금액 3만 원 한도) – 커피전문점 10% 할인(할인금액 3만 원 한도) – 주유소 3% 할인 – 대중교통비 9만 원 이상일 경우 5% 할인	– 전월 실적 350만 원 이상 일 경우에 혜택 제공
B	– 서점 10% 할인(할인금액 2만 원 한도) – 주유소 1% 할인 – 식당 14시 이전 결제건 1%, 18 ~ 22시 결제건 2% 할인 (할인금액 4만 원 한도)	– 연회비 12만 원(월 분할 납부)
C	– 식당 18 ~ 22시 결제건 3% 할인 – 대중교통비 10% 할인 – 주유소 5% 할인	– 전월 실적 300만 원 이상 일 경우에 혜택 제공 – 총 혜택 금액 6만 원 한도

※ 단, 한도 이외의 혜택 금액은 버린다.

• 재무팀의 지난달 카드 사용내역

내용	금액(원)
식비(점심)	1,300,000
식비(초과근무시, 회식)	850,000
기타식비(카페)	180,000
업무관련 도서비	215,000
유류비	380,000
대중교통비	79,000
합계	3,004,000

※ 점심은 14시 이전, 초과근무시는 18시 30분에 식사하며 회식은 22시 이전에 끝내는 것을 기준으로 한다.

① A 카드
② B 카드
③ C 카드
④ 모두 동일

[31 ~ 33] P는 새로운 이벤트를 기획하기 위해 프로모션 유형별 특징을 조사하였다. 이어지는 질문에 답하시오.

기준 / 유형	가능 기간	고객 충성도	고객 만족도	표적 소비자
쿠폰	제약 없음.	★★★★★	★★★☆☆	직장인
1+1 이벤트	한 달	★☆☆☆☆	★★★★★	주부
세트메뉴	제약 없음.	★★★☆☆	★★★★☆	학생
신메뉴 할인	제약 없음.	★★☆☆☆	★★★★☆	모든 고객
무한리필	일주일	★★★★☆	★☆☆☆☆	모든 고객

〈순위 점수 환산표〉

순위	1	2	3	4	5
점수	5	4	3	2	1

※ 5개 유형에 기준에 따른 순위를 매기고 순위에 따라 환산한 점수를 부여함.

※ 고객 충성도와 고객 만족도는 높을수록 높은 순위를 받음.

※ 표적 소비자는 1. 모든 고객 2. 직장인 3. 주부 4. 학생 순으로 높은 순위를 받음.

※ 동 순위가 있을 경우, 다음 순위는 생략함.
　예: 1순위가 둘일 경우, 2순위는 생략하고 순위를 매긴다.

※ 최종점수가 같을 경우, 고객 충성도가 더 높은 프로모션을 선택한다.

〈경쟁사 프로모션 현황〉

경쟁사	유형	기간
A	쿠폰	기한 없이 계속
B	무한리필	8. 1부터 두 달간
C	신메뉴 할인	7. 5 ~ 7. 19
D	세트메뉴	7. 10 ~ 9. 9

〈시너지 효과〉

1+1 이벤트	카페의 표적 소비자가 모든 고객으로 늘어남.
무한리필 & 쿠폰	이벤트를 진행하는 카페의 고객 충성도 50% 하락함.
세트메뉴 & 무한리필	세트메뉴를 진행하는 카페의 고객 만족도 50% 하락, 무한리필을 진행하는 카페의 표적 소비자 모든 고객으로 늘어남.

※ 시너지 효과는 경쟁사와 같은 기간에 같은 프로모션을 진행할 경우 발생하며 순위를 매기기 전에 발생한다.

31. 5개의 유형 중 3주 이상 진행 가능한 이벤트를 선택하려고 한다. 선택될 수 없는 유형은?

① 쿠폰   ② 1+1 이벤트

③ 세트메뉴   ④ 무한리필

32. P는 가능 기간과는 상관없이 고객 충성도에 2배, 고객 만족도에 3배의 가중치를 부여해 점수를 계산하려 한다. 최종 선택할 유형으로 적절한 것은?

① 쿠폰   ② 1+1 이벤트

③ 세트메뉴   ④ 신메뉴 할인

33. P의 카페는 7월 12일부터 7월 15일까지 4일간 프로모션을 진행하려 한다. 모든 것을 고려했을 때, 최종 선택할 유형으로 적절한 것은?

① 쿠폰   ② 1+1 이벤트

③ 무한리필   ④ 세트메뉴

[34 ~ 36] 다음 자료를 바탕으로 이어지는 질문에 답하시오.

카페에서 근무하는 K는 규정에 따라 냉장고를 관리하고 있다.

〈냉장고 구조〉

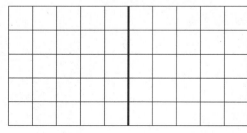

냉동칸   냉장칸

한 칸에 우유는 1팩, 탄산수는 2병, 냉동딸기는 0.5kg, 얼음은 5kg이 들어간다.

〈냉장고 관리 규정〉

– 냉장칸에는 우유, 탄산수가 들어가며 냉동칸에는 냉동딸기, 얼음이 들어간다.
– 탄산수는 냉장칸에 보관하는 것이 좋으나 냉장칸에 자리가 없을 경우 냉동칸에 보관할 수 있다.
– 냉장고의 수명을 위해 냉동칸과 냉장칸 모두 20%는 비워 놔야 한다.
– 냉장고의 재료들은 다음과 같은 우선순위를 따르며 우선순위가 높은 것부터 먼저 보관해야 한다.
  1. 우유 2. 얼음 3. 탄산수 4. 냉동딸기

〈냉장고 내 재료 현황〉

구분	우유	탄산수	냉동딸기	얼음
양	14팩	10병	4.5kg	50kg

〈메뉴별 필요한 재료의 양(1잔 기준)〉

구분	아이스 아메리카노	아이스 라떼	딸기 라떼	딸기에이드
우유	–	100ml	200ml	–
탄산수	–	–	–	100ml
냉동딸기	–	–	100g	100g
얼음	100g	100g	100g	100g

※ 우유 1팩, 탄산수 1병에는 200ml씩 들어있다.

34. 냉장고를 가득 채우려고 할 때, 재료를 추가로 보관할 수 있는 칸과 보관 가능한 재료가 적절하게 연결된 것은?

① 냉장칸, 우유 2팩

② 냉장칸, 탄산수 2병

③ 냉동칸, 탄산수 3병

④ 냉동칸, 냉동딸기 5kg

35. K는 다음과 같이 오늘 하루 팔린 메뉴들의 수량을 정리하였다. 냉장고에 비어 있는 칸은 총 몇 칸인가? (단, 해당 칸에 약간의 재료라도 남아 있다면 빈칸으로 하지 않는다)

〈오늘 판매 수량〉

구분	아이스 아메리카노	아이스 라떼	딸기 라떼	딸기에이드
수량	30잔	15잔	6잔	16잔

① 32칸

② 34칸

③ 40칸

④ 42칸

36. (35번과 이어짐) 내일 카페의 판매 수량은 아이스 아메리카노와 딸기 라떼는 오늘과 동일, 아이스 라떼는 40% 증가, 딸기에이드는 50% 감소할 것으로 예상된다. K는 오늘 영업종료 후 남는 재료를 최소화하기 위해 모자란 재료만 판매 예상 수량에 맞추어 냉장고에 채워 넣으려고 한다. 냉장고를 채운 직후 냉장고에 비어 있는 칸은 총 몇 칸인가?

① 11칸

② 13칸

③ 15칸

④ 17칸

[37 ~ 38] S 사원은 A ~ G 지역 배송을 담당하고 있다. 이어지는 질문에 답하시오.

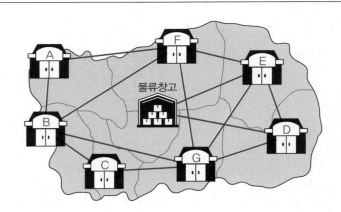

〈오후 배송 안내사항〉
- 배송은 위 지역 중에서만 가능하며 모든 도로는 직선입니다.
- 오후 배송은 신청하신 당일 16시에 물류창고에서 차량이 출발합니다.
- 원하시는 배송 시간대는 아래 표를 참고하여 지정해주시기 바랍니다.

오후 1	16 : 00 ~ 17 : 00	오후 3	18 : 00 ~ 19 : 00
오후 2	17 : 00 ~ 18 : 00	오후 4	19 : 00 ~ 20 : 30

〈10일 오후 배송 명단〉

이름	지역	배송 시간대	제품
이영현	D 지역 △△아파트	오후 1	한우 선물세트 1호
김현지	C 지역 ◆◆오피스텔	오후 4	한우 선물세트 3호
한푸름	C 지역 ○○빌라	오후 4	전복 선물세트 3호
김수민	E 지역 ○●아파트	오후 2	과일 세트
박종호	E 지역 ◇◇빌라	오후 1	굴비 선물세트 1호
윤미진	B 지역 ■■아파트	오후 4	한우 선물세트 2호
박찬규	A 지역 ◇◆오피스텔	오후 3	과일 세트
홍지수	G 지역 ▲▲아파트	오후 2	한우 선물세트 2호
최보규	E 지역 ●●오피스텔	오후 3	한우 선물세트 2호
임진희	B 지역 △▲아파트	오후 4	굴비 선물세트 2호

※ 각 직선 간 이동 시간은 20분이며, 모든 배송에는 건당 10분이 소요됩니다.

www.gosinet.co.kr gosinet

1회 한국남동발전

2회 한국중부발전[사무]

3회 한국중부발전[기술]

4회 한국동서발전

5회 한국서부발전

6회 한국남부발전

인성검사

면접가이드

37. S 사원은 10일 오후 배송 계획을 세우고 있다. 가장 효율적인 방법으로 배송을 마쳤을 때, 마지막 배송 지역과 배송이 끝난 시간은 언제인가?

① B 지역, 오후 8시 20분　　　　　② B 지역, 오후 8시 30분

③ C 지역, 오후 8시 20분　　　　　④ C 지역, 오후 8시 30분

38. (앞 문항과 이어짐) S 사원은 상사로부터 다음과 같은 메일을 받았다. 이전 경로와 배송이 끝나는 시간의 차이는 몇 분인가? (단, 최단 경로로 이동한다)

〈이전메일　｜　다음메일〉
명절 배송 차량 보충건
S 사원, 차량 한 대로 배송하면 제품의 신선도가 떨어질 것 같아서 차량을 한 대 더 지원하기로 했어요. 한 대는 육류, 다른 한 대는 해산물과 과일 배송으로 나눠서 배송하도록 하지요. 그리고 고객분들이 원하는 시간대에 배송될 수 있도록 대기 후 배송해 주세요.

① 10분　　　　　② 20분

③ 30분　　　　　④ 40분

[39 ~ 40] 다음 자료를 바탕으로 이어지는 질문에 답하시오.

금융회사에 근무하는 김○○ 씨는 사업 투자 프로젝트에 참가한 기업들 중 우수기업을 선별하고 있다.

〈프로젝트 신청 기업 매출 표〉

기업명[화폐단위]	2X11년	2X12년	2X13년	2X14년	2X15년
A[US$]	100,000	120,000	90,000	110,000	130,000
B[HK$]	624,000	780,000	936,000	1,092,000	1,240,000
C[Rupee]	4,670,000	5,871,000	6,446,000	6,100,000	7,051,000
D[Yen]	7,182,000	7,581,000	9,760,000	10,070,000	12,100,000
E[Can$]	110,000	110,000	110,000	132,000	156,000
F[Euros]	91,000	96,000	96,000	64,000	90,000
G[A$]	130,000	110,000	110,000	110,000	130,000

〈해당 기간 환율 내역〉

국가(통화단위)별 US$ 기준	2X11년	2X12년	2X13년	2X14년	2X15년
미국(US$)	1.00	1.00	1.00	1.00	1.00
한국(Won)	1,107	1,126	1,095	1,053	1,131
홍콩(HK$)	7.78	7.76	7.76	7.75	7.75
인도(Rupee)	46.67	53.44	58.60	61.03	64.14
일본(Yen)	75.81	79.79	97.60	105.95	121.04
캐나다(Can$)	0.99	1.00	1.03	1.11	1.25
영국(Pound)	0.62	0.63	0.61	0.61	0.65
유럽지역(Euros)	0.72	0.78	0.75	0.75	0.90
오스트레일리아(A$)	0.97	0.97	1.04	1.11	1.33

39. 다음 〈선정 방법〉을 참고할 때 선정될 3개 기업은 어디인가?

〈선정 방법〉
- 20X5년 기준 최근 3개년 동안의 매출 합을 계산한다.
- 최근 3개년 매출 기준 상위 3개 기업을 우수기업으로 선정하되, 제시된 기간 동안 US$를 기준으로 했을 때 매출이 두 번 이상 하락한 기업은 제외한다.
- 모든 계산 및 비교는 US$를 기준으로 한다.

① A, B, C   ② A, B, E
③ B, E, F   ④ B, F, G

40. (**39번과 이어짐**) 우수기업을 선정하던 김○○ 씨는 〈프로젝트 선정 기업 매출 표〉에 다음과 같은 수정사항이 있다는 것을 알게 되었다. 수정사항을 고려했을 때, 김○○ 씨가 선정하게 될 기업으로 적합한 것은? (단, 언급되지 않은 모든 사항은 이전 문항의 조건을 따른다)

[긴급] 투자 프로젝트 관련

보내 드렸던 자료에 다음과 같은 오류가 있다고 하여 연락드립니다.
먼저 A 기업의 화폐정보와 B 기업의 화폐정보가 서로 바뀌었다고 합니다.
또한 E 기업의 자료가 잘못되어 있어 수정본을 첨부하겠습니다.
추가적으로, 기존에 있던 매출하락의 기준이 완화되어 가장 최근인 2X14년과 2X15년 사이의 기록이 하락한 기업만 제외하는 것으로 수정되었다고 합니다. 이를 참고하여 다시 선정해 주세요.

기업명[화폐단위]	2X11년	2X12년	2X13년	2X14년	2X15년
E[Pound]	84,000	78,000	72,000	66,000	70,000

① A, B, C   ② A, B, E
③ B, C, F   ④ B, F, G

41. 다음 중 데이터베이스 보고서의 각 구역에 대한 설명으로 적절한 것은?

① '본문'은 레코드 원본의 모든 행에 대해 여러 번 출력되며, 보고서의 본문을 구성하는 컨트롤이 추가된다.

② '페이지 머리글/바닥글' 영역은 매 페이지 상단/하단에 날짜 및 페이지번호를 표시하는 영역으로, 함수를 이용한 합계 정보를 표시할 수 없다.

③ '보고서 머리글'은 보고서의 맨 앞에 한 번 출력되며, 함수를 이용한 합계정보를 표시할 수 없다.

④ '그룹 머리글'은 각 새 레코드 그룹의 맨 앞에 출력되며, 일반적으로 그룹의 활동내용을 표시할 때 사용한다.

42. ○○기업에서는 최근 각광받고 있는 'IoT'에 대한 설명회를 준비하였다. 다음 중 설명회의 내용에 대한 이해로 적절하지 않은 것은?

> IoT는 'Internet of Things'을 뜻하며, 사물에 센서를 부착해 인터넷을 통해 실시간으로 데이터를 주고받는 기술이나 환경을 일컫는다. 인터넷에 연결된 기기는 사람의 도움이 개입되지 않아도 서로 알아서 정보를 주고받으며 대화를 나눌 수 있다. 이를 돕기 위해서는 블루투스나 근거리무선통신(NFC), 센서데이터, 네트워크가 자율적인 소통의 핵심적인 기술이 된다. 사물인터넷은 사람과 사람 간의 통신을 넘어 사물에 IP 주소를 부여하고 사람과 사람 혹은 사물과 사물 간의 통신을 이끌어 내는 기술을 의미하기도 한다. 흔히 원격에서 조작을 하는 기기를 사물인터넷으로 생각하곤 하는데, 사물인터넷은 그 기기에 설정된 인터넷시스템까지도 포함하는 개념인 것이다.

① 우리가 사용하는 스마트폰은 인터넷 연결은 되지만 사람의 도움 없이는 작동하지 않기 때문에 IoT라고 볼 수 없다.

② 귀에 꽂으면 자동으로 연결되는 블루투스 이어폰도 IoT라고 할 수 있다.

③ 화분의 습도를 측정한 다음 알아서 물을 주는 화분은 IoT에 해당한다.

④ 최근에는 자동차에도 IoT를 도입해서 교통사고가 나면 알아서 구급차를 부르는 기능도 생겼다.

43. 다음은 ICT에 대한 글이다. 이를 토대로 할 때 ICT에 대한 설명으로 적절하지 않은 것은?

> ICT(Information and Communications Technology)는 정보 기술과 통신 기술의 합성어로 정보기기의 하드웨어 및 이들 기기의 운영 및 정보 관리에 필요한 소프트웨어 기술과 이들 기술을 이용하여 정보를 수집, 생산, 가공, 보존, 전달, 활용하는 모든 방법을 의미한다. 빠른 속도로 발전한 ICT는 다양한 분야의 기술적 기반이다. 특히 최근에는 빅데이터, 모바일, 웨어러블이 새로운 화두가 되고 단순히 인간과 인간 사이의 연결뿐만 아니라 인간과 사물의 연결, 사물과 사물의 연결까지도 소통의 가능성이 확장되면서, ICT를 활용할 수 있는 분야가 무한하게 열려 있다 해도 과언이 아니다.

① 최근 내가 스마트 칫솔을 사용해 봤어. 칫솔에 장치가 내장되어 있어서 이를 등록한 전용 애플리케이션을 사용하니 내가 치약을 얼마나 썼는지, 얼마나 오래 이를 닦았는지 등을 알려 주니까 좋더라고.

② ICT는 농업 분야에서도 충분히 활용될 수 있을 거야. 햇빛의 유무에 따라 적절한 양의 비료를 추가하고, 자동으로 온도를 조절하는 등의 농사일을 컴퓨터와 관련된 자동화 기기들로 처리한다면 보다 효율적으로 농사를 지을 수 있을 것 같아.

③ 사람의 직접 수작업 위주로 이뤄지던 빌딩관리를 스마트 통합관리 플랫폼을 이용해 대체할 수는 있겠지만, 데이터의 생산과 관리도 잘 되어 있지 않고, 시설관리회사가 정보를 제대로 전달해 주지 않는 문제가 발생할 수도 있을 거야.

④ 우리 회사는 최근 5G 네트워크를 활용해 사무용 PC, 유선 기업전화 등을 사용하는 스마트오피스를 도입했어. 장소에 관계없이 어디에서나 업무를 수행하고, 스마트폰을 통한 업무 처리가 가능해지는가 하면, 업무에 필요한 각 부서 간의 협업 또한 스마트폰으로 가능해졌어.

[44 ~ 45] 다음 자료를 읽고 이어지는 질문에 답하시오.

내년 1월부터 플라스틱을 부드럽게 만드는 유해성 화학물질인 프탈레이트를 전자제품에 사용할 수 없게 된다. 해당 규제를 어기면 과태료가 최대 3,000만 원이다. 프탈레이트는 현재 가전 전용 코드부터 냉장고 소음 방지 고무, 충전용 케이블 등에 사용되고 있다. TV, 냉장고, 세탁기 같은 대형 가전부터 헤어드라이어 같은 소형 가전까지 이 물질이 널리 사용되고 있어 이 규제가 전자제품 업계에 미치는 영향이 클 것으로 전망된다.

환경부는 내년 1월 1일부터 프탈레이트계 유해물질 4종을 전자제품 제작에 사용하지 못하도록 규제한다. 프탈레이트는 동물이나 사람의 생체 호르몬 작용을 방해하는 내분비 교란 물질이다. 프탈레이트는 카드뮴에 비견될 정도의 독성을 갖고 있으며 동물 실험 결과 간과 신장, 심장, 허파 등에 부정적인 영향을 미치고, 여성 불임, 정자 수 감소 등으로 생식기관에 유해한 독성 물질로 보고된 바 있다. 사용이 금지되는 물질은 디에틸헥실프탈레이트(DEHP), 부틸벤질프탈레이트(BBP), 디부틸프탈레이트(DBP), 디이소부틸프탈레이트(DIBP) 등 프탈레이트계 물질 4가지다.

유해물질 사용 금지 대상 품목도 확대된다. 지금까지는 TV, 냉장고, 가정용 세탁기, 에어컨, 개인용 컴퓨터(PC), 프린터 등 보급률이 가장 높은 26가지 인기 가전류에만 규제를 적용했다. 하지만 내년 1월부터는 헤어드라이어, 제습기, 내비게이션 등 23개 제품이 유해물질 사용 금지 대상에 추가로 포함된다. 사용 불가능한 유해물질 종류를 늘리고 단속 적용 가전 범위도 확대, 유해물질에 대한 규제를 강화하려는 환경부 조치인 것으로 보인다.

환경부는 이르면 다음 주 안으로 재입법을 예고할 계획이다. 환경부 관계자는 "유해물질 4종 추가 규제 사항 등에 대한 기관 협의를 마쳤고, 다음 주 재입법 예고를 할 것"이라고 말했다.

〈가전제품 유해물질 사용 규제 변경 상황〉

	물질	납, 수은, 육가크롬, 폴리브롬화비페닐, 폴리브롬화디페닐에테르, 카드뮴
기존	제품	TV, 냉장고, 가정용 세탁기, 에어컨, PC, 프린터 복사기, 팩시밀리, 전기정수기, 전기오븐, 전자레인지, 음식물처리기, 식기건조기, 전기비데, 공기청정기, 전기히터, 오디오, 전기밥솥, 연수기, 가습기, 전기다리미, 선풍기, 믹서, 청소기, 비디오플레이어, 이동전화 단말기
추가	물질	프탈레이트계 4종 – 디에틸헥실프탈레이트(DEHP), 부틸벤질프탈레이트(BBP), 디부틸프탈레이트(DBP), 디이소부틸프탈레이트(DIBP)
	제품	자동판매기, 제습기, 토스트기, 전기주전자, 전기온수기, 전기프라이팬, 헤어드라이어, 러닝머신, 감시카메라, 식품건조기, 전기안마기, 족욕기, 재봉틀, 영상게임기, 유·무선 공유기, 스캐너, 제빵기, 내비게이션, 튀김기, 빔프로젝터, 커피메이커, 약탕기, 탈수기

44. 다음 중 프탈레이트에 관한 설명으로 적절하지 않은 것은?

① 프탈레이트는 내분비계의 작용이 원활하도록 도와준다.

② 프탈레이트는 간, 신장, 심장, 허파 등에 악영향을 준다.

③ 프탈레이트는 플라스틱을 유연하게 만들어 전자제품에 사용된다.

④ 프탈레이트는 생체 호르몬 작용에 영향을 끼치는 물질이다.

45. 윗글을 읽고 〈보기〉의 A 기업이 취해야 할 행동으로 적절한 것은?

<table>
<tr><td align="center">보기</td></tr>
<tr><td>
• A 기업은 전자제품을 판매하는 회사이다.
• A 기업의 모든 제품은 기존 규제를 준수하고 있다.
• A 기업은 추가 규제 사항에 대해서 적절히 대응하려고 한다.
</td></tr>
</table>

① 현재 판매하고 있는 제품 중에 납, 수은, 카드뮴이 포함된 것이 있는지 파악한다.

② 제습기와 같은 소형 가전은 유해물질 사용 금지 대상 품목에 포함되어 있지 않으므로 계속해서 판매한다.

③ 추가 규제 품목인 가습기, 연수기 등에 대한 대책을 마련한다.

④ 제품들의 전원코드, 소음 방지 고무, 충전용 케이블에 포함된 물질의 성분에 대해서 알아본다.

46. 다음 〈조건〉을 참고할 때, 로봇이 청소를 완료하기 위해 필요한 코드 순서로 적절한 것은?

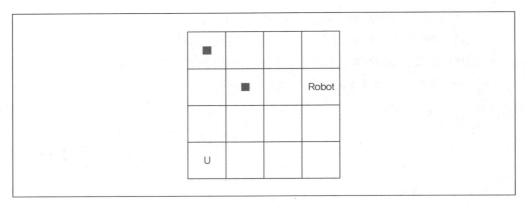

〈이동〉		〈행동〉	
↑	Up	일어나기	Stand
↓	Down	앉기	Sit
←	Left	청소하기	Clean
→	Right	넣기	Put

조건

1. 코드를 입력할 때, 이동은 Move(code1, code2..), 행동은 Act(code1, code2..)로 입력해 야 하며, 이동 코드와 행동 코드는 따로 입력해야 한다.
2. ■는 쓰레기, U는 쓰레기통을 의미한다.
3. 쓰레기를 청소하기 위해서는 로봇이 해당 위치에 가서 앉은 후 청소를 하고 일어나야 한다.
4. 쓰레기는 한 번에 한 개씩만 주울 수 있으며, 주운 후 쓰레기통에 가서 넣어야 다시 청소가 가능하다.
5. 코드 입력 시 같은 동작을 연속할 경우 코드 앞에 숫자를 붙이면 인식할 수 있다(예 3Up : 위로 3칸 이동).

① Move(Left, Up, 2Left), Act(Sit, Clean, Stand), Move(3Down), Act(Sit, Put, Stand), Move(2Up, Right), Act(Sit, Clean, Stand), Move(Left, 2Down), Act(Sit, Put, Stand)

② Move(2Left), Act(Sit, Clean, Stand), Move(Down, Left, Down), Act(Put), Move(3Up), Act(Sit, Clean, Stand), Move(3Down), Act(Put)

③ Move(Up, 3Left), Act(Sit, Clean, Stand), Move(Down, Right), Act(Sit, Clean, Stand), Move(2Down, Left), Act(Put)

④ Move(2Down, 2Left, 2Up), Act(Sit, Clean, Stand), Move(Left, 2Down), Act(Put), 3Up, Act(Sit, Clean, Stand), Move(3Down), Act(Put)

47. 다음 중 「개인정보 보호법」에 대한 내용을 적절하게 이해하지 못한 것은?

제17조(개인정보의 제공)

① 개인정보처리자는 다음 각 호의 어느 하나에 해당되는 경우에는 정보주체의 개인정보를 제3자에게 제공(공유를 포함한다. 이하 같다)할 수 있다.

  1. 정보주체의 동의를 받은 경우

  2. 개인정보를 수집한 목적 범위에서 개인정보를 제공하는 경우

② 개인정보처리자는 제1항 제1호에 따른 동의를 받을 때에는 다음 각호의 사항을 정보주체에게 알려야 한다. 다음 각호의 어느 하나의 사항을 변경하는 경우에도 이를 알리고 동의를 받아야 한다.

  1. 개인정보를 제공받는 자

  2. 개인정보를 제공받는 자와 개인정보 이용 목적

  3. 제공하는 개인정보의 항목

  4. 개인정보를 제공받는 자의 개인정보 보유 및 이용 기간

  5. 동의를 거부할 권리가 있다는 사실 및 동의 거부에 따른 불이익이 있는 경우에는 그 불이익의 내용

③ 개인정보처리자가 개인정보를 국외의 제3자에게 제공할 때에는 제2항 각호에 따른 사항을 정보주체에게 알리고 동의를 받아야 한다. 이 법을 위반하는 내용으로 개인정보의 국외 이전에 관한 계획을 체결하여서는 아니 된다.

④ 개인정보처리자는 당초 수집 목적과 합리적으로 관련된 범위에서 정보주체에게 불이익이 발생하는지 여부, 암호화 등 안전성 확보에 필요한 조치를 하였는지 여부 등을 고려하여 대통령령으로 정하는 바에 따라 정보주체의 동의 없이 개인정보를 제공할 수 있다.

---

① 개인정보처리자는 당사자의 동의만 있다면 제3자에게 개인정보를 공유할 수 있다.

② 정보주체에게 제3자에 대한 개인정보 제공 동의를 받을 때에는 제3자에 대한 정보만 설명해 주면 된다.

③ 개인정보는 국내뿐만 아니라 국외 이전도 가능하다.

④ 개인정보처리자는 특정한 조건을 충족하면 정보주체의 의지와 상관없이 정보를 공유할 수 있다.

48. 멀웨어에 대한 설명을 참고할 때, 다음 〈상황〉에서 J 사원의 노트북에 감염된 멀웨어의 종류로 적절한 것은?

> 멀웨어(Malware)란 컴퓨터 사용자 시스템에 침투하기 위해 설계되어진 소프트웨어를 뜻하며 컴퓨터 바이러스, 웜, 트로이 목마, 스파이웨어 등의 종류들이 있습니다.
>
> 컴퓨터 바이러스(Computer Virus)는 한 컴퓨터에서 다른 컴퓨터로 확산되며 컴퓨터 작동을 방해하는 작은 소프트웨어 프로그램입니다. 컴퓨터 바이러스는 컴퓨터의 데이터를 손상시키거나 삭제하고 전자 메일 프로그램을 사용해서 다른 컴퓨터로 바이러스를 퍼뜨리거나 하드디스크의 모든 내용을 삭제하기도 합니다. 컴퓨터 바이러스는 보통 전자 메일 메시지 첨부 파일이나 인스턴트 메시징 메시지를 통해 확산됩니다. 바이러스는 재미있는 이미지, 인사말 카드, 오디오 및 비디오 파일 등 첨부 파일로 위장할 수 있습니다. 컴퓨터 바이러스는 인터넷 다운로드를 통해 퍼지기도 합니다. 컴퓨터 바이러스는 불법 복제 소프트웨어나 기타 다운로드한 파일 또는 프로그램 안에 숨어 있을 수 있습니다.
>
> 웜(Worm)은 사용자 개입 없이 확산되는 컴퓨터 코드입니다. 대부분의 웜은 열었을 때 컴퓨터를 감염시키는 전자 메일 첨부 파일로 시작됩니다. 웜은 감염된 컴퓨터에서 전자 메일 주소록 또는 임시 웹 페이지와 같은 파일을 검색합니다. 웜은 이 주소를 사용하여 감염된 전자 메일 메시지를 보내고 다른 전자 메일 메시지에서 "보낸 사람" 주소를 자주 모방하여 감염된 메시지가 아는 사람으로부터 전송된 것처럼 보이게 합니다. 그런 후 웜은 전자메일 메시지, 네트워크 또는 운영 체제 취약성을 통해 자동으로 확산되어 원인이 밝혀지기 전에 시스템을 무력화시킵니다. 웜은 항상 컴퓨터에 파괴적인 결과를 가져오지는 않지만 일반적으로 컴퓨터 및 네트워크 성능과 안정성 문제를 유발합니다.
>
> 트로이 목마(Trojan Horse)는 다른 프로그램 내에 숨어 있는 악성 소프트웨어 프로그램입니다. 화면 보호기와 같은 합법적인 프로그램 내에 숨어서 컴퓨터에 침입하여 해커가 감염된 컴퓨터에 액세스할 수 있도록 하는 코드를 운영 체제에 심습니다. 트로이 목마는 일반적으로 스스로 확산되지는 않고 바이러스, 웜 또는 다운로드 된 소프트웨어에 의해 확산됩니다.
>
> 스파이웨어(Spyware)의 주요 감염 경로는 P2P 파일공유 프로그램, 각종 무료 유틸리티 프로그램, 스팸메일, 다른 유해 프로그램, 특정 사이트 등이 있습니다. 이러한 프로그램은 컴퓨터의 구성을 변경하거나 광고성 데이터 및 개인 정보를 수집할 수 있습니다. 스파이웨어는 인터넷 검색 습관을 추적하고 웹 브라우저를 사용자가 의도하지 않은 다른 웹 사이트로 리디렉션할 수도 있습니다.

상황

J 사원은 어제 퇴근 후 노트북으로 지인으로부터 간단한 인사말과 안부를 물으며 첨부 파일이 있는 전자 메일을 받았다. J 사원은 별 다른 의심 없이 해당 첨부파일을 다운로드 받아 이를 실행했는데, 첨부 파일에 별 내용이 없어 당황했지만 대수롭지 않게 여겼다. 그런데 다음날 출근하여 노트북을 켰더니 컴퓨터의 속도와 성능이 눈에 띄게 저하되어 있었고 네트워크가 안정적으로 연결되지 못하는 문제가 발생했다. J 사원은 혼자서 원인을 파악해 보려고 했으나 시스템이 무력화되어 결국 수리를 맡기기로 하였다.

① 컴퓨터 바이러스   ② 웜

③ 트로이 목마   ④ 스파이웨어

[49 ~ 50] 다음 전문가 시스템에 대한 설명을 읽고 이어지는 질문에 답하시오.

전문가 시스템(專門家 system, experts system)은 생성시스템의 하나로서, 인공지능 기술의 응용분야 중에서 가장 활발하게 응용되고 있는 분야이다. 즉 인간이 특정 분야에 대하여 가지고 있는 전문적인 지식을 정리하고 컴퓨터에 기억시킴으로써 일반인도 이 전문지식을 이용할 수 있도록 하는 시스템이다. 대표적인 예로는 의료 진단 시스템, 설계 시스템 등이 있다.

전문가 시스템은 크게 지식베이스와 추론 엔진, 사용자 인터페이스로 나뉜다. 지식베이스는 문제를 이해하고 해결하는 데 필요한 지식이 저장되는 곳으로, 문제 상황과 문제 영역에 관한 사실, 그리고 특별한 영역에 있는 문제를 해결하기 위해 지식의 사용을 인도하는 규칙으로 구성되어 있다. 일반 지식 공학자들이 해당 전문가에게 자문을 구하는 과정을 거쳐 지식베이스에 지식을 넣는다. 추론엔진은 지식베이스를 이용하여 문제를 해결하기 위해 논리적으로 지식을 제어하고 새로운 지식을 추론하기 위해 규칙을 어떻게 적용해야 할 것인가를 결정하는 규칙해석기와 규칙들이 작동되는 순서를 결정하는 스케줄러로 구성되어 있다. 지식베이스는 언제든 쉽게 바뀔 수 있지만 추론엔진은 지식베이스보다는 정적인 측면을 가지고 있다. 사용자 인터페이스는 사용자가 전문가 시스템과 대화하기 좋게 바꾸는 과정을 말한다.

A 병원은 이런 전문가 시스템의 원리를 기반으로 의학 전문가 시스템 'CUE'를 개발하였다. 이 시스템의 지식베이스는 정적 지식과 동적 지식으로 구성되어 있다. 정적 지식이란 의학의 일반적인 지식을 뜻하며, 동적 지식은 환자마다 변화하는 증상과 상태 등의 정보를 뜻한다. 이 시스템은 의사에게 상담 프로그램을 통해 정적 지식을 기반으로 환자의 상태를 묻고 기록하여 동적 지식을 획득하여 방대한 지식베이스를 가지게 된다. 정적 지식은 지식 획득 프로그램에서 지식 공학자들과 함께 이루어진다. 환자에 대한 지식이 얻어졌으면 시스템은 어떤 근거들로 특정 진단을 내릴 것인지 정하는 과정인 추론엔진의 역할이 필요하다. A 병원에서 만든 시스템에서 설명 프로그램이 이에 해당된다. 마지막으로 의사가 시스템에게 진단 혹은 과정에 대한 간단한 질문을 할 때 답을 할 수 있는 질문·대답 프로그램이 있으며 이런 과정들을 통해 결과가 도출되게 된다.

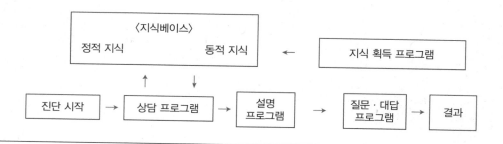

www.gosinet.co.kr gosinet

1회 한국남동발전

2회 한국중부발전(사무)

3회 한국중부발전(기술)

4회 한국동서발전

5회 한국서부발전

6회 한국남부발전

인성검사

면접가이드

49. 전문가 시스템에 대한 설명으로 옳지 않은 것은?

① 지식베이스는 규칙해석기와 스케줄러로 구성되어 있어.

② 전문가 시스템의 지식베이스에 정보를 넣는 사항은 해당 분야의 전문가들이야.

③ 추론엔진에는 문제를 해결하기 위해 논리적으로 지식을 제어하는 역할을 해.

④ 지식베이스는 추론엔진보다 변화가 쉬워.

50. A 병원이 개발한 전문가 시스템 'CUE'에 대한 설명으로 적절하지 않은 것은?

① 지식베이스는 정적 지식과 동적 지식으로 구성되어 있다.

② 상담 프로그램은 의사가 시스템에게 환자의 정보를 요구하는 과정이다.

③ CUE에서 설명 프로그램이란 추론엔진의 역할을 뜻한다.

④ 의사가 진단 과정에 대한 정보를 얻고 싶을 때에는 질문·대답 프로그램 과정을 이용한다.

5대 발전회사NCS 기출예상모의고사

유형분석 》》

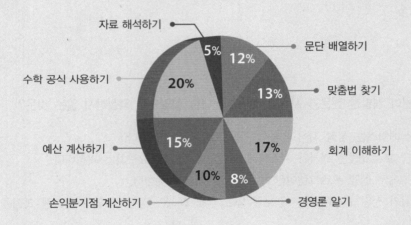

- 자료 해석하기 — 5%
- 문단 배열하기 — 12%
- 맞춤법 찾기 — 13%
- 회계 이해하기 — 17%
- 경영론 알기 — 8%
- 손익분기점 계산하기 — 10%
- 예산 계산하기 — 15%
- 수학 공식 사용하기 — 20%

분석 》》 의사소통능력에서는 적절한 맞춤법을 찾는 문제, 빈칸에 들어갈 접속사를 고르는 문제 등 비교적 쉬운 난이도의 문제가 다수 출제되었다. 또한 문단을 제시한 다음 문맥에 맞도록 문단을 배열하는 문제도 출제되었다. 조직이해능력에서는 경영과 회계의 기본적인 개념에 대해 질문하는 문제가 출제되었다. 이외에도 매슬로우의 욕구단계이론, 가치사슬모형 등의 경영 관련 이론에 대한 문제가 출제되었다. 자원관리능력에서는 손익분기점을 계산하는 문제, 사용한 양에 따라 전기세를 계산하는 문제 등으로 예산과 관련된 문제가 다수 출제되었다. 수리능력에서는 기본적인 공식을 통해 풀 수 있는 응용수리 문제가 절반 정도로 출제되었다. 또한 자료를 해석한 다음 그에 대한 적절한 설명을 고르는 문제가 나머지로 출제되었다.

한국중부발전[사무]

2회 기출예상모의고사

영역	총 문항 수
제1영역	20문항
제2영역	20문항
제3영역	20문항
제4영역	20문항

- 수험번호 | _____
- 성   명 | _____

NCS란? 산업 현장에서 직무를 수행하기 위해 요구되는 각종 지식, 기술, 태도 등의 내용을 국가가 체계화한 것을 의미한다.

2회 한국중부발전[사무]

제1영역

 평가시간은 영역별로 제한하지 않으나 각 영역별 15분을 권장합니다.

01. 다음 중 제시된 문장의 밑줄 친 부분과 같은 의미로 사용된 것은?

> 가슴에 <u>묻어</u> 둔 서러움이 왈칵 목젖까지 올라오는 것 같았다.

① 아우는 형의 말을 비밀로 <u>묻어</u> 두었다.
② 나는 궁금한 것을 바로 <u>묻고</u> 따지는 편이다.
③ 그는 접은 우산에 <u>묻은</u> 물을 휙휙 뿌리면서 집으로 돌아왔다.
④ 이번 조사 과정에서는 모든 부서에 그 책임 소재를 <u>묻겠다고</u> 했다.

02. ○○기업은 올해 입사한 신입사원들이 과대존칭을 사용하는 경우가 많아 이에 대해 배울 계기를 마련하고자 교육을 실시하였다. 적절하지 않은 발언을 모두 고른 것은?

> ㄱ. 윤 사원 : 교장선생님의 훈화 말씀이 계시겠습니다.
> ㄴ. 조 사원 : 상품을 개봉했을 경우 교환 및 환불은 안 됩니다.
> ㄷ. 안 사원 : 그렇게 하셔도 되시는데요.
> ㄹ. 손 사원 : 문의하신 사이즈는 품절입니다.

① ㄱ, ㄴ
② ㄱ, ㄷ
③ ㄴ, ㄷ
④ ㄷ, ㄹ

03. 다음 문장들의 순서를 문맥에 따라 알맞게 배열한 것은?

> ㄱ. '근대 과학의 거장'인 아이작 뉴턴도 연금술에 심취했었다는 것은 당시의 경향에서 완전히 벗어나지 못했음을 의미한다.
> ㄴ. 인류는 근대 이전부터 많은 화학적 지식을 이용하여 왔다.
> ㄷ. 18세기 화학혁명은 이런 상황에서 물질에 대한 탐구로서 화학을 근대과학의 한 분야로 이끈 중요한 계기가 되었다.
> ㄹ. 그러나 이러한 화학 기술의 발전은 일관된 설명이 결여되어 비과학적이었다.

① ㄱ－ㄷ－ㄴ－ㄹ   ② ㄱ－ㄹ－ㄴ－ㄷ
③ ㄴ－ㄷ－ㄱ－ㄹ   ④ ㄴ－ㄹ－ㄱ－ㄷ

04. A 직원은 국민 절전 캠페인에 대한 글을 쓰기 위해 다음의 개요를 작성하고 있다. 수정이 필요한 부분으로 적절한 것은?

> 주제 : 국민 절전 캠페인의 문제점과 개선방향
> Ⅰ. 서론 : 전기 사용 실태
>   1. 전기 절약에 대한 국민들의 외면   2. 전기 절약에 대한 홍보 부족
> Ⅱ. 본론
>   1. 국민 절전 캠페인의 문제점
>   가. 국민 절전 캠페인의 다양성 부족
>   나. 국민 절전 캠페인의 진행 인력 부족
>   다. 국민 절전 캠페인의 여름철 집중에 따른 지속성 부족
>   라. 인근 지자체 협조 유도
>   2. 국민 절전 캠페인 활성화 방안
>   가. 국민 절전 캠페인 홍보의 다양화
>   나. 원활한 전기 절약 캠페인 진행을 위한 자원 봉사자 모집
>   다. 국민 절전 캠페인의 상시 진행 방안 마련
> Ⅲ. 결론 : 내실 있는 국민 절전 캠페인으로의 변모 노력 촉구

① 'Ⅱ－1－가'는 'Ⅱ－2－가'를 고려하여 '국민 절전 캠페인의 과도한 홍보'로 바꾼다.
② 'Ⅱ－2－다'는 'Ⅱ－1－다'와 연계될 수 있도록 '국민 절전 캠페인에 필요한 전문 부서 생성'으로 수정한다.
③ 'Ⅱ－1－라'는 상위 항목과 어울리지 않으므로 삭제한다.
④ 'Ⅲ. 결론'은 주제와 어울리도록 '국민들의 전기 절약 캠페인 참여 촉구'로 수정한다.

[05 ~ 06] 다음 글을 읽고 이어지는 질문에 답하시오.

'오컴의 면도날(Occam's razor)'이라는 표현이 있다. '경제성의 원리(Principle of economy)'라고도 불리는 이 용어는 14세기 영국의 논리학자였던 오컴의 이름에서 탄생하였으며, 어떤 현상을 설명할 때 필요 이상의 가정과 개념들은 면도날로 베어낼 필요가 있다는 권고로 쓰인다.

인간의 욕구에 대한 대표적인 이론에는 20세기 미국의 심리학자인 매슬로(Maslow)의 욕구 단계설이 있다. 인간의 다양한 욕구들은 강도와 중요성에 따라 피라미드 모양의 다섯 단계로 이루어진다는 것이다. 이 이론의 전제는 아래 단계의 기본적인 하위 욕구들이 채워져야 자아 성취와 같은 보다 고차원적인 상위 욕구에 관심이 생긴다는 것이다. 하지만 매슬로의 이론에 의문을 제기해 볼 수 있다. 왜 사람은 세상에서 가장 뛰어난 피아니스트가 되려 하고, 가장 빠른 기록을 가지려고 할까? 즉, 왜 자아 성취를 하려고 할까? 그동안 심리학자들은 장황한 이유를 들어 설명하려 했다. 그러나 진화 생물학적 관점에서는 모든 것을 간명하게 설명한다. 자아 성취를 위해 생리적 욕구를 채우는 것이 아니라, 식욕이나 성욕과 같은 인간의 본질적 욕구를 채우는 데 도움이 되기 때문에 자아 성취를 한다는 것이다.

행복도 오컴의 날로 정리할 필요가 있다. 행복은 가치나 이상, 혹은 도덕적 지침과 같은 거창한 관념이 아닌 레몬의 신맛처럼 매우 구체적인 경험이다. 그것은 쾌락에 뿌리를 둔, 기쁨과 즐거움 같은 긍정적 정서들이다. 쾌락이 행복의 전부는 아니지만, 이것을 뒷전에 두고 행복을 논하는 것은 (㉠   )이다.

05. 윗글에 대한 이해로 적절하지 않은 것은?

① 진화 생물학적 견해는 불필요한 사고의 절약에 도움을 준다.
② '오컴의 면도날'은 어떤 현상을 설명할 때 경제성의 측면에서 권고 사항으로 쓰인다.
③ 매슬로와 진화 생물학적 관점은 인간의 본질에 대한 해석이 근본적으로 같다.
④ 매슬로는 하위 욕구가 전제되지 않으면 고차원적 욕구에 관심이 생기지 않는다고 본다.

06. 윗글의 흐름을 고려할 때, ㉠에 들어갈 사자성어로 적절한 것은?

① 중언부언(重言復言)　　　　　② 어불성설(語不成說)
③ 교언영색(巧言令色)　　　　　④ 유구무언(有口無言)

07. ○○공사에서 근무하는 정 사원이 다음 보도자료를 요약했을 때 적절한 것은?

> 코로나19 위기로 인해 심각한 혈액 부족 사태가 이어지고 있는 가운데 ○○공사가 전국적으로 〈사랑나눔 헌혈 캠페인〉을 전개해 주목을 끌고 있다. ○○공사는 코로나19 위기 극복을 위해 5월 18일부터 6월 5일까지 3주간 나주본사와 서울 등 전국 15개 지역본부 임직원들이 참여하는 〈사랑나눔 헌혈 캠페인〉을 시행하고 있다. 이번 캠페인은 코로나19 장기화에 계절적 요인이 겹쳐 혈액 보유량이 한때 '주의' 단계로 진입한 적이 있는 시점에서 혈액 수급난 해소에 도움을 주기 위해 추진하게 되었다. 대한적십자사와 협력하여 헌혈버스가 각 사업소를 찾아가는 방식으로 단체헌혈을 하고 있으며, 재택근무 등으로 인해 사정이 여의치 않을 경우 가까운 헌혈의 집이나 헌혈 카페를 통해서도 참여할 수 있다. 임직원들이 모은 헌혈증서는 지역별 혈액원에 기부되어 코로나19 환자 등에게 제공될 예정이다. '생활 속 거리두기' 행동 수칙에 따라 일정 간격 줄서기, 마스크 착용, 사전 발열 검사, 손 소독 등 질병관리본부에서 안내한 감염병 예방 수칙을 철저히 준수하여 진행하고 있다. 이와는 별도로 광주전남, 충북 등 지역 본부에서 올해 600여 명이 헌혈에 참여했다. ○○공사 김△△ 사장은 "○○공사와 계열사 임직원들이 성금 기부, 급여 반납 등 코로나19 위기 극복을 위하여 적극적으로 동참하고 있다."며 "사회적 책임을 실천하기 위하여 지속적으로 노력하겠다."고 전했다.

① ○○공사는 사회적 책임을 실천하기 위해 지속적으로 노력하고 있으며, '생활 속 거리두기' 행동 수칙을 앞장서서 지키는 공사이다.

② ○○공사는 임직원들의 성금 기부, 급여 반납 등 코로나19 위기 극복을 위해 적극적으로 동참하고 있다.

③ ○○공사의 전국 15개 지역본부 임직원들은 코로나19 등으로 인한 혈액 수급난 해소에 도움을 주기 위해 3주간 〈사랑나눔 헌혈 캠페인〉을 시행하고 단체헌혈을 하는 등 사회적 책임을 실천하고 있다.

④ ○○공사는 계절적 요인으로 인한 혈액 부족 사태를 해결하기 위해 〈사랑나눔 헌혈 캠페인〉을 시행하고 지역주민들이 헌혈에 적극 동참할 수 있도록 캠페인을 벌여 코로나19 위기 극복에 적극 동참하고 있다.

[08 ~ 09] 다음 글을 읽고 이어지는 질문에 답하시오.

편의점은 도시 문화의 산물이다. 도시인, 특히 젊은이들의 인간관계 감각과 잘 맞아떨어진다. 구멍가게의 경우 단순히 물건을 사고파는 장소가 아니라 주민들이 교류하는 사랑방이요, 이런저런 소식이나 소문들이 모여들고 퍼져나가는 허브 역할을 한다. 주인이 늘 지키고 앉아 있다가 들어오는 손님들을 예외 없이 '맞이'한다. (㉠) 무엇을 살 것인지 확실하게 정하고 들어가야 한다. (㉡) 편의점의 경우 점원은 출입할 때 간단한 인사만 건넬 뿐 손님이 말을 걸기 전에는 입을 열지도 않을뿐더러 시선도 건네지 않는다. 그 '무관심'의 배려가 손님의 기분을 홀가분하게 만들어 준다. (㉢) 특별히 살 물건이 없어도 부담 없이 들어가 둘러볼 수도 있고, 더운 여름날 에어컨 바람을 쐬며 잡지들을 한없이 들춰보아도 별로 눈치 보이지 않는다. 그런 점에서 편의점은 인간관계의 번거로움을 꺼려하는 도시인들에게 잘 어울리는 상업 공간이다. 대형 할인점이 백화점보다 매력적인 것 중에 한 가지도 점원이 '귀찮게' 굴지 않는다는 점이 아닐까.

(㉣) 주인과 고객 사이에 인간관계가 형성되지 않는 편의점은 역설적으로 고객에 대한 정보를 매우 상세하게 입수한다. 소비자들은 잘 모르지만, 일부 편의점에서 점원들은 물건 값을 계산할 때마다 구매자의 성별과 연령대를 계산기에 붙어 있는 버튼으로 입력한다. 그 정보는 곧바로 본사에 송출된다. 또 한 가지로 편의점 천장에 붙어 있는 CCTV가 있는데, 그 용도는 도난 방지만이 아니다. 연령대와 성별에 따라서 어느 제품 코너에 오래 머물러 있는지를 모니터링하려는 목적도 있다. 녹화된 화면은 주기적으로 본사로 보내져 분석된다. 어떤 편의점에서는 삼각김밥 진열대에 초소형 카메라를 설치해 손님들의 구매 형태를 기록한다. 먼저 살 물건의 종류를 정한 뒤에 선택하는지, 이것저것 보며 살펴 가면서 고르는지, 유통 기한까지 확인하는지, 한 번에 평균 몇 개를 구입하는지 등을 통계 처리하는 것이다. 그렇듯 정교하게 파악된 자료는 본사의 영업 전략에 활용된다. 편의점이 급성장해 온 이면에는 이렇듯 치밀한 정보 시스템이 가동되고 있다.

08. 윗글을 바탕으로 판단할 수 있는 내용으로 적절하지 않은 것은?

① 도시인들은 복잡한 인간관계를 좋아하지 않는다.

② 편의점에 있는 CCTV는 그 용도가 다양하다.

③ 편의점 본사는 일부 지점에서 받은 정보를 활용하여 영업 전략을 수립한다.

④ 구멍가게는 편의점과 마찬가지로 손님들에게 '무관심'의 배려를 제공하는 공간이다.

09. 윗글의 빈칸 ㉠ ~ ㉣에 들어갈 단어가 적절하게 짝지어진 것은?

	㉠	㉡	㉢	㉣
①	따라서	그러나	그래서	그런데
②	따라서	그런데	그리고	또한
③	그러므로	하지만	그러므로	또한
④	예를 들어	따라서	그래서	하지만

1회 한국남동발전

2회 한국중부발전[사무]

3회 한국중부발전[기술]

4회 한국동서발전

5회 한국서부발전

6회 한국남부발전

인성검사

면접가이드

[10 ~ 11] 다음은 △△발전에 근무하는 홍 사원이 사보에 싣기 위해 작성한 글이다. 이어지는 질문에 답하시오.

△△발전이 연료전지 발전설비를 ㉠준공하고 지난 11월 4일 준공식을 개최했다. 이날 행사에는 유○○ 사장을 비롯해 박○○ 신재생사업처장, 신○○ 본부장 등 내외 관계자 100여 명이 참석해 준공의 기쁨을 함께 나눴다.

유○○ 사장은 기념사를 통해 "폭우와 강풍 등 어려운 여건에도 불구하고 ㉡적기에 준공하도록 최선의 노력을 다한 모든 분께 감사드린다."고 마음을 전한 뒤 "연료전지 발전설비는 발전소 내 유휴부지를 활용해 민원을 최소화한 가운데 신재생설비용량을 확대해 △△발전의 수익 창출을 도모하고 정부의 수소 경제 활성화 정책에도 크게 이바지할 수 있는 모범사례가 될 것"이라고 강조했다. 더불어 "연료전지사업을 더 확대하고 신재생에너지 사업개발에 주력해 2030년까지 약 8,000MW의 신재생에너지 설비를 확대함으로써 국내 최고의 신재생에너지 전문기업으로 거듭날 것"이라는 포부를 밝혔다.

전남지역 최초로 연료전지 발전설비를 건설한 △△발전은 준공을 기념한 테이프 커팅으로 연료전지 발전설비의 공식적인 ㉢가동을 알렸다. 연료전지는 수소와 산소가 가진 화학 에너지를 전기 에너지로 변환시키는 친환경 설비로, 정부에서 추진하는 수소 경제의 핵심 사업으로 꼽힌다. 이번 연료전지 발전설비 시공을 맡은 김○○ 대표는 "환경친화적 고효율 발전설비로 정부의 신재생에너지 정책에 이바지하고 지역주민과 유기적으로 화합하는 동반성장의 모범사례로 남을 것"이라며 ㉣축사를 전했다. 연료전지 발전설비 주기기를 공급한 유○○ 대표 역시 "단 한 건의 사고도 없이 준공하게 돼 기쁘다."며 "21세기 CLEAN&SMART ENERGY LEADER로 도약하는 △△발전의 동반자가 될 수 있도록 최선을 다하겠다."는 각오를 밝혔다.

10. 윗글의 제목으로 적절한 것은?

① 신재생에너지, △△발전 수익 창출에 큰 기여, △△발전의 발전 계획 보고회 열려

② △△발전 연료전지 발전설비 준공, 국내 최고 신재생에너지 전문기업에 한 걸음 더 가까이

③ 정부 정책 및 지역주민과의 유기적 화합 이끌어 내, 모범적인 공공기업으로 발돋움한 △△발전

④ 지난 11월 4일 연료전지 발전설비 준공의 기쁨 나눠, 관계자 100여 명 참석한 행사 계획

11. 윗글의 밑줄 친 ㉠ ~ ㉣의 의미로 적절하지 않은 것은?

① ㉠ - 건설의 전체 공사 과정이 완료됨.
② ㉡ - 알맞은 시기에
③ ㉢ - 기계 따위가 움직여 일함.
④ ㉣ - 가축을 기르는 건물

12. 다음 글의 빈칸 ㉠에 들어갈 말로 적절한 것은?

> 많은 사람이 '진화(進化)'에는 특정한 방향이나 목적으로 향하는 성질, 우열 관계가 있다고 오해한다. 즉, 말 자체에 담긴 '나아가다' 혹은 '발전하다'라는 뉘앙스 때문에 세월이 지날수록 생물체는 이전보다 더 '훌륭한' 것이 되어 이상적인 생물체의 모습에 한 발 가까워지며, 열등한 존재는 진화하면서 부족한 부분을 극복하고 고등한 존재로 발전된다고 여긴다. 얼핏 보면 생물체가 진화를 거쳐 단순한 존재에서 복잡한 존재로, 미숙한 개체에서 성숙한 개체로 바뀌는 듯 보여 진화가 발전과 개선을 내포하고 있다고 여기기 쉽다. 생물체의 변이는 우연적인 사건이지만, 오랜 세월을 거쳐 누적되다 보면 마치 누군가 의도를 가지고 특정 개체만을 선별해 낸 듯이 뛰어난 형질을 지닌 생물 종이 남는 경우가 있기 때문이다. 하지만 (
>   ㉠   )

① 이상적인 생물체는 오랜 세월에 걸쳐 만들어진다.
② 진화는 우월한 자손을 남기려는 생물체들의 욕망에서 비롯된 의도된 현상이라고 볼 수 있다.
③ 양육강식의 원리에 따라 강자만이 선별되기 때문에 생물체들은 발전을 거듭하고 있는 것이다.
④ 이는 생물체 진화가 '환경에 더 잘 적응한 개체가 선택되는 방식'으로 이루어진 결과일 뿐 애초에 그런 결과를 염두에 두고 만들어졌다는 뜻은 아니다.

[13 ~ 14] 다음 글을 읽고 이어지는 질문에 답하시오.

설과 추석 같은 명절 연휴만 되면 어김없이 도로에 극심한 정체 현상이 나타난다. KTX 같은 고속철도를 이용하면 한결 편안해지는 귀성길이지만 여전히 고향 내려가는 길은 그리 녹록하지 않은 것이 현실이다. 좀 더 빨리 원하는 목적지까지 교통 체증 없이 갈 수 있는 방법은 없을까. 이러한 대중교통 문제를 해결하려는 시도로 최근 주목받고 있는 것이 바로 차세대 초고속 모빌리티 서비스인 '하이퍼루프(Hyperloop)'다.

하이퍼루프는 미국의 전기자동차 회사인 테슬라의 최고경영자(CEO)이자 우주 탐사 기업 스페이스X 설립자인 엘론 머스크가 지난 2013년 백서를 통해 제안한 미래 이동 수단이다. 하이퍼루프는 극초음속(Hypersonic speed)과 루프(Loop)의 합성어로 음속보다 빠른 속도로 달리는 초고속열차를 지칭하는 용어다. 하이퍼루프의 개념은 사실 머스크가 처음 고안한 것은 아니다. 19세기 프랑스 소설가 쥘 베른의 공상과학 소설 '20세기 파리'에 해저에 설치된 공기 튜브를 통해 대서양을 횡단하는 초고속 튜브 열차가 등장한다. 2024년 상용화될 예정인 하이퍼루프는 이 소설에서처럼 공기 저항을 줄이기 위해 터널 안을 진공 상태에 가깝게 설계하고 열차 모양도 캡슐처럼 만든다.

(가) 하이퍼루프는 기술 방식에 따라 자기 부상 방식과 공기 부상 방식 2가지로 나뉜다. 자기 부상 방식은 자기 부상 열차처럼 자력의 힘으로 레일 위를 떠서 달린다. 기존 자기 부상 열차와 다른 점은 전자석 코일 대신 전력이 필요 없는 알루미늄 튜브와 궤도에 자기 시스템을 활용한다는 것이다. 공기 부상 방식은 포드(Pod)라고 불리는 창문이 없는 캡슐 형태의 열차 칸을 부분 진공 상태의 밀폐된 원형 관을 통해 운행하는 방식을 말한다.

(나) 하이퍼루프는 무엇보다 빠른 운송 시간, 에너지 효율성, 상대적으로 저렴한 건설비용, 날씨나 지진 등의 영향을 받지 않는다는 점 등을 장점으로 내세운다. 이 초고속열차는 미국 로스앤젤레스와 샌프란시스코 간을 시속 1,200km의 초고속으로 35분 만에 주파할 수 있고 시간당 3,000여 명을 실어 나를 수 있다. 전기모터와 자기장 그리고 저항진 환경과 결합함으로써 항공기보다 최대 10배 정도의 에너지 효율성도 가진다. 이에 비해 건설비용은 60억 달러(약 7조 원)에서 75억 달러(약 9조 원) 정도로 추산된다. 현재 머스크 CEO는 자신이 세운 굴착 회사 보링컴퍼니, 테슬라, 스페이스X와 함께 약 1.3km 길이의 초고속 터널 구간을 건설하고 있다.

(다) 머스크의 발표 이후 많은 기업들과 국가들이 경쟁적으로 하이퍼루프 프로젝트를 추진하고 있다. 우선 '버진 하이퍼루프 원'은 영국의 버진그룹과 아랍에미리트(UAE) 국영 항만 운영사인 DP월드가 추진하고 있는 하이퍼루프 프로젝트다. 초기 DP월드가 추진하던 '하이퍼루프 원'은 2016년 미국 라스베이거스 네바다 사막에서 시험 운영에 성공했고, 2017년 영국 버진그룹에 인수되면서 대대적인 투자를 진행하고 있다. 제24회 세계에너지총회에서 실물 열차가 전시된 바 있는 '버진 하이퍼루프 원'은 지름 약 3.5m인 원통 튜브로 최대 승객 28명을 태우고 최고 시속 1,200km로 달린다. 일반 여객기가 시속 900km인 점을 고려하면 엄청난 속도인 것은 틀림없다. 보통 승용차로 2시간 걸리는 아부다비와 두바이를 불과 12분 만에 갈 수 있다.

www.gosinet.co.kr gosinet

1회 한국남동발전

2회 한국중부발전[사무]

3회 한국중부발전[기술]

4회 한국동서발전

5회 한국서부발전

6회 한국남부발전

인성검사

면접가이드

(라) 하지만 일각에서는 하이퍼루프의 경제성과 안전성에 의문을 제기하며 회의적인 시각을 보내는 사람들도 있다. 먼저 그들은 하이퍼루프의 인프라 구축과 운영에 막대한 비용이 든다는 점을 지적한다. 최근 미국 미주리 주와 '버진 하이퍼루프 원'과의 시범 운영을 위한 트랙 계약 비용만 3 ~ 5억 달러(3,549 ~ 5,913억 원)가 들고 전체 공사비가 100억 달러(약 12조 원)로 추정된다는 보도가 있었다. 전문가들은 초기 머스크 CEO가 추산한 60억 달러는 현실적으로 불가능하고 무려 1,000억 달러(약 118조 원)가 들 것이라고 예상하였다. 하이퍼루프의 안전성도 문제로 제기되고 있다. 음속에 가까운 속도로 운행하기 때문에 사고 발생 시 비행기 사고에 버금가는 위험을 초래할 가능성이 높다. 실제로 하이퍼루프는 진공 상태에서 작동하기 때문에 튜브에 약간의 틈만 생겨도 공기가 급격히 유입돼 치명적인 구조적 손상이 발생할 수 있기 때문이다. 또 승객들은 창문이 없고 밀폐된 진공 상태의 캡슐에서 여행을 하는 것에 갑갑함과 불안감을 가질 우려가 있다. 지형상 곡선으로 운행되면 회전에 의한 가속도가 너무 커 진동 문제 등으로 탑승객의 고통이 클 것이라는 것도 해결해야 할 문제다. 이런 측면에서 최근에는 승객 수송뿐만 아니라 화물 수송 쪽으로 관심이 옮겨 가고 있기도 하다.

13. 윗글 (가) ~ (라) 문단의 중심 내용으로 적절하지 않은 것은?

① (가) – 하이퍼루프 기술 방식의 종류와 원리
② (나) – 하이퍼루프 기술의 장점과 기대효과
③ (다) – 하이퍼루프 기술의 상용화 사례
④ (라) – 하이퍼루프 기술의 한계와 예상 문제

14. 윗글을 통해 추론할 수 있는 사실로 적절한 것은?

① 자기 부상 방식이 공기 부상 방식보다 훨씬 더 효율적이겠군.
② 하이퍼루프 열차는 최대 승객이 28명 내외가 되겠군.
③ 엘론 머스크의 하이퍼루프 건설비용도 실제로는 백억 달러에 가깝겠군.
④ 하이퍼루프 기술이 제대로 사용되려면 튜브의 안전성도 중요한 문제가 되겠군.

[15 ~ 16] 다음 기사를 읽고 이어지는 질문에 답하시오.

관광객 줄어든 제주, 재활용 쓰레기 배출은 급증
– '일회용품 사용규제' 목소리 높지만 코로나 장기화에 난항 –

지난해 제주에서 재활용 쓰레기가 급증한 것으로 나타났다. 코로나19 이후 확산된 온라인 유통업체, 택배, 배달음식 등 비대면 소비문화로 일회용품 사용이 크게 증가했기 때문이다. 제주의 20X9년 생활폐기물량은 1천173톤으로 전년도인 20X8년 1천239.8톤 보다 줄었지만, 재활용 쓰레기는 781.3톤으로 전년도 755.1톤 보다 증가했다.

다만 재활용률이 꾸준히 높아지고 있다는 점은 긍정적이다. 제주의 생활폐기물 재활용률은 20X5년 53.4%, 20X6년 57.0%, 20X7년 58.8%, 20X8년 60.9%, 20X9년 66.6%로 증가 추세에 있다.

그러나 지난해 코로나 여파로 관광객이 크게 감소했음에도 생활폐기물을 크게 줄이지 못한 점은 아쉬움으로 남는다. 제주도관광협회에 따르면 20X9년 입도관광객은 약 1천23만 6천104명으로, 20X8년 1천528만 5천397명보다 504만 9천293명이 줄었다. 관광객은 33.0% 줄었지만, 쓰레기 발생량은 5.4% 줄어든 데 그친 점을 감안하면 쓰레기 배출량 감소폭은 크지 않았다. 김○○ 제주 환경운동연합 국장은 "지난해 제주를 찾은 관광객이 많이 줄었음에도 불구하고 도내 쓰레기 감소가 크지 않았다는 것은 도내 정주인구가 배출하는 생활쓰레기가 그만큼 늘었다는 것을 의미한다."고 지적했다.

이에 제주특별자치도가 최근 '제주 환경보전을 위한 도정정책방향 도민 인식조사'를 실시한 결과, 도민들은 제주 환경문제 해결을 위해 가장 우선순위를 둬야 할 정책분야로 '생활쓰레기 문제 해결'을 꼽았다. '생활쓰레기 처리 대책'으로 가장 필요하다고 생각하는 정책은 '생활쓰레기 감량 및 일회용품 사용규제'가 40.9%로 가장 높게 나왔다.

일회용품 폐기물 발생량을 줄여야 한다는 목소리가 높지만 쉽지 않은 게 현실이다. 코로나19 등 감염 위험성이 있는 다회용 용기의 사용을 꺼리고 있는데다 코로나19 이전까지 사용을 금지했던 카페와 식당에서도 일회용품 사용을 재개하고 있다.

코로나19가 장기화되면서 앞으로도 플라스틱 컵 등의 사용량도 꾸준히 증가할 것으로 예상되는 만큼 환경 보전 대책 마련도 요구되고 있다.

15. 위 기사에 대한 설명으로 적절하지 않은 것은?

① 최근 5년간 제주의 생활폐기물 재활용률은 해마다 꾸준히 증가하였다.

② 지난해 비대면 소비문화로 일회용품 사용이 크게 증가하면서 제주에서도 재활용 쓰레기가 급증했다.

③ 지난해 코로나의 여파로 제주도는 관광객이 크게 감소함에 따라 생활폐기물도 크게 줄었다.

④ 제주도민들은 제주 환경보전을 위해 가장 우선해야 할 정책으로 '생활쓰레기 문제 해결'을 꼽았다.

16. 위 기사에 대한 이해를 돕기 위해 추가할 자료로 적절한 것은?

① 제주의 20X5 ~ 20X9년 생활폐기물 재활용률을 나타낸 막대그래프

② '도정정책방향 도민 인식조사'에 참여한 제주도민의 연령별 분포표

③ 한라산의 설경을 배경으로 찍은 관광객들의 단체 사진

④ 코로나19 선별진료소에서 수고하는 제주 의료진들의 인터뷰

[17 ~ 18] 다음은 IT회사인 ○○기업에서 직원들을 대상으로 한 '디지털 뉴딜 시대의 보안 패러다임 변화'라는 강의이다. 이어지는 질문에 답하시오.

지금까지 우리는 IT 환경을 안전하고 신뢰할 수 있는 내부와, 위험하고 신뢰할 수 없는 외부로 구분했습니다. 보안의 기본은 외부에서 내부로 가해지는 위협을 차단하는 방어위주의 전략이었지만 이제 한계에 도달했습니다. IT 인프라와 데이터는 내부에만 머무르지 않기 때문입니다. 물리적 경계는 의미가 없으며 시간 제약도 사라졌습니다. 사용자도 단말도 데이터도 절대 신뢰와 안전을 보증할 수 없는 Anytime, Anywhere, AnyDevice의 시대로 빠르게 바뀌고 있는 추세입니다. 이러한 변화 속에서 과거 IP 기반(영역기반)의 보안 모델은 힘을 잃어 가고 있으며, 일부 영역에는 여전히 의미가 있겠으나 전체 IT 환경을 위한 보안 모델로는 부적합할 수밖에 없습니다.

보안의 패러다임은 시스템과 시설 장비 중심에서 데이터 중심으로 변화되고 있으며, 무조건 막는 보안에서 중요한 것만 막는 전략적인 위험 관리, 전문가 또는 전문조직 중심의 보안에서 모든 구성원의 보안으로 변화하고 있습니다.

디지털 트랜스포메이션 환경은 시스템, 서비스, 데이터, 프로세스 등의 자원이 언제, 어디서든, 어떤 장치로든 접근이 가능해야 합니다. 그 핵심은 ZTNA(Zero Trust Network Access)에 있습니다. ZTNA는 (㉠   )의 보안 운영 방법으로, 클라우드 · IoT와 같이 물리적인 경계 없이 접근 가능한 보안 정책이며, IP 중심의 접근 통제가 아닌 데이터/서비스 중심의 접근 중심 철학입니다.

---

17. 위 강의를 듣고 난 다음 직원들의 반응으로 적절하지 않은 것은?

① 이제 단말도 데이터도 함부로 신뢰할 수 없는 불확실성의 시대이군.

② IP 기반의 네트워크 보안 솔루션에 대한 수요와 투자가 더욱 증가하겠군.

③ 원격 교육이 확산된다면 데이터 노출을 보호해 주는 개인용 PC나 디바이스 진단 사업이 각광받겠군.

④ 보안부서에 속한 직원이 아니라도, 가능하면 모든 직원들을 위해 보안 교육 프로그램을 마련하는 것이 좋겠군.

18. 강의 내용의 문맥에 따라 빈칸 ㉠에 들어갈 내용으로 적절한 것은?

① IP를 기반으로 무엇이든 막는 보안의 개념

② 물리적인 장비의 보안을 확실하게 하는 개념

③ 모든 접근을 의심하고, 점검 및 모니터링 한다는 개념

④ 신뢰할 수 있는 내부와 신뢰할 수 없는 외부를 분명하게 구분하는 개념

[19 ~ 20] 다음 ○○공사 신입사원 연수자료를 읽고 이어지는 질문에 답하시오.

(가) 우리나라는 대부분의 천연가스를 수입에 의존하고 있으며, 장기계약을 맺은 천연가스 생산국에서 국내로 들여옵니다. 이때 나라마다 계약 시점이나 책정 가격 등이 달라 가격에 차이가 생기는데, 이 차이를 없애기 위해 ○○공사는 평균 가격으로 가스를 공급하는 '평균요금제'를 실시해 왔습니다. 하지만 구매자 우위 시장으로 변화하는 상황에서 20년 이상 장기계약을 평균가격으로 적용하는 요금제가 비효율적이라는 결론에 이르자 LNG 도입 계약을 각 발전기와 개별 연계해 발전사들의 선택권을 확대하는 '개별요금제' 도입의 필요성이 제기됩니다.

(나) ○○공사의 발전용 개별요금제는 발전사에는 자사의 발전기 사정에 맞게 경제적으로 LNG를 구매할 수 있다는 점과 대규모 사업자뿐 아니라 직접 수입이 어려운 중소규모의 발전사 간 공정경쟁 환경을 조성한다는 점 등의 이점을 가지고 있습니다. 또한 공사는 가스도매업자로서 적절한 LNG 비축 등으로 종합적인 천연가스 수급관리 안정에 기여할 수 있으며 소비자에게는 전기 요금 인하라는 효과를 가져다 줄 것으로 기대됩니다. 전기 요금이 저렴해지는 것은 ○○공사의 구매력이 발휘돼 천연가스를 싸게 수입해 오는 것에 대해 LNG 원료비에 이윤을 추가하지 않아 발생되는 효과입니다.

19. A 사원이 위 내용으로 연수를 받고 LNG 개별요금제에 대해 요약할 때, ㉠ ~ ㉣에 들어갈 단어가 올바르게 묶인 것은?

> LNG 개별요금제란 ○○공사가 (㉠   )와/과 직접 가격 협상을 진행하는 제도로, 동일 가격으로 전체 발전사에 공급하던 기존의 (㉡   )와 달리 (㉢   )의 선택권을 확대한 제도이다. 개별요금제는 (㉣   )에게도 영향을 미칠 것으로 보인다.

	㉠	㉡	㉢	㉣
①	천연가스 생산국	평균요금제	발전사	소비자
②	개별 발전사	평균요금제	천연가스 생산국	공급자
③	개별 발전사	평균요금제	발전사	소비자
④	천연가스 생산국	동일가격책정제	가스도매업자	공급자

20. A 사원이 (가)와 (나) 문단에 제목을 붙인다고 할 때 적절한 것은?

① (가)-개별요금제의 탄생 배경
② (가)-평균요금제와 개별요금제의 이점
③ (나)-LNG 비축으로 나타나는 천연가스 수급 안정
④ (나)-대규모 사업자와 중소규모 발전사 간의 경쟁

제 2 영역

↳ 평가시간은 영역별로 제한하지 않으나 각 영역별 15분을 권장합니다.

21. 업무용 명함에는 일반적으로 성명, 직장 주소, 직장 내 직위 등과 같은 정보가 기재되어 있다. 다음 중 업무상 명함을 주고받을 때 주의해야 하는 사항에 대해 잘못 알고 있는 사람은?

① A : 명함은 오른손으로 상대방에게 건네고, 받을 때에는 두 손으로 받는 것이 예의예요.

② B : 명함에는 이름, 사명, 직급 등을 표시해 두는 것이 좋겠어요.

③ C : 명함은 아랫사람이 먼저 건네야 해요.

④ D : 명함을 받고 바로 지갑에 넣어 보관하는 것이 좋습니다.

22. 다음은 경영전략의 추진과정을 나타낸 순서표이다. 빈칸에 들어갈 내용이 올바르게 묶인 것은?

경영전략	전략목표설정	▶	(A)	▶	(B)	▶	경영전략실행	▶	(C)
추진내용	비전 설정 미션 설정	▶	(가)	▶	조직전략 사업전략 부문전략	▶	(나)	▶	(다)

　　　　　　경영전략　　　　　　　　　　　　　　추진내용

① (A) 경영전략도출　　　　　　(나) 조직의 내, 외부 환경분석

② (C) 평가 및 피드백　　　　　(가) 전략목표 및 경영전략 재조정

③ (B) 환경분석　　　　　　　　(나) 조직의 내, 외부 환경분석

④ (C) 평가 및 피드백　　　　　(다) 경영 전략 결과 평가

23. 다음 대화의 주제와 관련된 특성을 가진 문서로 옳은 것은?

> 이 사원 : 상반기 부서별 사무용품 구입과 관련하여 결재를 올리려고 하는데 어떻게 문서를 작성해야 할지 모르겠어요.
>
> 박 사원 : 문서의 특성이 업무를 진행할 때 업무와 집행 결정권자에게 특정 안건에 대한 수행을 목적으로 의사를 표시하여 승인할 것을 요청하는 문서잖아요? 업무 활동에 대하여 증인을 요구하는 문서이기 때문에 정확한 정보를 담도록 하고 특히 수치(수량, 금액) 등의 내용이 정확하게 표현되도록 하는 것이 중요하다고 생각해요.
>
> 이 대리 : 맞아요. 물품구입과 관련된 문서는 사소한 내용이라도 관련된 모든 내용을 빠짐없이 꼼꼼하게 작성하고 누구나 쉽고 빠르게 파악할 수 있도록 간단하고 명료하게 작성해야 합니다.

① 계획서 ② 결의서

③ 제안서 ④ 보고서

24. 다음 중 빈칸 (가) ~ (다)에 들어갈 내용이 올바르게 묶인 것은?

> 경영자의 권한인 의사결정과정에 근로자 또는 노동조합이 참여하는 것을 (가)라한다. 대표적으로 노사협의회는 노사 대표로 구성되는 합동기구로서 생산성 향상, 근로자 복지 증진, 교육훈련, 기타 작업환경 개선 등을 논의한다. 자본참가는 근로자가 조직 재산의 소유에 참여하는 것을 말한다. 자본참가 방법의 한 형태로 근로자가 경영방침에 따라 회사의 주식을 취득하는 (나)가 있다. (다)는 조직의 경영성과에 대하여 근로자에게 임금 이외의 형태로 대가를 배분하는 것이다. 이를 통해 조직체에 대한 구성원의 몰입과 관심을 높일 수 있다.

	(가)	(나)	(다)
①	의사결정참가	노동주제도	보상참가
②	노사참가	종업원지주제도	보상참가
③	의사결정참가	종업원지주제도	이윤참가
④	노사참가	노동주제도	이윤참가

25. 다음 〈보기〉 중 빈칸 ㉠에 들어갈 내용으로 적절한 것은?

상황 분석	• 고객이 일시에 몰리는 현상이 자주 발생하여 예약 제도를 활성화시킴. • 수요가 집중되는 시기에는 이를 충족하는 보완 서비스 제공함. • 종업원이 본인 업무 외 다른 업무의 진행상황을 인식하지 못함.

↓

방안 모색	• 수요가 집중되는 시기에는 무인발급기나 대기표 발급기 등을 설치하는 다양한 방법 모색 • 수요 분산을 위해 비수기 수요를 자극할 수 있는 할인 혜택 마련 및 프로모션 진행 계획 수립 • 수요 분산 실패 시 새로운 대응 방안 모색

↓

대응 방안	(㉠)

보기

ㄱ. 서비스 수준의 제한
ㄴ. 고객이 참여하는 활동 증대
ㄷ. 고객에 대한 공정한 대우
ㄹ. 직무순환을 통한 종업원 능력의 다양화

① ㄱ, ㄴ 　　② ㄱ, ㄹ
③ ㄴ, ㄹ 　　④ ㄷ, ㄹ

26. 다음은 ○○그룹의 업무별 정의이다. 각 업무를 효율적으로 추진하기 위한 방안으로 옳지 않은 것은?

핵심업무	운영업무	관행업무
수익창출 과정에서 없어서는 안 되는 중요 업무 → 경쟁력 강화 방안 검토	정기적이고 반복적인 기본 상시 업무 → 간소화, 자동화 등 검토	요식성, 형식적인 무목적성 업무 → 업무슬림화, 시간단축 등 검토

① 형식적인 회의와 공유 목적 회의 간에 차별화를 둔다.
② 통합DB를 구축하여 내부 자료를 효율적으로 관리한다.
③ 각 팀별 유사한 내용은 보고서를 통합하여 작성 및 관리한다.
④ 대인보고 및 회의시간 확대를 통하여 관행업무를 더욱 강화한다.

27. 다음은 마케팅회사인 ○○기업에 대한 SWOT 분석 자료이다. 이에 따른 전략으로 적절하지 않은 것은?

강점	약점
• 다수의 프로젝트 참여 및 마케팅 수행경험 • 높은 브랜드 인지도 • 독자적 온라인 플랫폼 기술 보유	• 경쟁업체 진입으로 점유율 하락 • 다소 높은 제품 가격 • 제품표준화로 인한 개인맞춤형 전략수행의 한계
기회	위험
• 온라인 마케팅 시장의 지속적인 성장 • ICT 기술보급 및 정부 재정지원 정책의 다양화 • 1인 미디어 시장의 확대	• 다양한 마케팅 업체 진입에 따른 경쟁 심화 • 트렌드 변화에 대해 민감한 소비자 반응 • 온라인 마케팅에 대한 낮은 고객 신뢰도

① ST전략 – 높은 브랜드 인지도를 활용하여 소비자들의 낮은 신뢰성을 제고하고 마케팅 효과 측정을 통해 제품효과성 입증

② SO전략 – 온라인 플랫폼의 독자적 기술력을 강화하여 정책과 인계 가능한 차별화된 상품 개발

③ WO전략 – 심화되고 있는 경쟁을 극복하기 위해 높은 브랜드 인지도를 활용하여 고객 홍보활동 수행

④ WT전략 – 민감한 소비자의 반응을 조사해 다소 높은 제품의 가격을 낮추어 조정한다.

28. 다음 중 ○○기업 현 조직구조에 대한 대응 방안으로 제시된 조건의 특성을 모두 고른 것은?

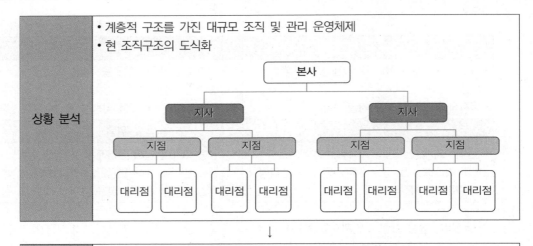

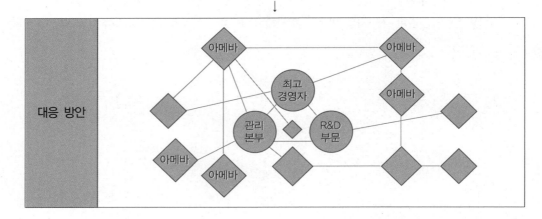

ㄱ. 각 집단이 독립성을 갖고 문제를 바로 수정 및 개선한다.
ㄴ. 구성원들이 동등한 지위와 책임을 가지며 자율성을 기본으로 하여 협동한다.
ㄷ. 목표에 따라 편성이나 변경, 분할과 증식의 특징을 지닌 유연한 조직이다.
ㄹ. 조직의 모든 직위들은 권한의 계층이 뚜렷하게 구분되는 특징을 가진다.

① ㄱ, ㄴ   ② ㄱ, ㄹ
③ ㄴ, ㄷ   ④ ㄷ, ㄹ

29. 다음은 ○○기업에서 기업 내 벤처기업을 설립하기 위한 방안이다. (가)에 해당하는 기업 유형의 명칭으로 옳은 것은?

〈기업 내 벤처기업 설립 방안〉

상황	• 특정 사업부서가 가진 독자적인 고도화된 기술을 상용화시켜야 함. • 특정 사업부서의 기술 개발진이 기업으로부터 독립을 원함.
해결 방향	• 특정 사업부서를 특화시켜 사내 벤처기업을 설립
설립 조건	• 신속하고 유연하며 탄력적인 지배구조를 가져야 함. • 이사나 감사가 필요하기는 하나 선임하지 않아도 됨. • 수익 분배의 문제나 지분 양도 등의 문제들 또한 자율적으로 정할 수 있음. • 출자자가 직접 경영에 참여할 수 있으며 각 사원이 출자금액만을 한도로 책임을 짐.
결론	• (가) 형태의 기업을 설립하기로 함.

① 합자회사
② 합명회사
③ 유한회사
④ 유한책임회사

30. 다음 중 회의주제에 적절한 의견을 제시한 사람을 모두 고르면?

박 부장 : 우리 마케팅부서에서는 내년에 출범할 신사업 분야로 엔터테인먼트 산업에 진출하기 위한 전략회의를 진행하고자 합니다.

김 과장 : 네, 다음 내용은 회의 주제입니다.

1. 회의 주제 : 엔터테인먼트 산업분야 진출
2. 배경 : • 휴대기기의 발달 및 게임산업의 발달로 인한 신흥 유니콘 기업의 탄생
       • 정서 서비스 산업으로 불리는 5차 산업으로의 진화
3. 엔터테인먼트 산업의 특징에 대한 의견

이 사원 : 콘텐츠에 대한 복제비용이 거의 없어 규모의 경제가 가능합니다.
한 주임 : OSMU(One Source Multi Use)의 구조로 수익창출 극대화가 가능합니다.
신 사원 : 창구효과(Windows Effect)가 존재하고 있어 상당한 투자금이 요구됩니다.
구 대리 : 문화적 장벽이 낮을 경우 문화적 할인(Cultural Discount)이 높아지는 특징이 있습니다.

① 이 사원, 한 주임
② 이 사원, 구 대리
③ 한 주임, 신 사원
④ 신 사원, 구 대리

31. 다음은 (주)○○기업의 발전과정이다. (주)○○기업의 2010년대 경영자에 대한 설명으로 적절한 것은?

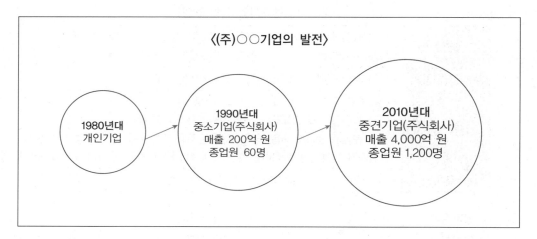

《(주)○○기업의 발전》

1980년대
개인기업

1990년대
중소기업(주식회사)
매출 200억 원
종업원 60명

2010년대
중견기업(주식회사)
매출 4,000억 원
종업원 1,200명

① 기업 출자자인 동시에 경영을 맡고 있다.

② 기업경영상 발생하는 위험을 직접 부담한다.

③ 주주들로부터 경영권을 위탁받아 기업을 경영한다.

④ 소유와 경영을 포함하여 기업성장에 필요한 혁신활동을 개인적 책임하에 수행한다.

32. 다음 중 조직의 체제를 구성하는 요소들에 대한 설명으로 옳은 것을 모두 고르면?

ㄱ. 조직목표는 조직이 달성하고자 하는 장래의 상태이다.
ㄴ. 조직의 구조는 조직의 부문 사이에 형성된 관계로 조직구성원들의 공유된 생활양식이나 가치를 의미한다.
ㄷ. 조직도는 조직 구조뿐만 아니라 구성원들의 임무, 수행과업, 일하는 장소들을 파악할 수 있게끔 한다.
ㄹ. 조직의 규칙과 규정은 조직구성원들의 행동범위를 정하고 일관성을 부여해 준다.

① ㄱ, ㄴ

② ㄱ, ㄹ

③ ㄴ, ㄷ

④ ㄷ, ㄹ

33. 정부 부처 대표로 국제행사에 참석한 유 국장은 다음과 같은 현안을 해결해야 한다. 〈보기〉의 회의 내용으로 볼 때, 갈등의 주된 원인으로 적절한 것은?

카스피 해에는 제2의 페르시아 만으로 불릴 만큼 석유와 천연가스가 많이 매장되어 있다. 카스피 해는 연안선이 러시아 연방, 카자흐스탄, 아제르바이잔, 투르크메니스탄, 이란과 접해 있어 이곳의 석유를 확보하기 위한 국가 간의 경쟁이 치열하다.

보기

- 사회자 : 일단, 참석해 주셔서 감사합니다. 오늘의 토론 주제는 '카스피 해의 국경, 어떻게 정해야 하는가?'입니다. 오늘 카자흐스탄 대표와 이란 대표를 모시고 각국이 주장하는 국가 간 경계에 대해 논의해 보도록 하겠습니다.
- 카자흐스탄 대표 : 카스피 해는 바다입니다. 현재의 국경선 비율에 따라 카스피 해를 나누어 인근 국가들이 각자 관리해야 합니다. 더불어 매장된 자원의 소유권도 이와 같이 나누어야 합니다.
- 이란 대표 : 제 생각은 다릅니다. 카스피 해는 바다가 아닌 호수입니다. 인근에 위치한 5개 국가가 카스피 해를 똑같이 20%씩 나누어 관리해야 합니다. 매장된 자원의 소유권에 대한 관리도 마찬가지입니다.

① 자원의 편재성에 대한 합리적 해결 방안
② 유전 국유화를 둘러싼 국가 간의 갈등
③ 자국의 이익만을 취하려는 자원민족주의
④ 특정 지역을 차지하기 위한 갈등

34. 다음은 ○○기업에서 실행한 미래산업구조의 변화 교안이다. (가) ～ (라)에 대한 설명으로 옳은 것을 모두 고르면?

〈미래산업구조의 변화 교안〉

학습주제	미래의 산업구조
학습목표	• 미래의 산업구조를 설명할 수 있다. • 미래의 산업구조를 이해하여 신규 사업분야를 모색할 수 있다.
준비물	빔 프로젝터, PPT 자료, 동영상 자료
학습 내용	
(가)	무병장수와 식량 문제 해결 등 삶의 질 향상에 필수적인 기술로, 21세기에 고부가 가치의 신산업을 창출할 가능성이 높다.
(나)	디지털 미디어를 이용하여 첨단 문화 예술 산업을 발전시키는 기술로, 단순히 콘텐츠의 교류에 그치지 않고 다양한 분야에 영향을 미치기 때문에 파급 효과가 높을 것으로 예상된다.
(다)	환경오염을 저감 · 예방 · 복원시키는 기술로, 환경과 관련한 교육, 정보 제공, 컨설팅 등의 산업은 높은 성장을 나타낼 것으로 예상된다.
NT산업	초미세 기술로 물질을 원자, 분자 크기의 수준에서 조작 · 분석하고, 이를 제어할 수 있는 과학 기술이다.
(라)	위성체, 발사체, 항공기 등의 개발과 관련된 복합 기술로, 선진국의 기술 장벽이 높아 정부 차원에서 육성할 필요가 있다.

ㄱ. (가)에는 'ET산업'이 들어가는 것이 적절하다.
ㄴ. (나)에는 'CT산업'이 들어가는 것이 적절하다.
ㄷ. (다)에 들어갈 산업은 (가)에 들어갈 산업이 고도화되면서 나타난다.
ㄹ. (라)에 들어갈 산업은 ST산업 또는 AI(Aerospace Industry)라고도 부른다.

① ㄱ, ㄴ   ② ㄱ, ㄷ
③ ㄴ, ㄹ   ④ ㄷ, ㄹ

35. 다음 대화를 참고하였을 때 ㉠에 들어갈 기업형태로 적절한 것은?

A : 그동안 준비해 왔던 아이디어를 구체화하여 기업을 설립하고 싶어 컨설팅을 요청합니다. 저희 기업의 아이디어는 고도의 기술을 보유하고 있는 것으로 의사결정은 매우 신속하고 탄력적으로 이루어져야 하기에 이사나 감사와 같은 형식적인 기관설립은 있어도 되고 없어도 된다고 생각합니다.

B : 그렇다면 (㉠) 형태의 기업설립이 가능합니다. 이 형태의 기업은 투자자들의 유한책임과 함께 이사와 감사를 선임하지 않아도 되며, 신속하고 유연하며 탄력적인 지배구조를 가지고 있고, 출자자가 직접 경영에 참여할 수 있습니다. 또한, 각 사원이 출자금액만을 한도로 책임을 지고 수익 분배의 문제나 지분 양도 등의 문제를 또한 자율적으로 정할 수 있어 초기 상용화에 어려움을 겪는 벤처 창업에 적합하다는 특징을 가집니다.

① 협동조합

② 합명회사

③ 주식회사

④ 유한책임회사

36. 김동국 사원은 프로젝트 일정관리를 위해 다음과 같은 형태의 스케줄 관리표를 작성하였다. 작성된 관리표의 특징으로 옳은 것은?

순번	상위업무	세부업무	10월 1주					10월 2주					10월 3주					10월 4주				
			1	2	3	4	5	1	2	3	4	5	1	2	3	4	5	1	2	3	4	5
1	아이템 계획	아이템선정	■	■	■																
2		임원구성			■	■															
3	아이템 제작	고객반응조사						■	■	■	■										
4		홍보방안수립									■	■	■	■	■						
5	결과 보고	보고서작성													■	■	■	■			
6		최종보고서제출																			■

① 업무와 각 단계를 효과적으로 수행했는지 점검 가능하며 업무의 세부적 활동들에 대한 수행수준 달성 여부를 확인하는 데 효과적이다.

② 일의 흐름을 동적으로 표현하여 협업할 수 있는 업무와 도구를 사용해야 하는 업무를 구분해서 확인할 수 있다.

③ 주된 업무와 부수적인 작업을 도형으로 표현함으로써 주된 업무와 세부 절차를 구분할 수 있다.

④ 단계별 업무에 대해 작성하고 소요되는 시간을 체크하여 전체일정을 확인하고 소요되는 시간과 업무활동 사이의 관계를 파악하여 일정을 관리할 수 있다.

37. 다음은 ○○기업 상품들에 대한 BCG 매트릭스의 결과이다. (가) ~ (라)에 들어갈 전략으로 올바르게 묶인 것은?

구분	내용
(가)	• 성장률과 시장점유율이 높아서 지속적으로 광고 예정 • 향후 집중적으로 지속적 투자 고려
(나)	• 현재 시장점유율이 높으며 지속적 이윤을 창출하고 있어 당분간 광고 예정 • 다만 앞으로 지속적 성장이 어려운 상품이므로 투자는 보류
(다)	• 상대적으로 낮은 시장점유율과 높은 성장률을 보이는 제품 • 투자의 경우 잠시 보류하고 향후 추이를 검토하여 투자 예정
(라)	• 낮은 성장률과 시장점유율을 보이는 상품 • 조만간 시장에서 철수를 검토하고 있음.

	(가)	(나)	(다)	(라)
①	현금젖소	물음표	개	스타
②	스타	현금젖소	물음표	개
③	스타	현금젖소	개	물음표
④	물음표	스타	현금젖소	개

www.gosinet.co.kr gosi**net**

1회 한국남동발전

2회 한국중부발전[사무]

3회 한국중부발전[기술]

4회 한국동서발전

5회 한국서부발전

6회 한국남부발전

인성검사

면접가이드

38. 다음은 생산성 향상을 위해 3정5S 활동을 추진하기 위한 (주)한국의 공정혁신 활동 추진 방법이다. 각 항목에 맞게 제시한 관리 대책으로 적절하지 않은 것은?

항목		정의	관리대책
5S	정돈	필요한 것을 사용하기 쉽게 제자리에 놓아 누구나 알 수 있도록 하는 것	㉠
	청소	항상 깨끗하고 정상적인 상태로 점검 및 유지하는 것	㉡
	정리	불필요한 것을 과감히 제거하는 것	㉢
	청결	정리, 정돈, 청소된 상태를 철저하게 유지하고 관리(개선)하는 것	㉣
	습관화	정해진 것을 정해진 대로 올바르게 실행할 수 있도록 습관화하는 것	상사의 솔선수범과 효과적인 지적이 필요
3정	정품	모든 제품을 규격화하여 항상 일정한 규격을 유지하는 것	품목 및 수량을 표시
	정량	정위치에 정품이 정량으로 유지되게 하는 것	용기 표준화
	정위치	각 물건을 두는 위치를 알기 쉽도록 미리 정해 주는 것	목록표 작성

① ㉠-보관해야 할 적정 수량을 정하고 꺼내기 쉽게 한다.

② ㉡-개인분담, 공동관리 구역 등 청소 구역을 명확하게 지정한다.

③ ㉢-선반, 자재, 작업 공구류, 작업 지도서 등을 지정장소에 두어 한눈에 발견할 수 있는 상태로 유지한다.

④ ㉣-작업에 필요한 표시방법이 정해진 대로 되어 있는지, 그리고 한눈에 모아 규칙을 지키고 있는지를 알 수 있게 한다.

[39 ~ 40] 다음은 H 기업의 결재와 관련된 규정이다. 이를 토대로 이어지는 질문에 답하시오.

〈결재 규정〉

- 기인한 문서가 효력을 가지기 위해서는 결재를 필히 득해야 한다.
- 결재권자는 사무의 내용과 업무의 중요도 및 지출금액의 정도에 따라 이를 위임하여 전결하게 할 수 있으며, 이에 대한 세부사항은 위임전결규정으로 정한다.
- 결재권자가 출장, 휴가, 기타의 사유로 부재중일 때에는 결재권자보다 상급자가 대행하여 결재할 수 있으며 이를 대결이라고 한다.
- 위임전결 사안이 발생한 경우 상황에 맞춰 결재란에 전결 또는 대결을 표시하고 비고란에 최종결재자의 직급을 명시한다.
- 만약 결재 대상자가 출장 등의 상황으로 결재가 어려울 경우 해당 사유를 기입한다.
- 문서는 당해 문서에 대한 결재가 끝난 즉시 결재일자와 부서명을 번호 칸에 기입하고 왼쪽부터 부서기호, 보존기간, 제목순으로 문서등록대장에 등록한다.
- 문서등록번호는 연도별 일련번호로 하고, 전결로 처리한 문서는 문서등록대장의 수신처란에 전결자 혹은 대결자의 직책을 표시하여야 한다.
- 문서의 보존기간은 과장 이하 결재 시 3년, 차장 이하 결재 시 5년, 부장 이하 결재 시 10년으로 하며, 대결의 경우 대결자 직책에 따른다.

〈지출금액별 위임전결규정〉

부서명	부서기호	금액기준	대리	과장	차장	부장
총무팀	▲	100만 원 이하	●	■		
		500만 원 이하		●	■	
		500만 원 초과			●	■
기획팀	▶	100만 원 이하	●	■		
		300만 원 이하		●	■	
		300만 원 초과			●	■
연구팀	▼	200만 원 이하	●	■		
		500만 원 이하		●	■	
		500만 원 초과			●	■
인사팀	◀	50만 원 이하	●	■		
		300만 원 이하		●	■	
		300만 원 초과			●	■
관리팀	=	100만 원 이하	●	■		
		400만 원 이하		●	■	
		400만 원 초과			●	■

※ 전결 : ●, 대결 : ■

〈업무별 위임전결규정〉

부서명	부서기호	금액기준	대리	과장	차장	부장
총무팀	▲	공문서 접수 및 발송	●	■		
		급여명세서 작성	●	■		
		시간 외 근무		●	■	
		상여금 지급			●	■
기획팀	▶	홍보계획 수립		●	■	
		팀별 연간계획 수립			●	■
연구팀	▼	기술용역 계약		●	■	
		특허 출원			●	■
		네트워크 구축 및 개발		●	■	
인사팀	◀	승진후보자 평가			●	■
		직원 채용 계획			●	■
관리팀	=	본사차량 폐차 및 운행	●	■		
		기자재 관리		●	■	

※ 전결 : ●, 대결 : ■

1회 한국남동발전

2회 한국중부발전[사무]

3회 한국중부발전[기술]

4회 한국동서발전

5회 한국서부발전

6회 한국남부발전

인성검사

면접가이드

39. 위 결재규정을 바탕으로 할 때, 다음과 같은 결재 문서를 등록할 내용으로 옳은 것은?

결재일자 : 2021. 01. 04.					
업무기준	대리	과장	차장	부장	비고
홍보계획 수립	결재	출장	대결		차장

	번호	제목	수신처
①	2021. 01. 04. 기획팀	▲5년, 홍보계획 수립	차장
②	2021. 01. 04. 연구팀	▶3년, 홍보계획 수립	과장
③	2021. 01. 04. 기획팀	▲3년, 홍보계획 수립	차장
④	2021. 01. 04. 기획팀	▶5년, 홍보계획 수립	차장

40. 총무팀에서 240만 원에 해당하는 지출금액이 발생하였고, 현재 총무팀 부장과 과장은 출장 중이다. 이때 작성된 결재양식으로 옳은 것은?

①

지출기준	대리	과장	차장	부장	비고
500만 원 이하	결재	전결			과장

②

지출기준	대리	과장	차장	부장	비고
500만 원 초과	결재	출장	대결		차장

③

지출기준	대리	과장	차장	부장	비고
500만 원 이하	결재	출장	대결		차장

④

지출기준	대리	과장	차장	부장	비고
500만 원 초과	결재	결재	전결		차장

1회 한국남동발전

2회 한국중부발전[사무]

3회 한국중부발전[기술]

4회 한국동서발전

5회 한국서부발전

6회 한국남부발전

인성검사

면접가이드

제3영역

✎ 평가시간은 영역별로 제한하지 않으나 각 영역별 15분을 권장합니다.

41. ○○기업에 근무하는 김 사원은 자재 보관 업무를 담당하고 있다. 다음 중 김 사원이 자재 보관을 위한 창고 레이아웃(Layout)을 설정할 때 지켜야 할 기본 원리로 적절하지 않은 것은?

① 자재의 취급 횟수를 감소시켜야 한다.
② 물품, 운반기기 및 사람의 역행 교차는 피하여야 한다.
③ 통로, 운반기기 등의 흐름 방향은 직진성에 중점을 둔다.
④ 여분의 공간을 충분히 확보하기 위해서 배수 관계를 고려한다.

42. 다음에서 설명하는 조직차원에서의 인적자원의 특성으로 옳은 것은?

> 인적자원은 자연적인 성장과 성숙은 물론, 오랜 기간 동안에 걸쳐서 개발될 수 있는 많은 잠재능력과 자질을 보유하고 있다. 환경변화와 이에 따른 조직변화가 심할수록 현대조직의 인적자원관리에서 차지하는 중요성이 더욱 커지고 있다.

① 개발가능성   ② 전략적 중요성
③ 능동성   ④ 환경적응성

43. 다음은 자원낭비요인의 특징과 사례를 정리한 자료이다. ⊙ ~ ⓔ에 해당하는 자원낭비요인을 바르게 연결한 것은?

자원낭비요인	사례
⊙	A 사원은 내일 오전에 외부미팅이 있어 일찍 출근해야 하는 상황에서 저녁에 친구들과 만나 늦은 시간까지 함께하다가 결국 다음 날 지각하였다.
ⓒ	프로젝트를 진행하는 B 사원은 자신의 능력으로 충분히 정해진 기일에 맞춰 완료가 가능할 것으로 생각하고 업무를 진행하였지만 실제 업무진행에서 생각보다 과업의 범위가 넓어 결국 정해진 기일을 맞출 수 없었다.
ⓒ	처음으로 요리를 하던 C 사원은 인터넷으로 레시피를 확인하고 직접 음식을 만들어 보았다. 하지만 조리 중 여러 가지 변수상황이 발생하였고 완성된 음식을 먹어 보니 처음 기대했던 맛이 아니었다.
ⓔ	D 사원은 환경오염에 대한 인식을 가지고 있음에도 항상 일회용품을 사용하고 있다.

① ⊙ 자원에 대한 인식 부재, ⓒ 편리성 추구

② ⊙ 비계획적 행동, ⓒ 노하우 부족

③ ⓒ 자원에 대한 인식 부재, ⓔ 노하우 부족

④ ⓒ 비계획적 행동, ⓔ 편리성 추구

44. ○○산업에 근무 중인 김 부장은 전국적으로 시공하고 있는 아파트 건설현장 감독관들에게 작업의 우선순위를 다음과 같이 지시하였다. 다음 중 김 부장이 지시한 우선순위로 옳은 것을 모두 고르면?

> ㄱ. 납기가 가장 급박한 순서부터 작업한다.
> ㄴ. 최대 공정 수를 가지는 것부터 작업한다.
> ㄷ. 작업 지시가 먼저 이루어진 것부터 작업한다.
> ㄹ. 작업에 소요되는 시간이 많은 것부터 작업한다.
> ㅁ. 납기일에서 잔여작업일수를 뺀 시간이 가장 적은 것부터 작업한다.

① ㄱ, ㄴ, ㄷ   ② ㄱ, ㄷ, ㅁ

③ ㄴ, ㄷ, ㄹ   ④ ㄷ, ㄹ, ㅁ

45. 다음은 ○○기업이 매출액 증대를 위해 문제를 해결하는 과정이다. 해결 방안에 해당하는 사례로 적절한 것은?

상황분석	• 신상품 개발에 어려움을 겪고 있음. • 신규 매장인력 채용에는 한계가 있음. • 매장을 찾는 고객들은 굿즈(goods) 상품을 좋아함.

↓

대안 탐색	• 상호협력 관계에 있는 업체를 모색함. • 협업이 가능한 업체와 매출액 증대를 위한 방안 모색

↓

결론	협력업체와 전략적 제휴를 통하여 촉진전략을 수행함.

① 협력업체와 신제품을 공동으로 시장에 출시함.

② 협력업체 유명 캐릭터가 포함된 본사 상품을 출시함.

③ 본사 상품 배달 시 협력업체 배송차량을 같이 이용함.

④ 협력업체와 제휴하여 상호간에 가격 할인상품을 공유함.

46. 다음의 A ~ C와 인력배치 유형이 바르게 연결된 것은?

A	작업량과 조업도, 여유 또는 부족 인원을 감안하여 소요인원을 결정하여 배치하는 것
B	적성에 맞고 흥미를 가질 때 성과가 높아진다는 가정하에 팀원을 배치하는 것
C	팀의 효율성 제고를 위해 구성원의 성격이나 능력 등과 가장 적합한 위치에 배치하여 개개인의 능력을 최대로 발휘해 줄 것을 기대하는 것

	A	B	C
①	질적 배치	양적 배치	적성 배치
②	질적 배치	적성 배치	양적 배치
③	양적 배치	적성 배치	질적 배치
④	양적 배치	질적 배치	적성 배치

47. 다음은 ○○기업의 9월 예산 사용내역에 관한 자료이다. 예산 항목 중 간접비용은 총 얼마인가?

〈○○기업 9월 예산 사용내역〉

1) 재료비	2,288만 원	5) 광고비	2,450만 원
2) 인건비	5,321만 원	6) 공과금	721만 원
3) 보험료	138만 원	7) 시설비	1,167만 원
4) 출장비	695만 원	8) 비품비	127만 원

① 986만 원   ② 3,436만 원

③ 5,724만 원   ④ 6,016만 원

48. 다음 회의록을 참고할 때 회의 결과를 반영할 수 있는 방법으로 옳은 것을 모두 고르면?

〈○○기업 회의록〉

일자 : 20XX년 8월 14일

장소 : 제1회의실

대상 : 박○○ 기획이사, 김○○ CFO, 박○○ CMO, 이○○ 관리실장

안건 : 재고관리전략

내용 : • 현재의 재고관리시스템은 상품의 실제 물량 흐름과 관계없이 먼저 구매한 상품을 먼저 판매하는 형태를 취하고 있음.

• 최근 인플레이션율이 상승함에 따라 매출액에 비하여 매출원가가 너무 낮게 책정되어 매출총이익이 과대 계상되고 있기에 자칫 연말 손익계산서상에 기업의 이익이 실제보다 과장되게 나타날 수 있음.

• 따라서 가능하면 현재의 인플레이션을 반영한 매출원가를 나타낼 수 있는 재고관리 방안으로 변경해야 함.

－하략－

ㄱ. 총평균법	ㄴ. 이동평균법
ㄷ. 후입선출법	ㄹ. 선입선출법

① ㄱ, ㄴ   ② ㄱ, ㄹ

③ ㄴ, ㄷ   ④ ㄴ, ㄹ

www.gosinet.co.kr gosinet

1회 한국남동발전
2회 한국중부발전[사무]
3회 한국중부발전[기술]
4회 한국동서발전
5회 한국서부발전
6회 한국남부발전
인성검사
면접가이드

49. 다음은 ○○자동차에서 생산하는 제품 A에 소요되는 부품에 대한 총 소요량과 기초 재고가 주어진 자재소요계획표의 일부이다. 빈칸 ㉠ ~ ㉢에 들어갈 값을 합한 계획 발주량으로 옳은 것은? (단, 부품의 조달 기간은 1주이고 발주량은 100의 배수로 한다)

〈자재소요계획표〉

(단위 : 개)

주		1	2	3	4	5	6
총 소요량		100		400	500		250
예상 가용량	180	80		80	80		30
순소요량							
계획 보충량				400	500		200
계획 발주량			(㉠)	(㉡)		(㉢)	

① 500

② 900

③ 1,100

④ 1,200

50. 다음은 ○○기업에서 사무용 데스크톱 컴퓨터를 구매하기 위한 결재안이다. 빈칸에 들어갈 결정안으로 옳은 것은?

- 목적 : 사무용 데스크톱 컴퓨터 구입
- 내역
  - 제품 비교

제품 속성	중요도	컴퓨터				
		S 브랜드	L 브랜드	H 브랜드	P 브랜드	K 브랜드
CPU	1	최상	최상	매우 양호	최상	매우 양호
RAM	2	매우 양호	양호	최상	보통	양호
A/S	3	양호	양호	양호	최상	양호
내구성	4	보통	양호	양호	양호	보통

  - 결정기준 : 각 속성의 수용수준을 양호로 하고, 조건을 수용하는 제품을 대상으로 다시 중요도 순으로 우수한 제품을 선정함.
  - 결정안 : (   )
  - 계정과목 : 비품. 끝.

① S 브랜드

② L 브랜드

③ H 브랜드

④ K 브랜드

[51 ~ 52] 다음은 ○○기업에서 부서배치를 위해 신입사원 A ~ E를 대상으로 실시한 시험의 결과이다. 이어지는 질문에 답하시오.

〈시험 결과〉

구분	정보능력	문제해결능력	대인관계능력	희망 부서
A	80	86	90	홍보기획팀
B	84	80	92	경영지원팀
C	85	90	87	미래전략팀
D	93	88	85	홍보기획팀
E	91	94	80	미래전략팀

※ 평가점수의 총점은 각 평가항목 점수에 해당 가중치를 곱한 것을 합산하여 구한다.
(평가항목별 가중치 : 정보능력＝0.3, 문제해결능력＝0.3, 대인관계능력＝0.4)

〈부서별 결원 현황〉

- 경영지원팀 : 1명
- 전산관리팀 : 1명
- 홍보기획팀 : 2명
- 미래전략팀 : 1명

51. A ~ E 중 평가점수의 총점이 가장 높은 1명을 우수 인재로 선발한다고 할 때, 적절한 직원은?

① A
② C
③ D
④ E

52. 시험 결과에 따라 총점이 높은 순서대로 희망 부서에 배치한다고 할 때, 다음 중 자신의 희망 부서에 배치되지 못하는 직원은?

① B
② C
③ D
④ E

53. 다음은 판매 시점 정보 관리 시스템(POS)에 대한 설명을 하기 위해 제시한 두 종류의 코드에 관한 예시자료이다. 이에 대한 설명으로 옳지 않은 것은?

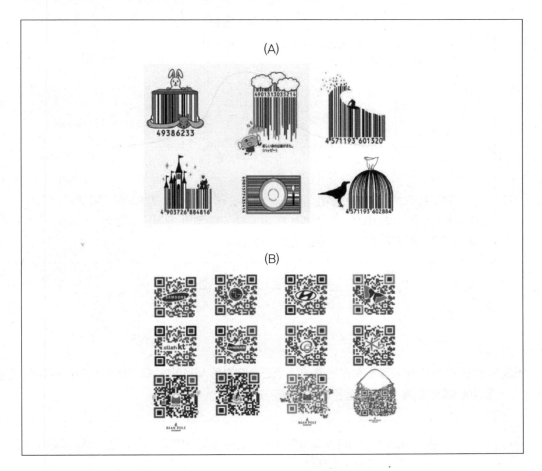

① A는 바코드, B는 QR 코드라고 한다.

② 이것을 이용하여 상품의 판매 시점, 판매 수량, 판매 가격, 재고의 양 등을 쉽게 파악하여 원활한 재고 관리를 할 수 있다.

③ B는 A에 비하여 격자무늬 패턴을 이용하여 보다 많은 정보를 넣을 수 있어 최근에 많이 활용되고 있다.

④ 처음에는 흑백의 무늬만을 이용하던 것을 최근 다양한 디자인으로 구성하게 되었으나 정보를 인식하는 데 불편함을 초래하고 있다.

54. 다음은 ○○전자에서 도입한 경영전략이다. 이에 대한 옳은 설명을 모두 고르면?

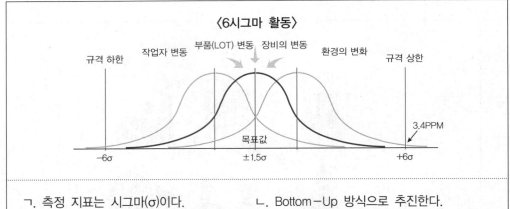

ㄱ. 측정 지표는 시그마(σ)이다.

ㄴ. Bottom-Up 방식으로 추진한다.

ㄷ. 사내 전문가 중심으로 추진한다.

ㄹ. 기본적인 관점은 기업의 관점이다.

ㅁ. 무결점 품질을 추구하는 물질 혁신 활동이다.

① ㄱ, ㄴ, ㄹ

② ㄱ, ㄷ, ㅁ

③ ㄴ, ㄷ, ㄹ

④ ㄴ, ㄹ, ㅁ

55. 다음은 K 씨가 A 기업을 설립한 후 이루어진 경영활동 내용이다. 〈보기〉에서 (가) ～ (다)의 경영활동에 대한 회계 처리로 옳은 것을 모두 고르면?

(가) K 씨는 100,000,000원을 출자하여 A 기업을 설립하였다. 이 회사는 일용 잡화에 대한 도소매를 주로 하는 기업이다.

(나) A 기업은 사무용 책상과 의자를 현금 300,000원에 구입하였다.

(다) A 기업은 업무용 팩스와 복사 용지(소모품) 2상자를 외상으로 100,000원에 구입하였다.

| 보기 |

ㄱ. (가)는 자산이 100,000,000원, 자본이 100,000,000원으로 회계 등식이 성립한다.

ㄴ. (나)는 자산(책상)이 증가하였고, 자산(현금)이 감소하였다.

ㄷ. (나)는 재무 상태에 변화가 없다.

ㄹ. (다)는 자산에는 변동이 없으나 부채가 증가한 경우이다.

① ㄱ, ㄴ

② ㄱ, ㄷ

③ ㄴ, ㄹ

④ ㄷ, ㄹ

56. 다음은 A 기업이 취급하는 품목의 창고 보관에 대한 회의 내용이다. 〈보기〉에서 최종 결론에 해당하는 방안으로 옳은 것을 모두 고르면?

상황 분석	• 취급 품목의 종류가 급속하게 증가함. • 물류 창고에 상자 단위로 적재하는데, 비정형적인 품목이 증가하고 있음.
대안	• 박스나 부대 등 개수 단위의 보관형태 이외의 대안을 모색함. • 저울이나 용적 등을 계측하여 보관하는 방법을 모색함.
최종 결론	계량 단위의 수량 조건을 활용하여 보관하고 거래처와의 거래에서도 계량 단위의 거래를 추가하기로 함.

보기

ㄱ. 길이   ㄴ. 그로스(Gross)
ㄷ. 면적   ㄹ. 다스(Dozen)

① ㄱ, ㄷ   ② ㄱ, ㄹ
③ ㄴ, ㄹ   ④ ㄷ, ㄹ

57. 다음은 ○○기업 신입사원들의 대화이다. ⊙에 대한 설명으로 옳지 않은 것은?

A : 잘 지내셨나요? 전 이번에 받은 첫 월급으로 부모님께 작은 선물을 드렸어요.
B : 네, 저도 마찬가지예요. 그런데 급여명세를 보니까 (⊙)하고 퇴직연금을 제외하고 난 실수령액은 생각보다 적더라고요.
A : 맞아요. 그래도 (⊙)에 대하여 사업주도 동일한 금액만큼 부담을 하고 있어서 퇴직이나 병원치료, 부득이한 실업 상황에 대해 보장받을 수 있으니 어쩌면 아주 적은 부담으로 미래에 대한 사회적 보장을 받는 제도라고 할 수 있죠.
B : 네, 그렇죠.

① 국민연금, 건강보험, 고용보험, 산재보험이 포함된다.
② 산재보험은 사업주가 100% 부담한다.
③ 보험요율이 가장 큰 것은 건강보험이다.
④ 국민연금과 건강보험은 하한가와 상한가가 정해져 있다.

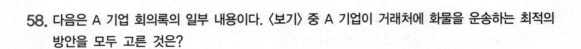

58. 다음은 A 기업 회의록의 일부 내용이다. 〈보기〉 중 A 기업이 거래처에 화물을 운송하는 최적의 방안을 모두 고른 것은?

---

1. 일시 : 20X1. 06. 11.
2. 안건 : 신제품 "AG1201" 운송 방법 선택
3. 주요내용
   − 개요 : "AG1201"의 운송 관련 특징
   • 차량이나 선박보다는 열차를 이용하는 것이 유리함.
   • 기차 1량의 단위로 전세를 낼 정도의 주문은 발생하지 않음.
   • 개인이 소지하여 운송하기에는 크기와 중량 면에서 부피가 있음.
4. 결정내용
   • 철도 운송에서 최적의 운송 조건을 선택하기로 함.
   • 단, 적재 운임과 같은 낭비적 요소가 없어야 함.
   • 여객차 안에서의 운송도 가능함.

| 보기 |

ㄱ. 소급   ㄴ. 차급   ㄷ. 소화물   ㄹ. 수하물

① ㄱ, ㄴ   ② ㄱ, ㄷ   ③ ㄴ, ㄹ   ④ ㄷ, ㄹ

59. 다음은 ○○기업 총무팀 김 사원이 온라인 화상회의에 필요한 비품을 구매하기 위해 작성한 비품 구매신청서이다. 아래 신청서로 결재를 받은 후 카메라 1대와 마이크 5개가 더 필요하여 추가로 결재를 받았다고 할 때, 비품 구매를 위해 필요한 총 예산은 얼마인가?

비품 구매신청서			부서명 : 총무팀 작성자 : 김○○ 일자 : 202X년 XX월 XX일	
청구번호		◇◇-◇◇	결제	총무팀 박○○ 부장
청구일자		XX월 XX일	용도	화상회의 장비
번호	품명	수량	금액	용도
1	카메라	2대	530,000원/개	온라인 화상회의

2	스피커	2set	120,000원/set	온라인 화상회의
3	화이트보드	1개	80,000원/개	온라인 화상회의
4	마이크	4개	110,000원/개	온라인 화상회의

위 내용의 비품 구매를 신청합니다.

20△△년 △△월 △△일

신청인 : 김 ○ ○ (인)

① 1,900,000원 ② 2,400,000원

③ 2,900,000원 ④ 3,200,000원

60. 다음은 A 기업 최 사원이 작성한 국내 출장 여비 정산서이다. 이를 제출받은 총무부의 회계처리 후 차변에 나타날 계정과목으로 옳은 것은?

〈국내 출장 여비 정산서〉

소속	사업부	직위	사원	성명	최○○
출장 내역	일시	20△△년 7월 4일 ~ 20△△년 7월 5일			
	출장지	부산 B 박람회 및 거래처			
	출장목적	행사지원 및 거래처 상담			
출장비	지급받은 금액	400,000원	실제소요액	300,000원	원금회수액	100,000원
지출 내역	숙박비	70,000원	식비	60,000원	교통비	120,000원
	거래처 기념품구입	50,000원			

20△△년 7월 6일

신청인 성명 최 ○ ○ (인)

① 여비교통비 ② 가지급금, 여비교통비

③ 현금, 여비교통비 ④ 현금, 여비교통비, 접대비

제4영역

✎ 평가시간은 영역별로 제한하지 않으나 각 영역별 15분을 권장합니다.

61. 어떤 일을 A 사원이 혼자 하면 4시간이 소요되고, B 사원 혼자 하면 6시간이 소요된다고 한다. A 사원과 B 사원이 함께 작업할 때, 일이 끝나는 데 걸리는 시간은?

① 1시간 12분   ② 1시간 24분
③ 2시간 24분   ④ 2시간 30분

62. 아이스크림 가게에서 월 임대료가 8만 원인 기계를 20대 임대하려고 한다. 기계 한 대당 하루 매출이 1만 원일 때, 한 달 순수익은 얼마인가? (단, 한 달은 30일로 한다)

① 160만 원   ② 400만 원
③ 440만 원   ④ 600만 원

63. 현재 강의 수위는 대피령 발령 수위보다 1.1m 낮은 상태이며, 폭우가 쏟아지면서 강의 수위가 시간당 20cm씩 높아지고 있다고 한다. 대피 경보는 지금으로부터 몇 시간 후에 발령되는가?

① 4시간 50분   ② 5시간
③ 5시간 20분   ④ 5시간 30분

64. ○○기업 체육대회에서 7전 4선승제로 배드민턴 경기가 진행되고 있다. 경기에 출전한 A, B는 3번째 경기까지 진행된 결과 A가 2승 1패로 앞서고 있다고 한다. 두 사람이 각각 이길 확률은 서로 $\frac{1}{2}$로 같고 비기는 경우는 없다고 할 때, B가 우승할 확률은?

① $\frac{1}{4}$

② $\frac{3}{16}$

③ $\frac{5}{16}$

④ $\frac{2}{5}$

65. 다음은 한국사능력검정시험에 대한 자료이다. 이에 대한 설명으로 옳지 않은 것은?

〈한국사능력검정시험 응시자 및 합격자 수〉

(단위 : 명)

구분	응시자 수	합격자 수
여자	12,250	2,825
남자	14,560	1,588

① 한국사능력검정시험의 합격률은 15% 이상이다.
② 전체 응시자 중 남자의 비율은 50% 이상이다.
③ 전체 합격자 중 남자의 비율은 40% 이하이다.
④ 전체 합격자 중 여자의 비율은 약 61%이다.

[66 ~ 67] 전기요금계란 전기요금표에 따라 기본요금과 사용량에 따른 전력량 요금을 합한 금액으로, 전기요금 복지할인 대상에게는 대상별 할인요금을 감액한 금액이 전기요금계가 된다. 다음은 7 ~ 8월이 아닐 때 단독주택에 적용되는 전기요금표이다. 이어지는 질문에 답하시오.

기본요금(원/호)		전력량 요금(원/kWh)	
200kWh 이하 사용	910	처음 200kWh까지	93.3
201 ~ 400kWh 사용	1,600	다음 200kWh까지	187.9
400kWh 초과 사용	7,300	400kWh 초과	230.6

66. 대가족 할인 30%(월 16,000원 한도)를 받는 어느 단독주택에서 2월에 320kWh의 전기를 사용했다면, 이 주택의 전기요금계는 얼마인가? (단, 소수점 아래 첫째 자리에서 반올림한다)

① 26,808원
② 29,966원
③ 42,808원
④ 55,650원

67. (66번과 이어짐)2월에 320kWh의 전기를 사용하고 대가족 할인 30%(월 16,000원 한도)를 받은 어느 단독주택에서 장애인 할인 16,000원이 가능하다는 것을 뒤늦게 알게 되었다. 할인요금은 감액 요금이 큰 금액 한 가지만 적용할 수 있다면, 이 주택의 전기요금계는 어떻게 변화하는가? (단, 소수점 아래 첫째 자리에서 반올림한다)

① 전기요금계는 26,808원이다.
② 전기요금계는 29,966원이다.
③ 전기요금계는 3,158원 증가한다.
④ 전기요금계는 16,000원 감소한다.

68. 다음 그림과 같이 원 모양의 무선청소기가 오른쪽으로 a만큼 평행이동한 후, 위쪽으로 b만큼 평행이동하였다. 이 무선청소기가 지나간 색칠된 부분의 넓이가 $9 + \dfrac{5}{4}\pi$라고 할 때, $a+b$의 값은?

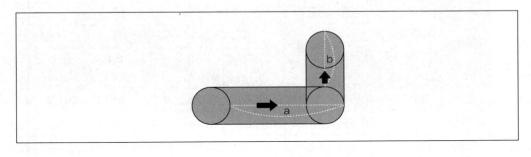

① 5   ② 6

③ 7   ④ 8

69. 다음은 어느 회사 직원들의 근속 기간을 정리한 자료이다. 근속 기간이 3년 이상 15년 미만인 직원은 몇 명인가?

근속 기간	0 ～ 1년 미만	0 ～ 3년 미만	0 ～ 5년 미만	0 ～ 10년 미만	0 ～ 15년 미만
직원 수(명)	32	126	328	399	(?)

- 근속 기간이 3년 미만인 직원의 수는 전체의 24%이다.
- 근속 기간이 10년 이상 15년 미만인 직원의 수는 근속 기간이 15년 이상인 직원 수의 2배이다.

① 345명   ② 349명

③ 353명   ④ 357명

70. 다음은 20X0 ~ 20X4년 동안 에너지기술개발 사업에 사용한 정부지원금 및 민간부담금의 현황을 나타낸 자료이다. 자료에 대한 올바른 설명을 〈보기〉에서 모두 고른 것은?

(단위 : 백만 원)

구분	총사업비 (A=B+C)	정부지원금		민간부담금					
		금액(B)	비율 (B÷A)	합계		현금부담		현물부담	
				금액 (C=D+E)	비율 (C÷A)	금액 (D)	비율 (D÷C)	금액 (E)	비율 (E÷C)
합계	561,710	408,747	72.8%	152,963	27.2%	48,257	31.5%	104,706	68.5%
20X0년	110,913	79,386	71.6%	31,527	28.4%	7,665	24.3%	23,862	75.7%
20X1년	109,841	77,136	70.2%	32,705	29.8%	8,885	27.2%	23,820	72.8%
20X2년	92,605	69,020	74.5%	23,585	25.5%	5,358	22.7%	18,228	77.3%
20X3년	127,748	94,873	74.3%	32,875	25.7%	12,972	39.5%	19,902	60.5%
20X4년	120,603	88,332	73.2%	32,271	26.8%	13,378	41.5%	18,893	58.5%

보기

㉠ 민간부담금의 비율은 20X2년에 가장 낮았다.
㉡ 민간부담금 중 현금부담은 20X3년에 가장 큰 폭으로 상승했다.
㉢ 20X1년 민간부담금 중 현물부담금은 총사업비의 25% 이상이다.
㉣ 20X4년 민간부담금 중 현금부담금은 정부지원금 대비 20% 이상이다.

① ㉠, ㉡
② ㉠, ㉣
③ ㉡, ㉢
④ ㉢, ㉣

71. 다음은 20X1년 주요국가의 석유 생산 및 소비를 나타낸 자료이다. 이에 대한 설명으로 옳지 않은 것은?

구분	석유 생산			구분	석유 소비		
	국가	백만 ton	20X1년 비중(%)		국가	백만 ton	20X1년 비중(%)
	전세계	4,474.4	100.0		전세계	4,662.1	100.0
	OECD	1,198.6	26.8		OECD	2,204.8	47.3
	Non-OECD	3,275.8	73.2		Non-OECD	2,457.3	52.7
	OPEC	1,854.3	41.4		OPEC	-	-
	Non-OPEC	2,620.1	58.6		Non-OPEC	-	-
	유럽연합	72.7	1.6		유럽연합	646.8	13.9
1	미국	669.4	15.0	1	미국	919.7	19.7
2	사우디아라비아	578.3	12.9	2	중국	641.2	13.8
3	러시아	563.3	12.6	3	인도	239.1	5.1
4	캐나다	255.5	5.7	4	일본	182.4	3.9
5	이라크	226.1	5.1	5	사우디아라비아	162.6	3.5
6	이란	220.4	4.9	6	러시아	152.3	3.3
7	중국	189.1	4.2	7	브라질	135.9	2.9
8	아랍에미리트	177.7	4.0	8	한국	128.9	2.8
9	쿠웨이트	148.4	3.3	9	독일	113.2	2.4
10	브라질	140.3	3.1	10	캐나다	110.0	2.4

① 20X1년 한국의 석유 소비량은 OECD 대비 5% 이상이다.

② 20X1년 중국의 석유 생산량은 OECD 대비 15% 이상이다.

③ 20X1년 한국의 석유 소비량은 유럽연합 대비 20% 이상이다.

④ 20X1년 미국은 석유 생산량과 소비량 모두 가장 많은 비중을 차지한다.

72. A 씨가 이번 달에 내야 하는 전기요금이 93,822원이라고 할 때, A 씨의 전력사용량(kWh)과 전력산업기반기금(원)을 합한 값은?

구간	기본요금(원)	전력량 요금(원/kWh)
200kWh 이하	1,030	80
200kWh 초과 ~ 400kWh 이하	1,700	210
400kWh 초과	6,300	360

- 전기요금＝기본요금＋사용요금＋부가가치세＋전력산업기반기금
- 기본요금과 사용요금은 다음과 같은 방법으로 계산한다.
  예 전력사용량이 250kWh인 경우
    - 기본요금 : 1,700원
    - 사용요금 : 200(kWh)×80(원/kWh)＋50(kWh)×210(원/kWh)
          ＝16,000(원)＋10,500(원)＝26,500(원)
- 부가가치세＝(기본요금＋사용요금)×0.1
- 전력산업기반기금＝(기본요금＋사용요금)×0.04

① 3,192 ② 3,365
③ 3,578 ④ 3,742

73. 다음 중 자료에 대한 설명으로 옳지 않은 것은?

구분	2020. 12.	2021. 7.	2021. 8.	2021. 9.	2021. 10.	2021. 11.	2021. 12.
취업자 수 (천 명)	7,030	6,803	6,387	6,900	6,920	6,987	6,833
전년 동월 대비 증감 (천 명)	266	−86	−110	−91	−122	−91	−197
고용률(%)	61.9	60.4	60.0	60.0	60.1	60.4	59.1
(15 ~ 64세)	(67.9)	(65.8)	(65.3)	(65.2)	(65.4)	(65.8)	(64.9)

※ ( )는 15 ~ 64세 고용률이다.

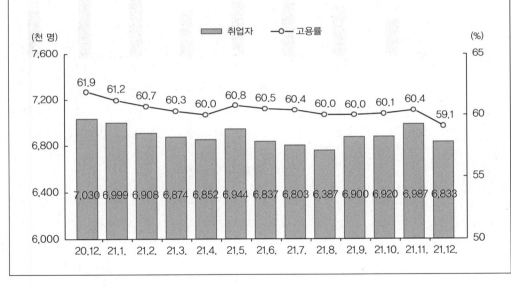

① 조사 기간 중 전월 대비 고용률이 증가한 구간은 총 3개이다.

② 조사 기간 중 전월 대비 고용률이 가장 크게 감소한 구간은 2021년 11월에서 2021년 12월 구간이다.

③ 2021년 12월 고용률은 59.1%로 전년 동월 대비 2.8%p 하락했고, 취업자 수는 683만 3천 명 으로 전년 동월 대비 19만 7천 명 감소했다.

④ 2021년 11월에서 2021년 12월 사이의 고용률 감소율은 2020년 12월에서 2021년 1월 사이의 고용률 감소율의 2배 이상이다.

74. 다음은 특정 질병에 대한 6월 6일부터 6월 13일까지의 정보를 나타낸 것이다. 이에 대한 설명으로 옳은 것을 〈보기〉에서 모두 고르면?

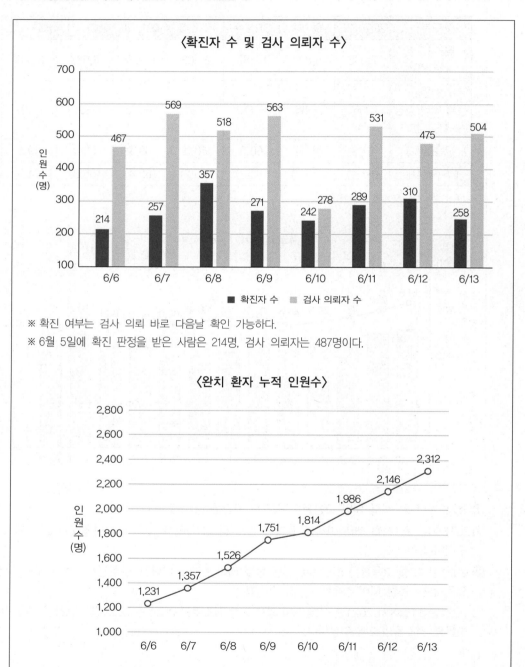

〈확진자 수 및 검사 의뢰자 수〉

※ 확진 여부는 검사 의뢰 바로 다음날 확인 가능하다.
※ 6월 5일에 확진 판정을 받은 사람은 214명, 검사 의뢰자는 487명이다.

〈완치 환자 누적 인원수〉

보기

ㄱ. 6월 6일 ~ 13일 중 검사 의뢰자 수가 가장 많은 날짜는 6월 7일이다.

ㄴ. 전날 대비 확진자 수의 증가율이 가장 큰 날짜는 6월 8일이다.

ㄷ. 6월 6일에 음성 판정을 받은 사람은 273명이다.

ㄹ. 6월 7일에서 6월 8일 사이에 완치된 환자 수가 6월 12일에서 6월 13일 사이에 완치된 환자 수보다 적다.

① ㄱ, ㄴ

② ㄱ, ㄷ

③ ㄱ, ㄴ, ㄷ

④ ㄴ, ㄷ, ㄹ

75. ○○호텔에서 90개의 수건을 객실에 나누어 배치하려고 한다. 수건을 4개씩 배치하면 수건이 남고 5개씩 배치하면 부족하다고 할 때, 다음 중 ○○호텔의 객실 수가 될 수 없는 것은?

① 18개

② 19개

③ 20개

④ 21개

76. 다음은 어느 나라의 발전원별 발전전원구성을 나타낸 표이다. 이를 바탕으로 작성한 그래프로 옳은 것은?

(단위 : GW, %)

구분		계	원자력	석탄	LNG	신재생	석유	양수
2017년	정격용량	117.0(100)	22.5(19.2)	36.9(31.5)	37.4(32.0)	11.3(9.7)	4.2(3.6)	4.7(4.0)
	피크기여도	107.8(100)	22.5(20.9)	36.1(33.5)	37.4(34.7)	3.1(2.9)	4.0(3.7)	4.7(4.4)
2018년	정격용량	142.3(100)	27.5(19.3)	42.0(29.5)	42.0(29.5)	23.3(16.4)	2.8(2.0)	4.7(3.3)
	피크기여도	122.7(100)	27.5(22.4)	41.0(33.4)	42.0(34.2)	4.8(3.9)	2.7(2.2)	4.7(3.8)
2019년	정격용량	152.8(100)	23.7(15.5)	39.9(26.1)	44.3(29.0)	38.8(25.4)	1.4(0.9)	4.7(3.1)
	피크기여도	119.2(100)	23.3(19.5)	38.9(32.6)	44.3(37.2)	6.7(5.6)	1.3(1.1)	4.7(3.9)
2020년	정격용량	173.8(100)	20.4(11.7)	39.9(23.0)	47.5(27.3)	58.5(33.7)	1.4(0.8)	6.1(3.5)
	피크기여도	123.0(100)	20.4(16.6)	38.9(31.6)	47.5(38.6)	8.8(7.2)	1.3(1.1)	6.1(5.0)
2021년	정격용량	174.5(100)	20.4(11.7)	39.9(22.9)	47.5(27.2)	58.6(33.6)	1.4(0.8)	6.7(3.8)
	피크기여도	123.7(100)	20.4(16.5)	38.9(31.4)	47.5(38.4)	8.8(7.1)	1.4(1.1)	6.7(5.4)

① 연도별 원자력에너지 정격용량

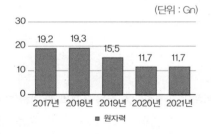

② 연도별 석유에너지 피크기여도 비율

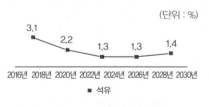

③ 연도별 신재생에너지 정격용량, 피크기여도 비율 비교

④ 2020년 에너지원별 피크기여도 비율

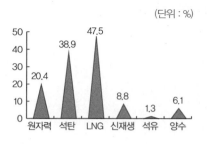

77. ○○공사의 올해 채용인원이 작년보다 19% 감소한 162명일 때, 작년 채용인원은 몇 명인가?

① 186명

② 192명

③ 200명

④ 214명

78. 지하철에서 25분 동안 내부 온도를 측정하였더니 측정을 시작한 지 t분이 지났을 때의 온도(℃)는 $Y(℃) = 2\sin\dfrac{\pi}{10}(t+5)+24$ 로 나타났다. 온도가 내려가는 중일 때에는 냉방이 가동 중인 상태라고 할 때 측정을 한 25분 동안 냉방이 가동된 시간은 몇 분인가?

① 5분 ② 10분

③ 15분 ④ 20분

79. P 씨는 일주일에 7일 모두 버스로 출퇴근한다. P 씨는 1월 1일 퇴근길에 새로운 버스카드에 5만 원을 충전하여 한 차례 사용했다. 1월 6일부터 다음과 같이 버스 요금이 인상된다고 할 때, 버스카드를 충전하지 않고 언제까지 사용할 수 있는가? (단, 추가요금과 환승은 고려하지 않는다)

1월 1일 버스 요금	1월 6일 버스 요금
1,200원	1,300원

① 1월 19일 ② 1월 20일

③ 1월 21일 ④ 1월 22일

80. ○○기업 윤 사장은 직원들에게 추석 선물을 주기 위해 선물 세트를 구매하여 총 1,389,800원을 지출하였다면, 윤 사장이 구매한 B 선물세트는 몇 개인가?

구분	개당 가격
A 선물세트	23,500원
B 선물세트	31,400원
C 선물세트	27,900원

- ○○기업 직원 수는 52명으로, 추석 선물은 인당 1개씩 준다.
- C 선물세트는 전체 직원 수의 $\dfrac{1}{4}$만큼 구매하였다.

① 14개 ② 13개

③ 12개 ④ 11개

1회 한국남동발전 | 2회 한국중부발전[사무] | 3회 한국중부발전[기술] | 4회 한국동서발전 | 5회 한국서부발전 | 6회 한국남부발전 | 인성검사 | 면접가이드

5대 발전회사NCS 기출예상모의고사

유형분석 ≫

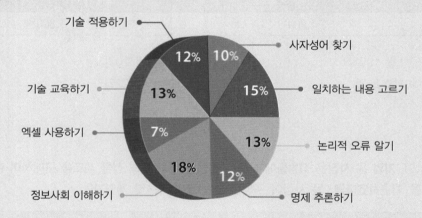

분석 ≫ 의사소통능력에서는 글의 내용에 가장 어울리는 사자성어를 찾는 문제나 제시된 글을 읽고 그에 일치하는 내용을 찾는 문제 등이 출제되었다. 문제해결능력에서는 논리적 오류에 대해 파악해 제시된 오류와 같은 것을 범하고 있는 문장을 찾는 문제, 제시된 조건에 따라 명제들의 참과 거짓을 분류하는 문제 등이 출제되었다. 정보능력에서는 정보사회의 특징이나 정보사회의 용어에 대해 얼마나 이해하고 있는지를 평가하는 문제가 출제되었다. 또한 아래한글이나 엑셀 스프레드시트 등의 단축키나 활용 방법에 대해 묻는 문제가 출제되었다. 기술능력에서는 벤치마킹이나 기술 교육 방법 등 기술에 관련된 개념을 묻는 문제가 출제되었다. 또한 기술을 선택하는 능력에 대해 묻는 문제와 기술경영자의 능력에 대한 문제가 출제되었다.

한국중부발전[기술]

3회 기출예상모의고사

영역	총 문항 수
제1영역	20문항
제2영역	20문항
제3영역	20문항
제4영역	20문항

- 수험번호 | _____
- 성   명 | _____

NCS란? 산업 현장에서 직무를 수행하기 위해 요구되는 각종 지식, 기술, 태도 등의 내용을 국가가 체계화한 것을 의미한다.

기출예상 모의고사

3회 한국중부발전 [기술]

시험시간	60 분
문항수	80 문항

▶ 정답과 해설 29쪽

제1영역

✎ 평가시간은 영역별로 제한하지 않으나 각 영역별 15분을 권장합니다.

[01 ~ 02] ○○기업은 올해 신입사원을 대상으로 다음과 같은 내용의 강연을 실시하였다. 이어지는 질문에 답하시오.

수력발전소는 일단 건설되고 나면 더 이상 직접적인 폐기물은 방출하지 않으며, 이산화탄소도 발생시키지 않는다. 수력발전을 위해 만들어지는 호수는 많은 물을 저장해 두기 때문에, 건기에도 말라붙지 않아 안정적으로 전기를 공급할 수 있도록 해 준다. 이런 호수는 저수지로 활용되어 필요한 사람들에게 물을 공급할 수 있는 수원이 되기도 한다. 싼샤 댐 건설의 큰 이점 중 하나는 양쯔강 하류의 빈번한 범람을 막을 수 있다는 것이다.

수력발전의 가장 큰 단점은 호수를 만들기 위해 계속 전체가 물에 잠기게 된다는 것이다. 이런 환경의 변화로 인근 생태계가 큰 영향을 받을 뿐 아니라, 그 지역에 살던 사람들도 터전을 떠나야만 한다.

홍수를 막는 일도 항상 장점인 것만은 아니다. 예를 들어 나일강은 연중 특정한 시기에 범람하여 물과 함께 떠내려 온 퇴적물이 강변의 농지를 비옥하게 만들어 왔다. 그러나 나일강의 중류에 아스완 댐이 건설된 이후 이러한 일이 더는 일어나지 않기 때문에 이곳에 곡식을 키우기가 더 어려워졌다.

또한 이미 지어진 수력발전소에서 전기를 만들어 내는 과정은 무탄소 발전이지만, 거대한 콘크리트 댐을 건설하기 위해서는 많은 비용이 필요할 뿐 아니라 많은 양의 이산화탄소를 발생시킨다.

01. 윗글에서 설명한 수력발전의 문제점으로 적절하지 않은 것을 모두 고르면?

> ㄱ. 수력발전소는 발전 과정에서 많은 양의 이산화탄소를 발생시킨다.
> ㄴ. 인근 생태계에 영향을 미칠 만큼 환경변화에 영향을 줄 수 있다.
> ㄷ. 홍수 예방이 가능하나, 연중 특정한 시기의 범람은 막을 수 없다.
> ㄹ. 퇴적물이 강변의 농지를 비옥하게 만드는 일이 일어나지 않는다.
> ㅁ. 수력발전소 건설로 인해 그 지역에 살던 사람들이 삶의 터전을 잃는다.

① ㄱ, ㄴ   ② ㄱ, ㄷ

③ ㄴ, ㄹ   ④ ㄷ, ㄹ, ㅁ

02. 윗글의 내용과 가장 관련이 깊은 사자성어는?

① 소탐대실(小貪大失)   ② 결자해지(結者解之)

③ 사필귀정(事必歸正)   ④ 일장일단(一長一短)

1회 한국남동발전
2회 한국중부발전[사무]
3회 한국중부발전[기술]
4회 한국동서발전
5회 한국서부발전
6회 한국남부발전
인성검사
면접가이드

[03 ~ 04] 다음은 권 사원이 ○○발전 게시판에 올릴 글의 초고이다. 글을 읽고 이어지는 질문에 답하시오.

　　한국은 UN이 지정한 물 부족 국가라는 말을 모두 한 번쯤은 들어봤을 것이다. 그런데 이 표현은 잘못된 것이다. ⊙즉 한국은 '물 스트레스 국가'라고 하는데, 이는 1인당 가용 수자원량을 기준으로 1,000 ~ 1,700m^{3}에 해당하는 것이다. 가용 수자원량이 1,000m^3 미만일 때를 물 부족 국가로 분류한다.

　　⊙우리나라가 물 스트레스 국가인 이유는 실제로 사용 가능한 물의 양이 풍부하지 않다. 우리나라는 여름에만 강수량이 집중되어 7, 8월에 강수량이 높고 다른 기간에는 가뭄에 취약하다. 또한 인구밀도가 높아 물을 활용하기 힘들며 사용하는 물의 양 자체가 많다.

　　우리나라 1인당 하루 물 사용량은 280L로 세계 평균 1인당 하루 110L의 2.5배에 달한다. ⓒ사용 가능한 자원은 적으나 수요가 많다면 곧 물 부족은 현실이 될 것이다. 세계 물의 날을 맞아 물의 소중함에 대해 다시금 새기고, 물 절약을 실천해 보는 것은 어떨까?

　　②물을 아껴 수자원을 절약하기 위해 개인이 할 수 있는 것은 수압을 낮추고 변기에 절수 레버를 설치하는 것, 싱크대에 절수 페달을 설치하는 것, 모아서 빨래하는 것 등이 있다. 생활 속 작은 습관으로 물을 절약하여 우리나라가 물 풍족 국가로 거듭날 수 있도록 하자.

---

03. 권 사원의 초고를 본 상사는 제목을 붙이라고 지시하였다. 윗글의 제목으로 적절한 것은?

① 물 부족 국가와 물 스트레스 국가의 차이점은?

② 물 스트레스 국가가 되는 기준은 무엇인가?

③ 여름철에만 집중된 우리나라 강수량의 문제점

④ 물 스트레스 국가인 한국에서 우리가 할 수 있는 것은?

04. 윗글을 읽고 상사가 밑줄 친 ⊙~②에 대해 할 수 있는 지시로 적절하지 않은 것은?

① ⊙의 '즉'은 적절하지 않으므로 문장의 흐름을 고려하여 '그 대신'으로 수정하세요.

② ⊙은 주술호응이 맞지 않으므로 서술어를 '풍부하지 않기 때문이다.'로 수정하세요.

③ ⓒ의 의미를 고려하여 '수요가'를 '공급이'로 수정하세요.

④ ②은 의미가 중복되므로 '물을 아껴'를 삭제하세요.

[05 ~ 06] 다음은 ○○공사에서 작성한 보도자료이다. 이어지는 질문에 답하시오.

전기와 소금을 동시에 생산하는 (㉠) 발전시스템 구축

○○공사는 녹색△△연구원, □□소프트웨어와 공동으로 '100kW급 염전 태양광 발전시스템'을 개발했다고 밝혔다. 본 시스템은 수심 5cm 내외의 염전 증발지 바닥에 수중 태양광모듈을 설치하여 소금과 전력을 동시에 생산할 수 있는 태양광 발전시스템이다. 태양광 발전과 염전의 설치조건은 일사량이 많고 그림자가 없으며 바람이 잘 부는 곳으로 동일하다는 공통점이 있다. 본 연구는 국내 염전 중 약 85%가 전라남도에 밀집하여 지난 2018년 3월부터 전남 무안에 염전 태양광 6kW 프로토타입을 설치 운영한 이후, 이번에 100kW급으로 용량을 늘렸다. ○○공사는 염전 내부에 태양광 설치를 위해 수압에 잘 견디는 태양광 모듈을 설계하고, 태양광-염전 통합운영시스템을 개발했다. 여름철에는 염수에 의한 냉각으로 일반 지상 태양광과 비교하여 발전량이 5% 개선됐고, 태양광 모듈에서 발생하는 복사열로 염수의 증발시간이 줄어서 소금생산량도 늘었다. 현재까지 태양광 발전시스템 상부에 항상 염수가 접촉해 있음에도 전기안전 및 태양광 모듈 성능저하 등 운영 결함은 없었지만 계속 점검할 계획이다.

○○공사 관계자는 "염전태양광이 본격적으로 보급되면 국내 태양광 발전의 확대는 물론 열악한 염전산업계를 지원하여 주민들의 소득증대에도 기여할 수 있는 전라남도와 ○○공사 간 지역 상생협력 그린뉴딜 사업이 될 것"이라고 밝혔다.

---

05. 다음 중 위 보도자료를 이해한 내용으로 적절하지 않은 것은?

① 염전 태양광 발전시스템은 ○○공사 단독으로 개발하지 않았다.
② 우리나라 염전의 대부분이 특정 지역에 밀집해 있다.
③ 염전 태양광 발전시스템을 활용하면 발전량과 소금생산량이 반비례 관계가 된다.
④ 염전 태양광 발전시스템은 전기안전 및 태양광 모듈 성능저하의 가능성이 있다.

06. 다음 중 빈칸 ㉠에 들어갈 말로 적절한 것은?

① 일거양득(一擧兩得)　　　　② 절치부심(切齒腐心)

③ 조삼모사(朝三暮四)　　　　④ 권토중래(捲土重來)

[07 ~ 08] 다음 글을 읽고 이어지는 질문에 답하시오.

컴퓨터는 인공 지능의 역사에서 큰 역할을 하였다. 컴퓨터가 등장하여 비로소 인간의 사고 과정, 뇌 구조의 기능, 그 속에서 일어나는 생리 현상에 대한 연구가 촉진되었다. 소프트웨어로 프로그램을 제어할 수 있게 되면서 전자 기계 부품, 즉 하드웨어로 구성된 논리 회로는 과거와 완전히 달라졌다. 그 결과 높은 수준의 복잡성과 유연성 그리고 외부 환경의 변화에 대응해 다음 작업을 판단하고 수행할 수 있는 능력을 지닌 기계가 사람의 지능에 도전하게 되었다.

학자들은 인간이 지닌 것과 같은 지식을 컴퓨터에 어떻게 넣어 주느냐를 고민하기 시작했다. 처음에는 인간의 지식 습득 과정을 그대로 답습하면 된다고 생각하였으나 현실 세계의 모든 지식을 컴퓨터에 입력하는 일은 실질적으로 불가능하였다. 그래서 학자들은 인간 두뇌의 신경망을 이용하면 어떤 정보를 기초로 하여 그것을 적시 적소에 활용하게 만들 수 있다고 생각하였다. 이런 생각에서 출발한 이론을 '신경망 이론'이라고 한다.

신경망 이론은 워렌 맥컬록(Warren McCulloch)과 월터 피츠(Walter Pitts)가 처음 제시하였다. 맥컬록과 피츠는 생물학적인 신경망 이론을 단순화해서 논리, 산술, 기호 연산 기능을 구현할 수 있는 신경망 이론을 제시하였다. 그들은 마치 전기 스위치처럼 온(ON)과 오프(OFF)로 작동하는 기본적인 기능이 있는 인공 신경을 그물망 형태로 연결하면, 그것이 사람의 뇌에서 동작하는 간단한 기능을 흉내 낼 수 있다는 것을 이론적으로 증명하였다.

신경망 이론을 발판으로 삼아 미국의 프랭크 로젠블랫(Frank Rosenblant)은 사람처럼 시각적으로 사물을 인지하도록 훈련시킬 수 있는 프로그램인 '퍼셉트론(Perceptron)'을 개발했다. 이 프로그램은 인간의 신경 세포와 비슷한 방식으로 작동한다. 퍼셉트론의 각 단위는 여러 가지 입력 정보를 받아들인다. 이것들이 합쳐져 사전에 정해 놓은 특정한 한계 값을 넘어서면 출력이 발생한다. 이것은 많은 가지 돌기가 자극받을 때 신경 세포가 신경 신호를 발산하는 것과 같다. 각각의 단위가 특정 입력 정보에 부여하는 상대적 중요도를 변화시킴으로써 퍼셉트론은 훈련을 통해 올바른 답을 얻을 수 있다. 퍼셉트론은 인공 신경망을 실제로 구현한 최초의 모델이다.

07. 다음 중 윗글을 이해한 내용으로 적절하지 않은 것은?

① 컴퓨터의 등장은 인간의 사고 과정과 뇌의 구조 등을 이해하는 데 영향을 끼쳤다.

② 소프트웨어가 프로그램을 제어하기 전과 후의 논리 회로는 완전히 다르다.

③ 맥컬록과 피츠는 생물학적 신경망 이론을 그대로 적용하여 신경망 이론을 제시하였다.

④ 신경망 이론을 발판으로 삼아 퍼셉트론이 개발되었다.

08. 윗글의 신경망 이론과 퍼셉트론의 발전 과정에 따라 ㄱ ~ ㄹ의 순서를 바르게 나열한 것은?

> ㄱ. 시각적으로 사물을 인지하도록 훈련시킬 수 있는 프로그램을 만듦.
> ㄴ. 인간 두뇌의 신경망을 이용할 것을 착안함.
> ㄷ. 인공 신경이 논리, 산술, 기호 연산 기능을 구현할 수 있다는 것을 증명함.
> ㄹ. 인간이 지닌 것과 같은 지식을 컴퓨터에 넣을 수 있는 방법을 고민함.

① ㄴ - ㄹ - ㄱ - ㄷ

② ㄷ - ㄱ - ㄴ - ㄹ

③ ㄹ - ㄴ - ㄷ - ㄱ

④ ㄹ - ㄷ - ㄴ - ㄱ

www.gosinet.co.kr gosinet

1회 한국남동발전

2회 한국중부발전[사무]

3회 한국중부발전[기술]

4회 한국동서발전

5회 한국서부발전

6회 한국남부발전

인성검사

면접가이드

[09 ~ 10] 다음 대화를 읽고 이어지는 질문에 답하시오.

송 부장 : 자, 모두들 제 이야기에 집중해 주세요. 다음 주말에 회사 단합대회를 가질 예정입니다. 모두들 참석 가능하신가요?

김 팀장 : 지금까지 회사 단합대회는 사원들의 의견을 모아 시기, 장소, 내용 등을 결정해 왔는데 올해는 왜 이렇게 갑자기 진행하나요?

송 부장 : 부서별로 업무 진행 상황이 각각 달라서 의견을 모을 시간이 부족한 것 같아 임원회의를 통해 다음 주말로 결정하였습니다.

김 팀장 : 조금 시간이 걸리더라도 부서별로 다양한 의견을 들으면 여러 계획안이 나오고 호응도 좋을 텐데요.

송 부장 : 그 말도 맞아요. 하지만 모든 사람들의 의견을 다 듣기에는 시간도 부족하고, 또 자신의 의견이 받아들여지지 않았을 경우 불만을 갖는 사람도 있어요.

유 사원 : 그러면 이번 단합대회는 어디서 무엇을 하나요?

송 부장 : 작년과 같이 몇 가지 종목으로 체육대회를 한 후, 부서별 장기자랑을 할 예정입니다.

유 사원 : 단합대회는 회사의 연중 대규모 행사인 만큼 여러 사원들의 의견을 모아 진행하면 더 좋았을 텐데요. 제 지인이 다니는 회사에서는 사원들이 중심이 되어 워크숍을 진행했는데 서로 친목을 다지고 업무 관련 이해도 높이는 좋은 기회였다고 합니다.

송 부장 : 네, 우리 회사도 그렇게 진행하면 좋겠지만 이번에는 사정상 어렵게 됐네요. 다음 달 대규모 인사이동으로 국내외 발령자가 많아질 예정이라, 그 전에 단합대회를 진행하게 되었어요.

김 팀장 : 네, 참석하도록 일정을 조정해 보겠습니다.

유 사원 : 아, 그런 사정이 있었군요. 알겠습니다.

09. 위 대화에 대한 설명으로 적절하지 않은 것은?

① 송 부장은 행사 진행을 위한 의견 수렴 시간이 부족한 이유를 설명하고 있다.

② 김 팀장은 자신의 의견이 받아들여지지 않았기 때문에 불참 의사를 표출하고 있다.

③ 송 부장은 다음 주말 회사 단합대회에의 부서원들의 참여를 권하고 있다.

④ 유 사원은 다양한 의견 수렴의 기회가 없는 것에 대한 아쉬움을 표현하고 있다.

10. 위 대화를 통해 알 수 있는 사실로 적절한 것은?

① 조직의 상황과 목적에 따라 의사결정 방식이 달라질 수 있다.

② 다수결에 의해 결정하면 모든 구성원의 이해와 협조를 얻을 수 있다.

③ 상위에서 하위 직급으로 전달되는 의사결정에는 구성원들의 불만이 적다.

④ 다른 회사와의 비교는 의사결정을 하는 데 많은 도움을 줄 수 있다.

www.gosinet.co.kr

1회 한국남동발전

2회 한국중부발전[사무]

3회 한국중부발전[기술]

4회 한국동서발전

5회 한국서부발전

6회 한국남부발전

인성검사

면접가이드

[11 ~ 12] 다음은 기획재정부의 보도자료이다. 이어지는 질문에 답하시오.

20X9년도 통합공시 점검 결과 발표
– 공시오류 최소화 · 공시 품질 지속 개선 –

▢ 기획재정부는 3. 31. (화) 10 : 30 정부서울청사에서 「공공기관운영위원회」를 개최하여 「20X9년도 공공기관 통합공시 점검결과 및 후속조치」를 의결하였다.

◇ 20X9년도 공공기관 통합공시 점검개요 ◇

- (점검근거) 「공공기관의 운영에 관한 법률」 제12조 제3항 등
    *공공기관은 주요 경영정보를 공공기관 경영정보공개시스템(알리오)에 공시, 기획재정부는 기관의 허위 사실 공시 여부 등을 점검
- (점검대상) 331개 공공기관(20X9년 지정 339개 중 3년 연속 무벌점 기관 등 제외)
- (점검항목) 통합공시 42개 항목 중 기관운영 및 재무 관련 18개 항목
    *직원평균보수, 신규채용 및 유연근무 현황, 수입지출 현황, 임직원 채용정보 등
- (점검방법) 노무 · 회계법인과 공동 점검 → 위반 정도에 따라 벌점 부과
- (후속조치) 점검결과를 경영평가에 반영하고 벌점 정도에 따라 '기관주의' 조치, '불성실 공시기관' 지정

▢ 기획재정부는 공공기관 경영정보공개시스템(알리오)에 공개되는 공공기관 공시 데이터의 신뢰성을 제고하기 위해 매년 상 · 하반기 2회에 나누어 점검을 실시하였다.
  *(상반기) 직원평균보수, 신규채용 및 유연근무현황, 요약 재무상태표 등
  (하반기) 임직원 수, 임직원채용정보, 수입지출 현황, 납세정보 현황 등

▢ 331개 공공기관의 18개 항목을 점검한 결과,
- 공시오류(벌점)가 작년보다 감소(20X8년 8.5점 → 20X9년 7.7점)하였다.
- 불성실공시기관*도 4개 기관으로 작년보다 감소(20X8년 7개 → 20X9년 4개)하였다.
    *벌점 40점 초과, 2년 연속 벌점 20점을 초과하면서 전년 대비 벌점이 증가한 기관

〈연도별 통합공시 점검결과〉

구분	20X5년	20X6년	20X7년	20X8년	20X9년
전체 기관수(개)	311	319	329	335	331
우수공시기관(개)	16	18	22	35	22
불성실공시기관(개)	8	3	3	7	4
평균벌점(점)	10.8	9.5	7.4	8.5	7.7

- 이는 신규지정 공공기관에 대한 1) 맞춤형 교육 실시, 2) 찾아가는 현장 컨설팅, 3) 우수공시기관에 대한 인센티브 제공* 등 정부와 공공기관이 함께 공시품질 제고를 위해 노력한 결과이다.

  *3년 연속 무벌점 기관은 다음 연도 공시 점검 ㉠<u>사면</u>

□ 공기업·준정부기관에 대한 점검결과는 기획재정부가 시행하는 공기업·준정부기관 경영실적 평가에 ㉡<u>수록</u>된다.

- 우수 및 불성실 공시기관에 대해서는 공공기관 알리오 홈페이지에 그 지정 사실을 ㉢<u>게시</u>한다.

  - 최근 3년간(20X7 ~ 20X9년) 지속적으로 무벌점을 달성한 9개 기관은 차년도 통합공시 점검에서 제외한다.

  - 불성실공시기관에 대해서는 개선계획서 제출 등 후속조치를 ㉣<u>청구</u>할 계획이다.

- 기타공공기관 점검결과는 '경영실적 평가'에 반영하도록 주무부처에 통보할 예정이다.

□ 기획재정부는 국민이 원하는 정보를 보다 정확하고도 신속 편리하게 볼 수 있도록 공공기관 경영정보 통합공시제도를 개선해 나갈 계획이다.

- 공시항목·공시기준·방법 등을 개선하여 공공기관이 경영정보를 보다 정확하게 공시할 수 있도록 한다.

- 경영정보 공시가 미흡한 공공기관에 대해 현장 컨설팅을 실시하는 등 점검을 강화하여 공시품질을 지속적으로 제고해 나가도록 한다.

11. 위 내용을 바르게 이해한 사원을 모두 고르면?

> 윤 사원 : 기획재정부는 공공기관의 공시 데이터의 신뢰성 제고를 위해 매년 2회에 걸쳐 허위 사실 공시 여부 등을 점검하는군.
>
> 하 사원 : 맞아. 상반기에는 직원평균보수, 신규채용 및 수입지출 현황 등을 점검하고 하반기 에는 임직원 수, 납세정보 현황 등을 점검해.
>
> 정 사원 : 공시오류는 전년 대비 올해 1점 이상 감소한 반면, 불성실공시기관은 전년 대비 3개 기관이 늘어났군.
>
> 손 사원 : 우수공시기관은 해마다 꾸준히 증가하고 불성실공시기관은 감소하는 추세를 보이 는군.
>
> 백 사원 : 3년 연속 무벌점 기관은 다음 연도 공시 점검에서 제외되는데 내년에는 총 9개 기관 이 점검에서 제외된대.

① 윤 사원, 정 사원   ② 윤 사원, 백 사원

③ 하 사원, 손 사원   ④ 윤 사원, 하 사원, 백 사원

12. 윗글에 밑줄 친 ㉠ ~ ㉢을 문맥상 올바른 단어의 쓰임에 맞게 고칠 때, 적절하지 않은 것은?

① ㉠ → 면제   ② ㉡ → 반영

③ ㉢ → 개시   ④ ㉣ → 요청

www.gosinet.co.kr gosinet

1회 한국남동발전

2회 한국중부발전[사회]

3회 한국중부발전[기술]

4회 한국동서발전

5회 한국서부발전

6회 한국남부발전

인성검사

면접가이드

13. 다음은 어느 문서의 일부분을 나타낸 것이다. 문서의 내용을 잘못 이해한 사람을 모두 고르면?

---

1. 관련 : 인사정책과(제0236-00호)

2. 해외바이어들과의 원만하고 성공적인 협상을 위해 영업부 직원의 보직 변경을 요청하고자 합니다.

3. 최근 거래가 급증하고 있는 필리핀에 역량을 집중하기 위해 보직 변경 시 발생하는 TO는 별도의 채용 기안서를 작성할 예정이며 아래 사항을 검토하여 주시기 바랍니다.

    가. 대상자 : 김○○

    나. 기존부서 : 해외영업1팀(태국)

    다. 입사일 : 20X1. 10. 10.

    라. 이동부서 : 해외영업3팀(필리핀)

    마. 보직 변경 예정일 : 20X2. 3. 10.

A : 이런 문서를 기안서라고 하는데 사내 공문서라고도 하지.

B : 대상자는 김○○이며 약 2달 후에 대상자의 보직을 변경하려고 하는구나.

C : 기존의 보직을 변경하기 위해 상사에게 검토를 받기 위한 문서인 것 같아.

D : 영업부에서 인사부로 변경하려면 타당한 근거가 있어야 하는데 붙임자료가 없네.

① A, B   ② A, C

③ B, C   ④ B, D

[14 ~ 15] 다음 글을 읽고 이어지는 질문에 답하시오.

> 기술이 일과 직업 그리고 임금에 미치는 영향에 관한 논쟁은 산업 시대의 역사만큼이나 오래되었다. 1810년대 영국 섬유 노동자들은 방직기 도입을 반대하며 시위를 벌였다. 방직기가 노동자들의 일자리를 위협했기 때문이다. 이후로 새로운 기술진보가 나타날 때마다 신기술이 노동을 대규모로 대체할 것을 우려하는 파문이 일었다.
>
> (A) 이 논쟁의 한 축에는 신기술이 노동자를 대체할 가능성이 있다고 믿는 사람들이 있다.
>
> (B) 이 논쟁의 다른 한 축에는 신기술의 등장이 노동자들에게 아무 문제가 없을 것이라고 말하는 사람들이 있다.
>
> 경제학자 바실리 레온티에프가 기발하게도 말과 사람을 비교함으로써 이 논의의 논점을 분명하게 했다. 수십 년 동안 말의 노동은 기술 변화에 영향을 받지 않을 것처럼 보였다. 조랑말을 이용한 속달 우편 서비스를 전신이 대신하고, 역마차를 철도가 대체할 때도 미국의 말 사육 두수는 끝없이 늘어날 것으로 보였다. 말과 노새는 농장에서뿐만 아니라 빠르게 성장하는 미국 도시의 중심부에서도 사람과 화물을 운송하는 전세마차와 합승마차에 요긴하게 쓰였다. 그러나 내연기관이 도입, 확산되면서 추세가 급격하게 반전되었다. 엔진이 도시에서는 자동차에 사용되고 시골에서는 트랙터에 사용되면서 말은 무용지물이 되었다. 미국의 말 사육 두수는 불과 반세기 만에 거의 88%나 감소했다.
>
> 비슷한 변화가 인간 노동에도 적용될까? 자율 주행 차량과 셀프서비스, 슈퍼컴퓨터가 궁극적으로 인간을 경제에서 몰아낼 기술 진보 물결의 전조일까? 레온티에프는 이 질문에 대한 답이 'yes'라고 생각했다. "가장 중요한 생산 요소로서 인간의 역할은 말의 역할이 처음에 감소하다가 나중에 사라진 것과 같은 방식으로 감소할 것입니다."라고 레온티에프는 덧붙였다.

14. 윗글의 밑줄 친 (A)와 (B)의 주장을 뒷받침하는 내용을 〈보기〉에서 골라 추가한다고 할 때, 적절한 것은?

ㄱ. 해야 하고 할 수 있는 일의 양은 무한하게 증가하므로 고정된 '노동 총량'이란 없다.
ㄴ. 1964년 컴퓨터 시대의 여명기에 사회이론가 그룹은 린든 존슨 당시 미국 대통령에게 서한을 보내, 컴퓨터에 대한 자동 제어가 거의 무한한 생산 능력을 가진 시스템을 낳게 되고 결국 인간고용을 감소시킬 것이라고 경고했다.
ㄷ. 19세기 중반부터 선진국을 중심으로 실질 임금과 일자리 수가 비교적 꾸준히 증가해 왔다는 미국 국립과학 아카데미 보고서의 내용이 있다.
ㄹ. 1930년 전기와 내연기관이 도입된 뒤 케인스는 이러한 혁신이 물질적 번영을 가져오겠지만 동시에 '기술적 실업'을 만연시킬 것으로 예측했다.

① (A)의 뒷받침 내용 : ㄱ, ㄴ
② (A)의 뒷받침 내용 : ㄴ, ㄷ
③ (B)의 뒷받침 내용 : ㄱ, ㄷ
④ (B)의 뒷받침 내용 : ㄴ, ㄹ

15. 윗글의 바실리 레온티에프가 주장한 내용에 대한 반박으로 적절한 것은?

① 일부 지역에서 말은 아직도 산업 전반에 쓰이는 동물이다.
② 자율 주행 차량과 슈퍼컴퓨터 등의 발달에는 여전히 제약이 많다.
③ 미국의 상황을 우리나라의 상황에 똑같이 적용할 수 없다.
④ 인간과 말 사이에 중요한 차이점이 많다는 사실을 간과하였다.

[16 ~ 17] 다음 글을 읽고 이어지는 질문에 답하시오.

최근 정부와 소통과정에서 갈등을 겪어온 지자체들이 대규모 해상풍력을 중심으로 그린뉴딜을 실현하고자 해 이목이 집중된다. 울산시는 10일 2030년까지 6GW 이상의 부유식 해상풍력발전단지를 조성한다는 계획을 밝혔다. '울산시 새로운 바람, 부유식 해상풍력'을 울산형 그린뉴딜 사업으로 추진한다는 것이다. 울산시는 수심 200m 이내 넓은 대륙붕과 연중 평균풍속 초속 8m 이상 우수한 자연조건, 신고리원전이나 울산화력 등의 발전소와 연결된 송·배전망 인프라, 여기에 미포 산업단지 등 대규모 전력 소비처, 세계적인 조선해양 플랜트 산업 기반을 갖추고 있어 부유식 해상풍력 생산에 최적의 조건을 갖췄다.

울산시는 먼저 2025년까지 사업비 6조 원을 투입해 원자력 발전소 1개 규모와 맞먹는 1GW 이상의 부유식 해상풍력발전단지를 조성하기로 했다. 이후 시범운영을 거쳐 2030년까지는 6GW 이상의 부유식 해상풍력발전단지를 확대 조성한다는 계획이다. 시는 이렇게 하면 약 21만 명 고용효과가 있을 것으로 예상한다. 또 이 사업에 참여하는 5개 민간 투자사 한국지사의 울산 유치와 100여 개 이상 서플라이 체인업체의 울산공장 설립 등도 예상돼 지역경제 활성화에 도움이 될 것으로 기대한다. 이와 함께 연간 698만 2천 톤의 이산화탄소 저감 효과와 정부의 '재생에너지 3020' 해상풍력 분야 목표(12GW)의 50%를 울산시가 담당하며, 명실상부한 그린에너지 도시로 도약할 수 있을 것으로 전망하고 있다.

시는 부유식 해상풍력 클러스터 조성도 검토하고 있다. 기술 개발, 제작 생산, 운영 보수, 인력 양성 등 부유식 해상풍력 추진의 전 주기를 아우르는 연관 시설의 집적화로 비용 감소와 기술혁신을 위한 클러스터를 조성한다는 계획이다. 부유식 해상풍력 클러스터에는 부유식 해상풍력 집적화 산업단지와 연구원, 부유식 해상풍력 시험평가 인증센터, 디지털 관제센터, 부유식 해상풍력 소재부품 기업지원센터, 안전훈련센터 등의 시설이 조성된다. 시는 산업통상자원부가 제3차 추가경정 예산에 그린뉴딜 관련 예산으로 4천 639억 원을 편성했고, 해상풍력 부문에는 195억 원이 할당돼 향후 해상풍력 분야에 투자가 집중될 것으로 본다. 따라서 울산시가 추진하는 부유식 해상풍력 육성 사업도 더욱 탄력을 받을 수 있을 것으로 기대한다.

송○○ 울산시장은 "전 세계 부유식 해상풍력 시장은 2030년이면 12GW까지 확대할 것으로 예상한다"며 "아직 해당 산업 기술이 세계적으로 상용화 초기 단계이므로, 이른 시일 내 시장에 진입해 산업을 육성하고 세계 시장을 선점해 나가는 것이 무엇보다 중요하다"고 강조했다.

16. 윗글의 제목으로 적절한 것은?

① 울산시, 우수한 자연환경 갖춘 것으로 드러나
② 울산시, 지역경제 활성화에 기대감 생겨
③ 울산시, 2030년까지 6GW 부유식 해상풍력발전단지 조성
④ 산업통상자원부, 해상풍력 분야에 집중 투자할 것으로 밝혀

17. 윗글을 읽은 ○○발전 직원들이 대화를 나눈다고 할 때, 적절하지 않은 내용을 말한 직원은?

① 최 사원 : 2030년까지 6GW 부유식 해상풍력발전단지가 조성되면, 약 21만 명의 고용 효과가 있겠구나.
② 한 사원 : 정부는 2030년까지 해상풍력 분야의 목표를 12GW로 잡았고 해상풍력 부문에 예산을 195억 원 할당하여 해상풍력 분야를 발전시키려고 하는구나.
③ 김 사원 : 울산시는 부유식 풍력발전 생산에 필요한 최적의 자연조건을 갖추었다고 볼 수 있어.
④ 박 사원 : 울산시는 부유식 해상풍력 클러스터를 이미 갖추었기 때문에 부유식 풍력발전 생산에 매우 유리하다고 볼 수 있겠다.

1회 한국남동발전

2회 한국중부발전[사무]

3회 한국중부발전[기술]

4회 한국동서발전

5회 한국서부발전

6회 한국남부발전

인성검사

면접가이드

[18 ~ 19] ○○공사에 다니는 김 사원은 다음 글을 참고로 빅데이터와 관련한 보고서를 작성하려고 한다. 이어지는 질문에 답하시오.

미국에는 질병 예방 센터라는 기관이 있는데, 이 기관은 미국의 연방 정부기관인 미국 보건복지부의 산하기관 중 하나이다. 이 센터는 양질의 건강 정보를 제공하고 주 정부의 보건부서 및 여타 기관들과 연계함으로써 공중보건 및 안전을 개선하기 위해, 질병 예방 및 통제 수준을 개선하고 동시에 환경보건, 산업안전보건, 건강증진, 상해예방 및 건강교육 등 다양한 분야의 정책을 담당하고 있다. 이곳에서는 매주 미국 각 지역의 독감 환자 수, 독감 유사 증상 환자 수를 파악해서 보고서를 내는데 지역별 독감 환자 수를 확인하다가 어느 지역에서 환자 수가 급증하면 그 주변을 차단해서 독감이 전국으로 확산되는 것을 막기 위해서이다. 그런데 이 보고서 작성에는 상당한 시간이 걸린다. 먼저 일선에서 근무하는 지역 의사들에게 독감 환자가 오면 동사무소로 보고하도록 하고, 동사무소는 그 정보를 모아서 구청에 보고하고, 구청은 시청에, 시청은 주 정부에, 최종적으로 주 정부는 질병 예방 센터로 넘긴다. 그러면 질병 예방 센터에서 통계를 내서 지역마다 독감 환자 상황에 관한 보고서를 낸다. 이렇게 보고서를 작성하는 데 2주가 걸린다. 하지만 2주면 독감이 미국 전역으로 퍼진 후이기 때문에 독감 예방 대책을 ㉠ 세우는 것이 무의미해진다.

그런데 한 검색 사이트에서 이를 해결할 수 있는 방안을 제시하였다. 사람들이 열이 나거나 몸에 이상이 나타나면 내가 무슨 병에 걸린 건 아닌지 검색한다. 독감에 걸렸다면 '기침', '고열', '해열제' 등 독감과 관련된 증상이나 치료 방법을 검색하게 된다. 그런데 검색 사이트의 서버는 각 검색이 어느 아이피(IP) 주소에서 왔는지 알기 때문에 그것을 분석해서 해당 지역을 찾아낼 수 있다. 실제로 이 검색 사이트가 예측한 독감 환자 수와 질병 예방 센터가 발표한 독감 환자 수는 거의 일치하였다. 이것은 네트워크 이론과 빅데이터를 결합하여 활용하였기 때문에 가능한 결과였다.

18. 보고서를 작성하던 김 사원은 ㉠의 띄어쓰기에 대한 의문이 생겼다. 〈보기〉를 바탕으로 띄어쓰기를 할 때 다음 중 잘못된 것은?

> **보기**
>
> 　조사는 체언 뒤에 쓰이고 앞말에 붙여 써야 한다. 의존명사는 관형어의 수식을 받으며 앞말과 띄어 쓴다. 의존명사는 체언에 속하므로 조사와 결합하는 특성이 있다. 윗글에서 밑줄 친 ㉠의 '것'은 의존명사이므로 앞말과 띄어 써야 한다.

① 말하는 대로 되니 긍정적인 생각을 많이 해야 한다.

② 나 만큼 직장에서 열심히 일하는 사람은 없을 것이다.

③ 좋은 결과를 기대하며 열심히 일할 수밖에 없다.

④ 직장에서 일할 때 믿을 수 있는 것은 실력과 끈기뿐이다.

19. 윗글을 읽은 김 사원이 내용에 대해 가질 수 있는 의문으로 적절한 것은?

① 미국 질병 예방 센터에서 지역별 독감 환자 수를 파악하여 보고서를 내는 이유는 무엇인가?

② 검색 사이트는 독감과 관련된 검색어가 어느 지역에서 검색되었는지 어떻게 알 수 있는가?

③ 실제로 독감에 걸리지 않았음에도 불구하고 호기심이나 공포심 등으로 독감을 검색했을 경우는 정확도가 떨어지지 않을까?

④ 미국의 독감 환자 상황에 대한 보고서를 가지고 독감 예방 대책을 세우는 것은 왜 무의미해지는가?

1회 한국남동발전
2회 한국중부발전[사무]
3회 한국중부발전[기술]
4회 한국동서발전
5회 한국서부발전
6회 한국남부발전
인성검사
면접가이드

20. 다음은 ○○공사의 견학신청에 대한 안내문이다. 안내문을 읽고 견학을 신청한다고 했을 때, 내용을 잘못 이해한 것은?

---

1. 견학내용 : 신재생에너지 이해, 산업 동향, 에너지 절약요령 등 홍보영상 관람, 전시물 및 신재생에너지 주요시설 견학을 통하여 다양한 정보를 얻으실 수 있습니다.
   - 연중 무료로 운영되고 있으니 방문하셔서 다양한 정보를 얻으시기 바랍니다.
   - 신청은 견학일로부터 1주 전까지 접수되어야 합니다.

2. 견학가능일
   - 견학일시 : 월 ~ 금요일(주말 및 공휴일, 근로자의 날 제외)
   - 견학시간 : 오전 10시 ~ 오후 5시까지 ＊점심시간(12 : 00 ~ 13 : 00) 제외

3. 견학대상
   - 견학대상 : 초, 중, 고교생(인솔자 필수 참석) 및 일반인
   - 가능인원 : 최소 10 ~ 30명 내외(상세 인원은 전화상담 후 조정 가능)

4. 견학코스(약 1시간 소요) : 공사 소개 → 홍보영상 시청 → 모형전시실 관람 → 발전소 외부 견학 → 기념사진 촬영

5. 신청방법 : 견학 7일 전 홈페이지 통한 접수(연락 가능한 전화번호 필수 기재)

6. 문의처 : 중부지사 ☎00 – 000 – 0000, 남부지사 ☎00 – 000 – 0000

---

① 하루에 견학 가능한 시간은 총 7시간이군.

② 견학을 하려면 최소한 10명의 인원은 있어야 되겠군.

③ 초, 중, 고교생은 학생들끼리는 관람을 할 수 없겠네.

④ 2021년 8월 24일에 견학하려면 최소한 8월 17일까지는 신청을 해야겠네.

제 2 영역

↳ 평가시간은 영역별로 제한하지 않으나 각 영역별 15분을 권장합니다.

21. 다음과 같은 종류의 논리적 오류를 범하고 있는 것은?

> 사람들은 늘 자신의 이익을 우선한다. 사람들은 언제나 이기적이기 때문이다.

① 갑 : 세상에 귀신은 있어. 귀신이 없다는 절대적 근거가 없기 때문이야.

② 을 : 사람들이 가치 있다고 말하는 것들은 모두 돈이야. 내가 만난 사람들은 다 그랬거든.

③ 병 : 신이 존재한다는 것은 성서에 적혀 있어. 성서는 신의 말이니까 신은 존재해.

④ 정 : 저 사람은 찬물을 싫어하니 반드시 뜨거운 물을 좋아할 거야.

22. ○○기업은 신입사원을 대상으로 건강검진을 실시한다. 같은 날 건강검진을 받은 신입사원 윤슬, 도담, 아름, 들찬, 벼리의 검진 결과에 대한 진술이다. 진술이 모두 참일 때 신입사원의 키를 작은 순서대로 바르게 나열한 것은?

> • 도담이가 가장 작다.
> • 들찬이는 아름이보다 크다.
> • 윤슬이는 들찬이보다 크지만 가장 큰 사람은 아니다.

① 도담 < 벼리 < 아름 < 들찬 < 윤슬

② 도담 < 들찬 < 아름 < 윤슬 < 벼리

③ 도담 < 아름 < 들찬 < 윤슬 < 벼리

④ 도담 < 아름 < 들찬 < 벼리 < 윤슬

1회 한국남동발전

2회 한국중부발전[사무]

3회 한국중부발전[기술]

4회 한국동서발전

5회 한국서부발전

6회 한국남부발전

인성검사

면접가이드

23. 다음 내용이 모두 참일 때, 반드시 참이라고 추론할 수 없는 것은?

> • 클라이밍을 좋아하는 사람은 고양이를 좋아하지 않는다.
> • 루지를 좋아하는 사람은 달리기를 잘한다.
> • 달리기를 잘하는 사람은 클라이밍을 좋아한다.
> • 고양이를 좋아하는 사람은 서핑을 할 수 있다.

① 고양이를 좋아하는 사람은 클라이밍을 좋아하지 않는다.

② 서핑을 할 수 없는 사람은 달리기를 잘하지 않는다.

③ 달리기를 잘하지 않는 사람은 루지를 좋아하지 않는다.

④ 루지를 좋아하는 사람은 고양이를 좋아하지 않는다.

24. 나래, 미르, 해안 세 명의 직업은 사진작가, 프로그래머, 엔지니어 중 하나이다. 다음 〈정보〉를 통해 추론할 때, 미르의 직업은 무엇인가?

> **정보**
>
> • 세 명의 나이는 모두 다르다.
> • 나래는 미르의 동생과 친구이다.
> • 나래는 사진작가보다 수입이 많다.
> • 프로그래머는 나이가 가장 어리고 수입도 가장 적다.

① 사진작가   ② 프로그래머

③ 엔지니어   ④ 사진작가 또는 엔지니어

www.gosinet.co.kr gosi net

1회 한국남동발전

2회 한국중부발전[사무]

3회 한국중부발전[기술]

4회 한국동서발전

5회 한국서부발전

6회 한국남부발전

인성검사

면접가이드

25. 다음 (A) ~ (C)에 해당하는 문제 유형을 옳게 연결한 것은?

> (A) ◇◇헤어숍 직원들에게 고객만족도를 15% 올리라는 임무가 내려왔다.
>
> (B) ☆☆유치원 황 원장은 김 선생님에게 제기된 학부모들의 불만을 듣고 있다.
>
> (C) ○○전자의 영업 담당 송 주임에게 남미 시장 진출 사업이 계속될 경우 발생할 가능성이 있는 문제를 파악하라는 지시가 떨어졌다.

	(A)	(B)	(C)
①	설정형 문제	발생형 문제	탐색형 문제
②	탐색형 문제	설정형 문제	발생형 문제
③	설정형 문제	탐색형 문제	발생형 문제
④	탐색형 문제	발생형 문제	설정형 문제

26. 다음과 같은 유형의 사고가 유용한 경우로 옳지 않은 것은?

이슈	Y 통신사의 10대 가입자 수가 지속적으로 줄고 있다.

⇩

가설	10대 청소년들이 가입할 만한 요금제가 없을 것이다.

⇩

분석	요금제별 가입자 수를 분석한다.

⇩

정보원 / 수집방법	요금 담당 부서 / 요금제를 관리하고 있는 부서에 관련 자료를 요청한다.

① 실험, 시행착오, 실패가 비교적 자유롭게 허용되는 경우에 사용한다.

② 여러 사안 및 여러 팀들이 감정적으로 대립하고 있는 경우에 사용한다.

③ 사내 커뮤니케이션이나 정보공유가 제대로 이루어지지 않는 경우에 유용하다.

④ 난해한 문제에 맞닥뜨려 원인을 명확히 알지 못해 찾아야 하는 경우에 유용하다.

27. 다음 글에서 갈등상황을 해결하는 데에 사용된 전략으로 적절한 것은?

> 전남 광양지역에서 주민의 반발로 착공이 지연됐던 알루미늄 제조 공장 조성 사업이 본격화될 것으로 보인다. 대기오염물질이 배출된다는 것을 이유로 반대했던 주민들이 환경관리 감독 강화 약속 등을 받아들인 덕분이다.
>
> 주요 내용은 대기오염 배출 시설로 알려진 용해주조공장 운영 시 국내 환경법과 기준에 따라 필요한 집진 시설과 환경오염방지장치 등을 설치하기로 한 것이 대표적이다. 또한, 원료는 환경오염 유발 재료를 사용하지 않고, 연료는 LNG 천연 가스를 사용하도록 했다. 더불어 용해주조설비 운영 시 대기오염물질 배출에 따른 확산지역 예측 모델링 용역을 실시하고 그 결과를 지역 주민에게 공표하기로 했다.

① 수용(Accommodation) ② 경쟁(Competition)
③ 협력(Collaboration) ④ 회피(Avoidance)

28. 다음 〈보기〉와 동일한 논리적 오류를 범하고 있는 것은?

> **보기**
>
> A : 우리는 환경을 보존하기 위해 더 많은 일을 해야 한다고 생각합니다. 푸른 하늘, 맑은 공기를 가진 청정한 시골을 고속도로로 뒤덮을 게 아니라요.
> B : 그럼 고속도로를 아예 놓지 말자는 말인가요? 그럼 대체 어떻게 돌아다니라는 말인가요?

① H 영화에 출연하는 배우들은 인기가 정말 많은 배우들이야. 그렇기 때문에 H 영화는 천만 관객으로 흥행에 성공할 거야.

② 술을 많이 마시면 오래 살 수 있어. 우리 할아버지는 술을 많이 마시는데 오래 살고 계시거든.

③ 넌 내 의견에 반박만 하고 있는데 넌 이만한 의견이라도 낼 실력이 되니?

④ 아이들이 도로에서 노는 것이 위험하다는 말은 아이들을 집 안에 가둬 키우라는 소리야.

29. 다음 글을 바탕으로 한 추론으로 옳지 않은 것은?

> A는 학교에서 문제 수가 총 20개인 시험을 보았다. 채점방식은 한 문제당 정답을 쓴 경우에는 2점, 오답을 쓴 경우에는 −1점, 아무런 답을 쓰지 않은 경우에는 0점을 부여한다. 시험 결과 A는 19점을 받았다.

① A가 오답을 쓴 문제가 반드시 있다.

② A가 정답을 쓴 문제는 9개를 초과한다.

③ A가 답을 쓰지 않은 문제가 반드시 있다.

④ A가 정답을 쓴 문제는 13개를 초과하지 않는다.

30. dpi는 프린터가 인치당 찍을 수 있는 점의 수를 나타낸다. dpi가 다른 프린터로 한 변의 길이가 1inch인 정사각형을 채울 때, 각각의 점의 개수에 대한 설명으로 옳은 것은? (단, 200dpi의 프린터는 한 변의 길이가 1inch인 정사각형을 채울 때 가로 200개, 세로 200개, 총 4만 개의 점을 찍는다)

① 500dpi로 인쇄하면 300dpi로 인쇄할 때보다 150,000개 많은 점을 넣을 수 있다.

② 1,200dpi로 인쇄할 때 점의 개수는 300dpi로 인쇄할 때 점 개수의 16배이다.

③ 600dpi로 인쇄할 때 점의 개수는 200dpi로 인쇄할 때 점 개수의 4배이다.

④ 1,200dpi로 인쇄하면 600dpi로 인쇄할 때보다 360,000개 많은 점을 찍어 넣을 수 있다.

31. 다음은 □□기업의 인기상품 ○○과자에 관한 인터뷰이다. 답변을 통해 추론할 수 있는 질문으로 적절하지 않은 것은?

1Q. _____

1A. ○○과자 개발은 201×년에 시작됐습니다. 4겹의 과자를 만들면서 여러 겹의 반죽이 달라붙는 문제를 해결하는 것이 난제였습니다. 개발 초기 3겹까지는 반죽이 달라붙는 문제가 해결됐지만 4겹은 차원이 다른 어려움으로 번번이 실패에 부딪히고 있었습니다. 연구 당시 현재 기술로는 4겹 과자를 만드는 것이 불가능하다는 결론을 내고 개발 시작 3년 만에 중단할 수밖에 없었습니다. 하지만 그 이후로도 끊임없이 원료부터 생산기술, 설비까지 고민을 거듭해 오던 중 201×년 2월 '다시 한 번 해 보자'는 미션이 떨어졌고 결국 지난해 ○○과자를 출시할 수 있었습니다.

2Q. _____

2A. ○○과자의 성공에 힘입은 □□기업의 올 상반기 연결기준 영업이익은 1,332억 원으로 지난해 상반기에 비해 120% 증가했습니다. 매출도 같은 기간 15.6% 증가한 9,400억 원을 기록했습니다.

3Q. _____

3A. ○○과자는 지난 5월 인도에 첫 선을 보인 이후 약 두 달 만에 1,350만 봉지가 판매됐습니다. 이러한 인기를 두고 지난 달 인도의 유력 매체에서는 '치열한 인도 제과 시장에서 □□기업의 ○○과자가 인도 소비자들의 마음을 사로잡으며 승승장구하고 있다'고 보도하기도 했죠.

4Q. _____

4A. 4겹의 ○○과자 개발에는 성공했지만 이를 대량 생산으로 옮기는 과정에서 또 다른 난관에 봉착하였습니다. 이 위기를 극복하기 위해 동료들과 함께 아이디어를 모으고 연구하며 문제 해결을 할 수 있었습니다. 대략 제품 테스트만 2,000회, 제품 개발부터 출시까지 8년의 시간이 걸렸네요. 과정은 힘들었지만 문제점들을 해결하면서 느꼈던 성취감과 기쁨은 그 어떤 때보다 컸습니다.

5Q. _____

5A. "○○과자는 공정과정이 까다로워 모방품이 쉽게 나올 수 없는 제품입니다. 그래서 더욱 더 ○○과자에 대한 자부심이 큽니다. 또한 요즘은 신제품의 '라이프 사이클(Life Cycle)'이 짧아지고 있습니다. 그래서 장수제품 만들기가 갈수록 어려워진다고들 합니다. 저는 오랫동안 소비자들에게 사랑받을 수 있도록 맛있으면서도 쉽게 모방할 수 없는 경쟁력을 갖춘 과자를 개발하는 것이 목표입니다. 더 나아가 국내뿐 아니라 중국, 베트남 등 글로벌 시장에서도 폭넓게 사랑 받는 과자를 만들어 내고 싶습니다.

---

① 앞으로의 이루고자 하는 목표는?

② 회사 매출 증대에도 큰 역할을 했을 텐데?

③ 개발과정에서 에피소드도 많았을 것 같은데?

④ 출시하자마자 대박이 났다던데?

32. 다음은 '브레인라이팅' 기법의 진행 단계이다. 〈보기〉에서 제시된 것은 몇 단계에서 이루어지는
일인가?

Step 1
주제를 명기하고 진행절차를 확인한다.

Step 2
개별적으로 아이디어를 작성하고 돌린다.

Step 3
타인의 아이디어를 검토하고 자기 의견을 기입한다.

↓

Step 4
작성된 Sheet를 취합 게시한다.

↓

Step 5
아이디어를 평가한다.

> **보기**
>
> • Sheet의 Ⅱ란의 A, B, C 칸에 아이디어를 기입한다. 이미 타인의 아이디어에 편승하는 것도
>   장려되며 편승이 마땅치 않을 경우 자신의 독자적인 아이디어를 기입하는 것도 장려된다.
> • 3분이 경과하면 Sheet를 왼쪽 편에 있는 사람에게 전달한다.

① 주제를 명기하고 진행절차를 확인한다.
② 개별적으로 아이디어를 작성하고 돌린다.
③ 타인의 아이디어를 검토하고 자기 의견을 기입한다.
④ 작성된 Sheet를 취합 게시한다.

33. 다음은 맥킨지의 문제해결 기법인 MECE의 적용 절차에 관한 내용이다. 빈칸에 들어갈 적용절차를 〈보기〉에서 골라 순서대로 배열한 것은?

〈MECE의 적용 절차〉

(1)	중심 제목에 문제의 핵심을 정리한다.

⇩

(2)	

⇩

(3)	

⇩

(4)	

⇩

(5)	

⇩

(6)	

⇩

(7)	

⇩

(8)	현 상태에서 할 수 있는 최선의 실행 가능한 해결책을 제시한다.

⇩

(9)	최선의 선택이라고 판단하여 제시한 대책이 유효하지 않을 경우 선택하지 않은 방법 중에 최선의 방법을 다시 제시하고 실행한다.

보기

Ⓐ 실행 가능한 요소를 분해할 수 없을 때까지 반복해서 분해한다.
Ⓑ 분해된 요소 중 실행 가능한 요소를 찾아낸다.
Ⓒ 분해된 핵심 요소를 다시 하위 핵심 요소로 분해한다.
Ⓓ 실행 가능한 대책을 제시하여 가설을 정립한다.
Ⓔ 분해된 핵심 요소가 중복과 누락 없이 전체를 포함하고 있는지 확인한다.
Ⓕ 어떤 점이 문제의 핵심 요소인지 여러 가지 분류 기준으로 분해하여 기록한다.

① Ⓒ → Ⓕ → Ⓐ → Ⓑ → Ⓔ → Ⓓ
② Ⓒ → Ⓔ → Ⓐ → Ⓕ → Ⓑ → Ⓓ
③ Ⓕ → Ⓒ → Ⓔ → Ⓑ → Ⓐ → Ⓓ
④ Ⓕ → Ⓔ → Ⓒ → Ⓐ → Ⓑ → Ⓓ

www.gosinet.co.kr gosinet

1회 한국남동발전
2회 한국중부발전[사무]
3회 한국중부발전[기술]
4회 한국동서발전
5회 한국서부발전
6회 한국남부발전
인성검사
면접가이드

34. A 기업은 이번에 새로 입사하게 된 신입사원 갑을 대상으로 교육을 진행하고자 한다. 다음과 같은 조건에서 선행 과정, 후행 과정을 진행한다고 할 때, 202X년 1월 중 가장 빨리 모든 교육과정을 이수할 수 있는 날은 언제인가?

교육과정	이수조건	선행과정	후행과정
자기개발	1회 수강		
예산수립	2회 수강		
문서작성	3회 수강	커뮤니케이션	실무운영
실무운영	5회 수강	문서작성	
직업윤리	2회 수강		정보보안
정보보안	2회 수강	직업윤리	
커뮤니케이션	3회 수강	직업윤리	

* 7개의 교육과정은 매일 교육이 실시되며, 토, 일요일에만 휴강한다. 갑은 자신이 원하는 요일에 여러 교육과정을 수강할 수 있지만 동일한 교육과정은 하루에 1회만 수강할 수 있다.

202X년 1월						
일	월	화	수	목	금	토
			1	2	3	4
5	6	7	8	9	10	11
12	13	14	15	16	17	18
19	20	21	22	23	24	25
26	27	28	29	30	31	

① 1월 17일　　　　　　② 1월 20일
③ 1월 23일　　　　　　④ 1월 28일

35. 다음은 P 상품의 20X1년 상반기 온라인과 오프라인 판매량을 나타낸 자료이다. 상반기 판매량은 오프라인 66만 대, 온라인 29만 7천 대일 때, 이에 대한 설명으로 옳지 않은 것은?

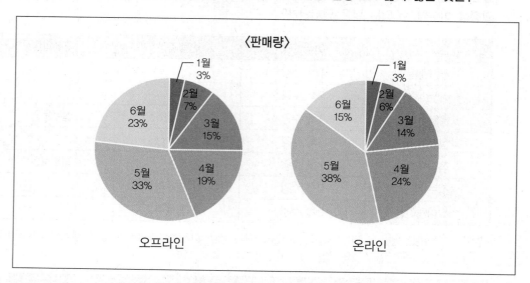

① 온라인 3월 판매량은 41,580대이다.

② 상반기 판매량이 가장 많은 달은 5월이다.

③ 4월은 오프라인보다 온라인 판매량이 더 많다.

④ 오프라인 6월 판매량은 오프라인 5월 판매량 대비 약 30% 감소했다.

36. 다음 글의 (가)～(마) 문단을 문맥상 의미가 이어질 수 있도록 논리적인 순서에 따라 자연스럽게 배열한 것은?

(가) 개기월식 때 달 표면은 지구에 가려지기 때문에 햇빛이 직사광선 형태로 달 표면에 도달할 수는 없다. 그러나 햇빛이 지구 대기를 통과하는 과정에서 빛이 꺾어지는 굴절현상을 일으켜 햇빛의 일부가 달에 도달하게 된다.

(나) 달이 붉은 색으로 보이는 것은 지구 대기를 통과하면서 붉은 색으로 변한 햇빛이 달 표면에 반사되기 때문이다. 즉, 햇빛은 지구 대기를 통과하면서 공기의 산란작용에 의해 붉은색으로 변하게 된다.

(다) 달이 지구에 완전히 가려지는 개기월식 때는 달이 보이지 않을 것이라고 생각할 수도 있겠지만, 사실은 그렇지 않다. 달의 모습은 여전히 보이지만 평소와 달리 선명한 붉은색을 띨 뿐이다.

(라) 지구 대기를 통과한 햇빛은 저녁 하늘의 노을과 같은 붉은색을 띠게 된다. 개기월식 때 달이 붉은 색으로 보이는 것은 결국 해돋이와 해넘이 때 태양이 붉게 보이는 것과 같은 이치이다.

(마) 오늘은 개기월식이 있는 날이다. 개기월식은 태양과 지구, 달이 일직선상에 위치해 지구의 그림자에 의해 달이 가려지는 현상이다. 이번 개기월식은 오후 6시 14분부터 지구 그림자에 의해 달이 서서히 가려지기 시작해 7시 24분부터 한 시간 동안 달이 완전히 가려지게 된다. 이후 달의 모습이 조금씩 나타나는 부분월식이 시작되고 2시간 10분 후인 9시 34분에는 달의 모습이 모두 보일 것이다.

① (마)－(가)－(나)－(라)－(다)
② (마)－(나)－(가)－(라)－(다)
③ (마)－(다)－(가)－(나)－(라)
④ (마)－(다)－(나)－(가)－(라)

1회 한국남동발전
2회 한국중부발전[사무]
3회 한국중부발전[기술]
4회 한국동서발전
5회 한국서부발전
6회 한국남부발전
인성검사
면접가이드

37. 다음 조건과 상황을 바탕으로 할 때, 반드시 참이라고 할 수 없는 진술은?

> 가, 나, 다, 라 네 사람이 OX 퀴즈를 풀었다. 문제는 총 10문제이며, 한 문제당 맞히면 10점을 획득하고 틀리면 5점 감점한다고 한다. 모든 문제를 푼 뒤, 네 사람의 답변과 점수는 다음과 같았다.
>
> ※ 답안 내용은 네 사람이 각각 O 또는 X를 적었다는 뜻이며, 정답 또는 오답의 의미는 아니다.

문항	가의 답안 내용	나의 답안 내용	다의 답안 내용	라의 답안 내용
1	O	X	X	O
2	X	O	O	X
3	O	O	O	O
4	O	O	X	X
5	X	X	O	O
6	X	X	X	X
7	O	O	O	O
8	X	X	X	X
9	O	O	O	O
10	O	O	O	O
점수(점)	55	25	55	85

① 1번 문제의 정답은 O이다.

② 2번 문제의 정답은 X이다.

③ 3번 문제의 정답은 O이다.

④ '나'는 5개의 문제를 맞혔다.

38. 다음 중 ㉠에 나타난 것과 동일한 오류를 범하고 있는 것은?

> 인간이라면 대부분 만 세 살 정도밖에 안 되는 몽매(蒙昧)한 나이에 전화를 받을 수 있을 정도로 모어(母語)에 유창해진다. 나이가 든 뒤 외국어를 배우기 위해 쩔쩔맨 경험을 생각해 본다면 어린이의 언어 습득이 얼마나 신기한 능력인지를 알 수 있을 것이다. 이런 점에서 ㉠인간의 두뇌 속에는 아주 어린 나이에 언어를 습득할 수 있는 특별한 장치가 있는 것이 아닌가 하는 가설이 제기되었다. 그리고 이러한 가설에 대해서 아무도 반증하지 않는 것을 보니 어린 아이의 두뇌 속에는 특별한 장치가 있는 것이 틀림없다.

① 한라산에 철쭉꽃이 만발했으니 보나마나 한반도 전체에 철쭉꽃이 피었을 것이다.

② 빨리 간다고 해서 좋은 시계는 아니다. 마찬가지로 남보다 한 발 부지런히 앞서 산다고 해서 바람직한 것은 아니다.

③ A 지방 출신 김 씨는 부지런하다. 같은 지방 출신인 이 씨도 그렇고 박 씨도 그렇다. 따라서 A 지방 출신 사람들은 모두 부지런하다.

④ 핵을 금지하자고 주장하는 사람들은 방사능 낙진이 인간의 생명에 위험하다는 것을 증명해 내지 못했다. 그러므로 핵무기 실험계획을 지속해도 괜찮다.

1회 한국남동발전

2회 한국중부발전[사무]

3회 한국중부발전[기술]

4회 한국동서발전

5회 한국서부발전

6회 한국남부발전

인성검사

면접가이드

[39 ~ 40] 다음 자료를 읽고 이어지는 질문에 답하시오.

〈공사입찰공고〉

1. 입찰내용

　가. 공사명 : 사옥 배관교체공사

　나. 공사개요

　　－ 추정가격 : ₩21,500,000(부가세 별도)

　　－ 예비가격기초금액 : ₩23,650,000(부가세 포함)

　　－ 공사기간 : 착공일로부터 25일 이내

　　－ 공사내용 : 폐수처리설비의 일부 부식취약부 배관 재질 변경

2. 입찰참가자격

　가. 건설산업기준법에 의한 기계설비공사업 면허를 보유한 업체

　나. 조달청 나라장터(G2B) 시스템 이용자 등록을 필한 자여야 합니다. 입찰참가자격을 등록하지 않은 자는 국가종합전자조달시스템 입찰자격등록규정에 따라 개찰일 전일까지 조달청에 입찰참가자격 등록을 해 주시기를 바랍니다.

3. 입찰일정

구분	일정	입찰 및 개찰 장소
전자입찰서 접수개시	20XX. 05. 21. 10 : 00	국가종합전자조달시스템 (https://www.g2b.go.kr)
전자입찰서 접수마감	20XX. 05. 30. 10 : 00	
전자입찰서 개찰	20XX. 06. 01. 11 : 00	입찰담당관 PC (낙찰자 결정 직후 온라인 게시)

4. 낙찰자 결정방법

　가. 본 입찰은 최저가낙찰제로, 나라장터 국가종합전자조달시스템 예가작성 프로그램에 의한 예정가격 이하의 입찰자 중에서 개찰 시 최저가격으로 입찰한 자를 낙찰자로 결정합니다.

5. 입찰보증금 및 귀속

　가. 모든 입찰자의 입찰보증금은 전자입찰서상의 지급각서로 갈음합니다.

　나. 낙찰자로 선정된 입찰자가 정당한 이유 없이 소정의 기일 내에 계약을 체결하지 않을 시 입찰보증금(입찰금액의 5%)은 우리 공사에 귀속됩니다.

6. 입찰의 무효

　가. 조달청 입찰참가등록증상의 상호 또는 법인의 명칭 및 대표자(수명이 대표인 경우 대표자 전원의 성명을 모두 등재, 각자 대표도 해당)가 법인등기부등본(개인사업자의 경우 사업자등록증)의 상호 또는 법인의 명칭 및 대표자와 다른 경우에는 입찰참가등록증을 변경등록하고 입찰에 참여하여야 하며, 변경등록하지 않고 참여한 입찰은 무효임을 알려 드리오니 유의하시기 바랍니다.

20XX. 3. 10. 한국○○공사 사장

39. ○○기업 건축사업 기획팀에서는 위의 입찰에 신청하기 위하여 준비 회의를 하려고 한다. 회의에 참가하기 전 공고문을 제대로 이해하지 못한 직원을 모두 고른 것은?

- 사원 A : 우리 회사 공사팀이 폐수처리설비 배관 공사를 25일 동안에 완료할 수 있는지 회의 전에 미리 확인해 봐야겠어.
- 과장 B : 조달청 입찰참가자격 등록을 6월 1일까지 해야 한다는 점을 기억해야지.
- 사원 C : 입찰참가자격 등록을 할 때, 혹시 우리 회사 법인의 명칭과 대표가 법인등기부등본과 다르지 않은지, 변경해야 하는지 점검해 보는 것이 좋겠어.
- 대리 D : 모든 입찰자는 입찰등록 시 입찰보증금을 ○○공사에 예치해야 하므로 입찰금액의 5%를 미리 준비해야 한다는 점을 말해 줘야지.

---

① 사원 A, 과장 B   ② 사원 A, 사원 C

③ 과장 B, 사원 C   ④ 과장 B, 대리 D

40. 한국○○공사의 직원 A는 위의 공고문을 바탕으로 해당 사업에 대한 질문에 답변을 해 주어야 한다. 다음 중 A가 답변할 수 없는 질문은?

① 기계설비공사사업 면허가 있으면 어떤 회사든지 참가할 수 있는 것이지요?

② 낙찰자를 결정하는 기준은 무엇인가요?

③ 우리 회사가 낙찰될 경우, 낙찰 사실을 언제 알 수 있습니까?

④ 만약 우리 회사가 낙찰되었다면 며칠부터 공사를 시작해야 하는 거지요?

제3영역

✎ 평가시간은 영역별로 제한하지 않으나 각 영역별 15분을 권장합니다.

41. 다음 자료, 정보, 지식, 정보처리에 관한 설명 중 적절하지 않은 것은?

① 자료는 정보 작성을 위해 필요한 데이터를 말한다.

② 정보는 특정한 의미를 가진 것으로 다시 생산된 것을 말한다.

③ 정보처리는 자료를 가공하여 이용 가능한 정보로 만드는 과정을 말한다.

④ 맥도너(McDonough)에 따르면 자료⊇정보⊇지식과 같은 포함관계가 형성된다.

42. 보통 정보를 기획할 때는 5W2H 원칙(What, Where, When, Why, Who, How, How Much)을 따른다. 다음 중 정보원을 파악하는 단계로 적절한 것은?

① Who ② Where

③ What ④ How much

43. 다음 중 인터넷을 이용한 정보검색 시 검색엔진의 유형에 해당하지 않는 것은?

① 키워드 검색방식 ② 통합형 검색방식

③ 단일형 검색방식 ④ 자연어 검색방식

44. 다음 중 워드프로세서와 구분되는 텍스트에디터의 특성으로 적절한 것을 모두 고르면?

> ㄱ. 문서 자체에 직접 암호화할 수 있다.
> ㄴ. 글자들만 단순히 입력할 수 있다.
> ㄷ. 대부분 이진파일로 문서가 저장된다.
> ㄹ. 불특정 다수에게 배포할 파일로 유리하다.

① ㄱ, ㄴ   ② ㄱ, ㄹ
③ ㄴ, ㄷ   ④ ㄴ, ㄹ

45. 다음 중 정보수집에 능숙해지는 방법으로 적절하지 않은 습관은?

① 숫자를 외우는 것보다 이해하는 것이 좋다.
② 도움이 되는 뉴스의 정보원을 함께 외우는 것이 좋다.
③ 다각적인 분석을 위해 관련 기사를 읽는 것이 좋다.
④ 뉴스를 대충 이해하기보다는 사실을 정확히 외우는 것이 좋다.

46. 필요한 정보를 수집할 수 있는 원천을 정보원(sources)이라 부른다. 이러한 정보원은 크게 1차 자료와 2차 자료로 구분할 수 있다. 다음 중 1차 자료가 아닌 것은?

① 레터   ② 연구보고서
③ 서지데이터베이스   ④ 출판 전 배포자료

47. 다음 중 데이터베이스의 필요성으로 적절한 것은?

① 데이터를 여러 곳에서 보관할 수 있다.
② 결함이 없는 데이터를 유지하는 것이 훨씬 쉽다.
③ 프로그램의 개발기간이 길어질 수 있다.
④ 모든 사원이 데이터에 대한 읽기와 쓰기 권한을 가져야 한다.

48. ○○공사의 갑, 을, 병, 정 사원이 문서를 작성하고 있다. 다음의 네 사원의 행동 중 가장 적절한 행동을 한 사원은?

> 갑 사원 : 이메일로 전달받은 문서가 열리지 않아서 상대방에게 전달받은 그대로 회신하여 문의하였다.
>
> 을 사원 : 업무의 효율성 증대를 위해 개인적으로 익숙한 프로그램을 설치하여 문서를 작성하였다.
>
> 병 사원 : 업무의 성과를 높이기 위해 문서작성 시 가공 가능한 상태로 타 부서의 공동 작업자와 파일을 공유하였다.
>
> 정 사원 : 타 부서로부터 전달받은 Word 파일을 활용하기 위해 비교적 가공하기 쉬운 다른 형태의 파일로 변환하여 문서를 작성하였다.

① 갑 사원   ② 을 사원

③ 병 사원   ④ 정 사원

49. 다음은 현재 우리가 살고 있는 정보사회의 특징에 대한 설명이다. 이에 관한 내용으로 적절하지 않은 것은?

> • 개인 생활을 비롯하여 정치, 경제, 문화 등 사회 전반적인 생활에서 정보에 대한 의존도가 커진다.
> • 정보 통신 기술이 급속도로 발전함에 따라 우리의 일상생활에 유통되는 정보의 양이 급증하고 있다.
> • 지식 노동이 중요해지고 정보와 지식의 질이 가치를 결정하게 된다.
> • 네트워크를 이용한 정보망이 사회 발전의 중요한 기반이 되고, 네트워크를 이용하여 산업 활동이 이루어진다.

① 재택근무, 인터넷 뱅킹, 인터넷 쇼핑 등과 같은 경제 활동이 가능하다.

② 가정 자동화 시스템으로 인해 외부에서도 집 안 시스템 관리가 가능하다.

③ 전자 정부가 실현되어, 주민센터를 직접 방문하지 않아도 인터넷으로 주민등록등본을 발급받을 수 있다.

④ 교육은 시간과 장소에 관계없이 쉽게 받을 수 있으나, 정보화 기기를 능숙하게 다룰 수 있어야 하므로 연령 제한이 있다.

50. 다음 중 파워포인트로 다음과 같이 "$\sum$" 기호가 포함된 식을 입력하기 위해 사용할 기능으로 적절한 것은?

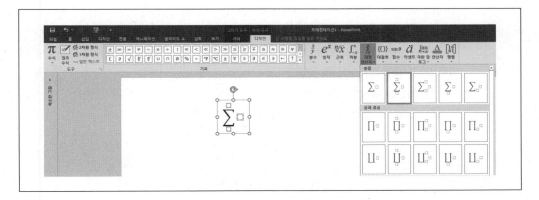

① WordArt
③ 하이퍼링크

② 수식 도구
④ 클립아트

51. 다음은 데이터베이스를 이용한 ○○기업의 업무 작업 순서를 도식화한 것이다. 빈칸 (가)와 (나)에 들어갈 작업 내용으로 바르게 연결된 것은?

	(가)	(나)
①	데이터베이스 관리	데이터베이스 만들기
②	데이터베이스 만들기	데이터베이스 관리
③	데이터베이스 만들기	자료 검색
④	자료 검색	데이터베이스 만들기

52. 다음 중 스프레드시트(엑셀) 차트의 추세선에 대한 설명으로 적절한 것을 모두 고르면?

> ㄱ. 하나의 데이터 계열에 두 개 이상의 추세선을 동시에 표현할 수 있다.
>
> ㄴ. 추세선은 지수, 선형, 로그, 다항식, 거듭제곱, 이동 평균 총 여섯 종류가 있다.
>
> ㄷ. 추세선을 삭제하기 위해서는 차트에서 표시된 추세선을 선택한 후 Delete키를 누르거나 바로 가기 메뉴의 [삭제]를 선택한다.
>
> ㄹ. 차트의 계열을 3차원 꺾은선형으로 변형하여도 추세선은 삭제되지 않는다.
>
> ㅁ. 방사형, 원형, 도넛형 차트에도 추세선을 사용할 수 있다.

① ㄱ, ㄴ, ㄷ   ② ㄱ, ㄴ, ㄹ

③ ㄴ, ㄹ, ㅁ   ④ ㄷ, ㄹ, ㅁ

53. 다음 ○○기업 사원들이 나눈 대화에서 설명하고 있는 기억장치의 종류는?

> A : 하드웨어 기억장치 중 하나인데, 컴퓨터 전원이 갑자기 차단되어도 정보가 지워지지 않아.
>
> B : 이 장치는 전력도 많이 사용하지 않고 사용이 편리해서 컴퓨터, 휴대전화, 디지털 카메라, 내비게이션, 게임기 등 대부분의 전자기기에 많이 사용되고 있어.
>
> C : 휴대가 간편하고 특히 파일을 옮길 때 편리해.
>
> D : 사용자가 필요할 때 언제든지 입력과 수정이 가능한 기억장치야.

① 클라우드 스토리지   ② 플래시 메모리

③ 하드 디스크 드라이브   ④ 캐시 메모리

54. ○○기업 마케팅부에서 국내에서 생산하는 소주 회사별 시장 점유율을 조사하여 그 데이터를 다음과 같이 스프레드시트(엑셀)로 작성하였다. 〈그림 1〉은 연도별 시장 점유율을, 〈그림 2〉는 2018년도 10월을 기준으로 지역별, 회사별 점유율을 나타낸 자료이다. 이를 분석한 결과로 적절하지 않은 것은?

〈그림 1〉

	A	B	C	D	E	F	G
1	연도별 시장 점유율						
2							(단위 : %)
3	구분	2014	2015	2016	2017	2018	비고
4	JL	45	47.3	47.8	48.9	48.7	
5	BB	5.6	5.5	5.5	4.4	3.2	
6	BH	10.2	9.9	9	8.4	9.8	
7	CB	1.7	1.8	1.6	1.2	2.9	
8	DS	7.5	7.3	6.7	5.9	3.4	
9	HIL	1.3	1.3	1.3	1.3	1.3	
10	KBJ	10.3	9.2	7.6	5.9	4.3	
11	KWO	5	5.4	9.4	14.1	16.7	
12	MH	8	7.8	6.7	6.3	5.8	
13	SYA	4.9	4.6	4.4	3.8	3.9	

〈그림 2〉

	A	B	C	D	E	F	G	H	I	J	K	L	M
1	지역별 시장 점유율												
2												<단위 : % > (2018. 10. 기준)	
3	구분	서울	경기	강원	충북	충남	경북	경남	부산	전북	전남	제주	전체
4	JL	71.8	67.5	21.8	55.4	35.6	46.9	23.0	31.6	28.3	12.3	7.8	48.7
5	BB	0	0.1	0	0	0	0.1	66.4	2.5	0	0	0	3.2
6	BH	2.5	0.8	0	1.8	4.2	0.5	0	2.3	9.3	86.2	0	9.8
7	CB	0	0	0	23.7	0	0	0	0	0	0	0	2.9
8	DS	0.6	1.6	0	3.4	2.2	0	0	0	54.1	1.5	0	3.4
9	HIL	0.1	0	0	0	0	0	0	0	0	0	92.2	1.3
10	KBJ	1.8	1.6	0.8	6.3	5.2	41.2	0	0.2	0	0	0	4.3
11	KWO	22.1	28.4	77.4	7.1	33.3	11.3	1.3	1.2	3.1	0	0	16.7
12	MH	0.3	0	0	0	0	0	9.3	62.2	0	0	0	5.8
13	SYA	0.8	0	0	2.3	19.5	0	0	0	5.2	0	0	3.9

① 2018년 지역별 시장 점유율이 0%인 지역이 8개 이상인 회사는 3곳이다.

② 2018년 지역별 시장 점유율의 편차가 가장 큰 회사는 HIL으로 나타났다.

③ 2014년부터 2018년도까지 KWO의 연도별 시장 점유율은 증가 추세를 보인다.

④ 2018년 시장 점유율 1, 2, 3위는 JL, KWO, KBJ 순이다.

55. ○○기업 경영팀 최 과장은 다음 표를 바탕으로 다음과 같이 워드프로세서(아래한글) 차트를 작성하였다. 작성 과정에 대한 설명으로 옳은 것을 모두 고르면?

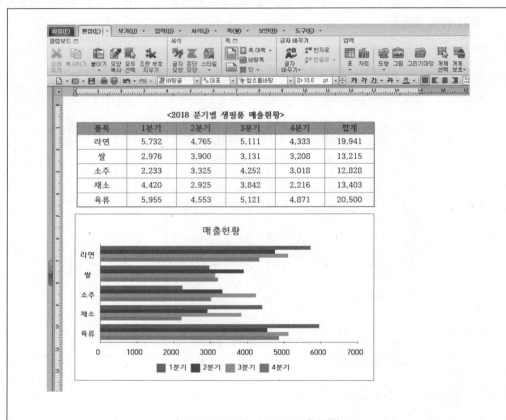

〈2018 분기별 생필품 매출현황〉

품목	1분기	2분기	3분기	4분기	합계
라면	5,732	4,765	5,111	4,333	19,941
쌀	2,976	3,900	3,131	3,208	13,215
소주	2,233	3,325	4,252	3,018	12,828
채소	4,420	2,925	3,842	2,216	13,403
육류	5,955	4,553	5,121	4,871	20,500

www.gosinet.co.kr gosinet

1회 한국남동발전

2회 한국중부발전[사무]

3회 한국중부발전[기술]

4회 한국동서발전

5회 한국서부발전

6회 한국남부발전

인성검사

면접가이드

ㄱ. 차트로 만들 셀을 드래그로 선택한 후 [표]−[차트 만들기]를 선택한다.

ㄴ. 차트를 선택하고 가로막대형을 선택하여 해당 차트를 설정한다.

ㄷ. 차트 마법사의 [범례]−[범례 모양]에서 범례의 위치와 글자를 설정한다.

ㄹ. 차트를 선택하고 마우스 오른쪽 버튼을 눌러 [캡션 달기]−[제목 달기]를 선택하고 차트 제목의 글자 크기 및 속성을 지정한다.

ㅁ. 배경색에 그라데이션 효과를 주기 위해 차트를 선택하고 마우스 오른쪽 버튼을 눌러 [차트] −[배경]을 선택하여 그라데이션 효과를 지정한다.

① ㄱ, ㄴ, ㄹ   ② ㄱ, ㄴ, ㅁ

③ ㄴ, ㄷ, ㄹ   ④ ㄴ, ㄹ, ㅁ

56. 다음 파워포인트로 작성한 목차 슬라이드에 사용된 기능에 대한 설명으로 적절하지 않은 것은?

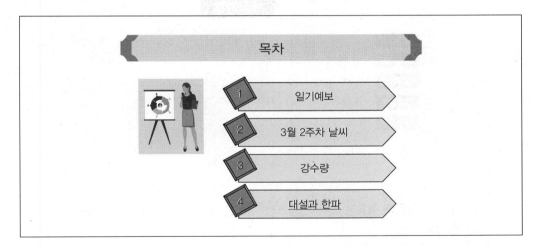

① [삽입]−[그림] 도구를 이용하여 일기예보 관련 사진을 삽입하였다.

② 목차 목록은 [삽입]−[도형] 도구를 이용하여 도형을 추가한 후, 텍스트를 입력하였다.

③ 1번 목록 도형을 작성한 후, 복사−붙여넣기로 전체 목록을 완성하였다.

④ [WordArt] 기능과 [일러스트레이션] 기능을 이용하여 목차를 작성하였다.

57. 워드프로세서(아래한글)로 〈그림 1〉과 같이 '응모방법'을 작성하고 〈그림 2〉와 같이 수정하였다. 수정에 사용된 기능에 대한 설명으로 적절하지 않은 것은?

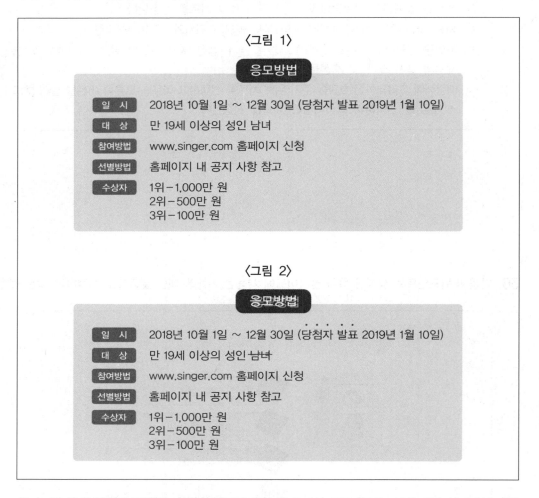

〈그림 1〉

응모방법

일 시 2018년 10월 1일 ~ 12월 30일 (당첨자 발표 2019년 1월 10일)
대 상 만 19세 이상의 성인 남녀
참여방법 www.singer.com 홈페이지 신청
선별방법 홈페이지 내 공지 사항 참고
수상자 1위-1,000만 원
2위-500만 원
3위-100만 원

〈그림 2〉

응모방법

일 시 2018년 10월 1일 ~ 12월 30일 (당첨자 발표 2019년 1월 10일)
대 상 만 19세 이상의 성인 남녀
참여방법 www.singer.com 홈페이지 신청
선별방법 홈페이지 내 공지 사항 참고
수상자 1위-1,000만 원
2위-500만 원
3위-100만 원

① 〈그림 2〉의 내용에 적용된 그림자, 강조점, 취소선 효과는 모두 [글자 모양] 대화 상자에서 지정할 수 있다.

② '응모방법' 글자의 그림자는 [글자 모양]-[확장]-[그림자]-[연속]을 선택하고 [색]을 지정하여 설정했다.

③ '당첨자 발표' 글자에 강조점은 [글자 모양]-[확장]-[강조점]을 선택하고 글자 위에 점은 점 하나가 찍힌 모양을 선택했다.

④ '남녀' 글자에 취소선을 적용하기 위해 [글자 모양] 대화 상자에서 굵은 점선을 선택했다.

58. 다음은 스프레드시트(엑셀)로 작성한 자료이다. 〈그림 1〉의 대여일 형식을 〈그림 2〉와 같이 '년
－월－일(요일)'로 변경하고자 할 때, 〈그림 3〉의 B 영역에 입력할 내용으로 적절한 것은?

〈그림 1〉

	A	B
1		
2	대여일	시작시간
3	5월 13일	2019. 05. 13. 07:00
4	5월 13일	2019. 05. 13. 06:00
5	5월 13일	2019. 05. 13. 05:00
6	5월 14일	2019. 05. 14. 01:00
7	5월 14일	2019. 05. 14. 07:00
8	5월 15일	2019. 05. 15. 01:00
9	5월 16일	2019. 05. 16. 07:00
10	5월 17일	2019. 05. 17. 01:00
11	5월 17일	2019. 05. 17. 05:00

➡

〈그림 2〉

	A	B
1		
2	대여일	시작시간
3	2019-05-13(월)	2019. 05. 13. 07:00
4	2019-05-13(월)	2019. 05. 13. 06:00
5	2019-05-13(월)	2019. 05. 13. 05:00
6	2019-05-14(화)	2019. 05. 14. 01:00
7	2019-05-14(화)	2019. 05. 14. 07:00
8	2019-05-15(수)	2019. 05. 15. 01:00
9	2019-05-16(목)	2019. 05. 16. 07:00
10	2019-05-17(금)	2019. 05. 17. 01:00
11	2019-05-17(금)	2019. 05. 17. 05:00

〈그림 3〉

셀 서식	?	×

표시 형식 | 맞춤 | 글꼴 | 테두리 | 채우기 | 보호

범주(C):

일반
숫자
통화
회계
날짜
시간
백분율
분수
지수
텍스트
기타
사용자 지정

보기
2019-05-13(월) ➔ A

형식(T):

B

```
0.00E+00
##0.0E+0
# ?/?
# ??/??
$#,##0_);($#,##0)
$#,##0_);[빨강]($#,##0)
$#,##0.00_);($#,##0.00)
$#,##0.00_);[빨강]($#,##0.00)
```

① yyyy－mm－dd(aaaa) ② yyyy－mm－dd(aaa)

③ yyyy－mm－dd(aa) ④ yyyy－mm－dd(a)

59. 다음과 같이 엑셀 표가 주어졌을 때, 아래 함수를 입력하면 나오는 결과로 옳은 것은?

	A	B	C	D	E	F
1						
2		상품	단가(원)	판매수량	판매금액(원)	
3		다이어리	3,000	30	50,000	
4		볼펜	1,500	100	150,000	
5		지우개	500	55	27,500	
6		텀블러	5,000	10	50,000	
7		필통	5,000	5	25,000	
8		메모지	2,000	60	120,000	
9		A4용지 1묶음	3,000	15	45,000	
10		물티슈	3,000	20	60,000	
11		아이스크림	1,000	50	50,000	
12						

=AVERAGEIF(C3 : C11, "〉=2,000")

① 2,000

② 2,667

③ 3,500

④ 4,000

60. 파워포인트에서 자주 쓰이는 단축키를 다음과 같이 정리하였다. 다음 중 단축키에 대한 설명으로 잘못된 것은?

구분	단축키	설명
문자 서식	Ctrl+T	글꼴 서식 창
	Ctrl+Shift+〉	㉠ 글자 키우기
	Ctrl+B	글자 굵게
	Ctrl+U	밑줄
서식	Ctrl+Shift+C	서식 복사
정렬	Ctrl+E	㉡ 가운데 정렬
	Ctrl+J	양쪽 정렬
	Ctrl+L	왼쪽 정렬
프레젠테이션 단축키	F5	㉢ 프레젠테이션 시작
	Shift+F5	현재 페이지부터 프레젠테이션 시작
	Number+Enter	숫자로 지정한 페이지 이동
	Ctrl+P	화살표를 펜으로 변경
	Ctrl+A	펜을 화살표로 변경
	Ctrl+M	㉣ 펜으로 작성한 내용 숨기기/표시하기

① ㉠

② ㉡

③ ㉢

④ ㉣

제4영역

✎ 평가시간은 영역별로 제한하지 않으나 각 영역별 15분을 권장합니다.

61. 특정 분야에서 탁월한 업체의 방식에서 장점을 배워 자사 환경에 맞추어 재창조하는 과정을 벤치마킹이라고 한다. 다음 사례의 A 기업이 사용한 벤치마킹의 종류는?

> 복사기 회사 A 기업은 복사기 시장점유율을 82%까지 차지할 정도로 시장 지배력이 강력한 기업이었으나, B 기업의 시장 진입으로 인해 시장점유율이 50%대로 떨어지는 위기를 맞았다.
>
> B 기업은 A 기업에 비해 현저히 낮은 가격과 탁월한 기능으로 시장점유율을 늘려갔다. A 기업은 경쟁 당사자인 B 기업의 생산, 판매, 마케팅, 디자인 등을 분석하여 핵심 과제를 설정하고 실행하여 위기를 벗어났다.

① 내부 벤치마킹   ② 간접적 벤치마킹

③ 글로벌 벤치마킹   ④ 경쟁적 벤치마킹

62. P 공사에 다니는 가 ~ 라 직원은 회사가 실시한 건강검진 결과 뇌심혈관 질환 발병의 위험요인이 있는 것으로 나타났다. 위험요인을 개인적 위험요인과 직업 관련 위험요인으로 구분할 때, 다음 중 개인적 위험요인에 해당하는 직원은? (단, 주어진 조건 이외의 것은 고려하지 않는다)

① 가 직원은 고혈압과 당뇨가 있어 위험하다는 지적을 받았다.

② 나 직원은 평소 과도한 업무량에 시달리고 있어 업무를 줄이라는 지적을 받았다.

③ 다 직원은 평소 직장 상사와의 인간관계에서 과도한 스트레스를 받고 있음이 지적되었다.

④ 라 직원은 평소 이황화탄소와 일산화탄소가 너무 많은 작업장에서 일하고 있음이 지적되었다.

63. ○○공사에서 근무하는 김 대리는 '저탄소 녹색도시로 탈바꿈하기 위한 계획'과 관련하여 보고서를 작성 중이다. (A)에 들어갈 계획기법으로 적절한 것은?

구분		계획지표	계획기법
탄소저감	에너지 절약 (Energy Saving)	토지이용	
		녹색교통	(A)
	에너지 순환 (Energy Recycling)	자원순환	
	에너지 창출 (Energy Cleaning)	에너지 창출	
탄소흡수	에너지 절약 (Energy Saving)	공원녹지	
		생태공간	

① 빗물 이용   ② 태양광, 태양열, 지열
③ 자연형 하천조성   ④ 자전거 활성화 시스템

64. 기술과 관련한 다음 진술 중 옳지 않은 내용을 말하고 있는 사람은?

① 이다운 : 기술은 원래 노하우(Know-how)의 개념이 강하였으나 시대가 지남에 따라 노하우와 노와이(Know-why)가 결합하게 되었습니다.

② 주기쁨 : 노하우는 이론적인 지식으로 과학적인 탐구에 의해 얻어집니다.

③ 한여울 : 노와이는 어떻게 기술이 성립하고 작용하는가에 관한 원리적 측면에 중심을 두고 있습니다.

④ 김사랑 : 물리적·사회적인 것으로서 지적인 도구를 특정 목적에 사용하는 지식 체계를 기술이라고 합니다.

65. 다음은 기술능력의 향상을 위한 교육 방법을 정리한 내용이다. 밑줄 친 내용 중 적절하지 않은 것은?

방식	내용
전문연수원을 통한 기술과정 연수	− ① <u>다년간에 걸친 연수 분야의 노하우를 가지고 체계적이고 현장과 밀착된 교육이 가능하다.</u> − ② <u>일반적으로 연수비가 자체적으로 교육을 하는 것보다 비싸지만, 고용보험 환급을 받을 수 있다.</u>
E−learning을 활용한 기술교육	− 이메일, 토론방, 자료실 등을 통해 의사교환과 상호작용이 자유롭게 이루어질 수 있다. − ③ <u>업데이트를 통해 새로운 교육 내용을 신속하게 반영할 수 있어 교육에 소요되는 비용을 절감할 수 있다.</u>
상급학교 진학을 통한 기술교육	− ④ <u>학문적이면서 최신의 기술의 흐름을 반영하고 있는 기술교육이 가능하다.</u> − 원하는 시간에 학습을 할 수 없고 일정 시간을 할애해야 하며, 학습자 스스로가 학습을 조절하거나 통제할 수 없다.
OJT를 활용한 기술교육	− 직장 상사나 선배가 지도·조언을 해 주는 형태로 훈련이 행하여지기 때문에 교육자와 피교육자 사이에 친밀감이 조성된다. − 지도자의 높은 자질이 요구되며 교육훈련 내용의 체계화가 어렵다.

66. 4차 산업혁명의 디지털 전환은 두 가지 유형으로 구분할 수 있다. (A)에 해당하는 사례로 가장 적절한 것은?

구분	유형 I	유형 II
혁신의 성격	존속성	파괴적 혹은 보완적
혁신의 주도	기존 업체(제조업체)	외부의 ICT 기업과 스타트업
주요 사례	(A)	• 파괴적 : (B) • 보완적 : (C)
혁신의 주안점	하드웨어 장비 제조역량과 소프트웨어의 결합	주로 소프트웨어적 혁신

① 핀테크   ② O2O

③ 스마트공장   ④ 디지털 헬스케어

67. 다음 중 밑줄 친 재생에너지에 해당하지 않는 것은?

> 최근 <u>재생에너지</u> 산업이 화학생명공학 분야에서 유망한 기술로 떠오르고 있다. 재생에너지는 그 기술과 최종에너지의 형태에 따라 여러 가지로 나눌 수 있지만, 1차 에너지원을 이용하여 다시 청정한 에너지를 얻는 것이므로 에너지원이 거의 고갈되지 않아 자원의 부존량은 거의 무한대이다. <u>재생에너지</u>와 구별해야 할 것이 바로 신에너지이다. 신에너지는 기존의 화석연료를 변환시키거나 수소와 산소 등의 화학 반응을 통하여 얻는 전기와 열을 이용하는 에너지이다.

① 수소에너지　　　　　　　　　　② 수력에너지

③ 태양에너지　　　　　　　　　　④ 바이오에너지

68. 적정기술은 삶의 질을 향상시키는 환경 친화적인 인간 중심의 기술이다. 다음 적정기술과 거대기술 관련 표를 볼 때, ㉠에 들어갈 내용으로 옳지 않은 것은? (단, 빈칸은 고려하지 않는다)

거대기술

→

- 따뜻한 자본주의
- 정보통신기술 발전
- 거대기술의 위험과 기술 민주주의
- MDG, 지속가능한 발전
- 기업의 사회적 책임
- 사회적 경제

→

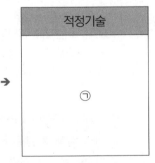

적정기술
㉠

① 민주주의　　　　　　　　　　　② 수요자의 필요

③ 단순, 소규모　　　　　　　　　　④ 가치와 편익의 집중

69. 다음 중 기술시스템과 관련해 옳지 않은 설명을 말한 사람은?

① 가현 : 기술시스템은 미국의 기술사학자 토마스 휴즈에 의해 주장된 것으로 사회는 기술 형성에 영향을 줄 뿐만 아니라 기술로부터 영향을 받는다는 이론이야.

② 나현 : 기술시스템의 경우 시스템의 구성 요소로 기능하는 유·무형의 인공물이 다른 인공물과 긴밀하게 상호작용해.

③ 다현 : 원칙적으로 기술시스템의 하나의 구성요소가 제거되거나 그 성질이 바뀌면 시스템 내부의 다른 요소도 성질이 바뀌어.

④ 라현 : 기술시스템의 구성요소에는 자연자원, 과학 등 기술적인 것들만 포함되고 회사, 투자회사, 법적 제도 등의 사회적인 것은 포함되지 않아.

70. 다음 사례에서 설명하는 실패를 성공으로 만드는 포인트는?

> 국내의 한 제조업체는 '위험 예지 훈련'을 실시하고 있다. 사고가 일어나기 전의 상황을 그림이나 비디오로 보고 다음에 어떤 일이 일어날 것인지, 그리고 그 일을 예방하려면 어떻게 해야 하는지를 집단적으로 토론하는 것이다. 이와 유사한 것이 햄버거로 유명한 M사의 햄버거 대학에서의 교육이다. M사는 대응에 실패하여 고객이 불만을 가진 경우를 미리 상정하여 그 대응법을 가르치고 있다.

① 실패를 학습의 대상으로 삼을 것
② 가상 실패 체험을 통해 성공가능성을 향상시킬 것
③ 단 한 번의 우연한 실패를 위하여 실패 DB를 활용할 것
④ 감성지수를 활용한 실패 정서 관리에 초점을 맞출 것

71. ○○기업 김 사원은 성공한 기술경영자의 사례를 통해 기술경영자의 능력을 배우기로 했다. 다음 사례에서 배울 수 있는 기술경영자의 능력으로 적절한 것은?

> 2012년 AMD의 부사장으로 취임한 리사 수는 적자에 시달리는 회사를 구해 내기 위해 새로운 비즈니스 전략을 고민했다. 가장 먼저 꺼내든 전략은 시장다각화였다. PC 시장에선 반등이 어렵다고 판단한 리사 수는 마이크로소프트(MS)와 소니의 문을 두드렸다. 마이크로소프트와 소니가 개발 중인 차세대 비디오게임기에 AMD의 CPU와 GPU를 공급하겠다고 제안했다.
>
> 단순히 CPU와 GPU만 공급하는 것으로는 경쟁력이 없다고 판단한 리사 수는 과거 AMD가 실패했던, CPU와 GPU를 통합하여 하나의 칩셋으로 개발한 APU를 제안했다. APU는 성능은 어정쩡했지만 비디오 게임기에는 충분했으며 오히려 비디오 게임기를 작게 만드는 데는 최적의 제품이었다. 결국 MS와 SONY 모두 AMD의 APU를 채택했고, 비디오 게임기가 출시되자마자 불티나게 팔리며, 2013년 AMD는 5분기만에 흑자 전환에 성공하였다.

① 새로운 제품의 개발 시간을 단축할 수 있는 능력
② 기업의 전반적인 전략 목표에 기술을 통합시키는 능력
③ 기술 전문 인력을 운용할 수 있는 능력
④ 빠르고 효과적으로 새로운 기술을 습득하고 기존의 기술에서 탈피하는 능력

72. ○○기업 A 사원은 유사한 역할을 하는 기술 중 하나를 선택하는 데 어려움을 겪고 있다. 이에 B 대리가 할 수 있는 조언으로 옳지 않은 것은?

① 보다 쉽게 구할 수 없는 기술을 선택하는 것이 좋습니다.
② 최신 기술이면서 진부화될 가능성이 적은 기술을 우선 선택해야 합니다.
③ 제품의 성능이나 원가에 미치는 영향력이 적은 기술을 우선적으로 선택해야 합니다.
④ 기업이 생산하는 제품에 보다 광범위하게 활용할 수 있는 기술을 선택할 필요가 있습니다.

73. 다음 사례에서 침해당한 ㉠의 종류는 무엇인가?

> A 회사 소속 디자이너 전○○ 씨는 A 회사에서 기존에 판매하던 물품의 외관에 탁월한 심미성을 갖춘 디자인을 고민하여 새로운 디자인을 접목했고 그 후 물품의 판매량이 급등했다. 그러나 경쟁사 B 회사에서 이를 모방하여 거의 유사한 디자인을 가진 상품을 출시했고, 이로 인해 A 회사의 해당 물품의 판매량은 감소했다. 전○○ 씨는 ㉠ 산업재산권을 침해당했다고 판단하여 관련 조치를 취할 계획이다.

① 상표권　　　　　　　　　　② 특허권
③ 디자인권　　　　　　　　　④ 실용신안권

74. 다음 사례에 나타난 산업재해의 직접적 원인은?

> 민 사원은 공장 투입 전 교육 연수에서 우수한 성적을 거둔 신입사원이다. 자신이 다루는 공장의 매뉴얼을 충분히 숙지하고 있으며, 업무에서 한눈을 팔지 않는다. 그는 산업재해가 발생한 날에도 작업 매뉴얼에 따라 기기 가동 준비를 하였으나 기기 가동을 하던 중 작업자의 안전을 위해 설치된 시설물의 결함으로 3m 높이 난간에서 추락하는 사고를 겪었다. 민 사원은 후유증이 심하지 않으나 바로 업무에 복귀하기는 힘든 상황이다.

① 기술적 원인　　　　　　　② 교육적 원인
③ 작업 관리상 원인　　　　　④ 불안전한 상태

75. ○○기업은 직원들의 복지 향상을 위해 마사지건을 구입하였다. 구입 일주일 후 경영지원팀 김 사원이 마사지건을 사용하려는데 마사지건이 작동하지 않았다. 다음 사용설명서를 읽고 원인을 파악하려고 할 때, 김 사원이 확인해야 할 사항이 아닌 것은?

[안전 지침]
감전, 화재 및 부상의 위험과 기기의 고장을 줄이기 위해
다음 지침에 따라 본 기기를 사용하여 주십시오.
• 건조하거나 깨끗한 신체 부위, 옷 표면 위로만 사용하시고, 가볍게 압력을 가하여 사용하시되 각 신체 부위당 약 60초 동안 사용하십시오.
• 강도 단계 혹은 가하는 압력과 관계없이 타박상이 발생할 수 있습니다. 통증이 발생할 경우 즉시 사용을 중단하십시오.
• 기기 통풍구에 먼지나 이물질이 끼거나 들어가지 않도록 주의하여 주십시오.
• 기기를 물에 담그거나 통풍구에 물 또는 액체가 들어가지 않도록 하십시오.
• 패키지에 포함된 전용 어댑터를 사용하여 주십시오.
• 기기 사용 전, 기기의 배터리에 이상이 없는지 확인하여 주십시오.
• 자체적으로 기기를 해체하거나 수리하지 마십시오.

[A/S 및 A/S 보내기 전 확인 사항]
• A/S 시 왕복 배송비는 고객 부담입니다.
• 무상 A/S 기간은 1년입니다(단, 고객 과실의 경우 비용이 청구될 수 있습니다).
• 반드시 구성품 모두를 함께 보내 주셔야 합니다.
• 마사지건이 충전되지 않는 경우 어댑터의 자사 정품 여부를 확인해 주십시오.
• 하단 on/off 버튼을 켜고, 상단의 작동버튼을 눌렀는지 확인해 주십시오.
• 충전기가 꽂혀있으면 작동하지 않습니다. 충전기를 빼고 작동시켰는지 확인해 주십시오.
• 제품이 빨리 방전되는 경우, 하단의 on/off 버튼을 off인 상태로 보관하였는지 확인해 주십시오.

① 충전기가 꽂혀 있는지 확인한다.
② 기기에 물이 들어갔는지 확인한다.
③ 정품 어댑터로 충전하였는지 확인한다.
④ 마사지건의 구성품이 모두 있는지 확인한다.

1회 한국남동발전

2회 한국중부발전[사1]

3회 한국중부발전[술]

4회 한국동서발전

5회 한국서부발전

6회 한국남부발전

인성검사

면접가이드

[76 ~ 78] 다음은 H 공사에서 사용하는 에어컨 사용설명서이다. 이어지는 질문에 답하시오.

〈사용 시 주의사항〉

1. 필터에 먼지가 끼면 냉방 능력이 떨어지고, 전기요금이 많이 나옵니다. 가정에서는 2주에 한 번씩, 식당에서는 1개월에 한 번씩, 그 외의 장소에서는 3개월에 한 번씩 청소해 주는 것이 좋습니다.

2. 창문에서 들어오는 햇빛을 커튼이나 블라인드로 막아 주면 실내 온도가 약 2℃ 정도 떨어집니다.

3. 필요 이상으로 온도를 낮추면 과도한 전기 소모로 인해 전기요금이 많이 나올 뿐만 아니라 고장의 원인이 될 수 있습니다. 설정 온도는 25 ~ 26℃가 적당합니다.

4. 사용 시 자주 켰다 끄지 않습니다. 전기요금이 더 많이 나올 수 있습니다.

5. 냉방 시 온열기기를 사용하면 전기요금이 많이 나올 수 있으므로 삼가야 합니다.

6. 에어컨 바람을 막는 장애물이 없는 곳에 설치해야 합니다.

〈장시간 사용하지 않을 때 제품 보관 방법〉

1. 공기 청정 버튼을 눌러 에어컨 내부의 습기와 곰팡이를 제거합니다. 맑은 날 1시간 이상 해야 합니다.

2. 주전원 스위치를 내리고 전기 플러그를 뽑습니다. 전원을 차단하면 실외기로 전기가 흐르지 않아 천재지변으로부터 안전할 수 있습니다.

3. 부드러운 천을 사용해서 실내기와 실외기를 깨끗하게 청소합니다.

〈A/S 신청 전 확인사항〉

제품에 이상이 생겼을 경우, 서비스 센터에 의뢰하기 전에 다음 사항을 먼저 확인해 주십시오.

증상	확인	조치 방법
운전이 전혀 되지 않음	주전원 스위치가 내려져 있지 않은가?	주전원 스위치를 올려 주세요.
	전압이 너무 낮지 않은가?	정격 전압 220V를 확인하세요.
	정전이 되지 않았는가?	다른 전기기구를 확인해 보세요.
정상보다 시원하지 않음	희망 온도가 실내 온도보다 높지 않은가?	희망 온도를 실내 온도보다 낮게 맞추세요.
	제습 또는 공기청정 단독운전을 하고 있지 않은가?	냉방 운전을 선택해 주세요.
	찬 공기가 실외로 빠져나가고 있지 않은가?	창문을 닫고 창문의 틈새를 막으세요.
	햇빛이 실내로 직접 들어오지 않은가?	커튼, 블라인드 등으로 햇빛을 막으세요.
	실내에 열을 내는 제품이 있는가?	열을 내는 제품과 같이 사용하지 마세요.

	실내기와 실외기의 거리가 너무 멀지 않은가?	배관 길이가 10m 이상이 되면 냉방 능력이 조금씩 떨어집니다.
	실외기 앞이 장애물로 막혀 있지 않은가?	실외기의 열 교환이 잘 이루어지도록 장애물을 치우세요.
실내기에서 물이 넘침	무거운 물건이 호스를 누르고 있지 않은가?	호스를 누르고 있는 물건을 제거하세요.
	배수 호스 끝이 물받이 연결부보다 높게 설치되어 있거나 호스가 꼬여 있지 않은가?	배수 호스는 물이 잘 빠지도록 물받이 연결부보다 반드시 낮게 설치해야 합니다.

76. 총무팀 K 사원이 전기요금을 줄여 보라는 상사의 지시를 따르기 위해 해야 할 일이 아닌 것은?

① 공기 청정 운전을 한다.
② 필터를 청소한다.
③ 자주 켰다 끄지 않는다.
④ 냉방 시 온열기기 사용을 삼간다.

77. 여름날 K 사원이 에어컨을 틀었는데 평소보다 시원하지 않았다. 원인을 파악하기 위해 확인해야 하는 사항은?

① 리모컨이 꺼져 있는지 본다.
② 주전원 스위치를 내려 본다.
③ 이상한 소리가 나지 않는지 살펴본다.
④ 햇빛이 실내로 직접 들어오는지 살펴본다.

78. 어느 날 K 사원이 에어컨 실내기에 물이 넘쳐 있는 것을 발견하였다. 다음 중 그 원인을 파악하기 위해 확인해야 하는 사항은?

① 찬 공기가 실외로 빠져나가고 있지 않은지 확인한다.
② 실내기 내부의 물 색깔을 확인한다.
③ 배수 호스 끝과 물받이 연결부의 위치를 확인한다.
④ 실내기 앞이 장애물로 막혀 있는지 확인한다.

[79 ~ 80] 다음 동절기 건설현장의 안전보건 가이드라인을 읽고 이어지는 질문에 답하시오.

산업재산권이란 특허권, 실용신안권, 디자인권 및 상표권을 총칭하며 산업 활동과 관련된 사람의 정신적 창작물(연구결과)이나 창작된 방법에 대해 인정하는 독점적 권리이다. 산업재산권은 새로운 발명과 고안에 대하여 그 창작자에게 일정 기간 동안 독점 배타적인 권리를 부여하는 대신 이를 일반에게 공개하여야 하며 일정 존속기간이 지나면 이용·실시하도록 함으로써 기술진보와 산업발전을 추구한다.

특허권은 발명한 사람이 자기가 발명한 기술을 독점적으로 사용할 수 있는 권리이다. 발명은 '자연법칙을 이용한 기술적 사상(idea)의 창작으로서 기술 수준이 높은 것'을 말한다. 벨이 전기·전자를 응용하여 처음으로 전화기를 생각해 낸 것과 같은 대발명의 권리를 확보하는 것을 특허라고 할 수 있다. 특허제도는 발명을 보호, 장려하고 그 이용을 도모함으로써 기술의 발전을 촉진하여 산업발전에 이바지함을 목적으로 한다. 특허의 요건으로는 발명이 성립되어야 하고, 산업상 이용 가능해야 하며, 새로운 것으로 진보적인 발명이라야 하며, 법적으로 특허를 받을 수 없는 사유에 해당하지 않아야 한다.

실용신안은 기술적 창작 수준이 소발명 정도인 실용적인 창작(고안)을 보호하기 위한 제도로서 보호 대상은 특허제도와 다소 다르나 전체적으로 특허제도와 유사한 제도이다. 즉, 실용신안은 발명처럼 고도하지 않은 것으로 물품의 형상, 구조 및 조합이 대상이 된다.

산업재산권법에서 말하는 디자인이란 심미성을 가진 고안으로써 물품의 외관에 미적인 감각을 느낄 수 있게 하는 것이다. 디자인은 물품 자체에 표현되는 것으로 물품을 떠나서는 존재할 수 없다. 따라서 물품이 다르면 동일한 형상의 디자인이라 하더라도 별개의 디자인이 된다. 최근에는 의류나 문구류 등 패션 제품은 물론이고 자동차의 디자인까지 소비자의 관심을 끌기 위한 디자인 개발에 총력을 기울이고 있다.

상표는 제조회사가 자사제품의 신용을 유지하기 위해 제품이나 포장 등에 표시하는 표장으로서의 상호나 마크이다. 현대 사회는 우수한 상표의 선택과 상표 관리가 광고보다 큰 효과를 나타낼 수가 있다. 따라서 상표는 기업의 꽃이라고도 한다.

79. 다음 중 산업재산권으로 보호받을 수 없는 것은?

① 3년간의 연구 끝에 기술 개발에 성공한 항공기 소음 절감 유도용 나노공학 엔진 부품
② K 항공사와 함께 코드 쉐어를 하며 업무 협정을 맺은 4개 항공사의 공식 팀명
③ A사의 경영목표와 전략을 상징하는 승무원들의 복장 디자인과 악세서리 문양
④ 화물 유동량 증가를 유도하기 위한 M사의 인센티브 지급 계획

80. 다음 중 산업재산권에 대한 설명으로 옳지 않은 것은?

① 실용신안은 현재 우리나라를 비롯하여 일본·독일 등 일부 국가에서 운영되고 있으며, 국내산업 보호라는 산업정책적 목적에서 탄생한 제도라고 볼 수 있다.
② 특허권은 기술적 권리의 방어 목적으로 존재하는 것이며, 독점권을 보장받는 것이 아니다.
③ 상표권은 재산권의 일종으로서 특허권 등과 같이 담보에 제공될 수 있으며, 지정상품의 영업과 함께 이전할 수도 있다.
④ 디자인권은 설정등록에 의하여 발생하며 존속기간은 설정등록이 있는 날부터 20년으로 한다.

5대 발전회사NCS 기출예상모의고사

유형분석 》》

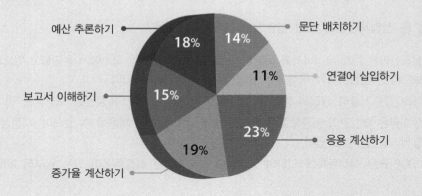

예산 추론하기 ● **18%**
문단 배치하기 ●
14%
연결어 삽입하기 ●
11%
보고서 이해하기 ● **15%**
응용 계산하기 ●
23%
증가율 계산하기 ● **19%**

분석 》》   의사소통능력에서는 긴 지문을 제시하고 그에 해당하는 문제를 두세 개씩 배치하는 식으로 출제되었다. 내용과 일치하는 것을 찾는 문제가 다수 출제되었으며 연결어와 적절한 내용을 삽입하는 문제도 출제되었다. 수리능력에서는 오차의 범위가 크지 않은 계산과 분수를 계산하는 류의 응용수리 문제가 출제되었다. 또한 표와 그래프를 서로 변환하며 분석하고 작성하는 문제가 출제되었다. 문제해결능력에서는 글로 제시되어 있는 조건에 따라 적절한 계산과 추론을 하여 결론을 도출해 내는 문제처리능력 평가 문제가 다수 출제되었다.

한국동서발전

4회 기출예상모의고사

영역	총 문항 수
의사소통능력	
수리능력	50문항
문제해결능력	

- 수험번호 | _____
- 성　　명 | _____

NCS란? 산업 현장에서 직무를 수행하기 위해 요구되는 각종 지식, 기술, 태도 등의 내용을 국가가 체계화한 것을 의미한다.

4회 한국동서발전

▶ 정답과 해설 43쪽

[01 ~ 03] 다음의 제시상황과 자료를 보고 이어지는 질문에 답하시오.

○○전력에서 근무하는 갑 사원이 사보에 게시할 글을 작성하고 있다.

H 부는 2021년 5월 26일 □□국가산업단지(이하 □□시 산단)에서 '스마트그린산단 통합관제센터(이하 통합관제센터) 개소식'을 개최하였다. 오늘 개소한 통합관제센터는 스마트그린산단 핵심 인프라 중 하나로, 산단 내 안전, 환경, 도로교통 등을 디지털로 통합 관리하여 산단의 고질적인 문제를 해결하고 쾌적한 환경을 조성하는 역할을 수행한다. 개소식에는 □□시 시장 등이 참석하여, □□시 산단을 친환경 첨단산업 공간으로 전환하기 위한 핵심인프라의 개소를 축하하였다.

통합관제센터는 산단 내 위험물질과 환경오염, 교통문제 등을 디지털로 통합 관리하여, 관련 사고를 실시간으로 파악하고 사전에 방지함으로써 산단의 안전을 확보하는 역할을 수행한다. 그동안 화재가 발생하거나 화학물질이 유출되면 주변의 신고에 의해 처리함에 따라 빠른 대처가 어려웠으나, 앞으로는 열감지 카메라 센서 등을 통해 화재발생 및 화학물질 유출을 즉시 감지할 수 있게 된다. 또한 카메라가 감지하기 어려운 사각지대에서 발생하는 사고는 정찰드론을 출동시켜 해당 지역을 공중에서 자세히 감시하고, 소방 및 경찰 체계와 연동하여 대응한다. 산단의 고질적인 문제였던 교통 및 주차문제는 사람이 일일이 문제 지역을 돌아다녀야 해서 정보 수집이 쉽지 않았으나, 앞으로는 지능형 CCTV를 활용하여 실시간으로 보다 많은 정보를 수집·축적하게 된다.

정부는 2020년 7월 한국판 뉴딜 10대 과제 중 하나로 '스마트그린산단'을 선정하였고, 이어 9월에는 '스마트그린산단 실행전략'을 발표하였다. 발표 이후, 현재까지 관련 법적 근거 마련, 사업단 구성 등 체계를 잡아왔다. 지난 8개월간 스마트그린산단을 위한 기본 뼈대를 조성하는 데에 힘써 왔으며, 최근 통합관제센터 등 핵심인프라들이 차례로 구축을 완료함에 따라 구체적인 성과를 낼 수 있는 기반이 조성되고 있다. 그동안에도 시뮬레이션센터 구축을 통해 40여 개사에 분석 서비스를 제공하고, 인력양성 사업을 통해 2,000여 명에 교육을 제공하는 등의 작고 다양한 성과를 이뤄왔으나, 앞으로는 성과 창출이 본격화될 예정이다.

H 부 장관은 축사를 통해, □□시 산단에서 통합관제센터를 최초로 개소한 것은 스마트그린산단의 3가지 핵심인프라인 '제조혁신인프라, 에너지플랫폼, 통합관제센터'의 구축을 완료했다는 점에서 의미가 크며, 최근 산단 내 안전사고가 빈번히 발생하여 안전 확보가 무엇보다 중요한 상황에서, 통합관제센터가 근로자들의 안전을 확보하는 핵심 인프라 역할을 수행하게 될 것임을 밝혔다. 또한 이를 통해 □□시 산단에 입주해 있는 6,000여 개 이상의 기업들에 안전하고 쾌적한 환경을 제공할 것으로 기대되며, 지역 경제의 핵심인 산업단지가 세계적인 경쟁력을 지닐 수 있도록, 스마트그린산단 통합관제센터 운영을 계기로 H 부가 중앙부처 간, 그리고 중앙과 지방 간 협업에 온힘을 다할 것이라고 언급했다.

01. 다음 중 위 보도자료의 제목으로 적절한 것은?

① 스마트그린산단의 통합관제센터 운영으로 탄소중립 실현하다

② □□시, 지역의 녹색경제 실현을 위한 스마트그린산단 시작하다

③ 통합관제센터로 산단의 안전이 대폭 강화된다

④ H부 − □□시, 아시아 산업단지의 허브로 거듭나다

02. 다음 중 위 보도자료에 대한 설명으로 적절하지 않은 것은?

① 정부는 스마트그린산단에 대한 법적 근거를 마련하기 위해 노력을 해왔다.

② 통합관제센터의 시범 운영 기간 동안 최대 2,000여 명의 관련 인력이 양성될 예정이다.

③ 스마트그린산단은 한국판 뉴딜 10대 과제로 선정되었다.

④ H 부는 통합관제센터 운영을 계기로 중앙과 지방 간 협업에 더욱 힘 쓸 것으로 예상된다.

03. 다음은 갑 사원이 스마트그린산단 통합관제센터의 기능을 정리한 내용이다. ㉠ ∼ ㉣ 중 적절하지 않은 것은?

스마트그린산단 통합관제센터 기능
㉠ 열감지 카메라 등을 활용한 화재발생 즉시 감지
㉡ 화학물질 유출 등 위험물질 관련 신고 센터 구축
㉢ 정찰드론 활용을 통한 사고 감지 사각지대 최소화
㉣ 지능형 CCTV를 통한 교통 및 주차 관련 정보 수집

① ㉠　　　　　　　　　　　② ㉡

③ ㉢　　　　　　　　　　　④ ㉣

[04 ~ 05] 다음의 제시상황과 자료를 보고 이어지는 질문에 답하시오.

A 발전에서 근무하는 박 사원은 초전도 송전에 관한 보도자료를 열람하고 있다.

어떤 물체가 움직이면 그 이동을 방해하는 저항이 생긴다. (㉠   ) 도로에서 자동차가 주행할 때 공기저항이 발생하여 자동차의 속도가 느려지는 것을 들 수 있다. 전기도 마찬가지다. 발전소에서 생산된 전기를 각 가정과 일터로 보내는 과정에서 전기저항이 생기고, 전력 손실이 발생한다. 다시 말하자면, 전기저항을 없애면 없앨수록 더 많은 전력을 더 효율적으로 전달할 수 있다. 그렇다면 전기저항을 '0'에 가깝게 만드는 것이 가능할까? 그 방법이 바로 초전도를 활용하는 것이다. 초전도란 무엇일까?

초전도는 영하 100℃ 이하의 매우 낮은 온도에서 전기저항이 0에 가까워지는 현상이다. 일반적으로 자기부상열차, 병원 MRI, 입자가속기 등에 활용되는데, 기술 장벽이 높아 2000년까지만 해도 몇몇 선진국에서만 연구가 이뤄졌다. A 발전은 2001년 당시 △△부가 주관한 DAPAS(차세대 초전도 응용기술개발) 프로젝트를 통해 초전도 송전 연구에 돌입했다. (㉡   ) 지난 2004년, 교류 23kV 초전도 케이블을 세계에서 4번째로 개발하는 데 성공했다. 2011년에는 변전소에서 23kV 초전도 케이블 실증사업을 완료했으며, 2016년 세계 최초로 154kV 초전도 케이블 실증사업도 무사히 마쳤다. (㉢   ) 우리나라는 미국과 일본을 제치고 초전도 송전 기술력 세계 1위의 자리에 올랐다. A 발전은 이 상태에서 한발 더 나아가, 2019년 11월 또다시 세계 최초로 초전도 송전 상용화에도 성공했다. B 변전소와 C 변전소를 잇는 약 1km 구간에 초전도 케이블을 활용한 송전 기술을 성공적으로 적용한 것이다.

현재 A 발전에서 상용화에 성공한 초전도 송전의 핵심은 초전도 케이블이다. 초전도 케이블은 초전도 현상을 일으키는 물질로 만들어져 전력을 전달하는 전선과 전선의 외부를 감싸서 온도를 극저온으로 유지하도록 돕는 냉매제로 이뤄져 있다. A 발전에서 개발한 초전도 케이블은 영하 196℃의 액체질소를 냉매제로 활용할 수 있도록, 영하 200℃에서 초전도 현상이 나타나는 물질을 개발해 전선의 재료(선재)로 쓰고 있다.

초전도 케이블을 활용하면 일반 케이블 대비 전력손실을 $\frac{1}{10}$ 이하로 줄일 수 있고, 송전용량은 5배 이상 높일 수 있다. 기존의 전력 케이블은 전력손실 때문에 765kV 또는 345kV의 고전압을 사용한다. (㉣   ) 초전도 케이블은 전력손실이 거의 없고 대용량 송전이 가능하므로 154kV 또는 23kV로 사용이 가능하다. 덕분에 고전압 송전을 위한 대규모의 송전 설비를 설치할 필요가 없어졌으며, 케이블 설치 공간도 대폭 감소되었다. 또한 일상 속 전기 의존도가 점점 더 높아지고 있는 상황에서, 늘어나는 전력 수요에 대응하기에도 좋다.

www.gosinet.co.kr gosinet

1회 한국남동발전

2회 한국중부발전[사무]

3회 한국중부발전[기술]

4회 한국동서발전

5회 한국서부발전

6회 한국남부발전

인성검사

면접가이드

04. 다음 중 위 보도자료를 읽고 이해한 내용으로 적절하지 않은 것은?

① 초전도는 병원 MRI, 자기부상열차, 입자가속기 등에 활용된다.

② 우리나라는 전 세계 최초로 초전도 송전의 상용화에 성공한 국가이다.

③ 기존의 전력 케이블은 송전을 위해 대규모의 송전 설비를 설치해야 할 필요가 있었다.

④ A 발전은 연구에 돌입한 지 약 5년 만에 교류 23kV 초전도 케이블 발명에 성공하였다.

05. 다음 중 위 보도자료의 ㉠ ~ ㉣에 들어갈 말로 적절하지 않은 것은?

① ㉠ 이에 더하여   ② ㉡ 더불어

③ ㉢ 이를 기점으로   ④ ㉣ 하지만

[06 ~ 08] 다음의 제시상황과 자료를 보고 이어지는 질문에 답하시오.

G 기관에서 근무하는 박민규 사원은 보도자료를 열람하고 있다.

S 부 장관은 방한 중인 이스라엘 경제산업부 장관과 「대한민국 정부와 이스라엘국 정부 간의 민간부문 산업의 연구 및 개발에 관한 양자협력협정(이하 한–이스라엘 산업기술협력협정)」 전면 개정안에 최종 서명하였다. 「한–이스라엘 산업기술협력협정」은 제조 강국인 우리나라가 원천기술 강국 이스라엘과의 상호호혜적인 기술협력을 위해 1999년 최초 체결한 우리나라 유일의 산업기술 협력조약으로, 이 조약을 근거로 양국은 2001년부터 공동연구개발기금을 조성하여 공동 R&D를 지원하고 있다. 이번 개정은 공동연구개발기금 각국 출자금액을 기존 200만 불에서 400만 불로 대폭 확대하고, 공동 R&D과제에 대한 정부 최대 지원 비율을 기존 50%에서 70%로 상향하였으며, 기존 기업 위주의 R&D에서 연구소와 대학의 R&D 참여를 적극 확대하고, 공동 R&D만 지원 가능 했던 기금의 지원 범위를 공동 세미나, 인적교류 등 직접적 외에 간접적인 활동까지 확대했다는 것을 주요한 골자로 한다.

그간 양국 정부는 해당 협정을 통해 지난 20여 년간 6,500만 불의 기금을 조성하고, 총 181건 의 공동연구를 지원하였으며, 공동연구를 통해 신기술개발, 해외진출, 투자유치, 신사업화 등의 성 과를 창출하였다. 특히 국내 의료기기 제조기업과 이스라엘의 무선전송기술기업이 2015년에 개발 한 신개념 무선 혈당측정기는 개발 4년 만에 수출액이 약 70배 성장하는 등 양국 간 성공적인 사례들이 여럿 나타나고 있다.

이번 조약 개정은 디지털 전환과 밸류체인 재편 등 최근 급변하는 산업환경에 따라 확대되는 양국 기업의 협력 수요에 부응하여 기술 협력 규모를 양적 · 질적으로 크게 확대하였으며, 특히 이 스라엘은 최근 한국 제조기업들이 필요로 하는 정보통신기술(ICT), 생명공학기술(BT)에 매우 강점 이 있어, 디지털 전환과 바이오 혁명시대에 최적의 협력파트너로서의 그 의미가 크다. 향후 양국은 조약 개정을 바탕으로 '서비스 로봇'을 주제로 총 800만 불(정부지원 530만 불) 규모의 대형 하향 식 프로그램인 라이트하우스*를 하반기 중 착수할 계획이다.

* 라이트하우스 : 그간 추진해 온 기업 수요에 기반한 상향식 R&D 지원과 차별하여, 정책적 필요와 사전 기획을
  바탕으로 한 하향식 기술협력 프로그램

한편, 양국 장관은 금일 서명되는 기술협정을 기반으로 한 교역 및 투자, 기술 협력이 확대될 수 있도록 공동 노력할 것을 강조하였다. 특히 이스라엘 수소차 실증사업과 바이오 분야 기술협력, 그리고 이스라엘이 강점이 있는 자율주행기술을 결합한 자율차 분야의 협력을 강화해 나가기로 하였다. S부 장관은 "내년이 양국 수교 60주년인 바, 이번 양국 간 산업기술협력협정 개정을 계기 로 기술협력과 교역, 투자가 더욱 활성화될 수 있도록 함께 협력해 나가자"고 하면서, "특히 이번 기술협력협정 개정을 통해 양국 기업 간 투자와 협력이 확대될 수 있을 것"이라고 기대하였다.

06. 다음 중 박민규 사원이 위 보도자료에 대해 이해한 내용으로 적절하지 않은 것은?

① 한－이스라엘 산업기술협력협정은 한국 유일의 산업기술협력조약이다.

② 한국과 이스라엘은 향후 자율차 분야의 협력을 강화할 예정이다.

③ 한국과 이스라엘은 조약 개정을 바탕으로 서비스 로봇 관련 상향식 기술협력 프로그램을 착수할 것이다.

④ 이스라엘은 정보통신기술과 생명공학기술 강국이며 한국의 협력파트너로 가지는 의미가 크다.

07. 다음 중 위 보도자료의 제목으로 적절한 것은?

① 한－이스라엘 당국, 산업기술협력협정 전면 개정안에 서명

② 한－이스라엘, 수교 60주년을 맞이하여 산업기술협력협정 개정

③ 산업기술협력협정으로 한국과 이스라엘 기업의 R&D 성공 사례

④ 한－이스라엘 산업기술협력협정의 발전 방향을 위한 양국 간 간담회 개최

08. 다음은 직원들이 「한－이스라엘 산업기술협력협정」에 대해 나눈 대화이다. 적절하지 않은 발언을 한 직원은?

> ① 직원 갑 : 「한－이스라엘 산업기술협력협정」을 통해 지난 20여 년간 6,500만 불 규모의 기금을 조성하고, 해외진출 및 투자유치 등의 성과를 창출하였죠.
>
> ② 직원 을 : 이번 「한－이스라엘 산업기술협력협정」 개정을 계기로 양국은 공동 R&D과제에 대한 정부 최대 지원 비율을 70%까지 확대하게 되었어요.
>
> ③ 직원 병 : 이번 「한－이스라엘 산업기술협력협정」 개정을 통해 양국은 총 600만 불 규모의 출자 금액을 조성할 수 있게 되었어요.
>
> ④ 직원 정 : 이번 「한－이스라엘 산업기술협력협정」 개정은 디지털 전환과 밸류체인 재편 등 급변하는 산업환경에 대응하기 위해 기술 협력 규모를 크게 확대했죠.

① 직원 갑   ② 직원 을

③ 직원 병   ④ 직원 정

[09 ~ 11] 다음의 제시상황과 자료를 보고 이어지는 질문에 답하시오.

> A 발전에서 일하는 김 대리는 온실가스 감축 관련 기술개발에 관한 보도자료를 열람하고 있다.

A 발전은 '2X50 탄소중립' 정부정책을 실현하고자 온실가스 감축과 관련된 연소 · 포집 · 저장 · 활용 등 4개 분야 기술개발에 나선다. 가장 먼저 온실가스 연소와 포집 관련 기술에 대한 연구개발을 진행하고 있다.

지난해 A 발전은 태안발전본부 5호기에 0.5MW급 CO_2(이산화탄소) 포집 실증플랜트를 구축하고, 세계 최고 수준의 CO_2 습식포집 흡수제(MAB ; Modulated Amine Blend) 실증 기술을 개발하였다. 이러한 정책 성과를 기반으로 P 부는 A 발전과 함께 올해 '대규모 CCUS 실증 및 상용화 기반구축 사업'에 착수한다. 해당 사업은 2X21년 3월부터 2X23년 12월까지 진행되며, 총 62억 원이 투입될 예정이다.

대규모 CCUS 실증 및 상용화 기반구축 사업은 기존에 구축된 습식 0.5MW급 CO_2 포집 실증플랜트를 활용해 국내 습식포집 기술의 성능을 평가하고, 실증 단계를 넘어 상용 150MW급 CO_2 포집 플랜트를 설계하는 것을 기본 골자로 한다. CO_2 포집 대상은 서해안권에 위치한 발전소들로, 실증을 통해 포집원을 선정하고자 한다. A 발전은 연구과제 수행을 통해 하루 10t의 액화 CO_2를 생산할 계획이며, 생산된 액화 CO_2는 산업용으로 판매하거나 지역농가에서 농작물 재배용으로 활용할 수 있도록 무상으로 공급할 예정이다.

(㉠) A 발전은 가스발전시대를 대비해 산 · 학 · 연과 함께 세계 최초로 '3MW급 매체순환연소 실증기술'을 개발한다. 투자비용만 238억 원에 이르며, 오는 2X25년 완료를 목표로 기술개발에 나선다. 매체순환연소 기술은 화석연료가 공기와 직접 접촉하는 연소방식과 달리, 두 개의 반응기 내에서 니켈계 금속물인 산소전달입자가 순환하면서 연료를 연소하는 차세대 친환경 발전 기술이다. 미세먼지 유발물질인 질소산화물(NOx) 배출을 사실상 제로화하고, 별도의 포집장치 없이도 CO_2를 쉽게 분리할 수 있는 장점을 지닌다.

이번 과제를 통해 세계 최초로 3MW급 매체순환연소 기술을 상용화하고, 향후 40 ~ 50MW급 분산전원용 소규모 LNG발전에 적용할 계획이다. A 발전 관계자는 '앞으로도 온실가스 감축을 위해 적극적으로 기술개발에 투자할 예정'이라며 '정부에서 추진하는 탄소중립 및 에너지전환 정책과 분산전원 확대 정책 등에 크게 기여할 것으로 기대된다'고 말했다.

한편 A 발전은 국내 최초로 충남형 그린뉴딜 기후안심마을 조성사업, 강원도 고성군 탄소상쇄 숲 조성사업 등 기후변화 취약계층을 위한 에너지 지원사업을 펼쳤고, 국내 발전공기업 최초로 UN 기후기술센터네트워크(CTCN ; Climate Technology Center Network) 협약기관으로 지정되는 등 탄소중립실현과 그린뉴딜 정책에 앞장서고 있다.

09. 다음 중 김 대리가 보도자료를 읽고 이해한 내용으로 적절하지 않은 것은?

① A 발전은 2X25년까지 세계 최초 3MW급 매체순환연소 실증기술을 개발할 계획이다.

② P 부는 올해 대규모 CCUS 실증 및 상용화 기반구축 사업에 착수한다.

③ 대규모 CCUS 실증 및 상용화 기반구축 사업은 기존에 구축된 습식 0.5MW급 CO_2 포집 실증플랜트가 아닌 새로운 플랜트를 개발해 국내 습식포집 기술의 성능을 평가한다.

④ A 발전은 국내 발전공기업 최초로 UN 기후기술센터네트워크(CTCN ; Climate Technology Center Network) 협약기관으로 지정되었다.

10. 다음 중 위 보도자료의 ㉠에 들어갈 연결어로 적절한 것은?

① 또한   ② 그러나
③ 따라서   ④ 반면에

11. 다음 중 위 보도자료에 추가적으로 첨부할 자료로 적절하지 않은 것은?

① 2X50 탄소중립 정부정책에 포함되어 있는 내용들을 구체적으로 정리하면 좋겠어요.

② 한국의 CO_2 습식포집 흡수체 실증 기술이 다른 나라와 비교했을 때 어떤 부분에서 우수한지 제시하면 좋을 것 같아요.

③ A 발전이 지역농가에 제공할 액화 CO_2의 활용법에 대해 보다 구체적으로 제시하면 좋을 것 같아요.

④ 매체순환연소 기술에서 화석연료가 공기와 직접 접촉하는 과정을 보다 구체적으로 설명하면 좋을 것 같아요.

1회 한국남동발전
2회 한국중부발전[서울]
3회 한국중부발전[기술]
4회 한국동서발전
5회 한국서부발전
6회 한국남부발전
인성검사
면접가이드

[12 ~ 14] 다음의 제시상황과 자료를 보고 이어지는 질문에 답하시오.

갑 기관에서 일하는 직원 김□□ 씨는 국가기술은행 관련 보도자료를 열람하고 있다.

P 부는 공공 기술이전 플랫폼인 국가기술은행(이하 기술은행)에 AI 기술을 도입하여 새롭게 개편한 신규 플랫폼을 2021년 5월 27일 공식 공개하고, 공개 시연 및 설명행사를 개최하였다.

기술은행은 정부 R&D사업을 통해 개발된 기술정보의 동향을 수집·제공하고, 각 공공연구기관에서 자체 보유기술을 이전할 때 직접 등록했던 기술정보를 관리하는 기술이전·거래 종합 플랫폼이다. 이는 2001년부터 운영 중이며, 최근 AI 기술을 기술은행에 접목하여 기술 매칭, 기술 추천, 기술 예상가격 정보를 제공하고, 기술정보 관계망 서비스를 제공하는 등 새롭게 개편을 완료하였다.

| ㉠ |

기술은행은 기술이전·거래를 중개·촉진하는 플랫폼으로, 현재 기술은행에 등록된 기술정보는 약 29만 건이며, 기술정보 이용자 수는 연간 202만 명(2020년 기준) 수준이다. 한편 기존 기술은행 이용 시에는 사용자가 검색어 입력 시 전문 기술용어를 입력해야 정확한 정보를 검색할 수 있어 접근성과 활용성을 보다 높일 필요성이 제기되었으며, 검색결과를 단순 리스트 형식으로 제공함에 따라 연관정보 등 종합적인 정보 파악에 한계가 있다고 지적된 바 있다.

| 기술은행 개편 주요내용 |

AI 기술을 활용하여 기술 매칭, 관련 기술 간 관계망, 기술예상가격, 기술개발 흐름 등 연관정보를 사용자가 체계적으로 파악할 수 있는 방향을 중심으로 기술은행을 대폭 개편하였다.

01. (㉡)

사용자가 기술용어 외에도 키워드(일상용어) 입력 시 AI 알고리즘이 기술은행 등록기술과 유사성을 계산하여 검색결과를 제공한다. 또한 다수 사용자의 검색 이력 데이터를 분석하여 사용자 맞춤형 기술정보를 추천하게 되며, 해당 기술의 가치와 관련된 정보(기술가치평가금액, 기존 실거래가격)를 학습하여 기술예상가격을 제공한다.

02. (㉢)

기술정보(기술명-키워드, 키워드-키워드) 간 관계망 서비스를 통해 방대한 정보 속에서 사용자가 찾고자 하는 정보를 시각화하여 제공한다. 기술통계 서비스를 통해 공공연구기관별, 산업분야별 보유기술 현황을 시각화하여 제공하고, 시간흐름에 따른 기술의 변화·성장을 보여 주는 타임라인 서비스도 제공한다.

03. (㉣)

기존의 공공연구기관 보유 기술 등록·관리 기능을 우수한 민간(기업) 보유기술 발굴 및 등록까지 확대한다. 또한 기술이전·사업화 가능성이 높은 중요 기술정보에 대해서는 기술을 소개하는 동영상을 제작하여 제공함으로써 사용자 및 기업의 이해도와 활용도를 높여 나갈 계획이다.

P 부 차관은 "이번에 새롭게 개편된 기술은행을 통해 기술이전 생태계가 활성화되어 기술이전·사업화 성과가 대폭 확대되기를 기대한다."고 강조하고, "등록된 기술정보의 질을 산업분야별로 지속 향상시키고, 다른 기술 정보망들과 연계를 강화하는 등 체계적 운영으로 활용도를 높여 나갈 계획"이라고 밝혔다.

12. 다음 중 위 보도자료에 대한 설명으로 적절한 것은?

① 기존 기술은행 이용 시 사용자는 전문 기술용어를 숙지해야만 정확한 검색이 가능했다.

② 공공연구기관이 보유기술을 이전할 시 기술은행이 기술정보를 직접 등록한다.

③ 기존의 기술은행에서 정보 검색 시 결과 도출에 시간이 소요되어 불편함이 있었다.

④ AI 기술을 활용하여 기술은행 운영자가 기술 연관정보를 체계적으로 파악하여 관리할 수 있도록 하였다.

13. 다음 중 위 보도자료의 ㉠ ~ ㉣에 들어갈 제목으로 적절하지 않은 것은?

① ㉠-기술은행 현황 및 개편배경

② ㉡-AI 기반 기술 매칭 및 기술예상가격 제공

③ ㉢-기술정보 관계망 서비스 제공

④ ㉣-AI 기반 민관 합동 기술정보 기술이전·사업화 협력 사업 시행

14. 다음 중 김□□ 씨가 제시된 보도자료를 바탕으로 답변할 수 없는 질문은?

① AI 기술로 인해 제공되는 기술예상가격은 기존에 제공되던 기술예상가격과 어떤 점에서 다른 가요?

② 현재 기술은행에 등록되어 있는 기술정보와 연간 기술정보 이용자 규모는 어떻게 되나요?

③ 기술정보 검색 시 AI 기술은 기존 대비 어떤 이점을 가지게 되나요?

④ 신규 플랫폼에서 제공하는 시각화 정보에는 어떤 것들이 있나요?

[15 ~ 17] 다음의 제시상황과 자료를 보고 이어지는 질문에 답하시오.

송 사원은 동료들과 함께 J 연구원장의 인터뷰 내용을 보고 있다.

─ 급변하고 있는 미래사회에 전력망이 어떤 모습으로 바뀔지 궁금하다.

▲ 4차 산업혁명 시대에 이르러 디지털 기술을 통해 사람─사물─공간의 초연결과 초지능화가 이루어짐으로써, 기존의 여러 기술 및 산업 사이에 명확했던 경계가 허물어지고 있다. 초연결 및 초지능화를 가능케 한 4차 산업혁명 시대의 핵심기술은 인공지능, 사물인터넷, 로봇, 드론 그리고 빅데이터다. 사람에 비유한다면 인공지능은 두뇌, 사물인터넷은 오감, 로봇과 드론은 팔다리, 빅데이터는 두뇌가 인식하는 정보에 해당한다.

이 같은 새로운 변화의 물결은 안정적인 성향만을 추구하던 전력산업에도 큰 영향을 주고 있다. 인공지능은 기존에 설비가 갖고 있던 가치에 대한 전환을 요구하고 있다. 기존에는 사용자가 설비를 대상으로 명령을 내려 동작시키고 직접 상태를 점검했지만, 인공지능의 등장으로 사물인터넷 센서 등을 통한 자가 진단 수행결과 및 누적된 진단데이터 분석을 통한 고정 예방 및 잔여 수명 피드백도 가능하다.

J 연구원은 디지털 변전소 상호운용성 검증 기술, 드론을 활용한 송전탑 점검 기술 및 인공지능을 활용한 전력설비 감시시스템을 개발하고, 이를 통해 미래 전력망 시대에 대비하고 있다. 미래 송변전 분야의 대표적인 연구성과로 디지털 변전소를 들 수 있다. 변전소 관리 업무를 디지털 기술 기반으로 수행함에 따라, 인력에 의존해야 했던 기존의 변전소 관리와 개별설비 진단, 건전도 평가 등을 온라인으로 수행할 수 있게 됐다.

드론과 로봇은 갈수록 그 활용도를 확장해 나가고 있다. 특히 국내 가공 송전선로는 노후화된 선로가 늘어나고 있고, 이를 점검하는 인력도 고령화되고 있어 위험성이 있는 현장에 대한 선제 대책이 필요한 실정이다. 이러한 시점에서 J 연구원이 자체 개발한 송전선로 감시 드론 기술은 자동항법 장치를 갖추고 연료전지를 활용해 장시간 운영이 가능하며, 고성능 감시카메라와 레이저 거리측정기 및 열화상 카메라 등 다양한 감시장치를 장착하여 산간지역, 해월구간 등의 송전선로를 정확하게 진단하고 있다.

─그린뉴딜에 대비해 J 연구원이 추진하고 있는 업무가 궁금하다.

▲ J 연구원은 예전부터 '재생에너지 3020로드맵' 이행을 위한 신재생에너지 확대 연구를 진행해 오고 있다. 태양광, 풍력과 같은 에너지원에 관한 연구뿐만 아니라 재생에너지 확대에 따라서 발생할 수 있는 전력품질 저하도 고려하여 에너지의 생산과 소비까지 연결되는 프로세스를 구축하기 위해 노력해 왔다.

풍력 분야에서 J 연구원은 육상에 설치가 어려운 풍력발전기를 해상에 설치하는 기술에 집중, 우수한 성과를 거두었다. J 연구원이 개발한 '석션버켓 해상풍력시스템'은 해상풍력발전기 기초구조물에 펌프를 이용, 구조물 내외부 수압 차이만을 이용해 하부기초를 설치하는 기술이다. 설치

1회 한국남동발전

2회 한국중부발전(사무)

3회 한국중부발전(기술)

4회 한국동서발전

5회 한국서부발전

6회 한국남부발전

인성검사

면접가이드

시간을 획기적으로 줄일 수 있다. 이 기술을 서남해 해상풍력 발전단지의 지지구조에 적용하면 기존 기술 대비 1,500억 원의 건설비용 절감이 가능하다. 육상에서 해상풍력을 일괄조립 후 배에 실어가서 한 번에 설치할 수 있는 '해상풍력 일괄설치선박' 설계 인증을 받기도 했다.

J 연구원은 그린뉴딜의 핵심인 재생에너지 확대를 위해 필수적인 전력망 안정도 유지를 위한 연구에도 집중하고 있다. 재생에너지는 간헐적 출력 특성을 갖고 있어 용량이 늘어날수록 전력계통에 끼치는 영향도 증가하게 된다. 따라서 재생에너지 확대를 위해서는 안정적인 전력망 운영시스템의 개발이 필수적이다.

J 연구원은 인공지능 기반의 실시간 전력계통 운영시스템, 에너지저장장치 등 전력계통의 안정성을 높일 수 있는 기술 연구를 지속적으로 해 오고 있다. 기존 리튬이온 배터리의 단점을 보완할 수 있는 그래픽 슈퍼커패시터 대용량 모듈, 저렴한 망간을 사용한 에너지 저장장치를 위한 망간전지 기반의 이차전지 개발 등 다양한 연구를 수행 중이다.

15. 다음 중 송 사원이 위 자료를 파악한 내용으로 적절한 것은?

① 재생에너지가 확대됨에 따라 전력의 품질은 자연적으로 향상된다.

② 석션버켓 해상풍력시스템을 이용하면 설치시간 및 건설비용을 절감할 수 있다.

③ 4차 산업혁명 시대가 다가오면서 다양한 기술과 산업 사이의 경계가 더욱 명확해지고 있다.

④ 변전소 관리 업무에 디지털 기술을 도입함으로써 개별설비 진단, 건전도 평가 등을 오프라인에서도 수행할 수 있게 되었다.

16. 다음 중 송 사원이 위 자료를 읽고 답변할 수 있는 질문으로 적절한 것은?

① 기존 리튬이온 배터리가 가지고 있는 단점은 무엇인가요?

② 해상풍력 일괄설치선박 설계를 적용한 실제 사례가 있나요?

③ 안정적인 전력망 운영 시스템은 현재 어느 단계까지 개발되었나요?

④ 재생에너지 3020로드맵을 이행하기 위해 J 연구원은 어떤 노력을 하고 있나요?

17. 다음 중 송 사원이 위 자료를 보고 동료 사원들과 나눈 대화의 흐름상 빈칸 ㉠에 들어갈 말로 적절한 것은?

> 송 사원 : 전력사업에도 4차 산업혁명의 기술이 서서히 상용화되고 있다는 것을 체감할 수 있겠어.
> 고 사원 : 맞아. 인공지능, 사물인터넷, 로봇, 드론 및 빅데이터 등의 핵심 기술이 서서히 도입되고 있네.
> 송 사원 : (㉠   )
> 고 사원 : 나도 그렇게 생각해. 그런 의미에서 송전선로 감시 드론 기술의 도입이 매우 의미 있다고 봐.

① 아무래도 환경오염이 갈수록 심각해지고 있으니, 그에 대한 대책으로서 핵심 기술을 활용하는 것도 중요하겠지.

② 사람이 수행하기에는 다소 위험성이 높은 현장에 사용할 수 있는 드론 등의 개발이 유의미하다고 생각해.

③ 전 세계가 이러한 흐름에 발맞춰 사회의 다양한 가치를 추구하는 시대가 온 것 같아.

④ J 연구원은 앞으로도 정부와 대학 등 다양한 기관과 협력하여 기존 리튬이온 배터리의 단점을 보완할 수 있는 연구를 개발해야 해.

[18 ~ 20] 다음의 제시상황과 자료를 보고 이어지는 질문에 답하시오.

△△기관에서 근무하는 O 직원은 전력시장 제도개선 토론회와 관련된 보도문을 수정하고 있다.

이번에 개최된 「기업 PPA* 활성화를 위한 전력시장 제도개선 토론회」는 국내기업의 RE 100** 의 이행 지원을 위한 전기사업법 개정 법률안, 일명 PPA법이 최근 국회 본회의를 통과함에 따라 이에 대한 세부적인 정책방향의 모색을 목적으로 하였다. PPA법은 재생에너지 전기공급사업을 전기판매사업에서 제외함으로써, 전기사업법상 전기사업 겸업 금지 원칙을 준수하면서 재생에너지 전기공급 사업자와 소비자 간 직접 거래(직접 PPA)가 가능하도록 하였다. 이로써 선택의 폭이 더 넓어지게 된 셈이며, 전력판매시장이 일부 개방된 것으로 평가되고 있다.

△△기관 사장 H는 세계적 흐름이자 국가 에너지 정책인 「에너지 전환」과 「2050 탄소중립」의 목표 달성을 위해 모두의 지혜를 모아 합리적이고 세계적인 전력시장을 만들어 나가야 한다고 강조하고, RE 100을 달성하는 기업이 늘어날 수 있도록 필요한 역할을 다할 것을 약속하였다.

* PPA(전력구매계약, Power Purchase Agreement) : 재생에너지 전기공급 사업자와 소비자가 직접 계약을 체결하여 일정 기간 계약가격으로 전력을 구매하는 방식

** RE 100 : 기업이 사용전력을 100% 재생에너지로 조달하는 자발적 캠페인

(가) 갑 교수는 직접 PPA 계약자들은 △△기관의 판매부문 고객이 아닌 송배전부문 고객으로 전기요금에서 망 이용요금 관리 고지 및 계약 분리가 필요하다고 강조했으며, 다만 직접 PPA 계약의 발전측 고객에 대한 망 이용요금 부과가 생각처럼 쉽지 않으리라고 전망하였다. 또한 갑 교수는 발전측 망 이용요금 부과는 전력시장 내외 거래에 같게 적용되어야 하지만, 동일 변전소 내 직접 PPA 계약 시 재생에너지 지역생산－지역소비 체계 이행에 큰 도움을 주고 재생에너지 지역편중 현상 해결에도 이바지할 수 있을 것이라며 이 경우 송전요금을 면제하는 체계도 필요하다는 의견을 제시하였다.

(나) □□에너지기업 사장 Y는 RE 100 참여기업이 안정적인 RE 100 포트폴리오를 구축하여 RE 100을 이행할 수 있도록 하는 지원책이 필요하다며, 직접 PPA가 여타 RE 100 이행방안 대비 가격경쟁력이 상대적으로 낮은 향후 5년간은 망 이용요금 부과 면제 등을 고려해 줄 필요가 있다고 강조하였다.

(다) △△기관의 요금기획서장 N은 기업 PPA 관련 망 이용요금 부과와 더불어 일반 전기소비자와의 형평성이 고려되어야 한다며, 일반 전기소비자의 전기요금에는 정부 정책목표 달성을 위한 다양한 비용과 개통운영 관련 비용, 송배전 손실비용 등이 모두 포함되어 있는 반면, 기업 PPA 전기사용자는 망 이용요금만 부과되기 때문에 형평성이 훼손된다고 목소리를 높였으며 이와 함께 전압별 요금제 도입 및 권역별 요금제 고도화도 역설하였다. 그는 전력수송단계가 많을수록 송배전 투자비용과 손실량이 커서 원가가 상승한다며, 사용전압에 따라 망 이용 원가가 크게 달라지는 만큼 비용을 합리적으로 배분하고 투자비와 전력손실을 줄이는 데 기여할 수 있는 방안을 검토해야 한다고 강조하였다.

(라) 을 교수는 "기업 PPA 도입은 근본적으로 재생에너지 확대를 취지로 하고 있기 때문에, 지금처럼 PPA를 통한 재생에너지 구매가가 일반 구매가보다 비싼 상황이 지속될 경우, 특별한 지원제도가 없다면 기업 PPA도 사문화될 가능성이 크다."고 지적했다. 또 "정부나 규제기관에서 경쟁자의 진입을 저해하는 독점사업자의 조치에 대해 정책 목표가 훼손되지 않도록 감독할 필요가 있다."고 밝혔다.

18. 다음 중 O 직원이 위 자료를 이해한 내용으로 적절하지 않은 것은?

① PPA법은 전력판매시장의 일부를 개방한 것으로 평가되고 있다.

② 국가적 정책인 「2050 탄소중립」과 「에너지 전환」은 세계의 흐름에 부합한다.

③ 현재 재생에너지를 PPA로 구매할 시 가격은 일반 구매가보다 저렴하지 않다.

④ RE 100은 기업이 100% 전기에너지로 전력 사용량을 조달하도록 규제하는 정책이다.

19. 다음은 O 직원이 위 자료를 읽은 후 동료 직원과 나눈 대화이다. 대화의 흐름상 빈칸 ㉠에 들어 갈 말로 적절한 것은?

> E 직원 : 이번에 진행된 토론회에서는 PPA법 시행을 위한 제도적 지원에 대한 논의가 이루어 졌어.
>
> O 직원 : 망 이용요금 부과와 관련하여 형평성 관련 문제가 있었지?
>
> E 직원 : (㉠   )
>
> O 직원 : 맞아. 기업 외에도 적용되는 사안이므로 추가적인 논의가 필요하다는 의견도 제시되 었지.

① RE 100 참여기업의 안정적인 포트폴리오 구축을 위한 지원책이 필요하다는 기업장의 말이 있 었어.

② 기업 PPA 전기사용자는 망 이용요금만 부과되어 형평성이 훼손된다는 주장도 있었고 말이야.

③ 정부나 규제기관에서 독점사업자에 대해 정책 목표가 훼손되지 않도록 감독할 필요가 있다고 했어.

④ 직접 PPA 계약자들의 전기요금에서 망 이용요금 부과가 생각만큼 쉽지 않을 것이라고 했어.

20. O 직원이 수정 중인 보도문에 〈보기〉의 문장을 추가하려 한다. 윗글의 (가) ~ (라) 중 〈보기〉와 가장 관련이 깊은 문단은?

보기

> 우리나라는 현재 비용기반 전력시장* 구조로 인해 발전측 망 이용요금 부과를 유예하고 수요 측에 100% 부과하고 있으며, 직접 PPA 계약의 발전측 고객에 망 이용요금을 부과한 다면 기존 비용기반 전력시장에도 발전측 망 이용요금 부과가 필요한 상황이다.
>
> *비용기반 전력시장(Cost Based Pool) : 변동비(연료비)를 기준으로 시장가격을 결정하고 발전원가에 대 해 보상하는 시장으로, 발전 측에 부과되는 망 이용요금은 전력구입비에 포함되어 최종소비자가 부담

① (가)   ② (나)

③ (다)   ④ (라)

[21 ~ 25] 다음 각 상황을 읽고 이어지는 질문에 답하시오.

21. 경리과 현 차장은 매 분기마다 누적 사업비용을 통해 예상 연간 사업비용을 계산하여, 예상 연간 사업비용이 연초에 설정한 연간 예산을 초과할 것으로 판단되는 분기를 상부에 보고할 예정이다. 연초에 연간 예산을 700만 원으로 설정하였을 때, 1 ~ 4분기 중 예산을 초과한 분기는 총 몇 회인가?

구분	사업비용	예상 연간 사업비용 계산 방식
1분기	150만 원	
2분기	210만 원	(누적 사업비용) $\times \dfrac{\text{총 분기}}{\text{현재 분기}}$
3분기	170만 원	
4분기	160만 원	

※ 누적 사업비용=(해당 분기의 사업비용)+(전 분기들의 사업비용 합)
　예) 3분기의 누적 사업비용은 1분기와 2분기의 사업비용 합과 3분기의 사업비용을 합한 값임.

① 0회　　　　　② 1회　　　　　③ 2회　　　　　④ 3회

22. 다음은 각 발전 방식의 현재 월평균 발전량과 10년 후 예상 월평균 발전량이다. 현재 월평균 발전량 대비 10년 후 예상 월평균 발전량의 증가율이 가장 큰 발전 방식은?

구분	현재 월평균 발전량	10년 후 예상 월평균 발전량
태양광	490kWh	1,260kWh
풍력	280kWh	1,050kWh
연료전지	210kWh	840kWh
바이오매스	175kWh	735kWh

① 태양광　　　　② 풍력　　　　③ 연료전지　　　　④ 바이오매스

23. 발전소 설비 점검 업무를 맡고 있는 직원 J는 개인 일정상 다음과 같이 점검 업무를 계획하였다. 4일 차 점검이 끝난 시점에서 전체 설비 중 점검이 완료된 비율은?

1일 차	2일 차	3일 차	4일 차
전체 설비의 30% 점검	점검하지 않은 설비의 50% 점검	점검하지 않은 설비의 10% 점검	점검하지 않은 설비의 20% 점검

① 62.9%　　　　② 63.4%　　　　③ 71.0%　　　　④ 74.8%

24. 최 사원은 이번 사내 행운의 복권 행사에서 두 번의 복권 추첨 기회를 얻게 되었다. 당첨금 액수별 당첨권 수가 다음과 같을 때, 최 사원의 당첨금 합계가 100만 원이 될 확률은? (단, 최 사원은 반드시 두 개의 복권을 뽑아야 하고, 첫 번째 복권을 뽑아 결과를 확인한 후에 다시 집어넣지 않고 두 번째 복권을 뽑으며, $\frac{2}{99}=0.07$, $\frac{95}{99}=0.95$으로 계산한다)

〈당첨금 액수별 발행 복권 매수〉

당첨금 액수	당첨권 수
200만 원	1장
100만 원	2장
50만 원	5장
0원	92장
계	100장

① 3.97% ② 15.72%

③ 17.92% ④ 20.72%

25. ○○제약의 이 부장은 2X20년 한해 의약품 생산 계획과 실제 생산 결과를 비교하고 있다. 의약품 생산 과정에서 투입된 원자재의 일부가 손실된다고 할 때, ○○제약이 계획했던 의약품 총 생산량과 실제 의약품 총 생산량의 차이는? (단, 공장 가동 시 매월 동일한 양의 원자재를 투입한다)

〈2X20년 1월 1일에 수립한 의약품 생산 계획〉

	1공장	2공장
계획 원자재 투입량	연간 90,000L	연간 100,000L
예상 공정 손실률	10%	10%

〈2X20년 12월 31일에 확인된 2X20년 실제 의약품 총 생산 결과〉

	1공장	2공장	3공장 (7월 1일부터 가동)
실제 원자재 투입량	총 90,000L	총 100,000L	총 100,000L
실제 공정 손실률	15%	5%	30%

※ 공장별 의약품 생산량은 원자재 투입량에서 공정 손실률을 제한 값이다.

① 500L ② 35,500L

③ 42,500L ④ 70,500L

[26 ~ 27] 다음의 제시상황과 자료를 보고 이어지는 질문에 답하시오.

○○산업연구기관의 K 연구원은 해외 주요국과 한국의 전력 소비량을 비교하고 있다.

〈해외 주요국 전력 소비량(단위 : TWh)〉

조사 년도 / 국가명	1990년	2000년	2010년	2020년
중국	478	1,073	3,493	5,582
미국	2,634	3,500	3,788	3,738
인도	212	369	720	1,154
일본	771	969	1,022	964
독일	455	484	532	519
한국	94	240	434	508
브라질	211	321	438	499
프랑스	302	385	444	437
영국	274	329	329	301
이탈리아	215	273	299	292
…	…	…	…	…
전 세계 합계	9,702	12,698	17,887	

26. K 연구원은 위 자료를 토대로 전 세계 전력 소비량과 한국 전력 소비량의 증감률을 비교하고 있다. 다음 중 ㉠ ~ ㉣에 들어갈 값으로 적절한 것은? (단, 증감률은 소수점 둘째 자리에서 반올림한다)

〈전 세계 및 한국 전력 소비량 증감률(단위 : %)〉

이전 조사 년도 대비 증감률	2000년	2010년
한국	㉠	㉡
전 세계 합계	㉢	㉣

① ㉠ 282   ② ㉡ 72.4

③ ㉢ 30.9   ④ ㉣ 25.2

27. 다음 중 K 연구원이 위 자료를 파악한 내용으로 적절하지 않은 것은?

① 제시된 국가들 중 1990년 전력 소비량이 가장 큰 국가는 같은 해 전 세계 합계 전력 소비량의 25% 이상을 소비했다.

② 제시된 국가들 중 1990년 대비 2000년 전력 소비량 증가값이 가장 큰 국가는 중국이다.

③ 제시된 국가들 중 2000년 대비 2010년 전력 소비량은 영국을 제외한 모든 국가에서 증가했다.

④ 제시된 국가들 중 2010년 대비 2020년 전력 소비량이 감소한 국가 수는 증가한 국가 수보다 많다.

[28 ~ 29] 다음의 제시상황과 자료를 보고 이어지는 질문에 답하시오.

○○기관 정 사원은 보고서 작성을 위해 주요 사망원인별 사망률 추이 자료를 열람하고 있다.

(단위 : %)

구분		2015년	2016년	2017년	2018년	2019년	2020년
각종 암	위암	17.6	16.7	16.2	15.7	15.1	14.7
	간암	22.8	22.2	21.5	20.9	20.7	19.6
	폐암	34.4	34.1	35.1	35.1	34.8	36.2
당뇨병		20.7	20.7	19.2	17.9	17.1	15.8
순환기 계통 질환	심장 질환	52.4	55.6	58.2	60.2	62.4	60.4
	뇌혈관 질환	48.2	48.0	45.8	44.4	44.7	42.0
기타 질환		27.3	26.5	25.6	24.3	26.6	26.9

※ 사망률 증감률(%) $= \dfrac{\text{해당연도 사망률} - \text{전년도 사망률}}{\text{전년도 사망률}} \times 100$

※ 사망률 증감값(%p) = 해당연도 사망률 - 전년도 사망률

28. 다음 중 정 사원이 위 자료를 파악한 내용으로 적절하지 않은 것은?

① 2017년 대비 2018년 당뇨병 사망률의 감소율은 7% 이상이다.

② 2020년 기준 전년 대비 사망률의 증가값이 가장 큰 사망원인은 폐암이다.

③ 위암으로 인한 사망률은 매년 감소하고 있다.

④ 매년 가장 높은 사망률을 보이는 사망원인은 심장 질환이다.

29. 정 사원은 위 자료를 바탕으로 다음의 그래프를 작성하였다. ㉠ ~ ㉣ 중 올바르게 작성된 것은?

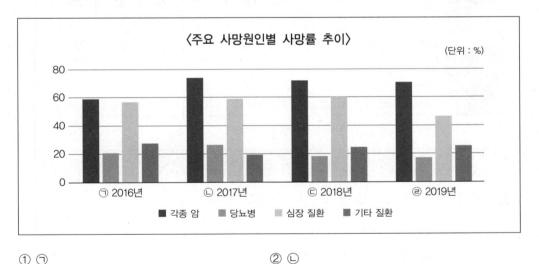

① ㉠

② ㉡

③ ㉢

④ ㉣

[30 ~ 32] 다음의 제시상황과 자료를 보고 이어지는 질문에 답하시오.

○○기관 직원 Y는 차기 예상 발전량에 관한 보고서를 작성하기 위해 2X20년도 발전원별 발전전력량 추이를 열람하고 있다.

(단위 : GWh)

구분	3월	4월	5월	6월	7월	8월	9월	10월	11월	12월
총 발전량	46,141 (−2.3)	42,252 (−3.9)	41,578 (−6.2)	43,825 (0.1)	46,669 (−6.2)	51,245 (−1.2)	44,600 (0.3)	43,164 (−3.3)	64,932 (−0.5)	51,601 (2.6)
기력	14,025 (−19.8)	15,001 (2.0)	14,876 (−2.1)	16,520 (−5.9)	19,058 (−14.6)	20,850 (−9.3)	19,038 (−9.2)	14,512 (−27.7)	34,880 (−22.3)	16,631 (−15.9)
원자력	14,463 (3.1)	13,689 (−3.3)	15,258 (3.3)	14,069 (3.6)	13,721 (17.5)	12,526 (2.7)	9,293 (−10.0)	13,468 (27.1)	14,048 (37.4)	15,060 (26.2)
복합	13,477 (10.2)	9,287 (−21.0)	7,555 (−29.0)	9,439 (0.6)	10,367 (−30.9)	13,346 (4.0)	11,966 (20.1)	11,483 (10.0)	12,732 (0.7)	16,382 (0.7)
수력	534 (18.4)	511 (−3.5)	563 (4.2)	513 (6.7)	612 (8.0)	1,074 (78.8)	880 (55.6)	474 (−13.2)	425 (−5.9)	496 (−0.7)
대체에너지	2,904 (−0.8)	3,069 (13.0)	2,607 (−16.6)	2,402 (−11.6)	2,153 (−22.6)	2,693 (−13.6)	2,718 (6.0)	2,897 (30.3)	2,613 (33.7)	2,728 (30.3)
기타	738 (857.0)	695 (680.6)	719 (817.8)	882 (922.8)	788 (805.0)	756 (650.5)	705 (746.0)	330 (−55.6)	234 (−68.0)	304 (−48.5)

※ ( ) 안에 있는 숫자는 전년 동월 대비 증감률을 나타낸다.

30. 다음 중 직원 Y가 위 자료를 파악한 내용으로 적절한 것은?

① 2X20년 4월 총 발전량은 2X20년 3월 대비 3.9% 감소하였다.

② 2X20년 4월 중 복합 발전원은 동년 전월 대비 발전전력량이 제일 크게 증가하였다.

③ 2X20년 6월과 9월의 발전원별 발전전력량 순위는 같다.

④ 수력 발전원의 발전전력량이 가장 적은 달은 11월이다.

31. 직원 Y는 위 자료를 기반으로 2X20년 3분기와 4분기의 증감 추세를 확인하고자 한다. 다음 중 기타 발전원의 분기별 증감 추세와 동일한 분기별 증감 추세를 보이는 발전원은?

① 기력 발전원　　　　　　　　　　② 원자력 발전원
③ 복합 발전원　　　　　　　　　　④ 수력 발전원

32. 직원 Y는 위 자료를 바탕으로 보고서에 삽입할 〈보기〉와 같은 그래프를 작성하였다. 다음 그래프의 ㉠ ~ ㉣ 중 적절하지 않은 것은?

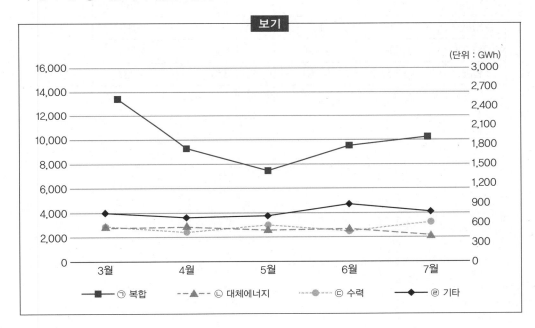

① ㉠　　　　　　　　　　　　　　② ㉡
③ ㉢　　　　　　　　　　　　　　④ ㉣

[33 ~ 34] 다음의 제시상황과 자료를 보고 이어지는 질문에 답하시오.

○○은행 직원 P는 은행 내 정책기금인 대외경제협력기금 조성현황 자료를 보고 있다.

〈2X12년 ~ 2X19년 기금조성현황 자료〉

(단위 : 억 원)

구분	정부출연금 (a)	공자예수금 (b)	공자예수원금상환 (c)	재정운영결과 (d)	계 (a+b−c−d)
2X12년	2,990	1,500	70	1,147	3,273
2X13년	3,100	1,621	70	2,088	㉠
2X14년	4,590	–	70	2,076	㉡
2X15년	7,664	–	70	2,188	5,406
2X16년	6,100	–	70	1,678	4,352
2X17년	5,900	–	23	1,899	3,978
2X18년	6,713	120	–	2,015	4,818
2X19년	7,800	2,720	1,500	246	8,774
합계	44,857	5,961	1,873	13,337	35,608

※ 1억 원 미만으로 집계된 경우 –로 표시하며, 계산 시 0으로 간주함.

33. 다음 중 직원 P가 위 자료를 파악한 내용으로 적절하지 않은 것은?

① 공자예수원금상환이 가장 적은 해에는 공자예수금 역시 가장 적다.

② 전년 대비 정부출연금의 감소액이 가장 큰 해는 2X16년이다.

③ 전년 대비 정부출연금의 증가액이 가장 큰 해는 전년 대비 재정운영결과 증가액이 가장 작다.

④ ㉠의 값이 ㉡의 값보다 크다.

34. 직원 P는 위 자료를 참고하여 그래프를 작성하고자 한다. 다음 중 그래프가 나타내는 값의 항목으로 적절한 것은?

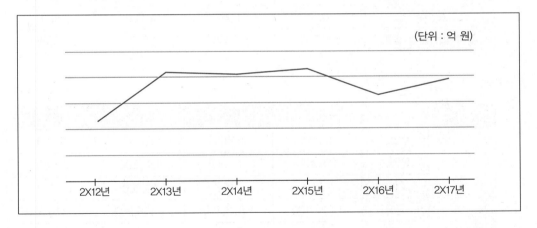

① 정부출연금   ② 공자예수금

③ 공자예수원금상환   ④ 재정운영결과

[35 ~ 36] 다음의 제시상황과 자료를 보고 이어지는 질문에 답하시오.

○○공단 백 사원은 에너지 수입 관련 통계를 보고 있다.

〈2X15 ~ 2X18년 에너지 수입 통계〉

• 에너지 수입액

(단위 : 백만 US$)

		2X15	2X16	2X17	2X18
석탄	무연탄	800	750	900	1,200
	유연탄	8,700	8,100	13,500	14,700
	기타	500	400	750	800
석유	원유	55,100	44,300	59,600	80,400
	나프타	11,700	8,900	10,900	15,700
	LPG	2,600	2,600	2,900	3,700
	기타	3,700	3,000	4,200	5,600
천연가스		18,800	12,200	15,000	23,200
우라늄		800	600	1,000	550
에너지 수입액 합계		102,700	80,850	108,750	145,850

• 에너지 수입량

(단위 : 천 ton)

		2X15	2X16	2X17	2X18
석탄	무연탄	8,900	9,400	7,000	8,100
	유연탄	119,400	118,500	131,500	131,500
	기타	7,350	7,000	10,200	9,450
석유	원유	1,026,100	1,978,100	1,118,200	1,116,300
	나프타	195,000	186,200	213,200	284,500
	LPG	49,100	45,100	49,900	52,700
	기타	63,700	104,300	52,400	24,450
천연가스		85,400	33,450	37,500	44,000
우라늄		800	750	1,000	700
에너지 수입량 합계		1,555,750	2,482,800	1,620,900	1,671,700

35. 다음 중 백 사원이 위 자료를 파악한 내용으로 적절한 것은?

① 모든 연도에서 석탄의 수입액 합계는 천연가스의 수입액보다 적다.

② 2X18년 석탄 총 수입량에서 유연탄이 차지하는 비중은 80% 이상이다.

③ 2X15년과 2X16년 사이 나프타 수입량 감소율은 LPG 수입량 감소율보다 작다.

④ 2X15 ～ 2X18년 동안 석탄 총 수입액의 증감 추이는 석유 총 수입액의 증감 추이와 동일하다.

36. 백 사원은 위 자료에 다음 표를 바탕으로 국가 총수입액 대비 에너지 수입액 비율 항목을 추가하려고 한다. 다음 중 적절하지 않은 것은? (단, 소수점 둘째 자리에서 반올림한다)

구분	2X15	2X16	2X17	2X18
국가 총수입액(백만 US$)	436,500	406,000	478,500	535,000
국가 총수입액 대비 에너지 수입액 비율(%)	ⓐ 23.5	ⓑ 19.9	ⓒ 27.7	ⓓ 27.3

① ⓐ   ② ⓑ

③ ⓒ   ④ ⓓ

[37 ~ 39] 다음의 제시상황과 자료를 보고 이어지는 질문에 답하시오.

○○공단 민 대리는 고용동향에 관한 통계를 바탕으로 보고서를 작성하려고 한다.

〈실업률 동향〉

구분		2X17년	2X18년	2X19년					2X20년	
		연간*	연간	연간	1분기*	2분기	3분기	4분기	1분기	2분기
• 실업자수(만 명)		102.3	107.3	106.4	124.8	117.6	94.6	89.1	116.2	122.6
• 실업자수 증감**(만 명)	−남성	1.2	2.3	△0.3	3.3	△2.7	△12.7	△3.2	17.1	4.1
	−여성	0.1	2.7	△0.6	2.2	△4.0	△10.8	△2.3	10.0	2.3
• 실업률(%)		3.7	3.8	3.8	4.5	4.1	3.3	3.1	4.2	4.4
15 ~ 29세		9.8	9.5	8.9	9.7	10.6	8.1	7.1	8.8	10.1
30 ~ 39세		3.3	3.4	3.3	3.4	3.8	3.2	2.9	3.2	3.7
40 ~ 49세		2.1	2.5	2.3	3.6	2.4	2.1	2.0	2.4	2.8
50 ~ 59세		2.2	2.5	2.5	3.0	2.6	2.3	2.2	3.0	3.5
60 ~ 69세		2.9	3.1	3.4	5.7	3.1	2.3	2.8	5.3	3.5

△ : 감소율 의미

* 연간은 연간 평균값을 의미, 각 분기는 각 분기별 평균 평균값을 의미

** 전년 동기와 비교하여 증감된 값

　예) 2X19년 1분기 여성 실업자수 증감=2X19년 1분기 여성 실업자수−2X18년 1분기 여성 실업자수

〈비경제활동인구 동향〉

구분		2X17년	2X18년	2X19년					2X20년	
		연간*	연간	연간	1분기*	2분기	3분기	4분기	1분기	2분기
• 비경제활동인구(만 명)		1,618.0	1,628.4	1,632.1	1,627.0	1,628.8	1,638.8	1,635.8	1,647.1	1,711.4
• 경제활동참가율(%)		63.2	63.1	63.3	62.4	63.9	63.6	63.4	62.5	62.7
• 비경제활동인구증감**(만 명)		△1.3	10.4	3.7	4.4	1.8	8.0	△1.0	11.3	64.3
육아		△9.6	△7.5	△1.5	△2.6	△1.1	△0.1	△2.4	0.2	4.9
가사		0.8	7.6	△13.7	△8.8	△14.3	△13.0	△16.9	△7.9	19.6
재학 · 수강 등		△9.1	△10.6	△12.7	△14.1	△14.6	△9.2	△13.1	△9.8	△8.2
연로		8.1	1.5	0.3	2.8	△0.4	△0.3	△1.1	△1.0	5.6
쉬었음		10.8	11.8	23.8	15.2	22.4	29.9	27.7	25.1	35.0
취업준비		4.5	2.4	3.4	10.7	3.2	4.1	1.9	△0.9	6.4

△ : 감소율 의미

* 연간은 연간 평균값을 의미, 각 분기는 각 분기별 평균 평균값을 의미

** 전년 동기와 비교하여 증감된 값

　예) 2X19년 1분기 비경제활동인구증감=2X19년 1분기 비경제활동인구−2X18년 1분기 비경제활동인구

37. 위 자료를 바탕으로 민 대리는 보고서에 〈보기〉의 내용을 추가하고자 한다. 다음 중 빈칸에 들어갈 알맞은 수치는?

보기

비경제활동인구는 2X16년 (   )만 명, 2X17년 1,618만 명, 2X18년 1,628.4만 명, 2X19년 1,632.1만 명으로 2X17년부터 확연한 증가추세를 보이고 있으며, 2X20년 또한 이 추세가 이어질 것으로 예상한다.

① 1,616.7

② 1,619.3

③ 1,627.1

④ 1,628.4

38. 다음 중 위 자료를 보고 이해한 내용으로 적절하지 않은 것은?

① 2X19년 분기별 실업자수는 감소하는 추세이다.

② 비경제활동인구과 경제활동참가율은 항상 반비례하지 않는다.

③ 재학ㆍ수강 등의 연간 평균 비경제활동인구증감은 2X17년부터 2X20년까지 매년 감소하고 있다.

④ 15 ~ 29세의 실업률은 전체 실업률보다 항상 크다.

39. 민 대리가 위 자료를 참고하여 보고서에 그래프를 추가하고자 한다. 다음 중 적절하지 않은 것은?

① 〈2X16~2X19년 연간 평균 실업자수〉

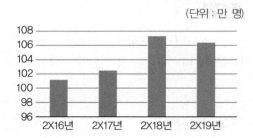

(단위 : 만 명)

② 〈2X19년 분기별 경제활동참가율〉

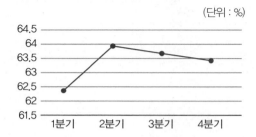

(단위 : %)

③ 〈2X19년 분기별 평균 실업자수 증감〉

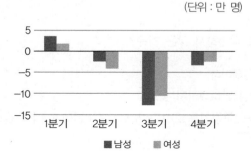

(단위 : 만 명)

④ 〈분기별 30~40대 실업률〉

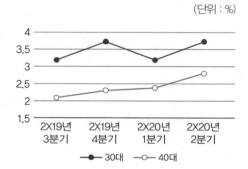

(단위 : %)

www.gosinet.co.kr gosinet

1회 한국남동발전

2회 한국중부발전[세부]

3회 한국중부발전[기술]

4회 한국동서발전

5회 한국서부발전

6회 한국남부발전

인성검사

면접가이드

40. 다음은 북미지역의 특허권 등록 건수에 대해 조사한 자료이다. 이에 대한 설명으로 옳은 것은?

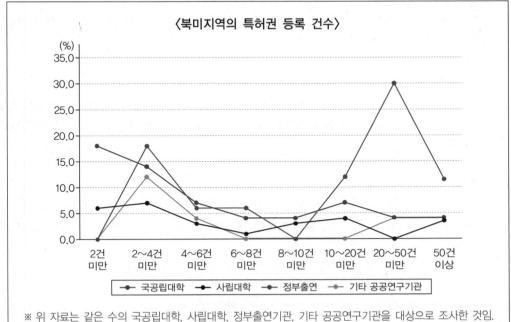

〈북미지역의 특허권 등록 건수〉

※ 위 자료는 같은 수의 국공립대학, 사립대학, 정부출연기관, 기타 공공연구기관을 대상으로 조사한 것임.
※ 특허권 등록 건수 0건은 미포함

① 국공립대학 중에서는 특허권을 2 ～ 4건 미만 등록한 대학의 비율이 가장 높다.

② 사립대학 중에서는 특허권을 10 ～ 20건 미만 등록한 대학의 비율이 가장 높다.

③ 정부출연기관 중에서는 특허권을 2 ～ 4건 미만 등록한 기관의 비율이 가장 높다.

④ 특허권을 10 ～ 20건 미만 등록한 기관 중 비율이 가장 높은 것은 정부출연기관이다.

[41 ~ 42] 다음의 제시상황과 자료를 보고 이어지는 질문에 답하시오.

○○발전 차 사원은 Nu-Star 창업경진대회 신청기간 연장으로 관련 공지사항을 다시 업로드 하기 위해 공고문을 작성 중이다.

〈Nu-Star 창업경진대회 참가자 모집 (재)공고〉

○○발전이 △△기술, □□공단, ☆☆창조경제혁신센터와 함께 원자력 산업계에 새로운 활력을 불어넣고, 일자리 창출에 대한 공감대를 확산하기 위해 아래와 같이 「Nu-Star 창업경진대회」를 개최합니다.

1. 참가신청
   - 신청기간 : 2X20. 7. 2 ~ 10. 22. 18 : 00까지, 기존 공고에 기재된 신청기간보다 연장됨.
   - 참가자격 : ☆☆도 내 대학생 및 대학원생, 예비창업자, ☆☆도 내 7년 이내 창업기업(신청일 기준)
   - 응모방법 : 참가신청서 등 작성 후 이메일 제출(접수처 : ABC@wxy.kr)

2. 모집분야 : 원자력 관련 전 분야 적용 가능한 산업 아이템
   기존 원자력 관련 산업과 융합하여 새로운 산업 가치를 창출할 수 있거나 사회적 문제 등을 해결할 수 있는 융합 제품 및 서비스 분야
   ※ ○○발전, △△기술, □□공단 고유 업(業) 특성이나 사회적 가치 실현 등을 고려한 전 사업영역과 연계한 창업

분야	창업 방향성 예시
응용 산업	원자력 설계, 건설, 운영, 관리, 해체 등 현장 접목 가능 기술 등
디지털 4차 산업	3D프린팅, 빅데이터, AI, 사물인터넷 활용 분야, 그린뉴딜 등
산업 안전	산업, 재난, 재해예방 관련 신기술을 접목한 제품 및 서비스 등
환경 서비스	기초 환경오염 예방, 재활용 · 업사이클링, 적정기술, 해양쓰레기 등

3. 선정절차 및 규모
   - 선정절차 : 서류평가 → 멘토링 교육 → 발표평가(최종)
   - 선정규모 : 3개 팀에 참여기관별 기관장 명의의 상장 및 상금 수여

구분	우수팀 선정		
	수량	상금	비고
○○발전 사장 상	1	500만 원	각 기관장 명의 상장 및 상금
□□공단 이사장 상	1	500만 원	
△△기술 사장 상	1	500만 원	
합계	3	1,500만 원	-

4. 문의
  - ☆☆창조경제혁신센터 허브운영팀 담당자(000-0000-0000)
  - ○○발전 상생협력처 담당자(012-3456-7890), support@wxy.kr

41. 다음 중 공고문에 대한 내용으로 적절한 것은?

① Nu-Star 창업경진대회는 ○○발전이 단독으로 주관하는 대회이다.
② Nu-Star 창업경진대회 공고는 신청기간을 변경하여 다시 공지할 예정이다.
③ Nu-Star 창업경진대회에는 ○○발전의 고유 업(業)과 사회적 가치 실현을 모두 고려한 산업 아이템을 제출해야 한다.
④ Nu-Star 창업경진대회의 모집분야는 기존 원자력 관련 산업에 한한다.

42. 다음 중 차 사원이 수정한 공지사항을 바탕으로 답변할 수 있는 문의사항은?

① 각 참여기관에서 산업 아이템을 선정할 때 평가하는 항목은 어떤 것이 있나요?
② 한 개의 팀에서 여러 분야의 산업 아이템을 응모할 수 있나요?
③ 창업경진대회 관련 문의사항이 있으나 전화 연락이 되지 않는 경우, 다른 연락 방법이 있나요?
④ 서류평가 후 결과 발표는 어떤 식으로 진행되나요?

[43 ~ 45] 다음의 제시상황과 자료를 보고 이어지는 질문에 답하시오.

○○기업 장 과장은 현재 ○○기업이 시행하고 있는 협력이익공유제도에 대한 자료를 보고 있다.

〈협력이익공유제도〉

• 정의

위탁·수탁거래 관계에 있는 기업 간의 상생협력으로 발생한 위탁기업의 협력이익을 사전에 상호 간 약정한 기준에 따라 공유하는 제도로, 협력의 범위는 프로젝트, 개별기업 간, 물품·부품 등 기업의 상황에 따라 자율적으로 선택함.

– 협력이익 : 수탁기업의 실질적 혜택을 도모하기 위해 판매량, 영업이익과 같은 재무적 성과로 한정한다.

– 사전약정 : 수탁기업 등의 혁신노력을 유발할 수 있도록 판매수익배분율, 인센티브율 등에 관한 사전계약을 반드시 체결해야 한다.

– 이익공유 : 협력사업 등을 통해 달성한 성과를 위탁기업의 재무적 성과와 연계하여 이익을 공유한다.

• 협력이익공유제도 내 이익공유 유형

협력사업형	인센티브형	마진보상형
제조업	전 업종	플랫폼 업종(유통, IT)

1) 협력사업형(협력사업형의 경우 위탁기업의 기업가치가 상승하는 효과 있음)

2) 인센티브형

3) ⓐ 마진보상형
- IT : 위탁기업이 플랫폼의 역할을 하는 수탁기업에 콘텐츠를 제공하고, 콘텐츠를 판매한 수탁기업이 위탁기업이 제공한 콘텐츠의 재무적 성과와 연계해 이익을 응용
- 유통 : 위탁기업이 플랫폼의 역할을 하는 수탁기업에게 상품을 제공하고, 위탁기업이 상품을 판매한 수탁기업의 재무적 성과와 연계해 이익을 응용

43. 다음 중 위 자료를 이해한 내용으로 적절하지 않은 것은?

① 개별기업 간의 협력은 협력이익공유제도의 협력범위에 포함되지 않는다.
② 협력이익은 수탁기업의 혜택을 도모하기 위해 재무적 성과로 한정한다.
③ 협력사업형 이익공유를 통해 위탁기업은 기업가치 상승을 도모할 수 있고, 수탁기업은 수익을 분배받을 수 있다.
④ 이익공유의 유형은 업종에 따라 다양하게 적용될 수 있다.

44. 장 과장은 타사의 협력이익공유제도를 도입한 사례들을 분석하고 있다. 다음 중 이익공유 유형이 다른 것은?

① R&D 공동 협력을 통해 발생한 수익에 대해 수탁기업과 이익을 공유한다는 내용의 사전약정을 체결하였다.
② 위탁기업이 수탁기업들이 공동으로 노력하여 성과를 달성한 것에 대한 지원금을 지급하였다.
③ 사전약정을 통해 수탁기업의 기술력에 대한 경영목표를 설정한 후 위탁기업이 수탁기업의 달성률에 따라 성과급을 지급하였다.
④ 수탁기업들은 안전관리에 관한 리스크를 통합적으로 관리하며 위탁기업은 수탁기업에 대해 자율평가를 실시하였다.

45. 〈보기〉는 밑줄 친 ⓐ의 사례를 그림으로 나타낸 것이다. 다음 중 빈칸 ㉠, ㉡에 들어갈 내용이 바르게 짝지어진 것은?

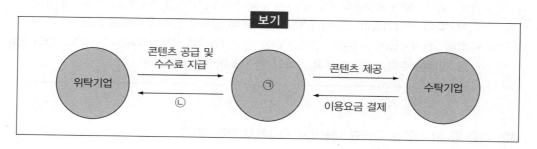

	㉠	㉡
①	유통 플랫폼	목표 이용자 수 달성 시 수수료 1개월 면제
②	IT 플랫폼	콘텐츠 판매 수익에 따른 수수료인하율 우대
③	유통 플랫폼	가맹점이 본점 상품을 판매해 얻은 영업이익의 1%를 환급
④	IT 플랫폼	상품 판매 목표 매출액 달성 시 수익 배분

[46 ~ 47] 다음의 제시상황과 자료를 보고 이어지는 질문에 답하시오.

한국●●발전의 직원 H는 통합공급자관리와 관련된 설명자료를 열람하고 있다.

〈통합공급자관리〉

- 개요

  품질 및 신뢰성이 요구되는 발전설비 업체의 제조능력 및 정비기술 능력을 사전 심사하여 일반 경쟁입찰에 참가할 수 있는 자격을 부여하는 관리체계입니다.

- 유자격업체 등록 신청 절차

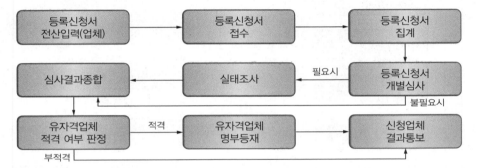

※ 참고
  - 신청서 접수 및 집계, 결과통보 : 한국●●발전 계약자재팀
  - 등록신청서 심사 및 결과종합 : 심사담당사업소 품질담당부서
  - 실태조사 : 사업소 담당부서

1회 한국남동발전

2회 한국중부발전(사무)

3회 한국중부발전(기술)

4회 한국동서발전

5회 한국서부발전

6회 한국남부발전

인성검사

면접가이드

• 정비적격업체 등록 신청 절차 : 발전소의 신뢰성 품목 중 정비가 필요한 품목에 한함.

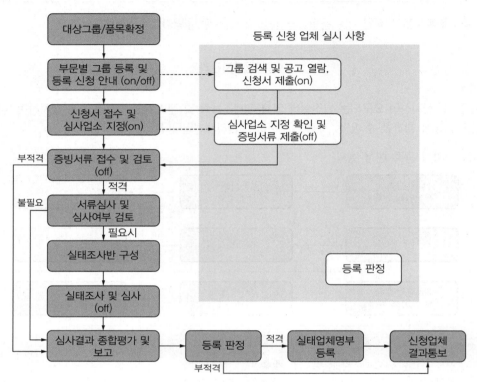

* (off)는 오프라인 및 현장에서 진행한다는 의미, (on)은 온라인으로

※ 참고

    – 신청서 납부 및 접수(온라인), 정비적격업체 등록 신청 : 한국●●발전 계약자재팀

    – 증빙서류 접수 및 검토 : 심사담당사업소 품질담당부서

    – 실태조사 및 심사 : 사업소 담당부서

46. 다음 중 정비적격업체 등록 신청 절차에 관한 설명으로 적절하지 않은 것은?

① 정비적격업체 등록 신청 안내는 온라인으로도 받을 수 있다.

② 심사담당사업소 품질담당부서는 증빙서류를 접수하고 검토하는 업무를 수행한다.

③ 심사담당사업소 품질담당부서는 정비적격업체 등록신청서를 심사하고 그 결과를 종합하는 업무를 수행한다.

④ 사업소 담당부서는 등록 신청에 관한 내용의 실태조사 및 심사 업무를 수행한다.

47. 다음 중 위 자료를 이해한 내용으로 적절하지 않은 것은?

① 발전설비 업체가 유자격업체 등록을 하기 위해서는 전산으로 신청서를 입력해야 한다.

② 유자격업체 신청업체의 등록신청서를 개별심사한 후 선별적으로 업체의 실태조사를 실시한다.

③ 유자격업체 적격 여부 판정 후 신청업체는 적격 여부와 관련 없이 해당 결과를 통보해야 한다.

④ 모든 발전설비 업체는 반드시 정비적격업체로 등록을 신청해야 한다.

[48 ~ 50] 다음의 제시상황과 자료를 보고 이어지는 질문에 답하시오.

○○발전의 김 대리는 발전사업자 지원사업 문의답변 업무를 위해 관련된 설명자료를 열람하고 있다.

〈발전사업자 지원사업〉

• 사업 개요

20X6년부터 발전사업자(○○발전)의 자체자금으로, 기금사업과 동일한 규모의 사업자 지원사업을 시행할 수 있는 정책 근거를 마련하였습니다. 이를 통해 발전소 주변지역에 발전소 건설 및 가동 기간 동안 교육·장학 지원사업, 지역경제협력사업, 주변환경개선사업, 지역복지사업, 지역전통문화진흥사업 등 다양한 사업을 실시하고 있습니다.

• 목표 및 추진전략

　– 목표 : 지역과 함께하는 ○○발전

　– 추진전략

　발전산업의 지속가능경영 기반 구축＋주변지역경제기여 및 복지향상＋지역주민과 기업의 조화로운 발전

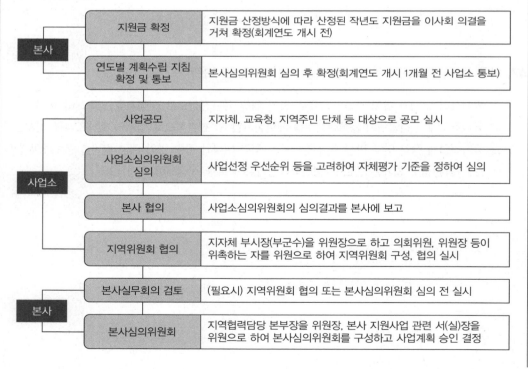

본사	지원금 확정	지원금 산정방식에 따라 산정된 작년도 지원금을 이사회 의결을 거쳐 확정(회계연도 개시 전)
	연도별 계획수립 지침 확정 및 통보	본사심의위원회 심의 후 확정(회계연도 개시 1개월 전 사업소 통보)
사업소	사업공모	지자체, 교육청, 지역주민 단체 등 대상으로 공모 실시
	사업소심의위원회 심의	사업선정 우선순위 등을 고려하여 자체평가 기준을 정하여 심의
	본사 협의	사업소심의위원회의 심의결과를 본사에 보고
	지역위원회 협의	지자체 부시장(부군수)을 위원장으로 하고 의회위원, 위원장 등이 위촉하는 자를 위원으로 하여 지역위원회 구성, 협의 실시
본사	본사실무회의 검토	(필요시) 지역위원회 협의 또는 본사심의위원회 심의 전 실시
	본사심의위원회	지역협력담당 본부장을 위원장, 본사 지원사업 관련 서(실)장을 위원으로 하여 본사심의위원회를 구성하고 사업계획 승인 결정

• 사업종류

구분	사업세부내용
교육 · 장학 지원사업	지역 우수인재 육성, 기숙사 마련, 영어마을 연수, 우수교사 유치 및 장학사업 등 교육 관련 지원사업
지역경제협력사업	지역특산물 판로 지원 및 지역산업 경쟁력 강화지원 등 지역경제 활성화를 지원하는 사업
주변환경개선사업	바다정화, 도로정비 및 주거환경 개선 등 지역의 생활환경을 쾌적하게 조성하는 사업
지역복지사업	복지시설 지원, 육아시설 건립 · 운영, 체육시설 마련 및 마을버스 등 지역주민 복지 향상 사업
지역전통문화진흥사업	문화행사 지원 및 문화시설 건립 지원 등 지역주민이 문화생활을 즐길 수 있는 환경을 조성하는 사업
기타 사업자 지원사업	지역홍보 등 지역특성을 살리고 주민복지증진, 지역현안 해결 및 지역이미지 제고 등을 위한 사업, 사업자지원사업의 계획 및 운영과 관련한 부대사업

www.gosinet.co.kr

1회 한국도통발전

2회 한국중부발전[사무]

3회 한국중부발전[기술]

4회 한국동서발전

5회 한국서부발전

6회 한국남부발전

인성검사

면접가이드

48. 다음 중 위 자료를 이해한 내용으로 적절하지 않은 것은?

① 발전사업자 지원사업은 정책적 근거에 따라 실시되고 있다.

② 발전사업자 지원사업은 발전소 주변 지역에서 발전소가 가동되는 기간 동안에만 시행된다.

③ 본사실무회의 검토는 필요한 경우에 한하여 실시한다.

④ 발전사업자 지원사업은 다섯 가지 사업 외에도 별도의 사업이 운영될 수 있다.

49. 다음은 사업소심의위원회의 회의 내용이다. ㉠에 들어갈 발전사업자 지원사업은?

> 위원장 : 사업소심의위원회를 개최하겠습니다. 우리 지역은 발전소 건립 지역으로 발전사업자 지원사업에 참여할 예정인데, 이에 대해 우리가 참여할 사업을 정해 보고자 합니다.
>
> 위원 A : 최근 우리 지역에서 학생들 수가 크게 감소하고 있는 추세입니다. 이를 해결할 수 있는 사업이 좋지 않을까 생각합니다.
>
> 위원 B : 학생들 수가 줄어들고 있기는 하지만, 최근 지역 간 도로 건설 및 마을버스 신규 개통 등 교통수단이 좋아지면서 타지로 학교를 다니는 학생들이 많아져서 그런 것 뿐이니 그 문제는 괜찮을 것 같습니다.
>
> 위원 C : 최근 우리 지역의 전통문화가 국제기구의 주목을 받는다는 소식이 퍼지면서 전통문화진흥사업을 진행한다고 했습니다. 때문에 유사한 사업은 피하는 것이 좋을 것 같습니다.
>
> 위원 D : 네, 저도 그렇게 생각합니다. 우리 지역의 숨은 역량을 강화할 수 있도록 하는 지역경제를 이루는 것이 좋을 것 같습니다.
>
> 위원장 : 네, 그렇다면 우리 지역에서 참여할 사업으로 (㉠)을 고르겠습니다.

① 지역복지사업   ② 지역전통문화진흥사업

③ 지역경제협력사업   ④ 교육 · 장학 지원사업

50. 다음은 김 대리가 위 자료를 바탕으로 질문에 답변한 것이다. 적절하지 않은 것은?

①

Q	발전사업자 지원사업은 어떤 방향성을 가지고 시행되는 건가요?
A	발전산업의 지속가능경영을 위한 기반을 구축하고 지역경제 및 복지향상에 기여함으로 써 지역주민과 기업이 상생할 수 있도록 발전사업자 지원사업을 실시하고 있습니다.

②

Q	발전사업자 지원사업은 누구를 대상으로 하는 것인가요?
A	발전사업자 지원사업은 발전소 주변 지자체, 교육청, 지역주민 단체 등을 대상으로 하고 있습니다.

③

Q	지역위원회는 어떻게 구성되나요?
A	발전사업자 지원사업의 협의를 위해 지자체 부시장 혹은 부군수를 위원장으로 하고 위원 장 등이 위촉한 위원들로 구성됩니다.

④

Q	발전사업자 지원사업에 대한 연도별 계획수립 지침은 언제 정해지는 거죠?
A	발전사업자 지원사업의 연도별 계획수립 지침은 본사심의위원회의 심의를 통해 확정 되며, 이는 회계연도 개시 후 사업소에 통보됩니다.

1회 한국남동발전

2회 한국중부발전[4부]

3회 한국중부발전[기술]

4회 한국동서발전

5회 한국서부발전

6회 한국남부발전

인성검사

면접가이드

유형분석 >>>

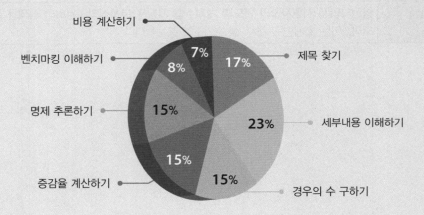

비용 계산하기 7%

벤치마킹 이해하기 8%

제목 찾기 17%

명제 추론하기 15%

세부내용 이해하기 23%

증감율 계산하기 15%

경우의 수 구하기 15%

분석 >>> 의사소통능력에서는 지문을 제시하고 그에 어울리는 제목을 찾는 문제, 법안을 읽고 해당 법을 제대로 적용할 수 있는 능력을 평가하는 문제 등이 출제되었다. 수리능력에서는 확률과 경우의 수를 계산하는 통계능력 평가 문제가 출제되었으며, 제시된 표를 보고 적절하게 해석하는 문제도 출제되었다. 자료를 해석하는 데에 있어서는 단순한 계산과 증감률 계산하는 문제가 출제되었다. 문제해결능력에서는 제시된 조건에 따라 적절한 결론 명제를 도출하는 문제와 순서 등을 추론하는 문제가 출제되었다. 기술능력에서는 기술개발연구 사업을 위한 사업을 이해하는 문제, 벤치마킹과 관련한 개념을 파악하고 있는지 확인하는 문제 등이 출제되었다. 자원관리능력에서는 조건에 따른 시간, 비용, 거리 등을 도출하는 문제가 다수 출제되었다.

한국서부발전

5회 기출예상모의고사

영역	총 문항 수
의사소통능력	
수리능력	
문제해결능력	50문항
기술능력	
자원관리능력	

- 수험번호 | _____
- 성 명 | _____

NCS란? 산업 현장에서 직무를 수행하기 위해 요구되는 각종 지식, 기술, 태도 등의 내용을 국가가 체계화한 것을 의미한다.

5대 발전회사NCS

기출예상
모의고사

5회 한국서부발전

시험시간 60분
문항수 50문항

▶ 정답과 해설 53쪽

01. 다음 상황에서 김 대리가 가져야 할 경청 태도로 적절한 것은?

> 최 사원 : 김 대리님, 오늘 제가 늦었습니다. 죄송합니다.
> 김 대리 : 장난해? 지금 시간이 몇 시인데 이제 와.
> 최 사원 : 사실 제가 오늘 늦은 이유가 다름이 아니라 지하철이...
> 김 대리 : 됐고, 빨리 일이나 시작하도록 해.

① 상대방의 이야기를 끝까지 주의 깊게 듣는다.
② 상대방이 무엇을 요구하는지에 대해 파악해야 한다.
③ 상대방에게 적절한 충고를 해 주어야 한다.
④ 상대방의 눈을 바라보며 이야기를 해야 한다.

02. 다음 기사의 제목으로 적절한 것은?

> 10대는 성인보다 니코틴 중독에 더욱 취약하고, 이는 금연을 하지 못하고 평생 흡연으로 이어질 가능성이 높아 청소년 흡연에 대한 경각심이 높아지고 있다. 하지만 미질병통제예방센터(CDC)가 발표한 2018년 청소년 흡연 실태 보고서에 따르면 고등학생의 27.1%, 중학생의 7.1%가 최근 30일 내에 담배 제품을 흡입한 적이 있고, 최근 30일 내에 흡연 경험이 있는 10대는 2017년 360만 명에서 2018년 470만 명으로 증가했음을 알 수 있다. 한편 미국에서는 18세 이상이면 담배를 구입할 수 있는 현행법이 청소년 흡연율과 연관성이 있다는 주장이 지속적으로 제기되면서 담배 구입 가능 연령 상향 조정의 필요성이 제기되고 있다. 이에 하와이, 캘리포니아, 뉴저지, 오레곤, 메인, 매사추세츠, 알칸소 주 등은 21세부터 담배 구매가 가능하도록 현행법을 바꾸었고, 오는 7월 1일부터 일리노이 주와 버지니아 주를 시작으로 워싱턴(2020년 1월 1일), 유타(2021년 7월 1일) 주에서도 담배 구매 가능 연령을 향후 상향할 것이라고 발표했다.

① 미국, 청소년 흡연 실태 조사 결과 대다수의 중·고등학생이 흡연 유경험자로 나타나
② 미국, 심각한 청소년 흡연율로 인한 미 전역 담배 구입 연령 상향 조정
③ 흡연 연령과 청소년 흡연율의 관계가 밝혀짐에 따라 담배 구입 연령 상향 조정
④ 미국, 심각한 청소년 흡연율에 다수의 주들 담배 구입 연령 21세로 상향 조정

03. 다음 글을 읽고 추론할 수 있는 내용으로 적절하지 않은 것은?

의사결정과정을 단순하게 나타낸 지침인 휴리스틱은 문제를 해결함에 있어 그 노력을 줄이기 위해 사용되는 고찰 또는 과정을 의미한다. 오늘날 기업이 당면한 경영환경은 매우 복잡하며 심한 변화를 겪는다. 기업이 어떤 사안에 대한 의사를 결정하기 위해서는 다양한 변수를 고려하여야 한다. 그러나 기업은 정보의 부족과 시간제약으로 인하여 완벽한 의사결정을 할 수 없는 것이 현실이다. 따라서 제한된 정보와 시간제약을 고려하여 실무상 실현 가능한 해답이 필요하다. 이것을 위해 필요한 것이 바로 휴리스틱 접근법이다. 휴리스틱 접근법은 가장 이상적인 방법을 구하는 것이 아니라 현실적으로 만족할 만한 수준의 해답을 찾는 것이다. 현실적으로 기업이 주어진 시간 내에 모든 변수와 조건을 검토할 수 없기 때문이다. 휴리스틱은 정형적이며 포괄적이다. 즉, 일정한 규칙과 지침을 갖고 판단과 의사결정이 이뤄지며 전체 상황·가정·전제조건 등을 모두 고려한다. 일반적으로 사용되는 휴리스틱 접근법은 분석의 조기 단계에서는 모든 변수를 고려하지 않고 중요 변수만을 분석한 다음 점차 변수의 범위를 넓혀 간다. 문제 상황을 여러 부문으로 구분하고 이를 각각 분석에 따라 가장 현실적인 방법으로 구현 후 전체적인 관점에서 통합한다.

① 휴리스틱 접근법을 사용하면 문제의 상태를 객관적으로 파악하여 가장 이상적이고 정확한 결론을 내릴 수 있다.

② 기업은 문제를 해결함에 있어서 완벽한 수준의 해답을 찾지 못할 수도 있다.

③ 기업의 의사결정에는 매우 복잡하고 다양한 변수들이 존재하기 때문에 휴리스틱 접근법을 사용한다.

④ 휴리스틱 접근법은 전체적인 상황을 고려해 판단을 내릴 수 있게 해 준다.

1회 한국남동발전

2회 한국중부발전[사무]

3회 한국중부발전[기술]

4회 한국동서발전

5회 한국서부발전

6회 한국남부발전

인성검사

면접가이드

04. 다음 글을 읽고 배외측 전전두엽이 담당하는 역할과 관련되어 있는 것끼리 바르게 짝지어진 것은?

전두엽은 목표를 세워 행동하고 수집하는 집행기능의 역할이 가능하도록 도와준다. 특정 행동 혹은 활동을 하기 위해서는 6가지의 과정을 거쳐야 하는데, 각 과정마다 담당하는 뇌 부위가 있다. 이를 목표지향행동을 하는 순서에 따라 설명하면 다음과 같다. 우선 어떤 행동을 하기 위해서는 행동을 시작하는 동기와 힘이 필요한데, 이는 내측 전전두엽의 보조운동영역과 전측대상피질이 담당한다. 만약 이 부위에 문제가 생긴다면 모든 일에 무관심해져서 아무런 행동도 하지 않는 증상이 발현된다. 즉, 호기심이 생기지 않으며 문제를 해결하려는 의욕도 상실되고 의사소통에 있어서도 무기력한 모습을 보인다. 문제를 시작하는 데 문제가 없다면 다음 단계로 목표를 선정해야 한다. 이는 배외측 전전두엽과 내측 전전두엽 전두극 피질이 담당하고 있다. 배외측 전전두엽과 내측 전전두엽에서는 과제와 관련된 정보에 주의를 줘서 과제를 선정할 수 있도록 돕고, 세운 목표를 유지하게 도와준다. 전두극 피질에서는 상위 목표를 세우고 이를 달성하기 위한 하위목표들을 처리하는 역할을 한다. 목표를 세웠으면 어느 순서대로 수행할 것인지 정하는 과정이 요구되며 이 과정은 중앙 배외측 전전두엽이 담당한다. 목표를 세운 다음에는 목표 수집 혹은 목표에 맞는 전략수정의 단계가 진행되며 이 단계는 전전두엽의 하측 우측 영역과 좌측 배외측 전전두엽 영역에서 이루어진다. 지금까지의 단계에 따라 목표와 전략 및 순서를 정했으면 이를 잘 수행할 수 있을지 자기 모니터링과 평가가 진행되는데, 이 역할은 전대상 피질과 외측 전전두 영역 등 다수의 영역이 관여하여 함께 담당한다. 마지막 과정인 억제는 목표를 수행하기 위해 적절하지 않은 행위를 멈추는 능력을 말하며 우반구 중전도피질과 하전두피질이 주로 담당한다. 또한 행동을 멈추기 위해서는 운동신경이 필요하므로 전보조운동영역도 이를 돕는다.

보기

A : 드디어 내일이 대회라 연습을 해야 하는데, 비가 오는구나. 오늘은 실내에서 할 수 있는 체력 단련을 해야겠어.

B : 맛있는 밥을 짓기 위해서는 쌀을 씻은 다음 물에 어느 정도 불린 다음 지어야 해.

C : 좋은 회사에 취업하기 위해서는 학점관리, 대외활동 말고도 어학성적과 자격증 취득도 해 놓아야 해.

D : 무력해서 아무것도 하기 싫고 사람들 대하는 것도 귀찮기만 해.

① A, B
② A, C
③ B, C
④ C, D

05. 다음의 글을 읽고 홉스의 견해에 대한 설명으로 적절하지 않은 것은?

> 홉스 정치철학의 특징 중 하나는 인간이 자연 상태를 전쟁 상태로 정의하는 데 있다. 전쟁 상태라 하면 일단은 사생결단의 물리적 충돌을 의미하나 홉스는 이 정의에다 일종의 냉전이라 할 수 있는 적대 관계를 포함시켰다. 즉, 홉스는 쌍방 중 어느 쪽에게든 타방을 공격할 의도가 상존하고 따라서 어느 쪽이나 자기를 지키기 위해선 타방에 대한 경계를 늦출 수 없는 상태인 적대 관계 역시 전쟁 상태로 규정한 것이다.
>
> 직관적인 견지에 따르면 논리적으로 평화는 전쟁보다 우선된다고 한다. 전쟁과 평화를 양자의 관계 속에서 파악하면 전자는 당연히 후자의 부재로서 보일 것이다. 사실 이런 방식은 인간 본성에 대해 성선설의 관점을 취하고 있는 철학자들에게는 매우 매력적인 접근 방법이었으나 그것은 물론 홉스의 방식은 아니었다. 만인의 만인에 대한 전쟁 상태야말로 자연 상태에서 인간의 생존 조건이라고 천명하고 있는 홉스에게선 전쟁이 평화에 대해 논리적으로 우선할 수밖에 없었다. 따라서 홉스는 논리적으로 우선하는 전쟁을 기초로 하여 평화란 전쟁이 부재하는 상황으로 정의하게 되었다.
>
> 인간의 자연 상태에 관한 이와 같은 그의 비관적 시각은 『리바이어던』 13장 9절에서 더할 나위 없이 극명한 필치로 기술되고 있으며, 또한 실제로 모든 홉스 연구자들은 이 문단을 그의 정치사상을 대표할 수 있는 구절로서 반드시 인용하고는 한다. "만인이 만인에게 적인 전쟁 상태에 수반되는 온갖 사태는 인간이 자신의 힘과 창의에 의해 얻을 수 있는 것 이외에는 다른 어떠한 보장도 없이 살아가야 하는 상태에 수반되는 사태와 동일하다. 이런 상태에선 근로가 자리 잡을 수 있는 여지가 없다. 근로의 과실이 불확실하니까 말이다. 따라서 토지의 경작도 항해도 존재할 수 없으며, 해로로 수입되는 물자의 이용, 편리한 건물, 다대한 힘을 요하는 물건의 운반이나 이동을 위한 도구, 지표면에 관한 지식, 시간의 계산, 기술, 문자, 사회 등 그 어느 것도 존재할 수 없는 것이다. 그리고 무엇보다도 나쁜 일은 끊임없는 공포와 폭력에 의한 죽음에 대한 위험이다. 이런 상태에서 인간의 삶은 고독하고 빈궁하고 더럽고 잔인하면서도 짧다."

① 홉스는 평화로운 상태가 논리적으로 우선시되고 그 다음으로 전쟁 상태가 뒤따라온다고 주장한다.

② 홉스가 말한 전쟁 상태는 사생결단의 물리적 충돌에 일종의 냉전이라고 하는 적대 관계가 포함된 상태이다.

③ 홉스가 말한 전쟁 상태에서는 타인이 내게 베푸는 그 어떠한 보장도 믿을 수 없다.

④ 만인이 만인에게 적인 전쟁 상태에서 믿을 수 있는 것은 자신뿐이다.

[06 ~ 07] 다음 변경 전 법안과 변경 후 법안을 보고 이어지는 질문에 답하시오.

변경 전

제2조(중소기업자의 범위) ① 중소기업을 육성하기 위한 시책(이하 "중소기업시책"이라 한다)의 대상이 되는 중소기업자는 다음 각 호의 어느 하나에 해당하는 기업 또는 조합 등(이하 "중소기업"이라 한다)을 영위하는 자로 한다.

  1. 다음 각 목의 요건을 모두 갖추고 영리를 목적으로 사업을 하는 기업

    가. 업종별로 매출액 또는 자산총액 등이 대통령령으로 정하는 기준에 맞을 것

    나. 지분 소유나 출자 관계 등 소유와 경영의 실질적인 독립성이 대통령령으로 정하는 기준에 맞을 것

  2. 「사회적기업 육성법」 제2조 제1호에 따른 사회적기업 중에서 대통령령으로 정하는 사회적기업

  3. 「협동조합 기본법」 제2조에 따른 협동조합, 협동조합연합회, 사회적협동조합, 사회적협동조합연합회 중 대통령령으로 정하는 자

② 중소기업은 대통령령으로 정하는 구분기준에 따라 소기업(小企業)과 중기업(中企業)으로 구분한다.

③ 제1항을 적용할 때 중소기업이 그 규모의 확대 등으로 중소기업에 해당하지 아니하게 된 경우 그 사유가 발생한 연도의 다음 연도부터 3년간은 중소기업으로 본다. 다만, 중소기업 외의 기업과 합병하거나 그 밖에 대통령령으로 정하는 사유로 중소기업에 해당하지 아니하게 된 경우에는 그러하지 아니하다.

④ 중소기업시책별 특성에 따라 특히 필요하다고 인정하면 「중소기업협동조합법」이나 그 밖의 법률에서 정하는 바에 따라 중소기업협동조합이나 그 밖의 법인·단체 등을 중소기업자로 할 수 있다.

변경 후

제2조(중소기업자의 범위) ① 중소기업을 육성하기 위한 시책(이하 "중소기업시책"이라 한다)의 대상이 되는 중소기업자는 다음 각 호의 어느 하나에 해당하는 기업 또는 조합 등(이하 "중소기업"이라 한다)을 영위하는 자로 한다. 다만, 「독점규제 및 공정거래에 관한 법률」 제14조 제1항에 따른 공시대상기업집단에 속하는 회사 또는 같은 법 제14조의3에 따라 공시대상기업집단의 소속회사로 편입·통지된 것으로 보는 회사는 제외한다.

  1. 다음 각 목의 요건을 모두 갖추고 영리를 목적으로 사업을 하는 기업

    가. 업종별로 매출액 또는 자산총액 등이 대통령령으로 정하는 기준에 맞을 것

    나. 지분 소유나 출자 관계 등 소유와 경영의 실질적인 독립성이 대통령령으로 정하는 기준에 맞을 것

  2. 「사회적기업 육성법」 제2조 제1호에 따른 사회적기업 중에서 대통령령으로 정하는 사회적기업

  3. 「협동조합 기본법」 제2조에 따른 협동조합, 협동조합연합회, 사회적협동조합, 사회적협동조합연합회 중 대통령령으로 정하는 자

  4. 「소비자생활협동조합법」 제2조에 따른 조합, 연합회, 전국연합회 중 대통령령으로 정하는 자

② 중소기업은 대통령령으로 정하는 구분기준에 따라 소기업(小企業)과 중기업(中企業)으로 구분한다.

③ 제1항을 적용할 때 중소기업이 그 규모의 확대 등으로 중소기업에 해당하지 아니하게 된 경우 그 사유가 발생한 연도의 다음 연도부터 3년간은 중소기업으로 본다. 다만, 중소기업 외의 기업과 합병하거나 그 밖에 대통령령으로 정하는 사유로 중소기업에 해당하지 아니하게 된 경우에는 그러하지 아니하다.

④ 중소기업시책별 특성에 따라 특히 필요하다고 인정하면 「중소기업협동조합법」이나 그 밖의 법률에서 정하는 바에 따라 중소기업협동조합이나 그 밖의 법인·단체 등을 중소기업자로 할 수 있다.

06. 다음 중 변경 전 법안과 변경 후 법안의 차이점에 대한 설명으로 바르지 않은 것은?

① 공시대상기업집단에 속하는 회사는 중소기업에서 제외한다는 법안이 추가되었다.

② 대통령령으로 정하는 사회적기업은 중소기업에 포함한다는 법안이 추가되었다.

③ 「소비자생활협동조합법」 제2조에 따른 조합, 연합회, 전국연합회 중 대통령령으로 정하는 자는 중소기업에 포함한다는 법안이 추가되었다.

④ 공시대상기업집단의 소속회사로 편입 또는 통지된 것으로 보는 회사는 중소기업에서 제외한다는 법안이 추가되었다.

07. 다음 〈보기〉에서 변경 후 법안을 기준으로 중소기업에 해당하지 않는 대상으로 짝지어진 것은?

> **보기**
>
> ㉠ 공시대상기업집단인 ○○사로 편입된 A 기업
> ㉡ 대통령령으로 정한 협동조합연합회인 B
> ㉢ 30인 이상으로 구성된 비영리단체 C
> ㉣ 3년 전 규모 확대로 중소기업에 속하지 않게 된 D 기업

① ㉠, ㉡   ② ㉠, ㉢

③ ㉡, ㉣   ④ ㉢, ㉣

08. 다음 〈여권 재발급〉을 바탕으로 할 때, 아래 〈신청자 발급 정보〉에 대한 설명으로 적절하지 않은 것은? (단, 모두 전자여권이 아니며 오늘 날짜는 2020년 2월 5일이다)

〈여권 재발급〉

여권 유효기간 만료 이전에 여권 수록정보의 정정 및 변경, 여권 분실, 여권 훼손, 사증란 부족, 행정기관 착오로 인하여 새로운 여권을 발급받는 경우

- 여권 유효기간 만료로 인하여 새로운 여권을 발급받는 경우는 「일반여권」을 참조해 주시기 바랍니다.
- 여권은 예외적인 경우(의전상 필요한 경우, 질병·장애의 경우, 18세 미만 미성년자)를 제외하고는 본인이 직접 방문하여 신청을 하셔야 합니다.
- 유효기간이 남아 있는 여권 소지자는 여권을 반납하여야 합니다.
- 여권 유효기간 연장제도가 폐지되어 유효기간 연장은 불가합니다.

1. 일반여권
  (1) 구비서류
    - 가족관계기록사항에 관한 증명서와 병역관계서류는 행정정보 공동이용망을 통해 확인 가능한 경우 제출을 생략합니다.
    - 신분증은 사진과 주민등록번호를 비롯한 신원 정보가 보안요소와 함께 기재되어 있는 유효기간 이내의 국가기관발행 신분 증명서를 말합니다.
    - 수록정보변경 재발급

여권발급신청서	여권용 사진 1매	현 소지여권
가족관계기록사항에 관한 증명서	신분증(여권으로 갈음)	병역관계서류

    • 여권용 사진은 6개월 이내에 촬영한 사진이어야 하며 전자여권이 아닌 경우 2매 제출
    • 병역관계서류는 '일반여권-구비서류-일반인-병역관계서류' 참조
    - 분실 재발급

여권발급신청서	여권용 사진 1매	가족관계기록사항에 관한 증명서
신분증	여권분실 신고서	병역관계서류

    • 여권용 사진은 6개월 이내에 촬영한 사진이어야 하며 전자여권이 아닌 경우 2매 제출
    • 병역관계서류는 '일반여권-구비서류-일반인-병역관계서류' 참조
    - 훼손 재발급

여권발급신청서	여용권 사진 1매	현 소지여권
가족관계기록사항에 관한 증명서	신분증(훼손여권으로 갈음)	병역관계서류

- 여권용 사진은 6개월 이내에 촬영한 사진이어야 하며 전자여권이 아닌 경우 2매 제출
- 신분증은 본인확인이 가능한 신원 정보면이 남아 있지 않은 경우 별도의 신분증 필요
- 병역관계서류는 '일반여권 – 구비서류 – 일반인 – 병역관계서류' 참조

(2) 접수처 : 여권사무대행기관 및 재외공관

(3) 수수료

  – 신규여권(10년)을 재발급 받는 경우, 신규발급 수수료 부과(48면 53,000원, 24면 50,000원)

  – 잔여유효기간 부여 여권을 재발급 받는 경우, 25,000원

(4) 로마자성명 표기/변경

  – 여권상 로마자성명은 한글성명을 로마자(영어 알파벳)로 음역 표기합니다.

  – 한글성명의 로마자표기는 국어의 로마자 표기법에 따라 적는 것을 원칙으로 합니다.

  – 로마자이름은 붙여 쓰는 것을 원칙으로 하되, 음절 사이에 붙임표(–)를 쓰는 것을 허용합니다.

  – 종전 여권의 띄어 쓴 로마자이름은 계속 쓰는 것을 허용합니다.

※ 기타 여권 로마자성명 변경에 대한 자세한 사항은 각 여권발급대행기관에 직접 문의 바랍니다.

〈신청자 발급 정보〉

한글성명 : 김경호(30세) 성별 : M 발급일 : 08 JAN 2010 유효기간 : 10년(48면)	한글성명 : 이혜진(26세) 성별 : F 발급일 : 21 JUN 2015 유효기간 : 10년(24면)	한글성명 : 박명준(12세) 성별 : M 발금일 : 14 DEC 2017 유효기간 : 5년(24면)

① 만약 여행 중 여권의 일부가 닳고 뜯어져 훼손되었지만 신원 정보면이 남아 있다면 훼손여권과 여권용 사진, 여권발급신청서 등을 제출하면 동일한 면수의 여권을 25,000원에 재발급 받을 수 있다.

② 개명을 한 박명준 씨의 경우 여권 재발급을 받기 위해 여권발급신청서, 현 소지여권, 가족관계기록사항에 관한 증명서, 여권용 사진 2매 등을 직접 방문하여 제출하지 않아도 재발급 받을 수 있다.

③ 김경호 씨가 2020년 2월 5일자로 10년을 연장하고 과거 발급 여권과 동일한 면수와 동일한 정보로 여권을 재발급 받기 위해서는 53,000원을 지불해야 한다.

④ 오늘 발급받은 이혜진 씨의 새로운 여권의 정보는 '성 : LEE / 이름 : HAE JIN / 국적 : REPUBLIC OF KOREA / 성별 : F / 발급일 : 05 FEB 2020'이다.

09. 다음 한국기상산업기술원의 '기상면허 취득 및 보수교육 프로그램'에 대한 자료를 기반으로 작성한 보도자료로 적절하지 않은 것은?

- 교육목적 : 기상면허(기상예보사, 기상감정사) 취득교육 및 의무 보수교육 운영
- 추진근거 : 「기상산업진흥법」 제18조(기상예보사 등의 면허), 같은 법 시행령 제14조(면허를 받기 위한 교육과정)
- 기대효과 : 국가공인자격 취득 · 보수교육 지원을 통한 기상산업 전문인력 양성

구분	기상면허 취득교육	기상면허 보수교육
대상	「국가기술자격법」에 따른 기상 분야 기사(기상기사, 기상감정기사) 자격을 취득한 사람 ※ 기상 분야 기사 자격을 취득한 후 면허취득을 위한 교육과정을 마친 사람은 기상예보사나 기상감정사가 될 수 있습니다.	기상 분야 면허(기상예보사, 기상감정사) 보수교육 대상자 ※ 면허 취득 후 매 5년이 지나는 날부터 1년 이내에 보수(補修)교육을 받아야 합니다.
교과목	기상예보사 취득교육 ① 일기도 분석 기법 ② 수치예보 해석 기법 ③ 영상자료 해석 기법 ④ 예보 실무 및 예보문 작성 기법 ⑤ 브리핑 실습 ⑥ 생활기상 활용 기법	기상예보사 보수교육 ① 소양교육 ② 신기술 동향 ③ 기상 관련 법규
	기상감정사 취득교육 ① 기상 관측 자료 통합분석 기법 ② 지리 분석 및 기상현상특성 분석 기법 ③ 조사 방법 및 기상자료통계 분석 기법 ④ 기상역학 및 열역학 이론 ⑤ 현장감정 실습 및 감정서 작성 기법 ⑥ 기후 및 기상재해 분석 기법	기상감정사 보수교육 ① 소양교육 ② 신기술 동향 ③ 감정 관련 법규
교육시간	140시간	7시간

※ 「기상산업진흥법」 시행규칙 제9조 및 제13조에 근거하여 교과목 및 교육시간 편성

① 한국기상산업기술원에서 기상산업 전문 인력을 양성하기 위해 국가공인자격 취득·보수교육을 실시한다. 취득교육은 「국가기술자격법」에 따라 기상 분야 기사 자격을 취득한 사람을 대상으로 하며, 각각 기상감정사와 기상예보사 2가지 분야로 나누어져 있다.

② 한국기상산업기술원에서 기상면허 취득 및 보수교육 프로그램을 실시한다. 그중 기상예보사 취득교육의 과목은 '일기도 분석, 수치예보 해석 기법, 영상자료 해석 기법' 등으로 구성되며 예보를 위한 실무도 포함되어 있다.

③ 한국기상산업기술원에서 기상면허 취득 및 보수교육 프로그램을 실시한다. 기존의 기상면허를 보수하기 위한 보수교육뿐만 아니라 자격을 취득하기 위한 교육도 실시할 계획이다. 교육 시 취득교육은 총 140시간, 기상면허 보수교육은 7시간을 수강해야 한다.

④ 한국기상산업기술원에서 「기상산업진흥법」 제18조, 동법 시행령 제14조를 근거로 기상 분야 면허 보수를 위한 기상면허 보수교육을 실시한다. 기상예보사, 기상감정사는 면허 취득 후 매 5년이 지난 날 이내에 보수교육을 받아야 한다.

1회 한국남동발전

2회 한국중부발전[사무]

3회 한국중부발전[기술]

4회 한국동서발전

5회 한국서부발전

6회 한국남부발전

인성검사

면접가이드

10. 다음의 기사를 바탕으로 할 때, 서울시 지하철 미세먼지 저감 기술과 그 평가에 대한 내용으로 적절하지 않은 것은?

서울에 위치한 지하철은 하루 평균 약 800만 명이 이용하는 세계 최고 수준의 지하철이다. 하지만 지하철 양쪽 터널은 '금속성' 미세먼지로 가득 차 있다. 금속성 미세먼지가 발생하는 원인은 크게 2가지가 있다. 첫째, 지하철이 선로에 들어오면서 승강장에 멈춰서기 위해 속도를 줄이면 브레이크 패드가 마모된다. 정차했던 지하철이 가속을 하면 열차 바퀴와 선로의 마찰은 커진다. 이렇게 브레이크 패드가 마모되면서 미세먼지가 발생한다. 둘째, 열차가 지나갈 때 발생하는 열차풍이다. 열차풍이 발생하면 강한 바람이 불고, 이 바람은 터널 바닥에 쌓여 있던 미세먼지를 날아가게 만든다. 더욱이 미세먼지는 지하철을 자주 이용하는 시민들의 생활 문제에 직접적으로 연관되고 있어 빠른 해결책이 요구되는 상황이다.

이에 서울시는 지하철 미세먼지 저감 방안을 마련하기 위해 서울글로벌챌린지의 첫 번째 과제로 지하철 내 미세먼지 저감을 내걸었다. 1등 상금만 5억 원에 달한다. 미세먼지 솔루션을 공간별로 나눈 것은 지하철 내 미세먼지 발생 메커니즘을 보면 이해가 된다. 지하철 미세먼지는 대부분 철도가 달리는 터널에서 발생한다. 미세먼지가 보통인 날은 대기 중 미세먼지 농도가 $40 \sim 50\mu g/m^3$인데 역사 내부는 이와 비슷하다. 그런데 전동차가 오가면서 금속성 먼지를 내뿜는 터널 안은 상시 $200 \sim 300\mu g/m^3$다. 이 먼지는 필터로 걸러지기는 하지만 달리는 전동차에도 들어오고, 승강장 문이 열릴 때마다 전동차와 승강장으로 들어온다. 대기 중 미세먼지 농도가 나쁜 날은 지하철 내 농도도 급격하게 올라간다. 서울글로벌챌린지는 '서울 지하철 미세먼지 저감 효과를 극대화'하는 것이 목표다. 이를 위해서는 터널 내에서 미세먼지가 발생하는 것을 줄이거나, 승강장 내에서 공기청정기 등을 이용하거나, 밀폐된 공간인 전동차 내부에서 줄이는 방법이 있다.

(주)○○는 허니콤 구조의 세라믹 필터를 사용하고 고효율 송풍 시스템, 원격 컨트롤이 가능하다는 특징을 살려 평평하게 설치된 장소의 미세먼지 저감을 도모하였다. 또한 국내 신생 기업인 (주)☙☙는 기존 미세먼지 집진 기술의 한계를 해결한 유전영동 집진기술을 적용해 이동이 많은 곳에 대한 솔루션을 내놓는다. 또한 ◇◇기업에서는 공기청정기와 출입문 에어커튼을 함께 설치에 공기를 정화하는 솔루션으로 평가를 받을 예정이다. 마지막으로 (주)□□에서는 전동차량 운행으로 발생하는 금속성 입자 등 미세먼지를 '스마트형 먼지 저감 모듈러 시스템'으로 오염 발생원인 선로 터널에서 제거한 뒤 환기구로 들어오는 오염 공기를 90% 포집하고 재비산을 방지하는 원리를 이용해 참여하였다.

---

① (주)○○는 승강장 부문에 참여한 기업이다.

② (주)☙☙는 전동차 부문에 참여해 미세먼지 저감 방안을 제시하였다.

③ ◇◇기업은 공기청정기와 에어커튼을 사용해 전동차 부문의 미세먼지 저감에 참여하였다.

④ (주)□□는 '스마트형 먼지 저감 모듈러 시스템'으로 터널 부문의 미세먼지 저감 방안을 내놓았다.

11. 세 대의 배송 차량을 운용하는 A 운송회사는 세 곳의 사무실로 정확히 같은 시간에 출발해야 하는 화물의 배송 주문을 받았다. 접수 당시 A 운송회사의 각 창구에 한 대씩 들어가있던 세 대의 배송 차량은 14시 30분에 동시에 출발하였고 배차 간격이 각각 21분, 7분, 14분이라면 14시 30분 이후 동시에 출발하게 되는 가장 빠른 출발시각은? (단, 화물을 적재하는 시간 등의 기타 요소는 고려하지 않는다)

① 14시 44분 ② 14시 51분
③ 14시 58분 ④ 15시 12분

12. A 학과 교양강의는 기말고사 20문제를 출제한다. 한 문항당 10점의 배점이 주어져 있고, 한 문항을 틀릴 때마다 5점씩 감점된다. 총점 100점 이상이 되어야 시험을 통과할 수 있다면 허용되는 오답의 최대 개수는?

① 4개 ② 5개
③ 6개 ④ 7개

13. J 물류회사는 헌혈의 날을 기념하며 각 사원들의 혈액형별로 단체 헌혈 봉사를 하려고 한다. 다음 〈조건〉을 참고하여 전체 회사원들 중 임의로 선택한 사람이 A형일 때 그 사람이 3팀일 확률을 구하면?

조건

– 이번 헌혈 봉사는 O형과 A형 혈액형을 가진 사원들이 참여하기로 하였다.
– 이번 헌혈 봉사는 유통1팀, 유통2팀, 유통3팀(이하 각각 1팀, 2팀, 3팀)에서 총 50명이 참여하였다.
– 2팀에서 O형과 A형의 수는 같다.
– 1팀인 O형의 수는 2팀인 A형의 수의 두 배이다.
– 헌혈하게 될 회사원들 중 임의로 선택한 사원이 A형일 확률은 $\dfrac{12}{25}$이다.
– 헌혈하게 될 O형 회사원들 중 임의로 선택한 사람이 1팀일 확률은 $\dfrac{5}{13}$이다.
– 3팀인 A형의 수는 1팀인 O형의 수와 같다.

① $\dfrac{1}{12}$ ② $\dfrac{1}{4}$
③ $\dfrac{5}{12}$ ④ $\dfrac{7}{12}$

14. 다음 〈예금상품비교표〉를 참고하여 아래 〈상황〉의 H 사원이 선택할 은행으로 가장 적절한 곳을 고르면? (단, 세금 및 제시된 내용 외의 사항은 고려하지 않는다)

〈예금상품비교표〉

금융회사	A 은행	B 은행	C 은행	D 은행
상품명	△예금	○예금	□예금	♣예금
이자율	1.1%	1.0%	1.5%	0.9%
최고우대 금리	1.2%	1.1%	1.8%	0.95%
이자계산 방식	단리	복리(월)	단리	복리(월)
우대조건	신용카드 가입 시 우대금리 제공 (연회비 20,000원)	해당 예금 신규 가입 시	체크카드 사용 고객 우대 금리 제공	해당 예금 신규 가입 시
가입대상	제한 없음	제한 없음	4대 보험 가입자 재직기간 6개월 이상	제한 없음
기타 유의사항	- 가입기간 1개월 이상 36개월 이하 일 단위 - 최소가입금액 1천만 원	해당 없음	- 가입기간 36개월 전용 상품 - 최소가입금액 1천 5백만 원	- 가입기간 1개월 이상 24개월 이하 일 단위 - 최소가입금액 1백만 원

* 월복리 예금 만기수령액＝원금×(1＋이자율/12)^(예치 개월 수×12/12)

* 단리 예금 만기수령액＝원금×(1＋이자율)×예치 개월 수/12

* $14,400,000 \times \left(1 + \dfrac{0.01}{12}\right)^{36} \fallingdotseq 14,838,360$

* $14,400,000 \times \left(1 + \dfrac{0.95}{12}\right)^{36} \fallingdotseq 14,816,137$

상황

> 올해로 입사한 지 1년이 된 연봉 3,600만원의 H 사원은 그동안 매달 월급의 40%를 꾸준히 모은 돈을 3년 동안 예치할 곳을 찾고 있다. H 사원은 4대 보험에 가입되어 있으며, 주로 C 은행을 사용하여 C 은행의 체크카드를 소지하고 있고 B 은행을 제외한 나머지 은행은 이용해 본 적이 없다. 이때 가능한 한 모든 상품의 우대조건을 충족시킨다면 H 사원은 과연 어떤 은행의 예금상품에 가입하는 것이 가장 실 수령액이 높을까 고민하고 있다.

① A 은행 ② B 은행
③ C 은행 ④ D 은행

15. 다음 〈재산세 산정 요령〉을 올바르게 이해하지 못한 것은?

〈재산세 산정 요령〉

1. 재산세
   - 재산세는 과세표준에 세율을 곱하여 계산한다.

2. 재산세 과세표준
   - 재산세 과세표준은 시가표준액(주택공시가격)에 공정시장가액비율을 곱하여 계산한다.
   - 공정시장가액비율은 50%이다.

3. 주택재산세 세율

과세대상	과세표준	세율
주택	6,000만 원 이하	0.3%
	15,000만 원 이하	60,000 + 50,000,000(원) 초과금액의 0.15%
	15,000만 원 초과 30,000만 원 이하	195,000 + 150,000,000(원) 초과금액의 0.25%
	30,000만 원 초과	570,000 + 300,000,000(원) 초과금액의 0.45%

4. 지방교육세
   - 지방교육세는 재산세액에 20%를 곱하여 계산한다.

5. 재산세 도시지역분
   - 재산세 도시지역분은 재산세 과세표준에 0.14%를 곱하여 계산한다.

6. 총 납부할 세금
   - 총 납부할 세금은 재산세 및 지방교육세, 도시지역분을 모두 합친 금액이다.

① 주택공시가격이 11,000만 원일 때, 총 납부할 세금은 205,700원이다.

② 재산세 과세표준이 15,200만 원일 때, 지방교육세는 45,000원이다.

③ 만일 지방교육세가 6,800원이고 세율이 0.1%가 적용되었다면 주택공시가격은 5,000만 원 이상일 것이다.

④ 도시지역분이 268,800원이라면 주택재산세 산정에 적용된 실질적인 세율은 약 0.16%이다.

16. 다음 〈보고서〉를 작성하기 위해 〈연도별 식중독 신고건수〉와 〈연도별 식중독 환자 수〉 외에 〈보기〉에서 추가로 필요한 자료만을 모두 고른 것은?

〈연도별 식중독 신고건수〉

(단위 : 건)

연도	20X2	20X3	20X4	20X5	20X6	20X7	20X8	평균
신고 건수	532	420	608	660	293	670	672	550.71

〈연도별 식중독 환자 수〉

(단위 : 명)

연도	20X2	20X3	20X4	20X5	20X6	20X7	20X8	평균
신고 건수	1,210	990	1,492	1,196	1,432	1,124	1,524	1,281.14

보고서

　　○○ 식중독 연구원은 20X2 ~ 20X8년 □□시 식중독으로 인한 환자 수와 영향에 대하여 연구하였다. 20X2년부터 20X8년까지 연평균 식중독 환자 수는 1,281.14명이었다. 연도별로는 20X3년이 990명으로 가장 낮았고, 가장 높은 20X8년에는 1,524명을 기록했다. 20X2년 이후로 식중독 환자 수의 증감이 반복되는 추세를 보인다.

　　20X8년 식품별 식중독 발생현황을 보면 20X8년도 전체 식중독 신고건수인 672건 중 311건(46.2%)은 원인조차 제대로 파악되지 않은 것으로 드러났으며 전체 식중독 발생 환자 1,524명 중 원인불명인 환자의 수는 654명(42.9%)에 이르는 것으로 나타났다. 이를 뒤이어 육류 및 그 가공품이 261건, 어패류 및 그 가공품이 85건으로 많이 발생한 것으로 드러났다. 발생 환자 수는 복합조리식품이 291명, 채소류 및 그 가공품이 282명으로 그 뒤를 이었다.

　　△△△ 의원은 '식중독이 가장 많이 발생하는 곳이 학교급식이라는 점은 학교급식의 위생 안전에 대한 안전 불감증이 심각하다는 것을 증명하는 것이다'며, '식품별로 식중독 발생 원인을 면밀히 분석하고 그에 대한 해결책을 강구해야 한다'라고 주장했다.

　　식품위생법에 근거하여 식품합격업체에 대한 감시 및 관리를 철저히 해야 한다. 휴게음식점, 제과점, 일반음식점, 학교급식영업으로 분류하여 위반내용을 숙지하고 식중독 문제 해결이 필요한 시점이다.

보기

ㄱ. 20X8년 식품별 식중독 발생현황

(단위 : 건, 명)

구분	20X8년					
	곡류	육류	어패류	채소류	복합조리식품	원인불명
건수	2	261	85	6	7	311
환자 수	10	192	95	282	291	654

ㄴ. 식중독 위험 정도

(단위 : 점)

단계	지수범위	설명 및 주의사항
위험	95 이상	식중독 발생가능성이 매우 높으므로 식중독 예방에 각별한 경계 요망
경고	70 이상 95 미만	식중독 발생가능성이 매우 높으므로 식중독 예방에 경계 요망
주의	35 이상 70 미만	식중독 발생가능성이 매우 높으므로 식중독 예방에 주의 요망
관심	35 미만	식중독 발생가능성이 매우 높으므로 식중독 예방에 지속적인 관심 요망

ㄷ. 20X8년 식품합격업체 중 식품위생법 위반 적발 현황

(단위 : 건)

업종별	소계	위반사항			
		소계	원산지 미표시	건강진단 미필	위생적 취급기준위반
휴게음식점	274,153	2,849	1,977	178	694
제과점	48,260	721	629	81	11
일반음식점	230,646	4,394	3,025	1,099	270
학교급식영업	6,597	277	225	21	31
통계	559,656	8,241	5,856	1,379	1,006

ㄹ. 20X8년 식품합격업체 업종별 식중독 발생 현황

(단위 : 건)

업종별	기간				
	소계	1/4분기	2/4분기	3/4분기	4/4분기
휴게음식점	201	35	101	50	15
제과점	15	2	10	2	1
일반음식점	98	14	47	20	17
학교급식영업	358	27	229	72	30

① ㄱ, ㄴ　　　　　　　　② ㄱ, ㄷ

③ ㄱ, ㄹ　　　　　　　　④ ㄴ, ㄹ

[17 ~ 18] 다음 서울특별시 내 박물관과 미술관의 수를 나타낸 표를 보고 이어지는 질문에 답하시오.

〈서울특별시 박물관 및 미술관 수〉

(단위 : 개)

행정구역	박물관				미술관			
	국공립	사립	대학	계	국공립	사립	대학	계
종로구	5	27	3	35	2	7	3	
중구	3	12	1	16	1	5	3	
용산구	2	3	2	7				
동대문구	1	8	4	13	4	3	2	
서대문구	2	6	3	11	7	(A)	3	
강남구	1	7	2	10			(B)	
송파구	3	4	2	9	4	2	6	

17. 서울특별시의 박물관에 관한 다음 〈보기〉의 내용으로 옳은 것을 모두 고르면? (단, 모든 소수점 계산은 소수점 둘째 자리에서 반올림한다)

> **보기**
>
> ㉠ 국공립 박물관 수의 합계와 대학 박물관 수의 합계는 같다.
> ㉡ 박물관의 총합이 가장 많은 구는 다른 행정구역과 비교했을 때 국공립, 사립, 대학 박물관 모두 가장 많다.
> ㉢ 종로구를 제외한 행정구역 박물관 수의 총합은 종로구의 박물관 수보다 작다.
> ㉣ 박물관 개수의 총합이 두 번째로 많은 구와 가장 적은 구의 차이는 9개다.
> ㉤ 종로구의 박물관 수는 전체 박물관 중에 약 34.7%의 비율을 차지한다.

① ㉠, ㉤   ② ㉡, ㉣
③ ㉠, ㉣, ㉤   ④ ㉠, ㉡, ㉣, ㉤

18. 서울특별시의 미술관에 관한 다음 〈조건〉에 따라 (A), (B)에 들어갈 숫자로 옳은 것은? (단, 모든 소수점 계산은 소수점 첫째 자리에서 반올림한다)

> **조건**
>
> 1. 제시된 행정구역 내에는 국공립, 사립, 대학 미술관이 각각 적어도 한 개씩은 존재한다.
> 2. 용산구의 국공립 미술관 개수는 용산구의 사립 미술관과 대학 미술관의 합보다 크다.
> 3. 용산구의 국공립 미술관의 총 개수는 3개이다.
> 4. 서울시 전체 미술관의 개수 중 (A)의 비율은 약 16%이다.
> 5. 서울시 전체 미술관 개수를 x라고 할 때, x에서 (B)를 뺀 값은 종로구의 대학 미술관 개수의 24배이다.
> 6. (B)는 용산구 미술관 개수 중 가장 적은 값과 같다.

	(A)	(B)			(A)	(B)
①	12	1		②	12	2
③	13	1		④	13	2

[19 ~ 20] 다음 표는 20X7 ~ 20X9년 K국의 국가별 석유 수입량이다. 이어지는 질문에 답하시오.

(단위 : 만 리터)

구분	20X7	20X8	20X9	국가별 합계
A국	42,400	111,642	247,675	401,717
B국	126,615	114,338	126,293	367,246
C국	141,856	156,275	(C)	433,657
D국	(A)	86,150	64,734	
E국	305,776	(B)	305,221	
총 수입량	736,868	823,141	(D)	2,439,458

19. 다음 표에 대한 설명으로 옳지 않은 것은?

① C국에 대한 수입량은 지속적으로 증가하고 있다.

② 20X7 ~ 20X9년의 국가별 수입량 합계가 가장 적은 국가는 D국이다.

③ 20X7년부터 석유 수입량은 매해 증가하였다.

④ 20X8년 총 수입량은 E국의 3개년 합계보다 작다.

20. (D)에서 (A), (B), (C)를 뺀 값으로 옳은 것은?

① 163,566　　　　　　② 199,156

③ 210,846　　　　　　④ 268,966

21. 다음은 어느 기업의 조직문화 개선을 위한 글이다. 이 글에서 나타나지 않은 문제해결절차는?

> 지난 3년간 저희 회사는 채용 과정을 통해 총 신입사원 250명을 채용하였으나 그중 154명이 퇴사하였습니다. 이는 저희 회사에 문제가 있다는 것을 의미할 것입니다. 따라서 우선 채용인원을 기존에서 절반으로 낮출 것입니다. 그리고 직원들을 존중하는 수평적인 조직문화를 만들고자 개편안을 시행하고 있습니다. 개편안의 시행 여부와 또 다른 문제점이 발견될 경우 게시판을 통해 말씀해 주시기 바랍니다. 또한 이 외에도 어떠한 방법들이 있을지 사내 직원들에게 설문을 실시할 예정입니다. 많은 참여와 의견 부탁드립니다.

① 문제 도출
② 원인 분석
③ 해결안 개발
④ 제출 및 평가

22. ○○식당에는 4인용 테이블이 5개 있다. 〈조건〉에 따라 대기 손님을 전부 받았을 때 테이블을 정리한 횟수는 몇 번인가? (단, 손님들은 대기번호 순서대로 동시에 모두 들어오고 떠나며, 떠난 후 테이블 전체를 정리하는 것을 한 번으로 간주한다)

대기번호	인원
1	3
2	6
3	8
4	6
5	5
6	7

조건

- 대기번호 순서대로 입장해야 한다.
- 동시에 들어온 팀은 동시에 떠난다.
- 서로 다른 팀끼리 같이 앉을 수 없다.
- 테이블 수용 인원을 초과할 경우 남은 인원을 수용하는 만큼의 테이블을 사용해야 한다.

① 2번
② 3번
③ 4번
④ 5번

23. 최달성 씨는 업무 특성상 날씨에 민감하여 도움을 받을 기상정보 제공업체를 선정하려고 한다. 다음 〈선정기준표〉와 〈업체정보〉를 참고하였을 때 적절하지 않은 것은? (단, 업체를 선정할 때에는 모든 기준의 총점이 가장 높은 업체를 선정한다)

〈선정기준표〉

기존 DB(25)	기상정보 종류(12)	10개 이상	7 ~ 9개	4 ~ 6개	1 ~ 3개	0개
		12	9	6	3	0
	수집기간 (15)	10년 이상	7 ~ 9년	4 ~ 6년	1 ~ 3년	1년 미만
		15	10	7	4	1
관측기술(25)		상		중		하
		25		15		5
재난대응정책(20)		상		중		하
		20		10		5
관측정확도(35)		상		중		하
		35		20		5

〈업체정보〉

구분		A	B	C	D
기존 DB	기상정보 종류	6개	12개	5개	2개
	수집기간	2년	4년	10년	7개월
관측기술		중	하	중	상
재난대응정책		중	하	상	중
관측정확도		상	중	하	중

① 2순위 업체의 순위가 더 오르기 위해서는 기상정보종류를 5개 더 늘려야 한다.
② 4순위 업체는 관측기술을 한 단계 더 올려도 1순위 업계가 될 수 없다.
③ 2순위 업체와 3순위 업체의 관측정확도 점수가 바뀌면 1순위 업체가 변경된다.
④ 재난대응정책항목을 제외하면 순위는 변동된다.

24. ○○기업 직원 김유정, 유치환, 임화, 김기림은 퇴근 후 자격증 스터디를 진행하기 위해 학습할 자격증을 〈자격증 선호 순위〉와 〈자격증 결정 기준 및 조건〉을 고려하여 정하려고 한다. 〈보기〉 중 옳은 것을 모두 고르면?

〈자격증 선호 순위〉

구분	사무자동화 산업기사	컴퓨터활용능력 1급	토익스피킹 7등급	SPA 6급	HSK 5급
김유정	1	2	5	4	3
유치환	4	1	3	2	5
임화	3	5	4	2	1
김기림	2	4	5	3	1

〈자격증 결정 기준 및 조건〉

자격증 결정 기준	1. 1순위가 가장 많은 자격증으로 선정한다. 2. 5순위가 가장 적은 자격증으로 선정한다. 3. 1순위에 5점, 2순위에 4점, 3순위에 3점, 4순위에 2점, 5순위에 1점을 부여하며, 합산한 점수가 가장 높은 자격증으로 선정한다. 4. 합산 점수가 높은 상위 2개의 자격증 중 1순위가 더 많은 주제를 선정한다.
자격증 결정 조건	1. 유치환은 SPA 6등급이 주제로 선정되면 스터디에서 나간다. 2. 임화는 토익스피킹 7등급이 주제로 선정되면 스터디에서 나간다. 3. 임화가 스터디에서 나가면 김기림도 나간다.

보기

가. 기준 1과 기준 4 중 어느 것을 따르더라도 동일한 자격증이 선정된다.
나. 기준 2에 따르면 사무자동화산업기사나 SPA 6급이 학습할 자격증으로 선정될 수 있다.
다. 기준 3에 따르면 아무도 스터디에서 나가지 않는다.
라. 어떤 기준에 따랐을 때, 팀에 2명만 남는다.

① 가, 나
② 나, 라
③ 가, 나, 다
④ 가, 다, 라

[25 ~ 26] 아래에 제시된 〈시설 공사계획〉을 보고 이어지는 질문에 답하시오.

〈시설 공사계획〉

1. 산림공원 내 시설 확장
   • 원활한 차량 진·출입을 위해 각 출입문 도로 확장 및 주차장 배치
   • 공원 출입구 주변에 관리사무소 및 진입광장을 배치하여 이용객 안내 및 만남의 장소 제공
   • 산림공원 내부에 국악 공연장, 동상, 자연박물관을 적정 위치에 배치
   • 공원 동쪽에 있는 기존의 대나무 숲 최대한 보존
   • 화장실, 벤치, 그늘막 등의 이용객을 위한 공원 내 편의시설을 적절한 위치에 배치

2. 한지체험박물관 건설
   • 청소년과 지역 주민들이 쉽게 접근할 수 있도록 주거지역과 인접한 곳에 건설
   • 박물관 혹은 기념관과 프로그램 연계를 위해 간접 지역에 건설
   • 산림공원 이용객이 접근하기 쉽도록 산림공원의 대나무 숲과 연결도로 확장
   • 산림공원 연결로를 통한 산림공원 내 주차장 공동 이용
   • 한지 공장에서 물품 공수를 위해 이용도로 확장

3. 도시 외곽 체육시설 건설
   • 강변 운영으로 수영장과 수상 스포츠 시설 시공
   • 원활한 차량 출입을 위해 순환도로와 연결된 출입로를 확장하고 주차장 배치
   • 인접 산의 암벽 지역에 자연 암벽장 시공
   • 암벽장 내에 강의용 건물을 적정 배치하고 내부에 강의용 인공 암벽장 배치
   • 자연 암벽장의 이용에 불편점이 없도록 공간 확보
   • 이용객들의 휴식을 위해 수변 공원 및 편의시설 배치

---

25. 본 공사 계획에는 각각 다른 건설사가 각 사업을 진행한다. 다음 〈건설사 시공 가능내역〉을 참고하였을 때 참여하지 않는 건설사는?

〈건설사 시공 가능내역〉

건설사	주차장	도로 확장	공용 편의시설	수상스포츠 시공	암벽장	건축물
○○	X	O	X	O	X	X
★★	O	O	X	X	O	O
□□	O	O	O	X	X	O
◆◆	O	O	O	O	O	O

① ○○   ② ★★   ③ □□   ④ ◆◆

26. 다음은 건설 부지 명단과 입지 여건이다. 위의 〈시설 공사계획〉에 따랐을 때 우선순위가 가장 낮은 부지끼리 짝지어진 것은?

구분	입지 여건
A 부지	• 동쪽으로 일반 주거 지역과 역사박물관이 있으며, 서쪽으로 산림공원과 맞닿음. • 북쪽으로 청소년 수련원 및 골프연습장이 위치함.
B 부지	• 자연녹지 지역으로 폭 12m 도로와 접하고 있으며, 산림공원 내 위치함. • 서쪽에 스쿨존이, 남쪽에는 주거 지역 및 상업 지역과 인접해 있음. • 동쪽으로 대나무 숲이 위치함.
C 부지	• 자연녹지 지역이며 일반 주거 지역 내부에 있음. • 외곽 순환 도로와 접해 있음. • 서쪽과 남쪽에 강을 따라 농장 및 논과 밭이 있음.
D 부지	• 일반 주거 지역 내부에 있으며, 서쪽에 고등학교, 중학교, 한지 공장이 있음. • 강변에 위치하여 순환 도로와 접해 있음. • 서쪽에 대나무 숲이 위치함.
E 부지	• 도시 외곽에 위치한 자연 녹지 지역으로 서쪽으로 순환도로가 있음. • 남쪽으로 절이 위치하며, 북쪽으로 강이 흐르고 있음. • 부지 동남쪽으로 △△산 자연 암벽 지형이 있음. • 부지 내에 공터 및 주차장이 조성되어 있음.

① A, C   ② A, D

③ C, D   ④ D, E

1회 한국남동발전

2회 한국중부발전[사무]

3회 한국중부발전[기술]

4회 한국동서발전

5회 한국서부발전

6회 한국남부발전

인성검사

면접가이드

[27 ~ 28] 다음은 A 기업의 임직원 평가항목과 평가점수 분석이다. 〈조건〉을 바탕으로 이어지는 질문에 답하시오.

〈평가항목〉

가	포용력
나	판단력
다	기획 및 창의력
라	추진력
마	책임감
바	대인관계
사	외국어 능력

〈평가점수 분석〉

1차 평가점수 ↑		1점	2점	3점	4점	5점
	5점					나
	4점			◉		
	3점					
	2점					
	1점					
		1점	2점	3점	4점	5점
		2차 평가점수 →				

> **조건**
>
> – 각 평가항목은 평가점수 분석표에서 중복되지 않는다.
> – 각 과제별 1차 평가점수 총합은 30점이고, 2차 평가점수의 총합은 24점이다.
> – 2차 평가점수 5점 만점을 받은 과제는 1항목이며, 1차 평가점수 5점 만점을 받은 항목은 '책임감'을 포함하여 2항목이다.
> – 1차 평가점수와 2차 평가점수가 같은 점수를 받은 평가항목은 총 2항목이다.
> – '대인관계'는 2차 평가에서 유일하게 가장 낮은 점수 2점을 받았다.
> – 1차 평가점수가 2차 평가점수보다 높은 평가항목은 '포용력', '기획 및 창의력', '대인관계'이다.
> – 1차 평가점수가 3점 미만인 평가항목은 없다.
> – 2차 평가 점수에서 3점을 받은 평가항목은 단 1항목이다.

27. 다음 중 ◉에 들어갈 수 있는 평가항목으로 적절한 것은?

① 판단력   ② 추진력

③ 기획 및 창의력   ④ 외국어 능력

28. '판단력'과 '대인관계'의 1차 평가점수의 합으로 적절한 것은?

① 5점   ② 7점

③ 8점   ④ 10점

www.gosinet.co.kr gosinet

1회 한국남동발전

2회 한국중부발전[사무]

3회 한국중부발전[기술]

4회 한국동서발전

5회 한국서부발전

6회 한국남부발전

인성검사

면접가이드

29. 다음 AED(자동심장충격기)와 관련된 자료들을 참고하였을 때 다음 중 옳은 설명은?

〈전국 및 광역시 AED 설치 현황〉

(단위 : 대)

구분	20X1	20X2	20X3	20X4	20X5
전국	24,902	26,531	28,170	29,283	29,587
부산	1,380	1,759	1,784	1,854	1,989
대구	1,041	1,158	1,178	1,345	1,279
인천	1,302	1,381	1,340	1,373	1,642
광주	362	547	637	653	670
대전	727	703	744	870	764
울산	430	473	534	585	329

〈전국 및 광역시 인구수〉

(단위 : 천 명)

구분	20X1	20X2	20X3	20X4	20X5
전국	49,937	50,200	50,429	50,247	51,021
부산	3,476	3,463	3,456	3,452	3,453
대구	2,483	2,480	2,476	2,475	2,469
인천	2,755	2,794	2,830	2,862	2,892
광주	1,502	1,504	1,504	1,503	1,506
대전	1,528	1,540	1,543	1,351	1,342
울산	1,112	1,125	1,117	1,133	1,134

〈AED 1대당 인구수〉

(단위 : 천 명)

구분	전국	부산	대구	인천	광주	대전	울산
20X4	1.7	1.9	2	1.8	2.3	2.3	2.2
20X5	1.7	1.7	1.9	1.8	2.2	2	2.2

〈자동심장충격기 관리기관의 관리 운영〉

구분	주요내용
보건복지부	• 자동심장충격기 관리운영 체계 총괄 – 관리 지침 마련 및 시행 – 관리 실태 조사 및 평가 • 구조 및 응급처치 교육 전문위원회의 구성 및 운영
구조 및 응급처치 교육 전문위원회	• 세부 설치 및 관리운영방안 수립 자문 • 관리 및 사용 실태 조사, 권고 등
시도 위원회	• 관내 설치현황 파악, 관리실태 점검 등 지도 · 감독 · 총괄 • 관내 자동심장충격기 사용자 교육 및 홍보 • 관내 자동심장충격기 설치 지원 등
시군구 보건소	• 관내 설치현황 파악, 관리실태 점검 등 지도 · 감독 • 관내 자동심장충격기 신고서 접수 및 등록대장 작성 등 신고 · 등록 · 사용 · 점검현황 파악 • 관내 자동심장충격기 설치 지원 등
응급의료지원센터	• 지역별 자동심장충격기 운영 · 관리 · 사용현황 등 파악(전산관리), 보고 • 지역별 자동심장충격기 관련 대국민 · 관련기관 정보제공 등

① 20X5년 AED 1대당 인구수가 가장 많은 곳은 대전이므로, 대전은 시도 위원회에 AED 추가 설치하기 위한 지원을 문의해야 한다.

② 인구가 늘어감에 따라 필요한 AED도 많아지므로 설치가 적절히 증가하고 있는지 혹은 관리 및 사용이 잘 되는지는 보건복지부의 업무와 관련이 있다.

③ 20X3년과 20X4년을 비교해 봤을 때 AED 설치 수가 많이 증가한 대구의 AED 설치현황을 파악하고 제대로 관리되고 있는지 여부를 시도 위원회를 통해 알아볼 수 있다.

④ 조사기간 5개년 동안 광역시들 중 AED 수가 한 번이라도 줄어든 지역은 울산, 대전, 광주이다. 이를 참고하여 AED 설치 현황이 제대로 파악된 것인지 살펴보기 위해 응급의료지원센터에 문의할 필요가 있다.

30. 다음의 〈A 뷔페 이용권 가격표〉와 〈조건〉, 〈가족 구성원 나이〉를 참고하였을 때 옳은 설명은?

〈A 뷔페 이용권 가격표〉

구분	성인 (만 19세 이상)	청소년 (만 14세 이상 ~ 만 19세 미만)	어린이 (만 3세 이상 ~ 만 14세 미만)
평일 점심 이용권	17,000	15,000	10,000
평일 저녁 이용권	18,000	16,000	12,000
주말 점심 이용권	20,000	19,000	13,000
주말 저녁 이용권	23,000	21,000	15,000

조건

- 만 65세 이상 평일 이용권 무료
- 만 8세 미만 평일 저녁 이용권 구매 시, 20% 할인 가능
- 만 40세 이상 주말 이용권 구매 시, 30% 할인 가능
- 평일 점심 이용 시, 네 가지 맛의 주말 디저트 모두 제공

〈가족 구성원 나이〉

- 할머니 : 만 67세
- 어머니 : 만 38세
- 아버지 : 만 41세
- 딸 : 만 16세

① 주말에 식사를 하러 갈 경우 할머니는 무료로 이용할 수 있다.

② 주말 저녁에 식사하러 갈 경우 식사비용이 80,000원을 넘는다.

③ 평일 점심에 식사하러 갈 경우 할인은 2명이 받을 수 있으며, 네 가지 맛의 주말 디저트를 제공받을 수 있다.

④ 8살의 사촌 동생을 포함하여 주말에 뷔페를 이용할 경우 최대 91,200원을 지불해야 한다.

31. 이 사원이 〈지시사항〉에 따라 업무 순서를 정리할 때, 〈보기〉의 업무를 순서대로 바르게 나열한 것은? (단, 현재 시각은 1시이다)

지시사항

이 사원, 내일 아침에 출근하자마자 업무보고 해 주세요. 그리고 오늘은 김 사원이 휴가를 가서 이 사원이 김 사원의 업무를 대신 해야 할 것 같습니다. 오늘 회의 끝나고 저랑 용산역 행사장에 가서 행사에 필요한 현수막을 설치해야 합니다. 행사장을 방문하고 나면 저녁 먹을 시간이니 용산역 가기 전에 근처 식당에 예약 좀 해 주세요. 오늘은 3시에 이번 프로모션 안건에 대해 회의가 있습니다. 그 전에 제가 보낸 회의 자료를 인쇄해서 회의 참여 인원만큼 준비해 주세요. 내일 오전 11시에는 팀장 회의가 있으니 회의 전에 회의실 테이블 배치를 전에 공지한대로 변경해 주시고, 마이크가 잘 작동되는지 확인을 꼭 부탁드리겠습니다.

보기

㉠ 현수막 설치	㉡ 회의자료 준비
㉢ 식당 예약	㉣ 테이블 재배치 및 마이크 확인
㉤ 업무보고	

① ㉠-㉢-㉣-㉡-㉤   ② ㉡-㉠-㉢-㉤-㉣

③ ㉡-㉢-㉠-㉣-㉤   ④ ㉡-㉢-㉠-㉤-㉣

1회 한국남동발전
2회 한국중부발전(사무)
3회 한국중부발전(기술)
4회 한국동서발전
5회 한국서부발전
6회 한국남부발전
인성검사
면접가이드

32. K 기업은 채용 조건에 따른 점수가 가장 높은 사원을 채용할 예정이다. 〈K 기업 지원자 명단〉에서 합격자는 누구인가?

〈K 기업 지원자 명단〉

구분	토익	한국사능력검정시험 1급	컴퓨터활용능력 1급	관련 실무경험 (인턴 포함)	경력/신입
최우혁	780점	無	無	2회	경력
김선호	930점	有	無	1회	경력
김다은	900점	有	有	1회	신입
이지혜	680점	有	有	2회	신입

〈K 기업 채용 조건〉

1. 한국사능력검정시험 1급 : 5점
2. 토익 점수
   - 700점 미만 : 점수 없음.
   - 700점 이상 : 5점
   - 800점 이상 : 8점
   - 900점 이상 : 10점
3. 경력자 : (경험 횟수×2)점
   ※ 단, 실무 경험이 2회 이상인 경우에만 가산함.
4. 동점자 존재 시 컴퓨터활용능력 1급 소지자를 우선 선별한 뒤, 실무 경험이 많은 순으로 선별함.

① 최우혁
② 김선호
③ 김다은
④ 이지혜

[33 ~ 34] L 씨는 다음과 같이 여행을 계획하고 있다. 이어지는 질문에 답하시오.

조건

- L 씨는 10월에 아이슬란드 레이캬비크로 여행을 떠날 것이다.
- 오로라 최대 경관일은 13일마다 반복된다.
- 8월 첫 최대 경관일은 8월 첫째 주 월요일로, 예상과 일치한 날짜이다.
- 하지만 8월의 마지막 최대 경관일은 예상일보다 빠르게 8월 19일 월요일에 나타났다.

---

33. L 씨는 여행 중 오로라 관측을 위해 계획을 세우고 있다. 〈조건〉에 따라 10월 마지막 최대 경관일로 예상 가능한 날짜는? (단, 마지막 최대 경관일을 기준으로 날짜를 예상한다)

① 10월 10일   ② 10월 13일
③ 10월 20일   ④ 10월 23일

34. L 씨는 헬싱키에서의 체류 시간을 제외하고 비행시간이 가장 적은 항공편을 선택하려고 한다. 다음 중 L 씨가 선택할 항공편은?

〈항공편〉

구분	출발지	도착지	출발 시간	도착 시간
AK-433	인천	헬싱키	10월 1일 23 : 40	10월 3일 15 : 20
BG-873	인천	헬싱키	10월 1일 23 : 35	10월 3일 15 : 25
CE-359	헬싱키	레이캬비크	10월 3일 13 : 42	10월 3일 23 : 37
DW-198	헬싱키	레이캬비크	10월 3일 16 : 35	10월 4일 2 : 30

※ 출발 및 도착시간은 각 현지시간을 기준으로 한다.
※ 단, 비행기를 한 번 경유하는 데 걸리는 시간은 20분이다.

① AK-433, CE-359   ② AK-433, DW-198
③ BG-873, CE-359   ④ BG-873, DW-198

35. 다음 〈P 택배업체 요금 안내〉와 〈상황〉을 고려할 때, 옳지 않은 것은?

〈P 택배업체 요금 안내〉

(단위 : 원)

구분		~1kg (~50cm)	~3kg (~80cm)	~5kg (~100cm)	~7kg (~100cm)	~10kg (~120cm)	~15kg (~140cm)	~20kg (~160cm)
등기 소포	익일배달	3,500	4,000	4,500	5,000	6,000	–	–
	제주 (익일배달)	5,000	6,500	7,000	7,500	8,500	–	–
	제주 (D+2일)	3,500	4,000	4,500	5,000	6,000	7,000	8,000
일반 소포	D+3일 배달	2,200	2,700	3,200	3,700	4,700	5,700	6,700

※ 택배 요금은 접수일을 기준으로 한 요금입니다.

※ 중량은 최대 20kg 이하이며, 크기(가로, 세로, 높이의 합)는 최대 160cm 이하입니다.

※ 한 변의 최대 길이는 100cm 이내에 한하여 취급합니다.

※ 당일특급 우편물의 경우 중량은 20kg 이하이며, 크기는 120cm 이내에 한하여 취급합니다.

※ 일반소포는 등기소포와 달리 기록취급이 되지 않으므로 분실 시 손해배상이 되지 않습니다.

※ 중량/크기 중 큰 값을 기준으로 다음 단계의 요금을 적용합니다.

> ##### 상황
>
> 민우는 제주도에 사는 다희와 상혁에게 택배를 보낼 예정이다. 다희에게 보낼 택배박스의 크기는 가로 52cm, 세로 47cm, 높이 20cm이며 무게는 7kg 이하이고, 상혁에게 보낼 택배 박스 크기는 가로 20cm, 세로 36cm, 높이 30cm이며 무게는 5kg 이내이다. 다희는 가장 빠르게 배송받길 원하며, 상혁은 가장 가격이 저렴한 방법으로 배송받길 원한다.

① 다희와 상혁에게 보낼 택배를 일반소포로 보낼 경우 총 비용은 8,000원을 넘지 않는다.

② 상혁이가 원하는 방법이 아닌 가장 빠른 방법으로 택배를 보낸다면 택배비는 5,000원을 초과할 것이다.

③ 각자 원하는 방법으로 택배를 배송할 경우, 택배비는 총 13,000원이 들 것이다.

④ 각자 원하는 방법으로 택배를 배송할 경우, 일반소포는 상혁의 택배 배달방법으로 선택된다.

36. K 기업은 직원들의 회사 복지 차원에서 직원 휴게실에 전자피아노 3대를 배치하기로 하였다. 다음 중 〈대화〉를 읽고 적합한 모델을 고르면?

〈전자피아노 모델〉

모델명	센서	동시발음수	음색 수	블루투스	건반	가격(원)
CB-340	2	128	120	○	목건반	450,000
ZL-810	2	256	250	○	플라스틱	1,200,000
SS-110	1	64	60	○	플라스틱	350,000
AE-400	1	88	98	×	목건반	550,000

대화

김 사원 : 전자피아노를 3대 구입하고 싶습니다.

상담원 : 피아노를 연주하는 사람은 누구인가요?

김 사원 : 회사 휴게실에 전자피아노를 설치하려고 합니다. 회사 직원들이기 때문에 능숙한 사람들은 적습니다.

상담원 : 보통 전공자들은 동시발음수와 음색 수를 중요하게 여기는데, 숫자가 높을수록 좋은 음질을 가지고 있습니다. 전공자들이 아니라면 100 이하의 동시발음수와 음색 수면 충분합니다. 가격은 어느 정도로 생각하시고 계신가요?

김 사원 : 총 구매액 300만 원 이하로 구매하길 원합니다. 또 블루투스로 연결할 수 있는 피아노였으면 좋겠군요. 센서의 차이는 무엇인가요?

상담원 : 센서는 한 건반을 연달아 칠 때 반응하는 속도를 뜻합니다. 3센서가 가장 좋지만 비전공자에게는 크게 상관이 없습니다. 건반 종류도 비전공자에게는 큰 차이가 없기 때문에 플라스틱 건반으로 구매하시는 것이 효율적입니다.

김 사원 : 알겠습니다. 비전공자들에게 적합한 모델로 구매하는 것이 좋겠네요.

① CB-340

② ZL-810

③ SS-110

④ AE-400

[37 ~ 38] 다음은 중소기업 스마트 기술개발연구 사업 공고이다. 이어지는 질문에 답하시오.

〈사업별 지원 분야 및 계획〉

사업명	분야	신규과제 추진계획			연구비
		지정공모과제	품목지정과제	자유공모과제	
신규서비스 창출	서비스 개발	2개 과제/ 4.5억 원	–	2개 과제/4.5억 원 – 연구비 : 과제 개수 따른 배분 예정 – 주관연구기관/기업	9억 원
산학연 R&D	협력 개발	1개 과제/ 1.7억 원	–		1.7억 원
제품 · 공정 개선	품질 개선 · 공정 개발	7개 과제/ 2.24억 원	4개 과제/ 4억 원		6.24억 원
스마트공장 R&D	클라우드 기반 플랫폼 개발	–	1개 과제/ 2억 원		4.5억 원
	디지털현장 개발	1개 과제/ 2.5억 원	–		
합계	–	11개 과제/ 10.94억 원	5개 과제/ 6억 원	2개 과제/ 4.5억 원	21.44억 원

1) 세부사업 통합(신기술 · 신제품 개발, 제품 · 공정혁신 개발, 스마트공장 · 산학연 R&D → 스마트 기술개발연구에 따라 기존 세부사업의 내역사업을 기준으로 분야 구분)
   • 서비스 : 신규 비즈니스모델 창출을 위한 서비스 기술 개발
   • 품질공정 : 기존 제품의 품질 개선 및 공정에 따라 기술 개발
   • 협력 : 협력 R&D 활성화를 통한 기술 개발
   • 디지털현장 : 생산현장 노하우 디지털화
   • 클라우드 기반 플랫폼 : 전 과정의 추가 관리를 위한 클라우드 기반 스마트공장 솔루션 개발 지원

〈공모과제 방식〉

공모유형	내용
지정공모과제	중소기업 스마트 기술개발연구 사업에 있어 반드시 추진하여야 하는 연구개발과제를 중소벤처기업부 장관이 지정하고, 공모에 따라 과제를 수행할 주관연구기관을 선정하는 과제
품목지정과제	중소벤처기업부 장관이 품목을 지정하되, 제시된 품목 내에서 자유공모방식으로 과제를 수행할 주관연구기관을 선정하는 과제
자유공모과제	연구개발과제와 주관연구기관을 모두 공모에 따라 선정하는 과제

37. 중소벤처기업부 장관으로부터 지정받은 품목 또는 연구과제에 대해 연구를 진행하는 경우, 다음 중 한 과제 당 2억 원 이상 3억 원 이하의 예산에 해당되지 않는 사업은?

① 생산현장 노하우 디지털화를 위한 공장 연계형 소프트웨어 개발

② 신규 서비스기술 연구 및 신규 비즈니스 모델 구축

③ 제품·공정설계, 생산의 전 주기 관리를 위한 클라우드 플랫폼 개발

④ 기존 제품의 성능 및 품질 향상 등 제품경영의 강화를 위한 기술 및 공정 개발

38. 최종 선정된 지정공모과제 1개와 품목지정과제 4개에 대한 총 예산은 13억 4천 5백만 원이다. 이에 대한 설명으로 옳은 것은?

① 예산에는 지정공모과제 중 7개의 분야가 포함되지 않는다.

② 품질 개선·공정 개발 및 신규서비스 창출 개발에 대한 연구과제는 모두 포함된다.

③ 중소벤처기업부 장관이 품목을 지정하는 과제의 분야 중 하나가 포함되지 않는다.

④ 중소벤처기업부 장관이 과제를 지정하는 품질 개선·공정 분야의 연구과제는 총 1개가 포함된다.

1회 한국남동발전

2회 한국중부발전[사무]

3회 한국중부발전[기술]

4회 한국동서발전

5회 한국서부발전

6회 한국남부발전

인성검사

면접가이드

39. 다음을 참고했을 때 〈총괄 책임자 후보〉에서 해외공장 이전사업 책임자로 적합한 사람은?

> **상황**
>
> 현재 해외공장 이전사업이 결정됨에 따라 해당 사업의 총괄 책임자를 선발해야 한다. 4명의 후보자들의 수행능력을 검토하여 최적의 인물을 선정하고자 한다. 이번 해외 총괄 책임자는 본 사업기간(약 4년) 동안 현지에 거주해야 하며, 공장 이전 총괄에 따라 기계사용에 대해 총괄 교체하며, 추가 신규사업 발굴 및 지원, 현지팀 관리 등의 업무를 수행해야 한다. 따라서 총괄 책임자는 관련 분야 전문성 및 근무경험, 외국어 의사소통 능력, 현지 적응력 등이 요구된다.

〈총괄 책임자 주요 업무〉

공장 이전사업 총괄	신규사업 발굴 및 지원
– 공장 및 기계 관리 – 공장 민원 처리 – 사업 관련 인허가 업무 – 현지 근무자 감독 및 안전관리	– 현지사업 니즈 분석 – 신규 사업 기획 및 제안 – 신규 사업 개발

〈총괄 책임자 후보〉

후보자 A		후보자 B	
주요 경력	• 기술본부 설계기획팀(4년) • 개발본부 기술개발팀(6년) • 관리부 기계품질관리팀(6년)	주요 경력	• 기술본부 설계기획팀(3년) • 경영지원본부 사업지원팀(8년) • 경영지원본부 경영지원팀(7년)
기타	• 영어 회화능력 우수	기타	• 영어 회화능력 부족 • 2018 우수사원 표창
인사평가 결과		인사평가 결과	
– 외향적이고 친화력이 강함. – 논리적으로 전략을 수립함. – 팀워크 관리가 뛰어남. – 팀 내·외부 갈등사안 조정 뛰어남. – 변화를 수용하지 못함. – 화술이 다소 부족함.		– 의사결정이 신속함. – 적응력이 빠름. – 업무 습득력이 뛰어남. – 타인에 대한 배려가 뛰어남. – 현장 근무경험이 부족함.	

후보자 C	
주요 경력	• 기술본부 설계기획팀(7년) • 개발본부 기술개발팀(6년) • 경영지원본부 경영지원팀(6년)
기타	• 영어 회화능력 중급 • 2018 우수사원 표창
인사평가 결과	
− 매뉴얼에 따라 일을 처리함. − 업무에 대한 완결성이 뛰어남. − 책임감이 강하고 성실함. − 결정이 늦어지는 경우가 있음. − 변화 상황에 대처능력이 부족함. − 융통성이 다소 부족함.	

후보자 D	
주요 경력	• 관리부 기계품질관리(8년) • 관리부 인력관리팀(6년) • 기술본부 설계기획팀(5년)
기타	• 영어 회화능력 우수 • 현지 2년 거주 경험
인사평가 결과	
− 업무 습득력이 뛰어남. − 현장 경험이 많음. − 추진력이 강하고 열정적임. − 팀원들과 상호작용 활발함. − 융통성 있고 변화를 선호함. − 자료 분석 능력이 부족함.	

① 후보자 A   ② 후보자 B

③ 후보자 C   ④ 후보자 D

40. K 기업 김 사원은 행사를 위해 강의실을 대관하고자 한다. 최소 비용으로 찾을 수 있는 강의실 조합은?

〈대관 시설 현황〉

구분	강의실	강의실 수	수용인원 (명)	주요 장비	대관료(원/4시간)		
					오전	오후	야간
K 건물	대강당	1	500	방송장비, e-station, 통역실	550,000	550,000	660,000
	A 강의실	1	80	빔프로젝트, 방송장비	165,000	165,000	245,000
	B 강의실	2	90	빔프로젝트, 방송장비	194,000	194,000	284,000
	C 강의실	1	108	빔프로젝트, 방송장비, e-station	220,000	220,000	300,000
	중강의실	4	42	방송장비, e-station	140,000	140,000	230,000
	소강의실	9	18	방송장비, e-station	87,000	87,000	150,000
	토의실	11	8	빔프로젝트	66,000	66,000	120,000
P 건물	창의관	1	130	빔프로젝트, 방송장비, 전자교탁	250,000	250,000	330,000
	미래관	3	55	빔프로젝트, 방송장비	180,000	180,000	250,000
	토론관	5	15	빔프로젝트, 방송장비, e-station	36,700	36,700	80,000
	운동장	1	250	축구 골대, 90m 트랙	275,000	275,000	360,000

※ 오전은 8 ~ 12시, 오후는 12 ~ 18시, 야간은 18 ~ 22시이다.
※ 대관 시간이 초과하는 경우, 1시간 단위로 추가 이용료를 부과한다(1시간당 대관료의 30% 부과).
※ 사전 준비 및 철거를 위한 대관도 동일한 이용료를 부과한다.

〈행사 진행 사항〉

• 인원 : 48명
• 일정 : 20X0년 5월 7일 11 : 00 ~ 13 : 00
• 필요 물품 : 방송장비, 의자, 테이블
• 예산 : 550,000원
• 기획 사항
 1) 해당 행사 담당 직원들은 행사 시작 1시간 전, 행사 종료 1시간 동안 행사 세팅 및 정리해야 함.
 2) 한 강의실에서 행사 진행 후 1시 이후에는 12명씩 4팀으로 나누어 4개의 다른 강의실로 재배정하여 진행함.
 3) 의자 및 테이블은 시설관리팀에서 개수와 무관하게 보증금 50,000원 지불 후 대여 가능함(이상 없이 반납 시, 보증금 전액 반납).

① A 강의실 2개
② A 강의실 1개, 토론관 4개
③ 미래관 1개, 토론관 4개
④ C 강의실 1개, 소강의실 4개

41. 다음은 벤치마킹 중 경쟁적 벤치마킹과 전략적 벤치마킹에 대한 설명이다. 밑줄 친 내용 중 적절하지 않은 것은?

종류	정의	장점	단점
경쟁적 벤치마킹	동일 업종에서 고객을 직접적으로 공유하는 경쟁기업을 대상으로 한 벤치마킹	• ① <u>정보수집의 지속성</u> • ② <u>업무 및 기술에 대한 비교 가능</u>	• 자료수집의 곤란성 • 윤리적인 문제 우려
전략적 벤치마킹	최우수 사례의 회사가 성공한 장기적 전략과 방법을 조사함으로써 회사의 전체성과를 향상하는 것을 목표로 하는 벤치마킹	• ③ <u>신기술 및 신제품을 위한 역량</u>	• ④ <u>적대적 태도의 우려</u> • 장기경영 계획 수립 시 실행 여부가 불투명

42. 다음은 스마트카 사업에 대한 기술선택절차이다. 여기에 추가적으로 필요한 기술선택절차는?

〈기술선택절차〉

(가)	• 스마트 자동차에 대한 관심 급증 • 산업 간 융합으로 인한 자동차 산업의 가치 상승 • 자동차와 융합된 ICT 현실화
(나)	• 2022년 28조 원 (10%) 100억 달러, 2026년 180조 원 (15%) 730억 달러 매출 목표
(다)	• 아마존과의 기술 제휴로 자동차와 가전 간 연동시스템을 구축 • 주행 중인 차를 블루투스를 이용하여 스마트폰과 연결시키고 스마트폰을 연결한 차의 정보를 서버로 전송하는 기술
(라)	• 정부 주도로 IntelliDrive, VSC, CICAS 등의 스마트카 관련 사업 14개 수행 중 • 외부표시 및 알람장치와 방향지시, 특수 애플리케이션, 내비게이션 등의 특허경쟁력이 우수한 상태
(마)	• 경로탐색, 고정 지물 인식, 변동·이동 물체 인식을 위한 고해상도 지도 및 고정밀 GPS 기기 습득 • 고정 지물 인식을 위한 V2X 통신기술 습득

① 외부환경 분석　　　　　　　　② 사업전략 수립

③ 내부역량 분석　　　　　　　　④ 요구기술 분석

43. 다음 사례와 같은 폭발 사고의 원인으로 적절한 것은?

> 지난 1월 ○○시에 위치한 A 공장 폭발사고로 하청업체 직원 6명이 숨지고 경비원 1명이 다치는 대형 참사가 발생했다. 경찰과 노동계에 따르면 A 공장 폭발사고는 폐수처리장 시설 확충을 위해 가로 17미터, 세로 10미터, 높이 5미터, 총 700세제곱미터 규모의 폐수 저장조 상부에 설치된 펌프 용량을 늘리기 위해 배관을 설치하는 용접 작업 중 발생했다. 지금까지 용접불티가 저장조 내부에서 새어 나온 메탄가스로 추정되는 잔류가스와 만나 폭발이 발생했을 가능성이 유력하게 지목되고 있다.
>
> 사고의 원인으로 추정되는 물질인 메탄가스는 무색·무취의 극인화성가스이자 고압가스다. 주로 부유물·폐수 등에서 자연발생하는 화학물질인데, 열이나 스파크·화염에 쉽게 점화된다. 폭발이나 화재 시 자극성·부식성·독성 가스가 발생하고 흡입할 경우 구토·호흡곤란·두통·질식·경련·의식불명·혼수상태에 빠질 수 있는 위험물질이다.
>
> 이 사고는 많은 점에서 몇 년 전 발생한 B 공장의 폴리에틸렌 저장조 보강판 보수 용접과정에서 발생한 폭발사고를 떠올리게 한다. 당시 저장조 내부 폴리에틸렌 잔류가스를 없애는 퍼지작업(가스 청소) 등 필요한 안전조치를 소홀히 하면서 용접불티가 잔류가스에 착화돼 폭발했다. 폴리에틸렌은 유독물질은 아니지만 인화물질을 함유하고 있다. 작업에 투입되는 노동자들은 취급 전 안전교육을 받아야 하지만 작업에 투입된 하청업체 노동자들은 작업과 관련한 안내·교육을 받지 못했다. 피해자들이 하청업체 노동자인 것도 똑같다. B 공장 폭발사고로 하청업체 노동자 6명이 목숨을 잃었다. A 공장에서도 하청업체 노동자 6명이 사망했다.

① 불안전한 행동　　　　　　　　　② 교육적 원인

③ 기술적 원인　　　　　　　　　　④ 불안전한 상태

www.gosinet.co.kr **gosi**net

1회 한국남동발전

2회 한국중부발전[사무]

3회 한국중부발전[기술]

4회 한국동서발전

5회 한국서부발전

6회 한국남부발전

인성검사

면접가이드

44. 다음은 로봇 청소기 '덤보'의 사용설명서이다. 이에 대한 설명으로 적절하지 않은 것은? (단, 제품사용설명서에 제시된 내용만 고려한다)

증상	확인 사항
덤보가 전혀 작동하지 않아요.	− 덤보가 방전되었는지 확인해 주세요. − 리모컨이 작동하지 않으면 건전지를 새것으로 교체해 주세요.
덤보가 청소 중에 멈췄어요.	− 측면 상태표시부에 '!'가 뜨면 충전독으로 옮겨 충전해 주세요. − 문턱이나 전선 등의 장애물에 걸려 있는 경우, 덤보를 들어 다른 곳으로 옮겨 주세요.
먼지 흡입이 잘 안 돼요.	− 밑면의 브러시가 이물질로 막혀 있는 경우, 비상스위치를 끈 뒤 이물질을 제거해 주세요. − 먼지통에 먼지가 많을 경우, 비상스위치를 끄고 먼지통을 비운 뒤 필터를 세척해 주세요.
청소 중 제자리에서 회전해요.	먼지가 많은 곳은 덤보가 회전하면서 집중적으로 청소합니다.
덤보가 충전독을 찾지 못해요.	− 충전독의 전원이 꺼져 있는지 확인해 주세요. − 충전독 주변에 장애물이 있는 경우 장애물을 제거해 주세요.

① 덤보가 전혀 작동을 하지 않는다면 확인할 사항은 두 가지이다.
② 충전이 필요하다는 '!'가 표시되는 상태표시부는 덤보의 측면에 있다.
③ 덤보가 계속 제자리에서 회전하면 덤보를 들어 다른 곳으로 옮겨 줘야 한다.
④ 먼지통의 먼지를 제거하고 필터를 세척할 경우 비상스위치를 꺼야 한다.

45. 다음 〈사례〉와 동일한 유형의 벤치마킹을 하고 있는 것은?

> **사례**
>
> A 식품은 오래 전부터 전 세계인에게 꾸준하게 사랑받고 있는 식품 브랜드지만 '옛날', '추억의' 브랜드 이미지로 인해 판매에 한계가 있었다. 이에 한국지사는 이러한 이미지를 탈피하기 위해 A 식품의 마케팅을 현시대에 유행하는 스타일로 바꾸었다. 또한 A 식품을 중심으로 한 문화 프로젝트를 운영해 젊은 세대들이 좋아하는 음악, 미술 등의 예술 아티스트들과 협업하여 '옛날'이라는 이미지에서 신세대들이 사랑하는 브랜드로 탈바꿈했다. 이를 본 미국 본사는 한국지사의 마케팅을 벤치마킹하여 A 식품의 이미지를 대대적으로 바꾸는 작업을 시행하여 전 세계인에게 '트랜디한 A 식품'이라는 이미지를 확립해 나가고 있다.

① B 전자는 여러 제품 라인 중 스마트폰 라인만 유독 지속적으로 낮은 성과를 나타냈다. 이에 스마트폰 품질 개선과 높은 매출 성과를 위해 B 전자는 같은 스마트폰 시장 경쟁사인 C 전자의 모든 스마트폰을 분석하여 연구하였다. 그 결과 B 전자는 C 전자에 비해 성능은 떨어지고 원가가 높은 핵심 부품을 사용하며, 액정 디스플레이 역시 내구성이 약한 부품을 사용하고 있음을 발견하였다. 이에 B 전자는 부품개발에 집중한 결과 자사만의 자체 부품을 만들어냈고 스마트폰의 원가 절감까지 이루어 소비자들에게 합리적인 가격으로 제품을 선보이게 되었다.

② D 식품 동부지부 공정팀은 몇 달 전 새로운 생산기술을 도입하면서 불량률 25%라는 처참한 성적표를 받았다. 이에 공정팀은 불량률을 낮출 수 있는 방법에 대해 논의했다. 그 결과 서부지부의 다른 공정팀에서는 같은 기술을 도입한 후 불량률이 현저히 감소한 사실을 발견하였다. 동부지부 공정팀은 해당 지부와의 공통점과 차이점을 비교·분석하여 본인들만의 기술 적용법을 창출해냈고, 그 결과 동부지부 공정팀의 불량률이 획기적으로 감소하면서 몇 달 뒤에는 D 식품 모든 공정팀을 통틀어 생산율이 가장 높은 팀으로 선정되었다.

③ E 제화는 매출액에 비해 업계 내 브랜드 평판이 현저히 낮았다. E 제화 마케팅팀은 F 식품이 유명 아이돌과 협업하며 제품명에 아이돌 이름을 붙여 해당 아이돌 이미지를 앞세운 디저트 제품을 지속적으로 출시하여 해당 소비계층에게 브랜드 평판이 상당히 높은 것을 발견했다. 이에 E 제화는 유명 사회적 기업과 협업을 시작하여 제품의 일부를 기부하는 마케팅 전략과 함께 전 세대가 사랑하는 유명인의 시그니처 디자인을 출시하여 기존 소비계층뿐만 아니라 다양한 세대의 소비자들에게도 브랜드 이미지가 개선되는 효과를 얻었다.

④ G시는 최근 신재생도시 개발 사업을 추진하고 있다. 이를 위해 현재 신재생도시로 각광받고 있는 독일 H시가 주최한 신재생도시 단체 세미나에 참석하였다. 이를 통해 H시는 지자체의 지원을 시작으로 여러 기업들이 자발적으로 환경보전에 참여하고 있음을 볼 수 있었다. 이에 G시는 지역 내 공장과 기업들뿐만 아니라 가정집에서도 신재생에너지를 생산 및 사용할 수 있는 에너지바우처 사업을 지원하고 향후 10년 후에는 G시의 모든 에너지원으로 신재생에너지만 사용하는 방안을 추진 중이다.

46. 〈산업안전보건기준에 관한 규칙〉에 따르면 사업주는 근로자에게 작업조건에 맞는 보호구를 지급하고 착용하도록 해야 한다. 다음 중 ㉠∼㉒에 들어갈 보호구의 이름이 바르게 짝지어지지 않은 것은?

㉠	물체가 떨어지거나 날아올 위험 또는 근로자가 추락할 위험이 있는 작업
㉡	높이 또는 깊이 2미터 이상의 추락할 위험이 있는 장소에서 하는 작업
㉢	물체의 낙하·충격, 물체에의 끼임, 감전 또는 정전기의 대전(帶電)에 의한 위험이 있는 작업
㉣	물체가 흩날릴 위험이 있는 작업
㉤	용접 시 불꽃이나 물체가 흩날릴 위험이 있는 작업
㉥	감전의 위험이 있는 작업
㉦	고열에 의한 화상 등의 위험이 있는 작업
㉧	선창 등에서 분진(粉塵)이 심하게 발생하는 하역작업
㉨	섭씨 영하 18도 이하인 급냉동어창에서 하는 하역작업

① ㉠-안전모
② ㉡-안전대
③ ㉣-방열복
④ ㉥-절연용 보호구

[47 ~ 48] 다음 4가지 종류의 프로그래밍 언어에 대한 설명을 보고 이어지는 질문에 답하시오.

AA 언어	AA 언어는 시스템 프로그래밍 언어이다. 시스템 프로그램이란 운영체제, 언어처리계, 편집기, 디버깅 등 소프트웨어 작성을 지원하는 프로그램을 의미한다. 뛰어난 이식성과 작은 언어 사양, 비트 조작, 포인터 사용, 자유로운 형 변환, 분할 컴파일 기능 등의 특징을 갖고 있기 때문에 시스템 프로그래밍 언어로 적합하다. 8비트 CP/M등의 컴퓨터부터 슈퍼컴퓨터에 이르기까지 모두 사용할 수 있는 강력한 이식성을 갖고 있다. 한 시스템에서 개발된 소프트웨어를 약간만 수정하면 다른 컴퓨터 시스템에서도 동일하게 실행할 수 있다. 운영체제와 같이 하드웨어와 밀접한 프로그램뿐만 아니라 운영체제 위에서 작동하는 워드프로세서, 게임, 개발도구와 같은 다양한 응용 프로그램을 작성할 수 있다. 풍부한 자료형과 자료 구조화 기능, 현대적인 제어구조, 43개에 이르는 다양한 연산자, 암수를 이용한 인터페이스 제공, 풍부한 라이브러리 함수 제공, 포인터를 이용한 메모리 제어 등의 기능을 갖추고 있다. 대중성이 워낙 높기 때문에 유료로 판매하지 않는다.
AA++ 언어	기존 AA 언어의 기능을 완전히 포함한 객체 지향 언어이다. 기존 AA 언어에서 사용한 라이브러리들을 그대로 사용할 수 있으며 AA 언어로 개발하는 것보다 시간과 노력을 크게 줄일 수 있는 특징을 가지고 있다. AA++라는 이름이 만들어진 이유는 AA 언어에 있는 ++(어떤 변수에 1을 증가시키는 연산)연산자로부터 생겨난 것으로 AA 언어의 확장판이라는 의미를 가지고 있다. AA++는 AA 언어의 특징인 하드웨어 접근 능력을 가지고 있으며, 현재 890,000원 ~ 960,000원에 거래되고 있다.
BB 언어	BB 언어는 AA++ 언어와 매우 유사하다. 그러나 프로그램 작성에 꼭 필요하지 않은 고급 프로그램 기능을 제거했다. 예를 들어 포인터, 다중상속, 헤더 파일, 구조체, 공용체 등의 관련된 기능을 갖고 있지 않다. 이러한 이유로 AA나 AA++를 알고 있다면 BB를 쉽게 배울 수 있다. AA++의 기능 중에 자주 사용하지 않는 복잡한 기능을 뺀 축소형 버전이 BB이다. 또한 BB는 지금까지 개발된 프로그래밍 언어 중 가장 완벽한 객체 지향 언어로 평가받는다. 기본 자료형을 제외하고 BB에서 다루는 모든 데이터는 객체를 통하여 처리된다. BB의 모든 포트는 객체의 클래스 안에서 조작된다. 각 클래스는 부모 클래스의 상속을 받은 변수와 메소드의 집합으로 구성되어 있다. 오브젝트(Object)라는 최상위 클래스로부터 다양한 클래스가 상속되어 구현되어 있다. BB는 단일 상속만 지원되기 때문에 AA++에 있는 다중상속에서 발생할 수 있는 문제를 효과적으로 해결할 수 있으며, 현재 450,000원 ~ 500,000원에 거래되고 있다.
CC 언어	CC 언어는 함수를 사용해 간결하게 프로그램을 작성할 수 있다. 각 함수는 변수들의 선언 부분과 수행될 문장으로 구성된다. 또한 포인터를 사용해 효율적으로 자료의 주소를 표현할 수 있으며 동적으로 메모리를 관리할 수 있다. 그리고 전처리기(Preprocessor)를 이용해 파일 포함, 매크로 기능, 조건 번역 등의 기능을 간단하게 수행할 수 있다. 전산 이론 및 실무에 적용하기 위해 제어구조, 자료구조 및 연산자를 충분히 갖추고 있는 현대적인 언어이다. 하향식 설계와 구조적 프로그래밍, 모듈식 설계 등이 용이하여 신뢰성 있고 이해하기 쉬운 프로그램을 작성할 수 있다. 특히 CC 언어는 무료로 제공되고 있어 최근에 더욱 각광받고 있다.

47. 각 프로그래밍 언어의 특징에 대한 설명으로 옳은 것은?

① AA 언어는 유료로 판매되고 있다.

② AA++ 언어는 객체 지향 언어이다.

③ BB 언어는 모듈식 설계가 용이하다.

④ CC 언어는 간결한 프로그램 작성을 위해 포인터, 다중상속, 헤더 파일 등의 기능을 제거하였다.

48. 다음 〈상황〉에서 G사가 선택해야 할 언어 프로그램으로 적절한 것은?

> **상황**
>
> G사는 평소 사용하던 프로그래밍 언어에 문제가 생겨 새로운 언어 프로그램을 찾아야 한다. 언어 프로그램은 G사가 업무를 진행하고 수익을 내는데 아주 필수적인 프로그램이기에 최대한 빨리 대체 프로그램을 찾아야 한다. 하지만 기존에 사용하던 프로그램은 창립 시기부터 사용했기에 직원들은 다른 언어 프로그램을 사용해 본 경험이 별로 없었으며, 업무가 바빠서 새로운 방식을 바꾸는 데에 한계가 있다.
>
> 이에 G사는 직원들의 사정을 고려해 기업에서는 직원들의 의견을 묻고자 했다. 직원들은 AA 언어 프로그램의 기능을 포함하고 있으면서 필요한 기능들만 내재 되어있는 것을 선택하고자 한다. 또한 하드웨어 접근 능력을 가지고 있거나 다양한 응용 프로그램을 작성할 수 있는 기능을 가진 언어 프로그램을 원한다. 하지만 G사의 주요 업무는 데이터를 객체 처리를 하는 것이기에 객체 처리를 잘하는 프로그램을 사용하고자 한다. 가장 중요하게 검토해야 할 것은 가격이지만 급한 상황이기에 직원들의 선호도를 우선하기로 하였다.

① AA 언어   ② AA++ 언어

③ BB 언어   ④ CC 언어

49. ○○기업에서는 급변하는 기술변화에 직원들의 대응력을 높여 주기 위해 '전문 연수원을 통한 기술과정 연수', 'e-Learning', '상급학교 진학을 통한 기술교육' 중 하나를 도입하고자 한다. 다음 중 A ~ E의 대화에서 자신이 도입하고자 하는 교육 형태에 대하여 일관성을 지키지 못하고 있는 사람은?

> A : 저는 전문 연수원을 통한 기술과정 연수가 좋을 것 같습니다. 우리 회사는 연수 시설이 없어서 체계적인 교육을 받기 어려운 점이 있는데, 전문 연수원을 통하면 전문적인 교육을 통해 양질의 인재양성 기회를 얻게 될 수 있을 것 같습니다.
>
> B : 저는 사실 혼자 e-Learning을 활용하는 것이 편할 것 같아요. 다른 사람 눈치를 안 봐도 되고, 진도도 스스로 정하게 되어 좋을 것 같습니다.
>
> C : 원래 입사 전부터 대학원에 대한 미련이 있었는데, 만일 상급학교 진학을 통한 기술교육을 받을 기회가 생긴다면 정말 좋겠습니다.
>
> D : 저는 A 씨의 의견에 동의합니다. 각 분야의 전문가들로 구성하여 이론을 겸한 실무중심의 교육을 받을 수 있다는 것은 e-Learning 교육에선 생각하기 어려운 것이니까요
>
> E : B 씨와 같이 e-Learning을 선호합니다. 제가 원하는 시간에 학습을 할 수 있거든요. 사실 일찍 자고 새벽에 일어나는 편이라서요.
>
> A : 제가 선호하는 교육방식의 경우 최신 실습장비, 시청각 시설 등의 부대시설을 활용할 수 있어서 좋은 것 같습니다.
>
> B : 제가 선호하는 교육방식의 경우도 비디오, 사진, 영상 등 멀티미디어를 활용할 수 있어요.
>
> C : 제가 선호하는 교육방식의 경우는 무엇보다 인적 네트워크 형성에 도움이 되고, e-Learning처럼 학습을 스스로 조절하거나 통제할 수도 있습니다.
>
> D : 일단 제가 선호하는 교육방식의 경우 무엇보다 연수비가 자체적으로 교육하는 것보다 저렴합니다.
>
> E : 제가 선호하는 교육방식의 경우 이메일, 토론방, 자료실 등을 통해 의사교환과 상호작용이 자유롭게 이루어질 수 있습니다.

① A

② B

③ C

④ D

www.gosinet.co.kr

1회 한국남동발전

2회 한국중부발전[서부]

3회 한국중부발전[가을]

4회 한국동서발전

5회 한국서부발전

6회 한국남부발전

인성검사

면접가이드

50. 다음 기사에 대한 이해로 적절하지 않은 것은?

소방당국은 지난달 31일 오전 E 빗물저류배수시설 확충 공사 현장에서 작업하던 협력업체 직원 G씨 등 2명과 이들을 구하기 위해 배수 터널에 뒤늦게 진입했던 시공사 직원 A씨가 갑자기 들이닥친 빗물에 휩쓸려 숨졌다고 밝혔다.

사고 당시 해당 지역에는 호우주의보가 발령됐고, 해당 시설은 시운전 기간 중이라 평소 70% 수준이던 수문의 자동 개폐 기준 수위가 50%로 낮춰진 상태였다. 그럼에도 유지·관리를 맡은 Y구와 시공사인 H 건설은 소통 부재로 초기 대응에 실패하며 작업자들을 구출할 골든타임을 놓쳤다. 더욱이 긴급 알림벨 등 외부 터널과 내부 간에 의사소통할 수 있는 수단은 커녕 구명조끼 등 기본적인 안전장치마저 구비되지 않았던 것으로 확인됐다.

대다수 전문가와 국민들이 이번 사고가 인재(人災)라는 지적에 공감하는 이유다. 이번 사고가 20X3년 7명의 생명을 앗아갔던 S시 배수지 수몰 사고와 비슷하다는 지적도 나온다. 당시 배수지 지하 상수도관에서 작업을 하던 근로자 7명은 갑자기 들이닥친 강물에 휩쓸려 목숨을 잃었다. 공사 관계자들은 장마철에 폭우가 이어지는 상황에서도 무리하게 작업을 강행하며 인명피해를 자초한 것으로 조사됐다. 해당 공사의 발주기관이었던 S시도 부실한 관리·감독에 따른 비판을 피할 수 없었다.

불과 한 달여 전인 지난달 4일 D구에서 철거 건물 붕괴 사고가 발생해 4명의 사상자가 발생했다. 현재 정확한 사고원인에 대한 조사가 진행 중이지만 이번 사고와 같이 D구와 건축주, 시공업체 등 관계 주체들의 부실한 관리·감독·시공이 참사의 유력한 원인으로 점쳐지는 상황이다. 특히 D구는 사고가 발생하기 불과 3개월 전 S시로부터 공사장 안전점검 권고 공문을 받았으나 이를 이행하지 않은 것은 물론, 철거현장 관리·감독에 대한 구청의 책임을 강조해놓고 막상 사고가 터지자 책임을 회피하는 모습을 보여 빈축을 사고 있다. 앞서 20X7년 1월에는 J구에서 철거 중인 숙박업소 건물이 무너져 매몰자 2명이 숨졌고, 같은 해 4월에는 G구 5층 건물 철거현장에서는 바닥이 내려앉아 작업자 2명이 매몰됐다가 구조되었다. 지난해 3월에는 C동 철거 공사장에서 가림막이 무너져 행인 1명이 다치는 사고도 있었다.

① 위와 같은 산업 재해는 근로자와 그 가족의 정신적·육체적 고통에 이르게 하는 등의 개인적 영향을 미친다.

② 위와 같은 산업 재해는 현장 담당자를 강력 처벌함을 통해 현재의 불안전한 상태를 제거할 수 있다.

③ D구 철거 건물 붕괴 사고는 산업재해의 작업 관리상의 원인으로 발생한 산업재해로 볼 수 있다.

④ 두 수몰 사고 모두 위험한 환경에서 작업을 강행한 불안전한 행동이 원인이다.

5대 발전회사NCS 기출예상모의고사

유형분석 ≫

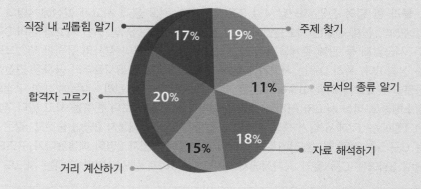

직장 내 괴롭힘 알기 ● **17%** **19%** ● 주제 찾기

11% ● 문서의 종류 알기

합격자 고르기 ● **20%**

15% **18%** ● 자료 해석하기

거리 계산하기 ●

분석 ≫ 의사소통능력에서는 제시된 글을 읽고 주제를 찾는 문제, 상황을 주고 그에 어울리는 속담을 고르는 문제 등이 출제되었다. 또한 문서의 종류를 구분하는 문제도 출제되었다. 수리능력에서는 공식을 통해 해결할 수 있는 응용수리 문제가 소량 출제되었다. 대부분의 문제는 제시된 자료를 통해 정확한 분석을 할 수 있는지를 평가하는 자료해석 문제로 구성되었다. 문제해결능력에서는 점수와 같은 정보가 주어진 다음 이를 토대로 합격자를 고르는 등의 문제처리 문제가 다수 출제되었다. 자원관리능력에서는 공문서를 해석한 다음 그에 적절한 결론을 고르는 문제가 출제되었다. 직업윤리에서는 성희롱 관련 지문 등을 제시한 다음 직장 내 기본적인 상식에 대해 묻는 문제가 출제되었다.

한국남부발전

6회 기출예상모의고사

영역	총 문항 수
의사소통능력	
수리능력	
문제해결 · 자원관리능력	70문항
직업윤리	

- 수험번호 | _____
- 성   명 | _____

NCS란? 산업 현장에서 직무를 수행하기 위해 요구되는 각종 지식, 기술, 태도 등의 내용을 국가가 체계화한 것을 의미한다.

5대 발전회사 NCS

기출예상
모의고사

6회 **한국남부발전**

| 시험시간 | 70 분 |
| 문항수 | 70 문항 |

▶ 정답과 해설 63쪽

01. 다음 〈보기〉의 ㉠ ~ ㉂ 중 맞춤법이 틀린 것을 모두 고르면?

> **보기**
>
> 사형제도에 대한 우리 사회에 ㉠해묵은 논쟁이 다시 일고 있다. 그러나 지금까지의 여론 조사 결과를 보면, 우리 국민의 70% 정도는 사형제도가 범죄를 예방할 수 있다고 생각한다. 그러나 과연 그 ㉡믿음대로 사형 제도는 정의를 실현하는 제도일까? 세계에서 사형을 가장 많이 집행하는 미국에서는 연간 10만 건 이상의 살인이 벌어지고 있으며 좀처럼 줄어들지 ㉢안고 있다. 또한 2000년 미국의 ㉣범죄률을 비교한 결과, 사형 제도를 폐지한 주의 범죄 발생이 유지하고 있는 주의 범죄 발생보다 오히려 낮았다. 이는 사형 제도가 범죄 예방 효과가 있을 것이라는 생각이 근거 없는 기대일 뿐임을 말해 준다. ㉤단언컨대 사형 제도는 인간에 대한 너무나도 잔인한 제도이다. 왜 사람들은 일부 국가에서 행해지는 돌팔매 처형의 잔인성에 대해서는 공감하면서도, 어째서 독극물 주입이나 전기의자는 ㉥괜찮다고 여기는 것일까?

① ㉠, ㉡ ② ㉢, ㉣

③ ㉢, ㉣, ㉤ ④ ㉡, ㉣, ㉤, ㉥

02. 다음 글의 주제로 적절한 것은?

> 미국의 28대 대통령인 토머스 우드로 윌슨 대통령은 웅변가로 유명했다. 어느 날 윌슨 대통령에게 한 기자가 물었다. 그 대화의 내용은 다음과 같다.
>
> 기　자 : 대통령님, 저희들에게 5분짜리 연설을 들려주시려면 보통 준비기간이 얼마나 필요하십니까?
> 대통령 : 하루 정도는 밤낮으로 준비해야 합니다.
> 기　자 : 그렇군요. 그렇다면 30분 정도 말씀하시려면 어떻습니까?
> 대통령 : 30분 정도 이야기하려면 3시간 정도는 준비해야지요.
> 기　자 : 그럼 연설 시간이 2시간이라면 어떻습니까?
> 대통령 : 두 시간이라고요? 그렇다면 지금 당장 시작할 수 있지요!

① 프레젠테이션을 할 때 초반에 농담이나 우스갯소리로 너무 많은 시간을 낭비하지 말고 본론부터 공략하는 것이 효과적이다.

② 프레젠테이션에서 설득력 있게 말하기 위해서는 메시지가 무엇인지가 중요하다. 특히 짧은 시간에 설득력 있게 말하려면 메시지를 명확하게 전달하기 위해 많은 준비가 필요하다.

③ 프레젠테이션을 할 때 청중의 몰입도를 높이기 위해서는 시청각자료의 구성에도 신경을 써야 한다.

④ 프레젠테이션을 준비하면서 거의 전문가급이 되더라도 듣는 사람을 배려하여 용어를 사용해야 한다.

03. 다음 글의 ⊙~@에 들어갈 단어의 쓰임이 적절하지 않은 것은?

편의점 대국으로 불리는 일본에서는 포인트 서비스가 활성화되어 있어 이용자들이 보다 현명하게 편의점을 이용할 수 있다. ⊙ 싸인/쌓인 포인트는 다음 쇼핑대급의 지불에 이용하거나 상품 및 상품권으로, 제휴 여부에 따라 타사 포인트 등으로도 교환할 수 있다. 일본 편의점에서는 ⓒ 원래/월래 할인 판매를 하지 않는다. 하지만 포인트 서비스를 이용하면 가격할인과 실질적으로 동일한 효과가 있기 때문에 포인트 서비스의 활용도가 상당히 높다. 그런데 기업 및 점포에게 이익이 되지 않는 이 서비스를 굳이 도입한 이유는 무엇일까? 통상적으로는 이용자들의 쇼핑 관련 개인정보와 언제 무엇을 구입했는지, 보통 무엇과 무엇을 같이 구입하는지, 그리고 이용 빈도수는 얼마나 되는지 등의 구매행동 이력을 수집하는 것이 주요 목적이다. 물론 수집한 정보는 불법적인 용도가 아닌 향후 상품 개발 및 점포 내 물품 체제 관리 등에 활용되는 것을 전제로 한다. 자신만 혜택을 보면 그만이라 생각하는 일부 이용자들도 있겠지만 ⓒ 대개/대게는 모두가 이용하기 쉽고 환경 친화적이고 안전한 점포가 되기를 바랄 것이다. 편의점에게 포인트 서비스는 커뮤니케이션 수단의 하나이다. 따라서 편의점 회사와 회원들 간의 연계를 심화시키고 장기적으로 지속적인 관계를 구축해 나가는 것을 @ 지양/지향한다. 약관에 가입하여 회원이 되는 것은 어느 정도 신뢰감을 가지고 부분적이지만 개인의 정보 분석을 '허락'하는 행위나 마찬가지이다. 따라서 회원이 되는 측도 본인의 정보를 어느 정도는 제공함으로써 지속적인 관계를 이어갈 각오를 가져야 한다고 생각한다. 인구감소와 저출산 및 고령화가 지금과 같은 양상으로 진행된다면 서로 경쟁하는 복수의 점포로부터 그때마다 자신에게 적합한 점포를 선택할 수 있는 현재와 같은 환경이 지속될 것으로 생각하기 어렵다. 그렇다면 특정 점포에 대한 충성도로 점포를 선택하기보다 자신에게 보다 적합한 서비스를 제공하는 점포를 선택할 가능성이 더욱 커질 것이다. 이미 가까운 거리에 점포가 없거나 지금 자신에게 맞는 점포가 없는 상황에 있는 '쇼핑 약자'도 발생한다. 이 경우는 처음부터 자신의 상황에 맞춘 점포를 만들어 가는 수밖에 없다.

① ⊙ 쌓인　② ⓒ 원래
③ ⓒ 대개　④ @ 지양

04. 다음 글의 밑줄 친 '문명 발전'에 대한 필자의 관점으로 적절한 것은?

생태학적 관점에서 섬은 매우 역동적인 공간이다. 섬의 형태는 물리적으로 파도와 바람에 의해 결정되며 섬에 사는 생물체에게는 염도에 적응하기 위한 특수한 적응전략이 필요하다. 그리고 육지의 포식자들을 피하는 동시에 자신들을 먹이로 하는 다양한 해양 포식자들을 피하기 위한 집단 시스템이 요구된다. 따라서 섬에는 육지와는 또 다른 생태계가 형성되어 있다.

육지 패러다임으로 바라본 섬이 고립과 폐쇄성의 공간이라면 해양 패러다임으로 바라본 섬은 바다를 통한 소통의 공간이라고 할 수 있다. 고대부터 섬주민은 육지와 달리 수렵채집사회를 유지해 왔다. 어업기술의 발전으로 섬주민들도 주수입원을 얻기 위해 농경사회와 같이 기르는 과정을 거치기는 하지만 이 역시 바다가 제공하는 식량 자원을 채집하는 형태를 띠고 있다.

고립과 소통으로 대표되는 섬에 사는 바닷새들은 한반도 해양생물의 다양성을 유지하고 지속 가능하게 하는 데 지대한 영향력을 발휘해 왔다. 우리나라를 중심으로 동아시아, 대양주 철새 이동 경로에 있는 섬들은 이동성 물새 및 바닷새에게 중요한 중간 기착지 역할을 한다. 특히 대표적인 바닷새인 도요물떼새는 섬과 갯벌에서 장거리 이동에 필요한 에너지원을 섭취하고 안전한 서식지를 제공받는다. 우리나라와 중국 사이에 있는 서해안은 한반도와 중국에 있는 큰 하천에서 영양물질이 많이 흘러나오는 곳으로 많은 해양생물에게 풍부한 먹이를 제공한다. 게다가 넓은 갯벌을 형성하고 있기 때문에 바닷새들에게 집단 번식지를 제공한다. 서해안은 육지에서 흘러온 많은 영양물질들을 기반으로 촘촘한 먹이그물망을 형성하여 바람과 태풍 등의 모진 풍파에도 불구하고 야생조류들에게 최적의 번식지가 되었다.

고립무원인 섬은 야생조류에게 집단 지성의 힘을 일깨우게 한다. 육지 못지않은 강력한 포식자들의 침입에도 불구하고 야생조류들은 집단 서식의 정보소통을 통해 빠르게 경계태세로 대항할 수 있었으며 생존율을 높일 수 있었다. 바닷새는 안락한 육지와는 비교할 수 없을 정도로 험악한 기상 환경과 척박한 환경에 노출되어 있지만 상대적으로 풍부한 먹이와 정보소통의 힘으로 멸종위기의 환경에서도 버티며 살아갈 수 있었던 것이다.

그러나 최근 섬에 사는 야생조류들은 밑줄 문명 발전에 속절없이 당하는 신세로 전락하고 말았다. 인구밀도가 가장 높은 동북아시아의 해안에는 값싼 석유화학 제품의 홍수 속에 플라스틱 쓰레기 더미가 몰려오고 있는데, 이로 인해 많은 해양 조류와 포유류들이 희생당하고 있다. 각종 플라스틱 쓰레기가 바닷새의 몸 안에 축적되어 가고 있으며 폐사한 바닷새의 위에서는 해양쓰레기들이 발견된다. 기후 변화에 따른 먹이 자원의 변화도 눈에 띤다. 또한 섬을 방문하는 외부인들은 오랫동안 섬주민과 형성해 온 공생 시스템과 외래종의 침입 장벽을 와해시키고 있다. 짧고 강력한 위협 요인들이 바닷새에게 적응할 시간을 주지 않고 있는 것이다.

① 섬에 사는 생물들이 환경에 적응하여 생존하는 것을 어렵게 만들었다.

② 고립된 섬의 문화를 개방시켜 소통할 수 있게 해 주었다.

③ 인간과 자연의 공존방식을 연구하여 섬을 발전시키고 있다.

④ 기후변화에 대한 대응책을 강화하여 섬의 생태계를 활성화시켰다.

05. 다음 글의 문단 (가) ~ (라)를 논리적 순서에 맞게 배열한 것은?

> (가) 친환경농업직불제 개편 방안에 대한 논의가 활발하다. 특히 농업생태환경보전프로그램을 통해 공익형 직불제 실험을 먼저 했던 충청남도가 이 논의에 앞장서고 있다. 19일엔 예산 충남농업기술원에서 친환경농업직불제 개편방안에 대한 대(對)정부 제안이 있었다. 강△△ 충남연구원 경제산업연구실 연구위원은 규제와 보상체계가 균형을 이루는 친환경농업직불제(기본형) 개편방안과 농업환경보전사업(공익형) 실행방안을 중앙정부와 충청남도에 제시했다.
>
> (나) 지급단가와 관련해선 기본형의 경우 현행 직불제보다 최소 2배, 최대 6배 이상 지급해야 하며, 지급기준은 경영비 차액을 인정, 매년 물가상승률을 반영한 실질 인상이 필요하다는 게 강 연구위원의 입장이다. 단기적으론 경영비 보장수준으로, 중장기적으론 생산비 보장수준으로 확장해 나가자는 것이다. 특히 기존의 직불제가 개별농가 단위로 사업하다 보니 공간범위 지정이 불필요했던 반면, 직불제 개편 시 환경보전이 필요한 최소구역·단위·지구 중심으로 운영해야 한다는 주장도 제기됐다. 환경보전이 필요한 수계·유역·호소 단위로 적정 공간범위를 설정하는 방식이다.
>
> (다) 예컨대 하천 중심으로 농업환경보전사업을 할 시, 특정 상류수계 중심의 친환경 특별권역을 설정해 협동조합을 구성하고, 유급 생산관리자를 배치해 전반적인 지역 환경을 관리하는 식이다. 이를 통해 수계 및 주변 농업환경보전 과정에서 성과를 거둘 수 있을 것으로 보인다. 한편 친환경직불제 개편방안 논의와 관련해 현재 농림축산식품부가 추진하는 농업환경보전프로그램의 제도개선 주장도 제기된다. 해당 프로그램에 참여 중인 충남 홍성군의 권봉관 홍성군청 친환경농정발전기획단 전문위원은 현행 농업환경보전프로그램에 대해 △전문인력이 사실상 전무해 대부분 마을에서 이장 등 마을대표자의 헌신에 의지하는 상황 △사업내용이 복잡하고 개별 농민·농가 역량을 고려치 못해 농민 참여가 제한적 △기존 친환경농민의 참여에 대한 인센티브 부족 등을 지적했다.
>
> (라) 현행 직불제는 면적 기준의 일정단가를 현금으로 지급하며, 대상은 무농약 및 유기농 등 친환경인증을 받은 농가다. 강 연구위원은 "농가 단위 지급방식과 면적 단위 지급방식을 혼합시키고, 지급대상은 중장기적으로 자주인증 및 참여형 인증 농가 중심으로 지급할 필요가 있다."고 주장했다. 기존 직불제가 면적 기준을 채택함으로써 토지소유자에게 직불금 혜택이 돌아가고, 그 과정에서 부재지주의 부정수급 문제가 초래된 측면이 있었기에 지급방식 변경이 필요하다는 것이다.

① (가)-(다)-(라)-(나) 　　② (가)-(라)-(나)-(다)

③ (라)-(가)-(다)-(나) 　　④ (라)-(나)-(가)-(다)

06. 다음 중 △△공사 입사를 준비 중인 A 씨가 아래 유의사항을 잘못 이해한 내용은?

〈입사지원 유의사항〉

□ Ⅰ ～ Ⅴ 채용 유형별 중복지원이 불가합니다.

□ 입사지원서 기재 착오 및 누락으로 인한 불이익은 응시자 책임이며, 기재사항이 제출 서류의 내용과 불일치할 경우 합격이 취소될 수 있습니다.

□ 지원서 허위작성, 증빙서 위·변조 제출, 서류 미제출 및 시험 부정행위 등으로 시험의 공정성을 훼손하는 자는 어느 전형단계든 당해시험 무효 및 합격을 취소하고 향후 5년간 당사 지원이 제한됩니다.

□ 필기 및 면접전형 시 신분증(주민등록증, 운전면허증 또는 여권)을 지참하여야 하며, 미지참 시 응시가 불가합니다.

□ 입사지원서 마감일에는 접속자가 급증할 것으로 예상되오니 마감일 이전에 접수하시기 바라며, 마감시간 이후 제출한 지원서는 자동 불합격 처리됩니다.

□ 「채용절차의 공정화에 관한 법률」 제11조 및 동시행령, 시행규칙에 따라 제출서류는 채용 확정일 이후 14일부터 180일 내에 청구된 경우 반환합니다.

□ 채용과 관련하여 본 공고에서 특별히 정한 내용 이외에는 우리 회사 「인사관리규정」 및 「채용업무관리세칙」, 「교육훈련규정」 제23조(수습임용자의 채용제한), 「보수규정관리세칙」 제4조(초입호봉) 등 사내·외 관련규정 및 법률, 각종 정부가이드 라인에 따릅니다.
또한 '이전 지역인재 채용목표제' 운영과 관련한 내용은 「혁신도시 조성 및 발전에 관한 특별법 및 동법시행령」 및 「국토교통부 예규 2018-198호」를 따릅니다.

□ 지원서 작성 시 성별, 연령, 출신 학교, 부모나 친척의 신분 등 블라인드 채용 취지에 맞지 않는 정보의 입력을 금지하며, 입력 시 불합격 처리를 포함한 불이익 조치를 받을 수 있습니다.

□ 필기 및 면접전형 불합격자에 대해서는 회사에서 자체 개발한 분석 보고서를 제공합니다.

---

① 채용 유형은 모두 5가지로 중복지원이 불가능하다.

② 면접전형에서 떨어지면 회사로부터 분석 보고서를 받을 수 있다.

③ 입사지원서의 기재사항과 제출 서류의 내용이 불일치할 경우 합격이 취소될 수 있다.

④ 채용과 관련된 모든 절차는 사내·외 관련규정 및 법률, 각종 정부가이드 라인을 우선 따른다.

07. 다음 중 〈보기〉의 사례와 다른 내용을 제시한 사람은?

> **보기**
>
> 확증 편향(Confirmation bias)은 원래 가지고 있는 생각이나 신념을 확인하려는 경향으로, 흔히 '사람은 보고 싶은 것만 본다'와 같은 것이 바로 확증 편향이다. 사람들은 자신이 원하는 결과를 간절히 바랄 때 또는 어떤 사건을 접하고 감정이 앞설 때 그리고 저마다의 뿌리 깊은 신념을 지키고자 할 때 확증 편향을 보인다. 확증 편향은 원하는 정보만 선택적으로 모으거나, 어떤 것을 설명하거나 주장할 때 편향된 방법을 동원함으로써 나타난다.

① **홍세화**
- 실상 우리는 아무도 남을 설득하려고 노력하지 않는다. 뒤집어 말하면, 나 또한 아무한테도 설득되지 않는다. 모든 사람이 이미 완성 단계에 이른 양 살아간다. 이런 사회 구성원들에게 편향이 한번 빠지면 결코 빠져나올 수 없는 깊은 함정이 되는 것은 당연한 귀결이다. 또 '나'로서 생각한 적이 없으므로 남의 자리에서 생각하는 역지사지의 지혜도 갖기 어렵다.
- 편향에서 벗어나기. 그것은 나부터 '회의하는 자아'가 되는 길 말고 달리 도리가 없다. 그런 전제 아래 어렵더라도 이웃을 설득하는 수밖에.

② **막스 베버**
- 만약 누군가가 유능한 교수라면, 그의 첫 번째 임무는 학생들에게 그들 자신의 가치입장의 정당화에는 불리한 사실들 즉, 학생의 당파적 견해에 비추어볼 때 학생 자신에게 불리한 그런 사실들을 인정하는 법을 가르치는 일입니다. 나의 견해를 포함한 모든 당파적 견해에는 이 견해에 극도로 불리한 사실들이 있습니다. 만약 대학교수가 그의 수강생들을 그것에 익숙해지도록 유도한다면, 그는 단순한 지적 업적 그 이상을 행하는 것이라고 나는 생각합니다.

③ **버트런드 러셀**
- 이 시대의 아픔 중 하나는 자신감이 있는 사람은 무지한데, 상상력과 이해력이 있는 사람은 의심하고 주저한다는 것이다.
- 우리들은 모두 세상을 자신의 선입관에 맞춰 생각하는 경향이 있습니다.

④ **아인슈타인**
- 내 상대성 이론이 성공적으로 증명된다면, 독일은 내가 독일인이라고, 프랑스는 내가 전 세계의 시민이라고 선언할 것이다. 내 이론이 틀렸다고 증명된다면, 프랑스는 내가 독일인이라고, 독일은 내가 유대인이라고 선언할 것이다

08. 다음 글의 내용과 일치하지 않는 것은?

우리가 사는 세상과 우리의 존재는 실재(實在)일까. 혹시 영화 〈매트릭스〉가 실감나게 보여 주었듯 가상현실 속 세상에서 살고 있지는 않을까. 우리의 존재를 증명하는 것은 과연 무엇일까. 이런 질문들은 항상 우리 주위에 있었지만 진지하게 다루기에는 너무 버거운 것 같다. 그런데 기술이 발달하고 인간의 인지 영역이 확장됨에 따라 이런 철학적인 질문들에 대해 과거보다 구체적인 해답을 구할 가능성이 커지고 있다. 다음과 같은 계산을 해 보면, 후손들은 이 질문에 대한 답을 찾을 수 있을 것이다.

1969년 아폴로 11호를 달에 보냈을 때 사용했던 집채만 한 컴퓨터의 성능은 지금 우리가 매일 손에 쥐고 있는 스마트폰의 100분의 1 정도밖에 되지 않았다. 그러니 언젠가는 지구만 한 컴퓨터와 맞먹는 성능의 컴퓨터를 만드는 것도 불가능하지 않을 것이다. 만일 이것이 가능해지면−소위 포스트 휴먼의 시대가 되면−, 매우 다양한 세상을 컴퓨터로 시뮬레이션할 수 있게 되고, '우리의 존재는 실재일까'처럼 철학적인 문제에 대한 답도 찾을 수 있을 것이다.

우리가 일상적으로 사용하는 PC는 약 1초에 10억 번 정도 연산을 할 수 있다. 이런 컴퓨터로 10^{37}회의 신호를 시뮬레이션하려면 10^{20}년 정도가 걸린다. 이는 우주 나이의 100억 배다. 무한히 긴 시간이 필요하다는 의미다. 만일 컴퓨터의 성능이 훨씬 발전한다면 어떨까? 컴퓨터 성능을 파악하기에 아주 손쉬운 방법 중 하나는 컴퓨터의 무게를 재는 것이다. 크고 무거울수록 성능이 좋다는 것은 스마트폰과 노트북 · PC · 슈퍼컴퓨터를 생각해 보면 알 수 있다. 그렇다면 인간 두뇌 시뮬레이션에 필요한 10^{37}번의 연산을 하기 위해서는 어느 정도 크기의 컴퓨터가 필요할까. 대략 지구만 한 컴퓨터가 있으면 한 시간 안에 할 수 있다.

〈매트릭스〉 같은 세계가 가능하려면, 컴퓨터가 수많은 인간의 두뇌 작용을 시뮬레이션할 수 있어야 한다. 지금까지 나타났고 앞으로 나타날 총 인간의 숫자는 1,000억 명쯤 될 것이다. 기술이 발전하여 영생이 온다면 더는 후손을 바라지 않게 되기 때문이다. 모든 인간들이 만들어 내는 총 두뇌 신호는 10^{37}(1 뒤에 0이 37개)회쯤 된다. 그야말로 천문학적인 숫자이다.

① 1969년에 아폴로 11호를 달로 보냈다.

② 지금까지 나타났고 앞으로 나타날 인간의 숫자는 총 1,000억 명쯤 될 것으로 추측된다.

③ 우리가 일상적으로 사용하는 PC는 약 1초에 1억 번 정도 연산을 할 수 있다.

④ 컴퓨터 성능을 파악하기 아주 손쉬운 방법은 컴퓨터의 무게를 재는 것이다.

09. D 공사 신재생에너지 사업부에서 근무하는 김 차장이 정부 부처가 발표한 다음 보도자료를 바르게 이해한 것을 〈보기〉에서 모두 고르면?

주택 · 건물 태양광 보조금 30% → 50% 상향
－ 2021년 신재생에너지 보급지원사업 공고 －

□ 산업통상자원부(장관 : 성○○)가 「2021년 신재생에너지 보급지원사업」(2,282억 원)을 3월 20일 공고하고 신청 접수를 받는다.
   - 이 사업은 자가 소비를 목적으로 태양광, 태양열 등 신재생에너지 설비를 주택 등에 설치하는 경우 설치비를 보조받아 에너지비용을 절감할 수 있다.

□ 올해는 다중 이용시설 지원 확대, 고효율 · 친환경 · 중소기업 제품 보급 확대, 설비 안전성 강화, 주택 · 건물의 태양광 보조금 상향 등을 중점 추진한다.

〈2021년 보급지원사업 주요 추진 내용〉
- 다중 이용시설 지원 확대 및 행복주택 지원 대상 추가
- 고효율 · 친환경 · 중소기업 제품 보급 확대
- 신재생에너지 설비의 안전성 강화
- 주택 · 건물의 태양광 보조금 상향(30% → 50%) 및 피해예방 강화
- 신재생에너지 보급 확대를 위한 지자체 · 부처 간 협업 강화

보기

ㄱ. 보도자료를 생성한 주무부서와 담당자를 알 수 없다.
ㄴ. 정부부처와 지방자치단체가 연계하여 진행하는 사업이다.
ㄷ. 2021년 보급지원사업에 대한 세부 내용이 생략되어 있다.
ㄹ. 주택과 건물에 대한 태양광 보조금 상향을 제목으로 한 것은 이를 가장 중요한 핵심내용으로 하기 위함이다.

① ㄱ, ㄹ
② ㄴ, ㄷ
③ ㄱ, ㄴ, ㄹ
④ ㄱ, ㄴ, ㄷ, ㄹ

[10 ~ 11] 다음은 ○○기업에서 진행된 IT 강의 내용이다. 이어지는 질문에 답하시오.

블랙박스 암호란 물리적인 하드웨어로 만들어진 암호화 장치를 기반으로 작동되는 암호 기술을 말합니다. 하드웨어로 구성된 암호화 장치가 외부의 공격으로부터 보호받을 수 있다는 가정하에 암호 키를 암호 장치 내부에 두고 보안하도록 설계하는 형식입니다. 언뜻 보면 완벽한 보안 장치로 볼 수도 있지만 공격자에게 그 내부가 공개되는 순간 암호 알고리즘과 암호 키 모두가 유출될 위험이 있습니다. 또한 암호 기술이 적용되는 분야가 확대되고, 각종 오픈 플랫폼의 등장으로 암호 알고리즘이 동작하는 기기가 다양해지면서 하드웨어 자체에 대한 제약이 있는 블랙박스 암호의 연계가 부각되고 있습니다.

(㉠   ) 화이트박스 암호는 암호화 기술에 소프트웨어의 개념을 도입한 것으로, 블랙박스 암호의 한계점을 보완하여 주목받고 있는 기술입니다. 암호화 키 정보가 소프트웨어로 구현된 암호화 알고리즘의 뒤섞인 상태로 화이트박스에 숨겨져 있기 때문에, 암호화 장치 내부 해킹을 시도해도 암호 키나 알고리즘을 유추할 수 없다는 장점이 있습니다. 또 다른 저장 매체에 비해 운용체계에 따른 개발과 관리가 용이합니다. 애플리케이션의 업데이트를 통해 원격으로 암호 알고리즘에 대한 오류 수정 및 새로운 취약점에 대한 보완이 가능하다는 장점도 있습니다. 최근에는 패스(PASS), 모바일 결제 시스템, 전자지갑, 모바일 뱅킹의 주요 보완 수단으로 활용되고 있습니다. 금융, 통신, 공공, 의료 등 다양한 앱과 중요한 정보·알고리즘을 효과적으로 보호합니다.

이렇듯 화이트박스 암호는 블랙박스 암호의 한계점을 보완하였기 때문에 주목받고 있는 기술입니다. 하지만 화이트암호 박스도 변조 행위나 역공학을 통한 공격을 받는다면 노출될 위험이 있습니다. 그래서 더욱 다양한 플랫폼과 콘텐츠를 통해 안정성을 확보하는 것이 중요하며 그 과정에서 화이트크립션이 등장하였습니다. 화이트크립션은 애플리케이션 보호 기능을 제공하는 플랫폼으로 기본적인 암호화 기능을 강화하여 암호 실행 중에도 암호 키를 활성화하여 보호합니다.

10. 위 강의를 들은 청중의 반응으로 적절하지 않은 것은?

① 화이트박스 암호는 전자 서명 서비스나 핀테크 산업에도 사용될 수 있겠군.

② 블랙박스 암호는 블랙박스 기술이 탑재되지 않은 기기를 사용할 경우 보완이 뚫릴 가능성이 있겠군.

③ 해킹의 성공 여부에 있어 중요한 포인트는 암호화 키가 어떻게 숨겨져 있는지겠어.

④ 플랫폼이 다양한 초연결 사회에서는 화이트박스 암호가 가장 각광받겠군.

11. 위 강의의 문맥상 ㉠에 들어갈 수 있는 접속어는?

① 물론　　　　　　　　　　　② 반면

③ 게다가　　　　　　　　　　④ 다시 말해

1회 한국남동발전

2회 한국중부발전[사무]

3회 한국중부발전[기술]

4회 한국동서발전

5회 한국서부발전

6회 한국남부발전

인성검사

면접가이드

[12 ~ 13] 다음은 지구온난화와 관련된 글이다. 이어지는 질문에 답하시오.

지구온난화의 가장 큰 피해국인 투발루의 현지민인 루사마 알라미띵가 목사가 지구온난화의 위험성을 호소하기 위해 대한민국을 찾았다. 그는 전국 여러 도시를 방문하여 강연회와 간담회를 진행하였다.

(가) 지구온난화로 인해 빗물로만 생활이 가능했던 투발루에서는 가뭄으로 생활용수 부족 현상이 발생하고 있다고 한다. 해수를 담수화해서 먹고, 대형 탱크에 물을 저장하는 새로운 생활 방식을 만들고 있지만 이것으로는 매우 부족하다고 한다. 결국 지금은 물마저 사 먹어야 한다고 루사마 목사는 허탈한 감정을 토로했다. 또한 해수면 상승으로 투발루인들이 매일 아침 주식으로 먹는 '플루아트'라는 식물이 죽고 있어 그들의 식생활마저 바뀌었다고 한다.

(나) 이뿐만 아니라 자연환경의 측면에서도 피해가 발생하고 있다고 한다. 지구온난화로 인해 높아진 해수 온도와 해수면은 산호초와 야자나무가 서식하지 못하게 하였고, 더 이상 넓은 모래사장도 볼 수 없게 되었다고 말한다.

(다) 투발루 주민들은 지구온난화로 인한 피해를 온몸으로 감당하면서도 자신들의 생활 패턴을 바꿔 가면서까지 그곳에서 계속 살기를 원한다고 한다. 정부 또한 망그로나무 식재 등을 통해 해변 침식을 막는 등 국가를 지키기 위한 지속적인 노력을 하고 있다고 한다.

(라) 루사마 목사의 방문은 지구온난화에 대처하는 우리의 모습을 되돌아보게 한다. 이제는 적극적으로 생활 방식을 바꾸고 지구온난화를 걱정해야 할 때이다. 지금처럼 편리한 생활 방식만을 고집하다 보면 결국 제2, 제3의 투발루가 발생할 것이며, 우리나라도 결국 투발루처럼 되고 말 것이다.

12. 윗글의 문단 (가) ~ (라)의 중심내용으로 알맞지 않은 것은?

① (가) : 지구온난화로 인한 가뭄이 투발루 주민들의 식생활 변화를 초래했다.

② (나) : 지구온난화의 피해는 자연환경의 측면에서도 발생하고 있다.

③ (다) : 투발루는 지구온난화로부터 국가를 지키기 위해 지속적인 노력을 다하고 있다.

④ (라) : 지구온난화에 대처하기 위해 편리함만을 고집하던 생활방식을 바꾸어야 한다.

13. 다음 중 윗글에 대한 보충 자료로 적절하지 않은 것은?

① 세계기상기구(WMO)가 발표한 자료에 따르면 지난 100년간 지구 온도는 약 0.7℃, 해수면 높이는 10 ~ 25cm 상승했다. 이는 최근 2만 년 동안 전례가 없을 정도의 엄청난 변화이다.

② 북극 및 남극 지대 기온 상승, 빙하 감소, 홍수, 가뭄 및 해수면 상승 등 이상기후 현상에 의한 자연재해가 현실로 나타나고 있으며, 대부분의 사람들이 그 심각성을 인식하고 있다.

③ 지구의 연평균기온은 400 ~ 500년을 주기로 약 1.5℃의 범위에서 상승과 하강을 반복하며 변화했다. 15세기에서 19세기까지는 기온이 비교적 낮은 시기였으며 20세기에 들어와서는 기온이 계속 오르고 있다.

④ 지구 평균온도가 지난 100년간 0.74℃ 상승한 것으로 나타나고 있다. 지난 12년 중 11년이 1850년 이후 가장 기온이 높은 시기로 기록되기도 하였다. 이로 인해 극지방과 고지대의 빙하, 설원이 녹는 현상이 나타나고 있다.

www.gosinet.co.kr gosinet

1회 한국남동발전

2회 한국중부발전[사회]

3회 한국중부발전[기술]

4회 한국동서발전

5회 한국서부발전

6회 한국남부발전

인성검사

면접가이드

[14 ~ 15] 다음 글을 읽고 이어지는 질문에 답하시오.

"우리나라는 민주주의 국가이고 민주주의는 대화와 토론을 통해 문제를 해결하려는 합리적인 관용과 타협의 정신을 지닌 다수에 의한 지배이다." 어릴 적부터 많이 들어온 말이다. 그러나 작금의 사회에서 민주적 과정과 그 가치에 대한 존중을 찾아보기란 쉽지 않다. 여의도에도 캠퍼스에도 '대화'보다는 '대립'이 난무한다. 대립을 전제로 한 대화로 어찌 상대를 이해하려 하는가. 그렇다면 진정한 대화란 무엇인가. 대화란 '말을 하는 것'이 아니라 '듣는 것'이라 한다.

'듣는 것'에는 다섯 가지가 있다. 첫 번째는 '무시하기'로 가정에서 아버지들이 자주 취하는 듣기 자세다. 아이들이 호기심을 갖고 아버지에게 말을 건네면 대체로 무시하고 듣지 않는다. 남이 이야기하는 것을 전혀 듣지 않는 것이다. (가) 두 번째는 '듣는 척하기'다. 마치 듣는 것처럼 행동하지만 상대가 말하는 내용 중 10% 정도만 듣는다. 부부간 대화에서 남편이 종종 취하는 자세다. 부인이 수다를 떨며 대화를 건네면 마치 듣는 것처럼 행동하지만 거의 듣지 않는 태도가 이에 해당한다. 세 번째는 '선택적 듣기'다. 이는 상사가 부하의 말을 들을 때 취하는 자세로 어떤 것은 듣고 어떤 것은 안 듣는 자세다. 민주적 리더십보다는 전제적인 리더십을 발휘하는 사람일수록 이런 경험이 강하다. 상대가 말하는 내용 중 30% 정도를 듣는 셈이다. (나) 네 번째는 '적극적 듣기'다. 이는 그나마 바람직한 자세라고 할 수 있다. 상대가 말을 하면 손짓, 발짓을 해 가며 맞장구를 쳐 주고 적극적으로 듣는 것이다. 그러나 귀로만 듣기 때문에 상대가 말한 내용 중 70% 정도만 듣는 데 그친다. (다) 다섯 번째는 ㉠'공감적 듣기'다. 귀와 눈 그리고 마음으로 듣는 가장 바람직한 자세다. 상대의 말을 거의 90% 이상 듣는다. 연애할 때를 회상해 보라. 상대가 말하는 내용을 자신의 이야기처럼 마음을 열고 들었던 기억이 있을 것이다.

우리 주변 대화에서 '공감적 듣기'를 발견하기란 여간 어려운 것이 아니다. 모든 일이 잘 이뤄지기 위해서는 자신의 주장을 피력하기보다 듣는 것부터 잘해야 한다. 모든 대인 관계는 대화로 시작한다. 그러나 대화를 하다 보면 남의 말을 듣기보다 자신의 말을 하는 데 주력하는 경우가 많다. (라) 이러한 것을 모르는 것인지 아니면 알면서도 간과하는 것인지, 유독 우리 사회에는 '고집'과 '자존심'을 혼동해 고집을 앞세워 상대의 말에 귀 기울이지 않는 이가 많다. '고집'과 '자존심'은 전혀 다른 개념이다. '고집'은 스스로의 발전을 막는 우둔한 자의 선택이고 '자존심'은 자신의 마음을 지키는 수단이기 때문이다. 자존심을 간직하되 고집을 버리고 인간관계에서 또는 대화에서 '듣는 것'에 집중한다면 한국사회가 좀 더 합리적인 단계로 발전하지 않을까.

"말을 배우는 데는 2년, 침묵을 배우는 데는 60년이 걸린다."고 했다. 상대가 누구든지 대화에서 가장 중요한 것은 유창한 '말하기'보다 '듣기'이다. 한자 '들을 청(聽)'은 '耳, 王, 十, 目, 一, 心'으로 구성돼 있다. 어쩌면 이것은 "왕(王)처럼 큰 귀(耳)로, 열 개(十)의 눈(目)을 갖고 하나(一)된 마음(心)으로 들으라."는 의미는 아닐까.

14. 다음 중 밑줄 친 ㉠의 사례로 적절한 것은?

① 오 대리는 점심메뉴로 김치찌개가 어떠냐는 신입사원의 제안을 듣고 자신도 좋아한다며 적극적으로 의사를 밝혔다.

② 박 대리는 회식 자리에서 직장 상사의 비위를 맞추기 위해 듣기 싫은 이야기도 고개를 끄덕이고 맞장구를 치며 열심히 들었다.

③ 윤 대리는 회사 축구대회에서 자신의 실수로 실점을 해 괴로워하는 동료의 이야기를 듣고 남자가 뭐 그런 걸로 우느냐며 핀잔을 주었다.

④ 강 대리는 여자 친구와 헤어져 힘들어 하는 신입사원의 이야기를 듣고 얼마나 힘든지, 아픈 곳은 없는지 묻고 걱정된다고 이야기했다.

15. 윗글의 (가) ~ (라) 중 문맥상 다음 내용이 들어갈 위치로 적절한 곳은?

> 이러한 경우, 서로 열심히 이야기를 하고 있지만 정작 대화가 원활히 이뤄지기 어렵다. 효과적인 대화를 하려면 우선 잘 들어주는, 경청하는 자세가 중요하다. 상대의 말을 잘 들어주는 사람을 싫어할 리 없고 이런 사람은 주변으로부터 신뢰를 받는다.

① (가)　　　　　　　　② (나)

③ (다)　　　　　　　　④ (라)

[16 ~ 17] 다음 글을 읽고 이어지는 질문에 답하시오.

석유는 주로 탄소와 수소 원자로 구성된 물질인 탄화수소라고 불린다. 탄화수소를 이해하려면 우선 탄화수소들은 저마다 특성이 제각각이라는 점을 명심해야 한다.

첫째, 우리가 보통 원유(crude oil)라고 부르는 가장 무거운 탄화수소가 있다. 'oil' 부분은 탄소와 수소 원자들이 결합한 다소 긴 사슬(chains)이고, 'crude' 부분은 순수한 수소와 탄소 외에 수은과 황 같은 다양한 불순물을 함유한 탄소 사슬과 관련된 성분들을 일컫는다. 수소탄소와 사슬이 길수록 불순물 함유량이 높을 뿐만 아니라 유질이 걸쭉하다. 전 세계적으로 원유는 질감이 기름기 많은 땅콩버터 같다. 캐나다의 타르 샌드(tar sand)는 품질이 너무 낮아서 상온에서 고체일 뿐만 아니라 적어도 화씨 300도로 열을 가해야 녹는다.

품질이 낮은 석유는 보통 밀도와 점성이 높고 황의 함유량이 높고, 온갖 불순물이 함유되어 있다. 중질원유를 정제하기란 매우 어렵다. 보통 세계에서 가장 발달한 산업시설을 갖추어야 그나마 시도라도 해 볼 역량이 된다. 세계적으로 메이플 시럽 정도의 점성을 보이는 '양질'의 원유는 이미 소진되었기 때문에 지난 수십 년에 걸쳐 원유는 평균적으로 점점 품질이 낮아졌으며, 따라서 1980년대에 미국은 점성이 높은 원유를 처리하기 위해 각 지역의 정유시설을 개조했다. 미국에서 가장 기술력이 뛰어난 정유시설은 텍사스 주와 루이지애나 주의 멕시코 만 연안에 있다. 다른 나라에서는 원유를 정제하는 기술이 부족해서 원유를 타르나 아스팔트로 만들어 쓰지만 미국의 정유시설은 최고의 기술력을 갖추고 있기 때문에 가장 무거운 원유까지도 휘발유로 변모시킨다.

둘째, 중간 수준의 탄소가 있다. 점성이 거의 물 정도로 묽고 불순물은 거의 함유되어 있지 않다. 이와 같은 원유는 황금 액체나 마찬가지다. 묽고 처리하기 쉽고 미국 원유 수요의 40퍼센트를 차지하는 휘발유 같은 고급 정제유를 만드는 데 제격이다. 과거의 원유는 보통 이러한 특성을 보였지만 양질의 원유는 이미 고갈된 지 오래다. 적어도 셰일 혁명이 일어나기 전까지는 그랬다.

셋째, 훨씬 짧은 탄소 사슬을 가진 탄화수소가 원유와 섞여 있는 경우이다. 이런 물질은 높은 압력에서만 액체 상태가 된다. 많이 들어본 이름들이 여기 속한다. 프로판, 부탄, 펜탄 등이다. 이러한 제품들은 일단 다른 탄화수소와 분리되면 저장하기 쉽고 용도도 다양하다. 미국인들은 담배에 불을 붙이거나 뒷마당에서 바비큐를 할 때 가장 많이 쓴다. 이러한 천연가스 액체(natural gas liquids, NGLs)는 부동액에서부터 세제, 화장품, 페인트, 포장용 스티로폼, 타이어에 이르기까지 전천후로 쓰이는 재료이다.

마지막으로 탄소 사슬이 한두 고리 정도로 짧아지면 천연가스라고 불리는 메탄과 에탄이 된다. 소가 뀌는 방귀도 이 종류다. 방귀는 기체 물질이긴 하지만 방귀가 잦으면 고체로 변하는 경우가 있기도 하다. 천연가스는 화학 분야에서 아주 독특한 존재다. 장점은 팔방미인이라는 점이다. 산업에서 빠지지 않는 약방의 감초. 가장 대표적인 세 가지만 든다면 페인트, 플라스틱, 전력 생산이다. 많은 지역에서 가정용 난방연료로 쓰기도 한다. 단점은 담아 두기가 무척 어렵다는 점이다. 기체이기 때문에 천연가스만 다루는 기간시설이 따로 필요하기도 하다.

16. 윗글을 통해 알 수 있는 내용으로 적절하지 않은 것은?

① 석유는 탄화수소라고 불린다.

② 미국의 원유 정제기술은 세계 최고 수준이다.

③ 품질이 좋은 원유일수록 밀도와 점성이 높다.

④ 사람들이 담배를 피울 때 사용하는 가스는 프로판 가스 등이다.

17. P 사원은 윗글과 관련하여 다음과 같은 정보를 수집하였다. P 사원이 정보를 수집한 목적이나 용도로 적절한 것은?

- LPG(액화석유가스)는 유전에서 원유를 채취하거나 정제 시 나오는 탄화수소 가스를 낮은 압력($6 \sim 7kg/cm^2$)으로 냉각액화시킨 것이다. 환경부에 따르면 자동차 배출가스 평균 등급은 LPG 차량(1.86), 휘발유 차량(2.51), 경유 차량(2.77) 순으로 나타난다고 하였는데 이를 통해 LPG 차량은 친환경성이 우수하여 대기오염 완화에 기여할 것이라는 전망도 나온다.
- 국내 정유사 및 석유화학 부산물로 생산되는 LPG 생산량은 국내 수요의 약 30% 수준이며, 부족분은 전량 수입에 의존하고 있다. 한국○○공사에 따르면 2018년 3분기 기준으로 국내 LPG 수요처는 석유화학(39%), 수송용(34%), 가정용(18%) 등으로 분석되며, 석유화학 수요는 PDH(프로판탈수소화설비) 설비 확충, 수송용 수요는 LPG 차량 보급대 수와 관련이 있다고 하였다.
- 2019년 3월 국회와 산업통상자원부는 LPG 차량 규제 완화 내용이 담긴 '액화석유가스의 안전 및 사업관리법' 개정안을 발의했다. 개정된 법의 핵심은 LPG 차량에 대한 구입조건이 없어지는 것으로, 택시와 렌터카 등에만 제한적으로 사용할 수 있었던 LPG 차량을 앞으로 일반인들도 제한 없이 구입할 수 있을 것으로 전망된다. 모 경제연구원에 따르면 LPG 차량 규제가 완전히 풀릴 경우 2030년 기준 LPG 차량 등록대 수는 282만 대로 증가할 것으로 기대된다.
- LPG 수입 유통사의 실적은 국내 LPG 차량 등록대 수가 늘어나야 수혜를 볼 수 있는 구조.

① LPG(액화석유가스) 차량을 구입하기 위해서이다.

② LPG(액화석유가스) 관련 주식에 투자하기 위해서이다.

③ 석유 정제와 관련된 더 많은 지식을 얻기 위해서이다.

④ 대형 건물에서 사용하는 에너지를 LPG(액화석유가스)로 제공하기 위해서이다.

[18 ~ 19] 다음은 우 박사가 ○○공사 신입사원 연수에서 '코로나19 시대, 디지털 문명의 주역이 되자'라는 주제로 강의를 한 후 질의응답한 내용이다. 글을 읽고 이어지는 질문에 답하시오.

1Q. 세계 7대 기업이 죄다 디지털 플랫폼 기업이다. 결국 우리의 삶 전체가 디지털로 옮겨 간다는 신호일까.

1A. 디지털로 갔을 때의 경험이 더 좋은 건 모두 옮겨 갈 거다. 안 갔을 때 더 좋은 것도 있다. 분위기 좋은 카페에서 커피 한 잔 마시는 경험은 커피 배달로 절대 대체할 수 없다. 그 좋은 경험이 나를 카페로 이끌겠지만, 3만 원을 송금하러 은행에 가는 경험은 결코 행복하지 않을 것이다. 플랫폼의 성공 여부는 좋은 경험을 만들어 내느냐의 문제다.

2Q. 지금껏 당연하다고 여겼던 상식과 기준이 흔들린다.

2A. 대표적인 게 음악이다. 미래학자 자크 아탈리도 음악 소비의 변화가 미래의 소비변화를 주도한다고 했는데, 음악이 인류의 가장 오래되고 보편적인 소비 욕구를 보여 주기에 그렇다. 음악을 듣고 싶을 때 어떻게 행동하나, 아무 생각 없이 애플리케이션을 열면 그 욕구가 순식간에 해결된다. 그렇게 문제 해결을 하면 다른 것도 요구하게 된다. 돈을 부칠 때도 송금 애플리케이션을 열지 않나. 감염 위험이 커지니 떡볶이 먹을 때도 애플리케이션을 쓸 만큼 소비가 급격하게 디지털 플랫폼으로 이동하게 됐고, 그 경험이 점점 표준이 되어 간다. 이 위기가 누군가에겐 기회가 될 텐데, 위기를 기회로 잡으려면 내 마음의 표준부터 바꿔야 한다.

3Q. 코로나19의 유행이 아날로그가 미덕이던 예술이나 스포츠 분야까지 바꿀까.

3A. 그런 경험은 대체하기 어렵지만 두려움 때문에 못 가는 상황이라면 어떻게든 온라인으로 양식을 옮겨 대리 만족할 기회를 제공해야 한다. 그렇지 못하면 영속성을 유지할 수 없을 것이다. 내 아이디어는 이렇다. 예컨대 뮤지컬 공연에 휴대폰 제조사가 협업해 휴대폰 1만 개로 객석을 채우고 티켓을 산 1만 명이 영상통화로 보게 하는 거다. 일괄적인 영상이 아니라 내가 보고 싶은 각도로 찍게 할 수 있고, 좌석 등급제도 가능하다. 영상통화 방식이니 내 얼굴도 배우에게 보이게 된다. 관중이 보이면 배우에게도 감흥이 다르다. 그런 식의 새로운 아이디어로 방법을 찾자면 무궁무진하다. 공연도 기술을 통해 발전할 수 있다.

4Q. 올해 대중음악계엔 복고열풍이 불었다. 변화에 대한 기성세대의 저항심리라고 볼 수 있을까.

4A. 시장의 부족사회화를 보여 주는 거다. 마케팅 전문가 구루 세스 고딘의 말처럼, 인간에게는 작은 단위로 뭉치는 부족본능이 있다. 취미도 옛날에는 낚시, 등산회 정도였다면, 디지털로 커뮤니케이션하면서 아주 다양한 모임이 생겼다. 음악에도 트로트부족, 아이돌부족이 다 있다. 트로트의 잠재력을 알면서도 못 끌어냈던 건 '트로트 가수는 누구'라는 기존 상식을 버리지 않아서다. 아이돌 뽑듯 고객이 선택하게 했더니 팬덤이 폭발하지 않았나. 소수의 만화가가 주도하던 과거 출판시장과 달리 현재의 웹툰은 어마어마하게 크고 다양한 시장이 생겼는데, 디지털 커뮤니케이션이 새로운 시장을 만든 셈이다. 국내의 한 작가가 동남아 최고스타가 됐듯 최근 세대의 팬덤에는 국가나 언어의 경계가 없는 게 특징이고, 그래서 가능성도 엄청나다.

5Q. 팬덤의 힘이 세지니 패싸움하듯 과격해지기도 한다.

5A. 부족사회는 내 편을 보호하고 남의 편을 공격하려는 성향이 강한데, 인간의 내재된 본성이 드러나는 거다. 그래도 다행인 건 인류의 보편적 잣대란 게 있고, 그걸 건드리면 엄청난 분노를 일으킨다는 걸 아니까 조심한다. 연예인들이 악플러들을 고소하면서 자정되고 있듯이 결국 보편적 가치에 의해 판단될 거다. 디지털 문명의 특징은 문제를 드러내는 거니까. 결국 보편적 가치가 승리할 것이다.

18. 윗글에서 알 수 있는 사실로 적절한 것을 모두 고르면?

> ㄱ. 우리가 경험하는 모든 삶은 디지털로 이동하게 된다.
> ㄴ. 아직 많은 영역에서 아날로그적 감성이 대세를 이룬다.
> ㄷ. 디지털 커뮤니케이션으로 인해 다양한 모임이 온라인에 생겨나고 있다.
> ㄹ. 코로나19는 디지털 플랫폼으로의 소비 이동을 가속화했다.

① ㄱ, ㄴ   ② ㄱ, ㄷ
③ ㄴ, ㄷ   ④ ㄷ, ㄹ

19. 윗글에서 제시하고 있는 사회의 변화 방향과 가장 거리가 먼 사례를 제시한 사람은?

① 상엽 : 극장에 가지 않더라도 오늘 개봉한 영화를 집에서 편하게 볼 수 있기도 해.
② 나라 : 나는 가끔 교외에 있는 아기자기한 카페에 가서 음료를 마시며 휴식을 취하고 사진을 찍기도 해.
③ 제시 : 해외여행을 갈 때 과거에는 직접 은행에 가서 환전을 했다면 지금은 모바일 앱을 통해 편리하게 환전 신청을 할 수 있어.
④ 미주 : 평일 저녁 야구장에 직접 가지 못하더라도 퇴근길에 스마트폰으로 경기 실황을 볼 수 있어.

20. 다음 글에서 알 수 있는 내용으로 적절한 것을 모두 고르면?

> 그동안 천연가스 연료를 둘러싸고 세계적으로 형성되어 온 우호적 여론이 변화하는 분위기가 감지되고 있다. 석탄 및 석유 대비 친환경적 연료로 부각되어 온 천연가스도 결국 화석연료라는 태생적 한계 때문에 비롯된 것으로 이해된다. 무엇보다 최근에는 화석연료 사용에 대한 반감과 우려가 기후변화 가속화 논의와 맞물려 고조되면서 천연가스 개발 및 보급 사업을 자금 공여 대상에서 제외하는 해외 대형 금융기관들이 속속 등장한다는 사실에 주목할 필요가 있다.
>
> 또한, 당초 파리기후협정에서 목표로 설정한 2℃보다 강력한 1.5℃를 목표로 세계 각국의 에너지전환 정책이 본격 추진되려는 움직임 역시도 향후 천연가스 산업영향 측면에서 주목해야 하는 대목이다.
>
> 이러한 움직임이 지속 추진되어 천연가스 산업에 영향을 미치는 방향으로 작용된다면 이는 글로벌 투자시장에서 천연가스 산업의 투자비용을 증가시키는 요인으로 작용할 것이며, 이로 인해 천연가스 산업 규모의 축소로 이어질 소지가 있다.
>
> 이러한 경우, 상당한 증가를 예상해 온 천연가스 수요의 잠재적 실현 가능성이 막다른 길에 직면할 수 있다. 앞서 살펴본 바대로 이러한 금융조치와 기후정책 추진이 본격화된다면 2040년경의 천연가스 수요는 당초 예상에 비해 약 23% 정도 감소될 것이 예상된다. 따라서 이러한 상황을 고려할 때 천연가스 산업의 향후 적절한 대응이 필요할 것으로 판단된다. 현재 천연가스 연료 역시 화석연료로 분류하여 취급하고자 하는 세계적인 변화 여론에 합리적인 대응이 필요하다는 것이다.

> ㄱ. 기후변화 가속화로 천연가스 산업이 영향을 받고 있다.
> ㄴ. 천연가스는 화석연료이기 때문에 그 사용에 대한 반감이 고조되고 있다.
> ㄷ. 세계적인 기후 변화 정책에 대한 천연가스 산업의 적절한 대응이 필요하다.
> ㄹ. 세계 각국은 강력한 에너지 전환정책을 추진하고 있는데 이는 천연가스 산업의 확대로 이어질 것이다.

① ㄱ, ㄴ

② ㄱ, ㄷ

③ ㄷ, ㄹ

④ ㄱ, ㄴ, ㄷ

21. 비가 온 다음 날 비가 올 확률은 0.4이고, 비가 오지 않은 다음 날 비가 올 확률은 0.3이다. A가 비가 오는 날 지각할 확률은 0.7이고, 비가 오지 않는 날 지각할 확률은 0.1이다. 월요일에 비가 왔다면 A가 수요일에 지각할 확률은?

① 0.304   ② 0.238

③ 0.172   ④ 0.066

22. ○기업은 나무젓가락 사용량을 줄이기 위해 쇠젓가락 5,000개를 매일 300개씩 나누어 주기로 했다. 쇠젓가락 3,300개를 나누어 주고 남은 쇠젓가락은 매일 340개씩 나누어 주었을 때, 마지막으로 쇠젓가락을 나누어 준 날이 22일이라면 쇠젓가락을 나누어 주기 시작한 날은?

① 6일   ② 7일

③ 8일   ④ 9일

23. 둘레의 길이가 1,560m인 호수의 산책로를 윤석이와 상호가 일정한 속력으로 걷고 있다. 두 사람이 같은 지점에서 동시에 출발하여 같은 방향으로 걸으면 52분 후에 처음으로 만나고, 반대 방향으로 걸으면 13분 후에 처음으로 만난다고 할 때, 윤석이의 속력은? (단, 윤석이가 상호보다 걸음이 빠르다)

① 45m/분   ② 60m/분

③ 75m/분   ④ 90m/분

24. 다음 〈상황〉을 참고할 때 홍 씨의 월급은 얼마인가?

상황

홍 씨는 월급의 $\frac{1}{4}$을 대출금을 상환하는 데 사용하고, 남은 금액의 $\frac{1}{3}$은 세금을 납부하는 데 사용하였다. 세금 납부 후 남은 금액 중 36만 원은 교육비로 사용하였고, 교육비 지출 후 남은 금액의 $\frac{2}{5}$는 통장에 저축하였다. 저축 후 남은 금액에서 생활비 52만 원을 제외하였더니 남은 금액이 월급의 $\frac{1}{14}$이었다.

① 306만 원 ② 310만 원
③ 318만 원 ④ 322만 원

25. 어느 방탈출 카페의 문제에 대한 힌트는 다음과 같다. 문제의 비밀번호로 적절한 것은?

- 비밀번호는 다섯 자리의 숫자로 이루어져 있습니다.
- 뒤의 세 자리 숫자는 알파벳 'escape'를 일렬로 나열하는 경우의 수입니다.
- 앞의 두 자리 숫자는 50 ~ 70 사이의 소수입니다.
- 천, 백, 십의 자리 숫자를 더한 값은 10입니다.

① 61360 ② 61720
③ 59100 ④ 67120

26. 다음 중 가구원수별 가구 현황에 대한 설명으로 옳지 않은 것은?

〈가구원수별 가구 현황〉

(단위 : 천 가구)

구분	20X7년	20X8년	20X9년
1인 가구	5,619	5,849	6,148
2인 가구	5,260	5,446	5,663
3인 가구	4,179	4,204	4,218
4인 가구	4,616	4,481	4,315

① 조사기간 동안 매년 3인 가구 수의 비중이 가장 작다.

② 조사기간 동안 매년 1인 가구 수의 비중은 30% 미만이다.

③ 1인 가구 수는 매년 증가하는 추세에 있다.

④ 20X8년과 20X9년의 2인 가구 수의 비중 차이는 1%p 미만이다.

27. 체감 온도는 덥거나 춥다고 느끼는 체감의 정도를 나타낸 온도로, 바람, 습도 등의 기상요인에 따라 변화한다. 다음 식은 체감 온도의 계산법 중 하나이다. 기온이 3℃, 풍속이 25km/h일 때의 체감 온도는 몇 ℃인가? (단, 소수점 아래 둘째 자리 이하는 버린다)

$$T : \text{기온(℃)}, \quad V : \text{풍속(km/h)}$$

$$\text{체감 온도(℃)} = 33 - \frac{(10 + 5.3\sqrt{V} - 0.3V)(30 - T)}{20}$$

① −6.7℃   ② −6.4℃

③ −6.1℃   ④ −5.8℃

28. 다음은 20XX년 ○○공사의 직무분야별 입사지원 현황이다. 경쟁률이 가장 높은 분야는?

(단위 : 명)

직무분야	채용인원	지원인원
경영	4	130
재무	11	346
마케팅	6	200
기계	5	208
전기	5	157
건축	9	290

① 재무 ② 마케팅
③ 기계 ④ 전기

29. 다음은 우리나라 부패인식지수(CPI)의 연도별 변동 추이에 대한 표이다. 이에 대한 설명으로 적절하지 않은 것은?

〈부패인식지수(CPI)의 연도별 변동 추이〉

(단위 : 점, 개국, 위)

구분		2013년	2014년	2015년	2016년	2017년	2018년	2019년	2020년
CPI	점수	56.0	55.0	55.0	54.0	53.0	54.0	57.0	59.0
	조사대상국	176	177	175	168	176	180	180	180
	순위	45	46	44	43	52	51	45	39
OECD	회원국	34	34	34	34	35	35	36	36
	순위	27	27	27	28	29	29	30	27

※ 점수가 높을수록 청렴도가 높다.

① CPI 순위와 OECD 순위가 가장 낮은 해는 각각 2017년, 2019년이다.
② 청렴도가 가장 높은 해와 2013년도의 청렴도 점수의 차이는 3.0점이다.
③ 조사 기간 동안 우리나라의 CPI는 OECD 국가에서 항상 상위권을 차지하였다.
④ 우리나라는 다른 해에 비해 2020년에 가장 청렴했다고 볼 수 있다.

30. ○○기업 영업팀에서 20X1년 본사 제품에 대한 선호도 조사를 실시하려고 한다. 20X0년에는 신뢰도 99% 수준에서 오차의 한계를 $2\sqrt{2}$로 하여 n개의 표본을 조사하였다. 하지만 20X1년에는 다른 조건은 동일하게 주고 선호도만 변화시켜 표본을 $\frac{1}{4}$로 줄이려고 한다. 이때의 신뢰도로 적절한 것은?

> • 신뢰도 $a\%$에 대한 오차의 한계 : $k\dfrac{\sigma}{\sqrt{n}}$
>
> (n은 표본의 수, σ는 표준편차, k는 신뢰도 상수)
>
> • 신뢰도 상수는 신뢰도에 따라 다음과 같다.

신뢰도	81%	85%	89%	95%	99%
k	1.29	1.48	1.60	1.96	2.58

① 81% ② 85%

③ 89% ④ 95%

31. 다음은 같은 자료를 보고 그린 히스토그램이다. 이 자료는 5의 배수가 아닌 자연수 17개로 구성되어 있다고 할 때, 이에 대한 설명으로 옳은 것은? (단, 각 계급의 하한값과 상한값은 각각 이상과 미만으로 나타낸다)

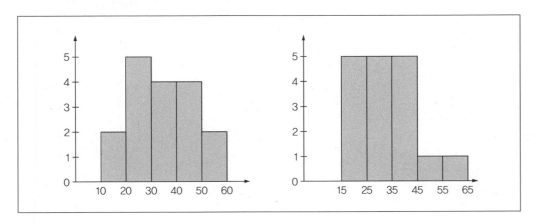

① 40 이상 45 미만인 자료는 3개이다.

② 자료의 중앙값은 30 이상 35 미만이다.

③ 히스토그램이 이루는 면적은 오른쪽이 더 크다.

④ 히스토그램을 이용해 구한 평균은 서로 같다.

32. 다음은 근로자 평균 연령 및 근속연수에 관한 자료이다. 이에 대한 설명으로 옳지 않은 것은?

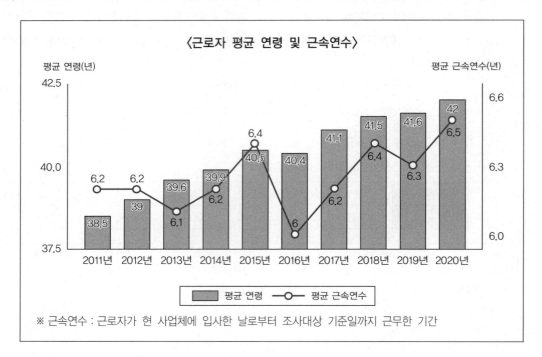

〈근로자 평균 연령 및 근속연수〉

※ 근속연수 : 근로자가 현 사업체에 입사한 날로부터 조사대상 기준일까지 근무한 기간

① 근로자 평균 연령은 대체로 높아지고 있는 추세이다.

② 근로자 평균 근속연수가 가장 길었던 해는 2020년이다.

③ 2013년 대비 2020년의 근로자 평균 연령은 2.4년 증가하였다.

④ 조사 기간 동안 근로자 평균 연령의 변화폭보다 근속연수의 변화폭이 더 크다.

33. 다음은 이유현 씨의 4월 인바디 측정 결과이다. A ~ D에 들어갈 수치의 합과 3월 체지방량을 바르게 연결한 것은? (단, 이유현 씨의 키는 170cm이며, BMI와 체지방률은 소수점 아래 둘째 자리에서 반올림한다)

〈4월 인바디 측정 결과〉

〈체성분 분석〉		〈골격근 지방 분석〉	
체수분(L)	34.4	체중(kg)	A
단백질(kg)	9.3	골격근량(kg)	26.1
무기질(kg)	3.1	체지방량(kg)	8.8
체지방량(kg)	8.8	제지방량(kg)	B
체중(kg)	A		

〈비만 분석〉		〈신체 변화〉		
		구분	3월	4월
BMI(kg/m^2)	C	체중(kg)	60.0	A
체지방률(%)	D	체지방률(%)	18.0	D

※ 체중(kg) = 체수분 + 단백질 + 무기질 + 체지방량

※ 제지방량(kg) = 체중 − 체지방량

※ BMI(kg/m^2) = $\dfrac{체중(kg)}{키(m)^2}$

※ 체지방률(%) = $\dfrac{체지방량(kg)}{체중(kg)} \times 100$

	A ~ D의 합	3월 체지방량(kg)		A ~ D의 합	3월 체지방량(kg)
①	136.4	10.5	②	136.4	10.8
③	137.4	10.5	④	137.4	10.8

34. 다음은 20X0년 5월 전체 영화 박스오피스 상위 10위에 관한 자료이다. 이에 대한 설명으로 적절하지 않은 것은? (단, 15세 등급 영화는 만 15세부터 관람할 수 있다)

집계기간 : 20X0년 5월 1일 ~ 5월 31일						
순위	영화제목	배급사	개봉일	등급	스크린수	관객 수
1	신세계	CJ	4.23.	15세	1,977	4,808,821
2	위대한 쇼맨	롯데	4.9.	12세	1,203	2,684,545
3	날씨의 아이	메리	4.9.	15세	1,041	1,890,041
4	킬러의 보디가드	A사	5.13.	전체	1,453	1,747,568
5	패왕별희	B사	5.1.	12세	1,265	1,545,428
6	비커밍제인	CJ	5.1.	12세	936	697,964
7	오퍼나지	CJ	5.1.	15세	1,081	491,532
8	동감	A사	5.17.	15세	837	464,015
9	이별의 아침에	NEW	5.10.	전체	763	408,088
10	언더워터	롯데	4.1.	12세	1,016	393,524

① 20X0년 5월 박스오피스 상위 10개의 영화 중 CJ가 배급한 영화가 가장 많다.

② 20X0년 5월 박스오피스 상위 10개의 영화 중 20X0년 5월 6일에 甲(만 12세)과 乙(만 13세)이 함께 볼 수 있었던 영화는 총 6편이다.

③ 20X0년 5월 '신세계'의 관객 수는 '언더워터'의 관객 수보다 10배 이상 많다.

④ 스크린당 관객 수는 '오퍼나지'가 '동감'보다 많다.

35. 다음은 ○○공사의 임원 승진시험 결과에 대한 자료이다. 정답을 맞힐 시 한 문제당 1점을 득점하고, 답을 기입하지 않을 시 0점으로 처리하며, 답을 기입하였지만 정답을 맞히지 못할 시 한 문제당 1점을 감점하는 방식으로 점수를 계산한다. 승진시험은 총 50문항이라 할 때, A ~ D 중 답을 가장 많이 기입하지 않은 사람은? (단, 정확도는 소수점 아래 둘째 자리에서 반올림한다)

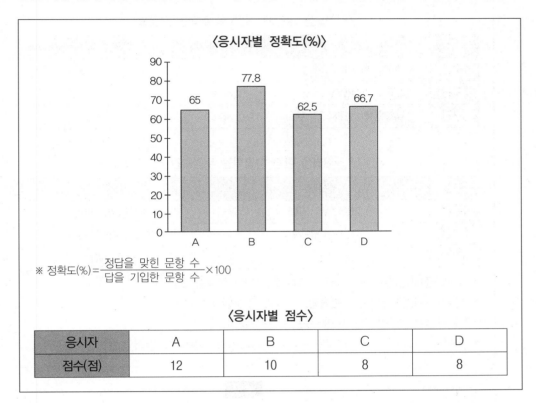

〈응시자별 정확도(%)〉

※ 정확도(%) = $\dfrac{\text{정답을 맞힌 문항 수}}{\text{답을 기입한 문항 수}} \times 100$

〈응시자별 점수〉

응시자	A	B	C	D
점수(점)	12	10	8	8

① A   ② B

③ C   ④ D

www.gosinet.co.kr gosinet

1회 한국남동발전
2회 한국중부발전[사무]
3회 한국중부발전[기술]
4회 한국동서발전
5회 한국서부발전
6회 한국남부발전
인성검사
면접가이드

36. 다음은 전기요금 누진제 개편 후의 주택용 요금표와 요금 부담 완화를 목적으로 여름(7 ~ 8월)
에만 운영되는 누진구간 확장안에 따른 요금표이다. 이에 대한 설명으로 적절한 것을 〈보기〉에서
모두 고르면?

〈전기요금 누진제 개편 후 주택용 요금표〉

구간		기본요금(원/호)	전력량 요금(원/kWh)
1구간	200kWh 이하	910	93.3
2구간	201 ~ 400kWh	1,600	187.9
3구간	400kWh 초과	7,300	280.6

〈7 ~ 8월에 한정 운영되는 누진구간 확장안〉

구간	현재	조정
1구간	200kWh 이하	300kWh 이하
2구간	201 ~ 400kWh	301 ~ 450kWh
3구간	400kWh 초과	450kWh

- 전기요금계(원단위 미만 버림)=기본요금(원)+전력량 요금(원)
- 부가가치세(원단위 미만 반올림)=전기요금계(원)×10(%)
- 전력산업기반기금(10원 미만 버림)=전기요금계(원)×3.7(%)
- 청구요금 합계=전기요금계(원)+부가가치세(원)+전력산업기반기금(원)

보기

ㄱ. A 주택의 6월 전기 사용량이 300kWh이었을 때, 6월 전기요금계는 39,050원이다.

ㄴ. B 주택의 6월과 7월 전기 사용량이 모두 300kWh이었을 때, 7월 전기요금계는 6월보다
10,150원만큼 감소한 28,900원이다.

ㄷ. C 주택의 7월 전기 사용량이 300kWh이었을 때, 7월 청구요금 합계는 32,850원이다.

① ㄱ
② ㄱ, ㄴ
③ ㄴ, ㄷ
④ ㄱ, ㄴ, ㄷ

37. 다음은 (주)○○고속의 고객만족도에 관한 자료이다. 〈보기〉 중 표를 잘못 해석한 것을 모두 고르면?

〈연도별 만족도〉

(단위 : 점)

구분		20X7년 고객만족도(A)	20X8년 고객만족도(B)	증감(B-A)
종합만족도		84.34	88.60	4.26(↑)
차원별 만족도	서비스 환경	82.41	86.44	
	서비스 과정	84.30	87.21	
	서비스 결과	85.20	89.42	
	사회적 만족	85.76	90.38	
	전반적 만족	83.48	88.53	

〈20X8년 차선별 만족도〉

(단위 : 점)

구분		경기선	전라선	강원선	경남선
종합만족도					
차원별 만족도	서비스 환경	86.70	85.38	86.95	88.33
	서비스 과정	86.77	87.04	88.45	87.71
	서비스 결과	88.71	89.24	91.89	89.17
	사회적 만족	89.24	91.08	93.30	88.17
	전반적 만족	87.29	89.23	92.35	85.28

※ 종합만족도는 차원별 만족도 항목의 평균으로 계산한다.

보기

ㄱ. 〈연도별 만족도〉에 따르면 20X8년 고객만족도가 가장 높은 항목과 가장 낮은 항목의 차는 3.94점이다.

ㄴ. 〈연도별 만족도〉에 따르면 종합만족도 증감(B-A)보다 더 큰 증감을 보인 항목은 2개이다.

ㄷ. 〈20X8년 차선별 만족도〉에 따르면 서비스 환경 차원에서 경남선이 가장 높은 점수를 받았으며, 전라선이 가장 낮은 점수를 받았다.

ㄹ. 〈20X8년 차선별 만족도〉에 따르면 강원선은 차원별 만족도 항목 중 4개 부분에서 최고 점수를 받았고, 경기선은 1개 부분에서 최저 점수를 받았다.

ㅁ. 〈20X8년 차선별 만족도〉에 따르면 종합만족도가 90점을 넘는 노선은 2개이다.

① ㄱ, ㄹ 　　　　② ㄴ, ㄹ

③ ㄷ, ㅁ 　　　　④ ㄹ, ㅁ

38. 다음은 20X9년의 남성 육아휴직에 관한 자료이다. 이에 대한 설명으로 잘못된 것은?

〈육아휴직 사용자 중 남성의 비중〉

(단위 : %)

국가	남성의 비중	국가	남성의 비중
아이슬란드	45.6	캐나다	13.6
스웨덴	45.0	이탈리아	11.8
노르웨이	40.8	한국	4.5
포르투갈	43.3	오스트리아	4.3
독일	24.9	프랑스	3.5
덴마크	24.1	일본	2.3
핀란드	18.7	벨기에	25.7

〈아빠 전속 육아휴직 기간과 소득대체율〉

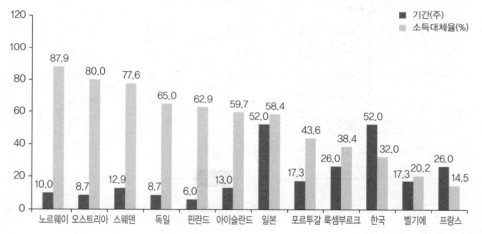

※ 아빠 전속 육아휴직 기간 : 육아휴직 기간 중 할당 또는 그밖의 방법으로 아빠에게 주어지며 엄마에게 양도하거나 공유할 수 없는 기간을 말함.

① 육아휴직 사용자 중 남성의 비중이 가장 큰 국가와 가장 작은 국가의 차이는 43.3%p이다.
② 육아휴직 사용자 중 남성의 비중이 높다고 해서 아빠 전속 육아휴직 기간이 긴 것은 아니다.
③ 아빠 전속 육아휴직 기간이 길수록 소득대체율이 높다.
④ 일본의 아빠 전속 육아휴직 기간은 포르투갈의 아빠 전속 육아휴직 기간의 3배 이상이다.

39. ○○공사는 주차면 수가 두 줄로 각각 15면인 전체 30면 주차장을 운영하고 있다. 이곳의 주차 면적의 크기는 일반형 주차면(가로 2m×세로 5m)을 사용하고 있으나, 확장형 주차면(가로 3m× 세로 5m)으로 변경하고자 한다. 이 경우 운영할 수 있는 주차면 수는?

① 15면   ② 20면
③ 25면   ④ 30면

40. (39번과 이어짐) ○○공사가 운영 중인 주차장의 주차대수는 시간당 평균 15대이며 최대 주차 대수는 20대, 최소 주차대수는 10대라고 한다. 확장형 주차면으로 운영 시 시간당 주차요금을 몇 %로 인상해야 기존 일반형 주차면과 동일한 이익을 얻을 수 있는가?

① 0% 인상   ② 20% 인상
③ 25% 인상   ④ 50% 인상

1회 한국남동발전

2회 한국중부발전[사무]

3회 한국중부발전[기술]

4회 한국동서발전

5회 한국서부발전

6회 한국남부발전

인성검사

면접가이드

41. 인사관리과에 근무하는 윤 대리는 입사 필기시험 결과를 정리하고 있다. 다음 중 지원자 A ~ F의 필기시험 결과를 바르게 해석한 것은?

<지원자 A ~ F의 필기시험 결과>

(단위 : 점)

지원자	성별	실무능력 점수	정보처리 점수	외국어 점수
A	남	12	16	6
B	여	17	18	7
C	여	14	12	17
D	여	7	17	12
E	남	14	13	13
F	남	16	9	11

- 필기시험 합격 조건은 다음과 같다.
  - 실무능력 점수, 정보처리 점수, 외국어 점수가 각각 8점 이상
  - 점수의 총합이 36점 이상
- 필기시험 합격자에 한하여 면접 응시자격을 부여한다.

① 남자 지원자는 모두 필기시험에 합격하였다.

② 점수 총합이 가장 높은 지원자는 합격하였다.

③ D와 F의 점수 총합은 같으며 둘 다 합격하였다.

④ 정보처리 점수가 가장 높은 지원자는 합격하였다.

42. 다음은 Z 농구팀 구단 전술에 관한 내용이다. Z 농구팀에서 스몰 포워드 포지션인 선수는?

• 농구 포지션 종류

센터	포인트가드	슈팅가드	스몰 포워드	파워 포워드

• 포지션 선정 기준

1) 신장이 큰 선수를 센터로 둔다.
2) 야투 성공률과 3점 슛 성공률의 평균이 높은 선수가 슈팅가드를 맡는다.
3) 평균 득점이 높은 선수가 스몰 포워드를 맡는다.
4) 평균 리바운드 횟수가 많은 선수가 파워 포워드를 맡는다.
5) 평균 어시스트 횟수와 평균 스틸 횟수의 합이 높은 선수가 포인트가드를 맡는다.
6) 포인트가드, 센터, 파워 포워드, 슈팅가드, 스몰·포워드 순으로 포지션을 채운다.

• 선수별 통계

구분	A	B	C	D	E
신장(cm)	203	198	187	183	193
야투 성공률(%)	53	40	36	28	49
3점 슛 성공률(%)	15	24	26	40	17
평균 득점(점)	16.7	19.5	20.8	12.6	15.2
평균 리바운드(회)	18.1	15.4	9.5	5.2	11.7
평균 어시스트(회)	2.1	3.5	7.4	6.8	5.1
평균 스틸(회)	2.5	1.9	3.6	4.6	2.3

① B

② C

③ D

④ E

1회 한국남동발전 | 2회 한국중부발전[사무] | 3회 한국중부발전[기술] | 4회 한국동서발전 | 5회 한국서부발전 | 6회 한국남부발전 | 인성검사 | 면접가이드

43. 다음 자료에 대한 설명으로 옳은 것을 〈보기〉에서 모두 고르면?

〈12월 직업별 취업자 수〉

(단위 : 천 명, %)

구분	2020년 12월		2021년 12월			
	취업자 수	구성비	취업자 수	구성비	전년 동월 대비	
					증감	증감률
계	26,639	100.0	27,155	100.0	516	1.9
관리자	414	1.6	387	1.4	−27	−6.5
전문가 및 관련 종사자	5,511	20.7	5,594	20.6	83	1.5
사무종사자	4,765	17.9	4,763	17.5	−2	0.0
서비스종사자	2,995	11.2	3,233	11.9	238	7.9
판매종사자	3,048	11.4	2,998	11.0	−50	−1.6
농림어업숙련종사자	1,108	4.2	1,178	4.3	70	6.3
기능원 및 관련 기능종사자	2,401	9.0	2,405	8.9	4	0.2
장치, 기계조작 및 조립종사자	3,047	11.4	3,051	11.2	4	0.1
단순노무종사자	3,350	12.6	3,546	13.1	196	5.9

보기

ㄱ. 2021년 12월의 취업자 수는 농림어업숙련종사자가 단순노무종사자보다 더 많다.

ㄴ. 판매종사자 수가 급감한 이유는 개인사업자의 대량 폐업신고 때문이다.

ㄷ. 2021년 12월의 사무종사자와 판매종사자의 취업자 수는 전년 동월 대비 감소하였다.

ㄹ. 2021년 12월의 전년 동월 대비 취업자 수의 증감을 살펴보면 서비스종사자, 단순노무
종사자, 농림어업숙련종사자는 증가하였다.

① ㄱ, ㄴ

② ㄴ, ㄹ

③ ㄷ, ㄹ

④ ㄱ, ㄴ, ㄷ

44. 다음은 □□공사의 일부 직원 명단과 설명이다. 이를 바탕으로 추론할 때 적절하지 않은 것은?

경영지원팀(5)		연구팀(10)		홍보기획팀(7)		전산팀(3)	
이름 (직급)	사원번호	이름 (직급)	사원번호	이름 (직급)	사원번호	이름 (직급)	사원번호
임○○ (팀장)	C0901001	오○○ (팀장)	C0902001	박○○ (팀장)	N1203001	정○○ (팀장)	C1004001
이○○ (대리)	C1401002	박○○ (대리)	C1302002	손○○ (대리)	N1303002	최○○ (사원)	N1504002
최○○ (사원)	N1801003	김○○ (사원)	C1302003	윤○○ (사원)	N1503003	황○○ (사원)	N1904003
이○○ (사원)	N1801004	김○○ (사원)	N1602004	김○○ (사원)	N1803004		

- 연구팀 팀장과 경영지원팀 팀장은 입사동기이다.
- 홍보기획팀 직원들은 모두 신입직으로 입사했다.
- 전산팀 황○○ 사원은 회사 내에서 제일 최근에 입사한 사원이다.
- 직급은 '사원－대리－팀장' 순으로 높아진다.

① 2018년에 입사한 직원은 최소 3명이다.

② 2013년에는 경력직 채용만 진행되었다.

③ 사원번호가 N1602005인 노 사원은 연구팀 소속이다.

④ 팀 내의 사원번호가 직급 순으로 순차 생성된다면 홍보기획팀의 직급이 사원인 사람은 5명이다.

45. 해수에서 초음파의 속도가 1,500m/s라고 할 때, 수심이 가장 깊은 관측지점은?

• 해수면에서 해저면을 향하여 발사한 초음파가 해저면에 반사되어 되돌아오는 데 걸리는 시간을 이용하여 해저 지형의 높낮이를 측정할 수 있다. 초음파의 속도가 v, 발사되어 되돌아오는 데 걸리는 시간이 t라면 수심 d는 다음과 같다.

$$수심(d) = \frac{1}{2}vt$$

• 아래의 표는 유라시아판의 경계를 가로지르면서 각 관측 지점의 해수면에서 초음파를 발사하여 지면에 반사되어 되돌아오는 데 걸리는 시간을 나타낸 것이다.

관측지점	시간(초)
갑	5.2
을	9.5
병	7.7
정	9.0

---

① 갑 ② 을
③ 병 ④ 정

46. 다음은 〈환경 문제의 해결 과정〉을 읽고 그 내용을 정리한 것이다. 빈칸에 들어갈 적절한 내용으로 적절한 것은?

〈환경 문제의 해결 과정〉

지구 곳곳에서 이상 기후가 지속되고 있는 가운데 토론토 기후 회의에서는 지구 온난화로 인하여 발생할 기후 · 환경적 변화를 '핵전쟁에 버금가는 재난'이라고 규정한 바 있다. 이렇듯 기후 문제의 심각성을 인식한 각국 정부와 관련 단체들은 지구 온난화를 방지 및 극복하기 위한 여러 가지 방안을 모색하고 있다. 지구 온난화의 주된 원인은 에너지를 생산하고 소비하는 과정에서 발생하는 다량의 이산화탄소로 알려져 있다.

지구 환경 파괴의 주범인 이산화탄소를 줄이기 위해서는 이산화탄소를 발생시키지 않을 뿐 아니라, 다른 오염 물질을 발생시키지도 않는 태양열, 풍력, 수력, 지열 등의 '재생 가능한 에너지원'이라고 불리는 새로운 에너지원을 찾아야 한다.

　　그러나 재생 가능한 에너지원에 의존하는 것만으로는 문제를 완전히 해결할 수 없다. 현대인의 풍요로운 생활과 그 근간을 이루는 산업 체제가 엄청나게 많은 에너지 소비에 바탕을 두고 있기 때문이다. 대량 생산 · 대량 소비에 기초한 미국식 산업 체제가 전 지구적으로 관철되고 있는 현실을 살펴볼 때, 전 세계가 미국식 산업 체제를 따른다면 머지않아 에너지 소비량은 현재보다 수십 배 증가할 것임을 쉽게 예측할 수 있다. 이렇게 된다면 재생 가능한 에너지원이 아니라 그 어떤 에너지를 도입하더라도 에너지 수요를 감당하기 어렵기는 마찬가지이다. 결국 산업과 생활에서 에너지를 과다하게 사용할 수밖에 없는 에너지 사용 방식을 바꾸어야 한다는 것이다.

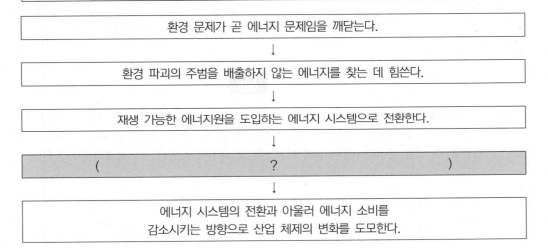

환경 문제가 곧 에너지 문제임을 깨닫는다.

↓

환경 파괴의 주범을 배출하지 않는 에너지를 찾는 데 힘쓴다.

↓

재생 가능한 에너지원을 도입하는 에너지 시스템으로 전환한다.

↓

(　　　　　　　　　　　　？　　　　　　　　　　　　)

↓

에너지 시스템의 전환과 아울러 에너지 소비를
감소시키는 방향으로 산업 체제의 변화를 도모한다.

① 급격히 늘고 있는 수요를 감당할 수 있는 에너지원 개발에 주력한다.
② 현 산업 체계에서 사용하는 에너지를 재생 가능한 에너지로 전면 교체한다.
③ 정부가 각 개인들의 에너지 소비를 지속적으로 억제하는 정책을 실시한다.
④ 현재의 산업 체제나 생활에서의 에너지 소비는 과도함을 인식한다.

47. 다음 〈보기〉의 그림과 〈설명〉에서 나타나 있는 발산적 사고의 개발 방법은?

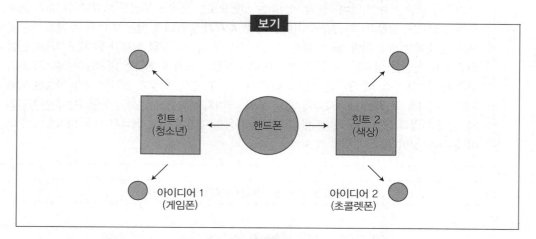

설명

　신규 핸드폰을 개발하기에 앞서 청소년, 색상 등과 같은 힌트를 통해 사고 방향을 미리 정해서 발상하는 방법을 말한다. 이때 청소년이라는 힌트에 대해 게임폰이라는 아이디어를 떠올릴 수 있을 것이다. 이 사고의 개발 방법의 대표적인 방법에는 체크리스트가 있다.

① 자유연상법　　　　　　　　　　② 강제연상법
③ 비교추론법　　　　　　　　　　④ 비교발상법

48. (주)○○가스는 지면 광고를 하기 위해 A ~ D 광고업체의 현수막 광고와 전단지 광고 비용을 비교하였다. 다음 중 현수막 광고 30일과 전단지 10,000부의 계약을 가장 저렴한 비용으로 체결할 수 있는 광고업체는?

구분	현수막	전단지
A	− 7일 : 30만 원 − 7일 단위로 연장 가능하며 7일씩 추가비용은 25만 원	− 5,000부 : 30만 원 − 1,000부 단위로 추가 가능하며 1,000부 추가비용은 5만 원
B	− 처음 7일은 하루에 5만 원 − 그 이후 추가되는 날짜는 하루에 3만 원	− 처음 3,000부까지는 1,000부당 8만 원 − 그 다음 3,000부까지는(총 6,000부까지) 1,000부당 6만 원 − 그 이후는 1,000부당 4만 원
C	− 5일 단위로 계약 가능하며 5일씩 추가비용은 18만 원	− 2,000부 단위로 계약 가능하며 2,000부씩 추가비용은 12만 원
D	− 처음 10일은 하루에 4만 원 − 그 이후 추가되는 날짜는 하루에 2.5만 원	− 3,000부 단위로 계약 가능하며 3,000부씩 추가비용은 17만 원

① A

② B

③ C

④ D

49. (주)□□유통은 소속 직원들의 역량 강화를 위한 정기 해외 파견근무 대상자를 선정하고자 한다. 다음 내용을 참고하여 2022년 10월 해외 파견근무에 선발될 직원은?

- 파견 인원 및 기간
  지원자 중 3명을 선발하여 1년간 이루어지며, 파견 기간은 변경되지 않는다.

- 선발 조건
  1) 근무 평점이 80점(보통) 이상인 경우만 선발하고 업무능력 우수자가 반드시 1명 이상 선발되어야 한다.
  2) 직전 해외 파견근무가 종료된 이후 2년이 경과하지 않은 직원은 선발할 수 없다.
  3) 총무부 직원은 1명 이상 선발한다.
  4) 동일 부서에 근무하는 2명 이상의 팀장을 선발할 수 없다.
  5) 과장을 선발하는 경우 동일 부서에 근무하는 직원을 1명 이상 함께 선발한다.

- 지원자 현황

직원	직위	근무부서	업무능력	직전 해외 파견근무 종료 시점
갑	과장	총무	보통	2019년 3월
을	과장	기획	미흡	2020년 8월
병	팀장	총무	보통	2020년 11월
정	팀장	영업	우수	2019년 8월
무	팀장	영업	보통	2020년 5월
기	사원	총무	보통	2020년 5월
경	사원	기획	미흡	2019년 7월

① 갑, 을, 병　　　　　　　　　　② 갑, 정, 기

③ 병, 정, 경　　　　　　　　　　④ 정, 기, 경

50. 다음 글을 읽고 이에 대한 〈보기〉의 설명 중 옳은 것을 모두 고르면?

　　철수는 출퇴근할 때 비포장도로를 이용해야 한다. 비포장도로로 인해 A 자동차의 타이어는 20번 출퇴근하면 한 차례 교체해야 하고, 교체 비용은 20만 원이다. B 자동차의 타이어 또한 비포장도로로 인해 80번 출퇴근하면 한 차례 교체해야 하고, 교체 비용은 40만 원이다. A 자동차의 가격은 2,000만 원이고, B 자동차의 가격은 2,400만 원이다.

보기

ㄱ. 출퇴근을 6,000번 하는 경우 B 자동차를 구매해야 한다.

ㄴ. 출퇴근을 8,000번 하는 경우 A 자동차를 구매해야 한다.

ㄷ. A 자동차의 타이어 교체 비용이 10만 원으로 낮아진다면, 출퇴근을 9,000번 하는 경우 A 자동차를 구매하는 것이 유리하다.

① ㄱ   ② ㄴ

③ ㄱ, ㄷ   ④ ㄴ, ㄷ

51. ○○이노베이션은 인공지능 기술을 개발하는 연구를 진행하던 중 연구개발에 필요한 기계장치를 20X7년 7월 1일에 취득하였다. 다음 〈조건〉에 따르면 1년 뒤인 20X8년 12월 31일 현재 재무상태표상에 보고되는 기계장치의 장부금액과 20X8년도에 취득한 무형자산의 감가상각비는 각각 얼마인가?

조건

• ○○이노베이션이 취득한 기계장치의 취득원가는 500,000원, 내용연수는 5년이며, 추정잔존가치는 없다.

• ○○이노베이션은 20X7년 인공지능에 관한 연구가 종료되어 20X8년 1월 1일부터 개발단계가 시작되었다. 개발단계에서 지출된 금액 1,000,000원은 자산의 인식요건을 충족하여 개발비로 계상하였다.

• 20X8년 6월 30일 인공지능 기술의 개발단계를 종료하고 산출물을 통해서 7월 1일 특허권을 취득하였고, 그 직접비로 총 400,000원을 지출하였다.

• 모든 무형자산의 내용연수는 10년이며, 추정잔존가치는 없다.

• ○○이노베이션의 유형, 무형자산의 상각방법으로 정액법을 사용한다.

	기계장치의 장부금액	무형자산의 감가상각비
①	300,000원	140,000원
②	300,000원	40,000원
③	400,000원	120,000원
④	400,000원	40,000원

52. 다음은 우주인 평가 과정 중 일부를 나타낸 것이다. 3차 평가에서 선정되는 인원이 1명일 때, 선정되는 사람은?

- 1차 평가선정(인원 : 3명)
  - 3.5km 달리기
- 2차 평가선정(인원 : 2명)
  - 윗몸일으키기, 팔굽혀펴기 개수의 합
- 3차 평가선정(인원 : 1명)
  - 상황대처능력 평가

〈지원자 기록〉

구분	A	B	C	D
3.5km 달리기	21분 33초	22분 12초	20분 5초	22분 19초
윗몸일으키기(개)	63	58	61	73
팔굽혀펴기(개)	52	56	52	45
상황대처능력(점)	88	86	85	91

① A

② B

③ C

④ D

53. ○○기업 회계팀 김 사원은 외상에 관한 자사의 7월 거래 내역을 반영하여 다음 외상 매출금 총계정원장을 적으려고 한다. ㉠에 기록할 차월 이월액은 얼마인가?

- 7월 5일 △△상사의 외상 매출금 잔액은 3,000,000원이다.
- 7월 10일 △△상사에 자사 제품 1,700,000원을 외상으로 판매하였다.
- 7월 17일 △△상사에 판매한 외상 대금 가운데 1,100,000원을 현금으로 회수하였다.

총계정원장	
외상 매출금	
7월 5일 전월 이월 3,000,000원	
	7월 31일 차월 이월 (㉠)

① 3,600,000원　　　　　　　② 3,700,000원
③ 4,100,000원　　　　　　　④ 4,700,000원

54. ○○공제회 지역본부는 대출규모가 큰 10개 기업들 중 코로나바이러스 대유행으로 전년 대비 매출액이 50% 이상 감소한 기업을 대상으로 대출규모의 10%의 추가 대출자금을 지원하고자 한다. 자금지원 대상 기업의 매출액과 대출규모가 다음 표와 같고 대출자금 지원에 가용할 수 있는 예산이 1억 원이라면 공제회는 최대 몇 개의 기업을 지원할 수 있는가?

〈자금지원 대상 기업의 매출 현황〉

(단위 : 만 원)

대상기업	전년도 매출액	올해 매출액	대출 규모
A	30,000	10,000	20,000
B	50,000	20,000	20,000
C	10,000	8,000	20,000
D	10,000	4,000	18,000
E	40,000	21,000	17,000
F	30,000	12,000	15,000
G	25,000	10,000	15,000
H	20,000	22,000	13,000
I	10,000	2,000	10,000
J	8,000	3,000	8,000

① 4개　　　　　　　② 5개
③ 6개　　　　　　　④ 7개

55. (가) ~ (다) 마트는 회원권을 가지고 있으면 전체 금액에서 일정 비율을 할인받을 수 있다. 다음 표는 마트별 회원권의 가격과 회원 할인 비율을 나타낸 것이다. 〈보기〉와 같이 물품을 구매한다고 할 때, 회원권을 구매하는 것이 이득인 사람을 모두 고르면?

마트	회원권 가격(원)	회원 할인 비율(%)
(가)	12,000	10
(나)	18,000	20
(다)	15,000	15

보기

- 철수 : (가) 마트에서 1,000원인 물품 20개, 2,000원인 물품 40개, 3,500원인 물품 5개
- 희정 : (가) 마트에서 1,800원인 물품 30개, 3,400원인 물품 20개
- 인호 : (나) 마트에서 1,500원인 물품 30개, 2,500원인 물품 20개
- 예린 : (나) 마트에서 2,100원인 물품 35개, 3,300원인 물품 4개
- 태훈 : (다) 마트에서 4,200원인 물품 16개, 6,500원인 물품 5개

① 철수, 희정
② 희정, 인호
③ 인호, 태훈
④ 예린, 태훈

56. 다음은 총무부에서 파악한 비품의 단가와 구매 수량을 정리한 표이다. (A)에 들어갈 금액은? (단, 비어 있는 칸은 지워진 것이다)

비품	단가(원)	수량(개)	금액(원)
볼펜	150	100	15,000
A4용지	3,000	20	
연필	200	100	20,000
테이프	2,000		(A)
포스트잇	1,500	50	75,000
클립	3,000	30	90,000
합계			340,000

① 60,000
② 70,000
③ 80,000
④ 90,000

57. 호텔의 예약 담당자인 김 씨는 다음과 같은 일정 문의를 받았다. 〈6월 예약 일정〉을 참고할 때, 김 씨의 답변으로 적절한 것은?

〈6월 예약 일정〉

일	월	화	수	목	금	토
	1	2	3	4	5	6
	입 C사		퇴 C사 입 B사		퇴 B사	
7	8	9	10	11	12	13
	입 L사	퇴 L사		입 J사	퇴 J사	
14	15	16	17	18	19	20
	입 E사	퇴 E사	입 G사	퇴 G사		
21	22	23	24	25	26	27
	입 M사	퇴 M사				
28	29	30	31			
	입 F사	퇴 F사				

※ 입 : 입실, 퇴 : 퇴실

- 입실 시간은 13시이고 선예약이 없을 경우 우선 입실이 가능하며, 퇴실 시간은 11시이다.
- 토요일과 일요일에는 단체 손님에게 세미나실을 개방하지 않는다.
- 세미나실 대여료는 1일당 90만 원이다.
- 2인 1실 기준으로 객실 한 개당 숙박비는 16만 원이며, 당일 퇴실하더라도 금액에는 변동이 없다.

    안녕하세요. 저희 P사에서는 1박 2일로 연수를 계획하고 있습니다. 6월 둘째 주나 셋째 주에 이틀간 세미나실을 활용하고, 첫날 10시에 입실할 예정입니다. 가능한 날짜가 있나요?

① 19일 오전에 입실 가능합니다.

② 이번 달에는 24일 이후에 예약 가능합니다.

③ 죄송하지만 입실 시간은 13시이며, 조정이 불가능합니다.

④ 10일에 입실하여 11일에 퇴실 가능합니다. 예약해 드릴까요?

[58 ~ 59] ○○공사의 홍보부 사원인 H는 내일 제주도의 △△리조트에서 실시되는 세미나에 참석하려고
한다. 이어지는 질문에 답하시오.

- H 사원의 집 : 파주시 금릉역에서 도보 10분 거리
- 세미나 시작 시간 : 오후 2시
- 금릉역 → 김포공항 대중교통 경로

  > [경의중앙선]금릉역 → [일반버스]588번 → 김포공항 국내선 정류장 하차

  ※ 지하철 이동 20분, 버스 이동 40분, 버스 하차 후 도보 이동 5분 소요 예상됨.
  ※ 금릉역에서 오전 7시 20분에 지하철의 첫차가 출발함.
- 김포 → 제주 항공 시간표

구분	김포 출발	제주 도착	금액(원)
A 항공	09 : 20	10 : 30	124,900
B 항공	10 : 05	11 : 15	124,900
C 항공	10 : 45	11 : 55	117,500
D 항공	10 : 55	12 : 05	74,800

  ※ 출발 한 시간 전 공항에 도착하여 체크인해야 함.
- 제주공항 → △△리조트 무료 셔틀버스 시간표

구분	1회차	2회차	3회차	4회차	5회차
출발시간	10 : 00	12 : 00	14 : 00	16 : 00	19 : 10
도착시간	11 : 10	13 : 10	15 : 10	17 : 10	20 : 20

  ※ 항공기 도착 후 셔틀버스 탑승 장소까지 7분 소요됨.

58. H 사원은 금릉역에서 김포공항까지 제시된 대중교통으로 이동하며, 이때 체크인 시간보다 30분
일찍 도착하려고 한다. H 사원이 세미나에 늦지 않으려면 내일 아침 어떤 항공기를 타기 위해
몇 시에 집에서 나와야 하는가? (단, 제주공항에서 △△리조트까지는 무료 셔틀버스를 이용
한다)

	항공기	나오는 시각			항공기	나오는 시각
①	B	07 : 20		②	B	08 : 20
③	C	09 : 10		④	D	09 : 20

59. (58번과 이어짐) 출장준비를 하던 H 사원은 세미나 시작 시간이 오후 2시에서 오후 1시로 변경
되었다는 안내 문자를 받게 되었다. 항공편을 변경하고, 셔틀버스 시간이 맞지 않아 제주공항
에서 △△리조트까지 가는 대중교통을 알아보니 다음과 같았다. 이를 참고하였을 때, H 사원의
집에서부터 △△리조트까지 이동하는 데 추가로 드는 비용은?

- 금릉역에서 6시 50분에 출발하는 지하철의 첫차가 생겨, 항공편을 A 항공편으로 변경
하였다.
- 항공편 변경에 따른 수수료 5,000원이 발생하였다.
- 김포공항까지 교통편은 동일하게 이동하기로 한다.
- 제주공항에서 △△리조트까지 [경로1]의 대중교통을 이용하기로 한다.

① 8,000원 ② 15,400원
③ 50,700원 ④ 58,100원

60. ○○기업 마케팅 사원 김 씨는 제품 A에 대한 1/4분기 매출 및 비용 내역을 토대로 2/4분기 권고안에 따른 손익분기점 분석표를 제출하였다. 이에 대한 올바른 설명을 모두 고른 것은?

〈손익분기점 분석〉 (단위 : 원)

구분		1/4분기	2/4분기 권고안(예상)
매출액		5,000,000(500박스 판매)	5,830,000(530박스 판매)
변동비	재료비	2,500,000	2,756,000
	포장비	750,000	795,000
	계	3,250,000	3,551,000
고정비	임차료	1,000,000	1,000,000
	인건비	1,500,000	–
	전기료	150,000	150,000
	기타	200,000	100,000
	계	2,850,000	1,250,000
비용총계		6,100,000	4,801,000
손익		−1,100,000	1,029,000
변동비율		3,250,000/5,000,000 =0.65	3,551,000/5,830,000 ≒0.55
고정비율		1−0.65=0.35	?
손익분기점 매출액		2,850,000/0.35 ≒8,142,857	?

※ 손익분기점이란 일정 기간 수익과 비용이 같아 이익도 손실도 생기지 않는 매출액을 말한다.

ㄱ. 2/4분기의 권고안에는 판매가격을 그대로 두고 판매량을 증가시켰다.
ㄴ. 만일 1/4분기에서 814박스를 판매했다면 손해를 보지 않았을 것이다.
ㄷ. 1/4분기와 비교하여 2/4분기의 고정비율을 증가시켰다.
ㄹ. 1/4분기와 비교하여 2/4분기는 인건비와 기타비용의 절감으로 손익분기점 매출액을 감소시킬 수 있다.

① ㄱ, ㄴ
② ㄴ, ㄷ
③ ㄴ, ㄹ
④ ㄷ, ㄹ

61. 다음 사례의 A 씨에게서 나타나는 직업윤리의 덕목으로 적절하지 않은 것은?

> 디자이너 A 씨는 자신의 직무에 만족하며 능력을 개발하고자 하는 의욕을 가지고 본인의 직업에 종사하고 있다. 자신의 직업 활동을 통해 사회에 기여하고, 자신이 만드는 도안을 통해 세상이 아름다워진다고 믿는다. 그는 자신의 일은 자신의 재능과 부합하여 하늘이 맡긴 일이라는 생각을 종종 하기도 한다. 큰 프로젝트를 마친 후, 그는 보육원 벽화 봉사 등 자신의 손길이 필요한 곳을 찾아가기도 한다.

① 소명의식　　　　　　　　　　② 직분의식
③ 천직의식　　　　　　　　　　④ 전문가의식

62. 기업의 사회적 책임은 기업이 시장에서 수익 창출뿐만 아니라 사회의 관점에서 바람직하다고 동의되는 가치를 함께 증가시켜야 할 의무를 말하며, 그 책임의 궁극적 목적은 기업의 지속가능한 성장과 더불어 사회적 가치 추구를 모두 충족시키는 데 있다. 미국의 경영학자 필립 코틀러(Philip Kotler)는 CSR을 공익캠페인, 공익연계마케팅, 사회마케팅, 사회공헌(자선)활동, 지역사회 자원봉사, 사회책임경영 실천 영역으로 구분하고 있다. 다음 제시된 사례가 해당되는 영역은?

> • ○○카페는 투명하고 윤리적인 커피 원두 구매에 있어서 전 세계 커피 산업을 선도하며, 그동안 친환경, 윤리적 커피 원두 구매 방식을 구축해 왔습니다. 30여 년 전부터 국제 환경 보호 단체(Conservation International)와 협약을 통해 커피 원두 구매 방식에 환경 보호 원칙을 결합시켰으며, 사회적·환경적 책임을 다하는 이러한 노력을 바탕으로 윤리적 커피 원두 구매 프로그램인 C.A.F.E(Coffee and Farmer Equity)가 탄생될 수 있었습니다.
> • △△마트는 자사에 제품을 납품하는 모든 공급업체의 그린의무화로 20X5년까지 2,000만 톤의 탄소감축 계획을 수립했습니다. 에너지 고가시대를 대비해 공통의 생산비용을 절감하고 탄소규제하에서도 낮은 제품가격을 유지하기 위한 조치입니다.

① 공익캠페인　　　　　　　　　② 사회책임경영 실천
③ 공익연계마케팅　　　　　　　④ 지역사회 자원봉사

1회 한국남동발전
2회 한국중부발전[사무]
3회 한국중부발전[기술]
4회 한국동서발전
5회 한국서부발전
6회 한국남부발전
인성검사
면접가이드

63. 다음 글에서 주장하고 있는 근로윤리는?

> 1901년(당시 18세) 보성학교 졸업반인 나는 창경궁으로 졸업 소풍을 갔다가 박물관 진열대에 있는 고려청자의 미려한 선, 우아한 색채, 은은한 광택, 특히 푸른 비색에 탄복한 나머지 내 손으로 한번 고려청자를 만들어 보겠다는 뜻을 품게 되었다.
>
> 서울 장충단에 일본인이 경영하는 고려청자 공장이 있음을 알고 찾아가 어렵게 취직을 하였다. 나의 그림, 조각 솜씨는 점차 주인으로부터 인정을 받았다. 1912년 3월, 어느 날 갑자기 기념품 6만 개를 만들어 달라는 주문이 들어왔다. 술잔 외면에 글씨를 새기고 내면에는 운학(雲鶴)을 조각해 넣는 기념품이었다.
>
> 이것을 만드는 기한은 5개월, 작업 과정을 단축해 운학 중에 구름을 빼고, 학 한 마리만 조각하고 작업을 해도 하루 백 개, 열흘에 천 개, 한 달에 삼천 개, 20개월이 되어야 6만 개를 제작할 수 있는 것을 주인은 조각하는 시간은 미처 계산해 보지 못하고 일을 맡았던 것이다. 우리 조선 사람의 의지가 강철과 같이 강하다는 본때를 이들에게 보여 주자는 다짐으로 이를 악물고 최선을 다하였다.
>
> 어느 날 주인이 말했다. "유 서방, 당신은 정말 훌륭한 사람이오. 당신은 몸도 돌보지 않고 졸도를 하면서까지, 심지어는 학질을 앓으면서도 굴하지 않고 그날그날 책임량을 완수해 주어서 기일 안에 납품이 가능하게 되었소. 당신의 그 백절불굴 의지는 정말 잊지 못할 것이오. 파손율 1할 5부를 빼고도 6만 개 이상 되니까 납품 수량은 넉넉하오. 정말 수고 많았소."

① 예절   ② 준법   ③ 성실   ④ 정직

64. 직업윤리는 공리주의적 관점에서 '직장본위의 직업윤리', '자기본위의 직업윤리', '국가본위의 직업윤리', '일 본위의 직업윤리'의 4유형으로 분류된다. 다음 빈칸에 들어갈 유형은?

> '(   )'란 자기 자신을 위해서도 아니고 자신이 소속된 사회나 조직을 위해서도 아닌 일 바로 그 자체를 위하여 헌신하고, 보다 완벽한 일의 성과와 창의적인 업적을 올리려고 노력하는 것이 직업인으로서의 사명이자 본분이라고 생각하는 직업관이다. 장인정신(匠人精神)이나 금욕적 직업윤리 의식은 이 유형에 속하는 것으로서 일의 헌신이 올바르게 수행될 경우 그것은 궁극적으로 자기실현에 도달할 수 있게 된다. 또한 업무의 성과가 모든 주위 사람에게 이익과 행복을 가져다준다고 하면 이 윤리는 넓은 의미로 '사회본위의 직업관'이라고도 볼 수 있다.

① 일 본위의 직업윤리   ② 자기본위의 직업윤리
③ 직장본위의 직업윤리   ④ 국가 본위의 직업윤리

65. 다음의 대화에서 드러난 개인윤리와 직업윤리 간 조화의 내용으로 가장 적절한 것은?

> 유 부장 : 양 과장님, 새해 우리 부서의 목표는 에너지 산업의 발전 방향을 토대로 하여 세부
> 추진 과제를 수립하는 것입니다. 차질 없이 잘 진행되고 있나요?
>
> 양 과장 : 예, 부장님. 〈에너지산업 발전방향 2030 계획〉 등을 통해 기초자료를 수집하면서
> 분석하는 등 업무를 차근차근 수행하고 있습니다.
>
> 유 부장 : 기초 작업이 아주 탄탄할 것이라 기대되네요. 더불어 이번 목표는 우리 기업의 무조
> 건적인 이익추구보다는 ESG경영이나 기업의 사회적 책임 역할까지도 함께 추진되
> 어야 하다 보니, 고려요소가 많을 것으로 생각되네요.
>
> 양 과장 : 아무래도 그렇습니다. 그렇지 않아도 이를 위해서 모든 부서원들의 역량을 총체적
> 으로 활용할 뿐만 아니라, 관련 부서에도 협조요청을 통해서 함께 진행할 예정입
> 니다.
>
> 유 부장 : 이번 목표는 일의 측면인 부분이 강하나, 동시에 일의 학습이라는 것도 항상 기억해
> 주길 바랍니다.

① 수많은 사람들이 관련되어 고도화된 공동의 협력이 요구되므로 맡은 역할에 대한 책임 완수와
정확하고 투명한 일 처리가 필요함을 의미한다.

② 기업은 경쟁을 통하여 사회적 책임을 다하고 보다 강한 경쟁력을 위해 조직구성원 개개인의 역
할과 능력이 적절하고 꾸준하게 향상되도록 해야 함을 의미한다.

③ 규모가 큰 공동의 재산과 정보 등을 권한 하에서 위임, 관리하므로 높은 수준의 윤리의식이 필
요함을 의미한다.

④ 특수한 직무에서는 개인적인 차원의 덕목과 상식 등으로는 규제할 수 없는 경우가 많음을 의미
한다.

66. 다음 중 직업의 속성과 내용의 연결이 올바르지 않은 것은?

① 경제성 – 직업은 경제적 거래 관계가 성립되어야 함을 의미한다.

② 윤리성 – 비윤리적인 영리 행위나 반사회적인 활동을 통한 경제적 이윤추구가 아님을 의미한다.

③ 계속성 – 명확한 주기가 주어지는 일만 계속해야만 직업으로 인정받을 수 있음을 의미한다.

④ 자발성 – 속박된 상태에서의 직업 활동은 경제성이나 계속성의 여부와 관계없이 직업으로 인정하지 않음을 의미한다.

67. 다음의 기업들이 추구하는 경영활동의 주된 목적으로 적절한 것은?

> – ○○신발회사의 "원 포 원(one for one) 정책"
> 소비자가 신발 한 켤레를 구매할 때마다 빈곤층 아이들에게 신발 한 켤레를 기부하는 정책
>
> – △△음료회사의 "쓰레기마트 프로젝트"
> 배출되는 쓰레기들을 친환경 재생섬유로 재활용하기 위해 소비자가 빈 음료 캔이나 페트병을 가져오면 현금처럼 쓸 수 있는 포인트를 적립해 주는 프로젝트
>
> – □□화장품회사의 "메이크업 유어 라이프(make-up your life) 캠페인"
> 항암 치료 과정에서 겪을 수 있는 갑작스러운 외모변화로 고통 받는 환자들에게 기존에 누리던 일상생활이 가능할 수 있도록 교육을 전수하는 캠페인

① 동종업계 경쟁사 벤치마킹 실시　　　② 경제적 이윤 추구

③ 기업의 사회적 책임 수행　　　　　　④ 브랜드 충성도 강화

68. 다음 중 직장에서의 전화예절에 대한 설명으로 적절하지 않은 것은?

① 전화를 걸기 전 미리 메모할 종이와 필기구를 준비한다.

② 전화는 정상업무가 이루어지고 있는 근무 시간에 걸도록 한다.

③ 회신을 부탁한다는 전화를 받았다면 가능한 한 빨리 하려고 노력한다.

④ 원활한 소통을 위하여 준비한 멘트를 상대방의 대답을 듣기 전에 빨리 말한다.

69. 다음 〈보기〉의 사례에 나타난 명함 교환 예절로 적절하지 않은 것은?

> **보기**
>
> S공사에 다니는 김□□ 사원은 협력 업체의 직원을 처음 만나 명함을 받았다. 김□□ 사원은 ⊙ 미리 새 명함을 준비해 가서 ⓒ 명함을 명함 지갑에서 꺼내 협력 업체의 직원에게 건네었다. ⓒ 김□□ 사원과 협력 업체 직원이 동시에 명함을 꺼내게 되어 한손으로 서로 교환하고 오른손으로 옮겼다. 김□□ 사원은 받은 명함을 잃어버리지 않기 위해 ⓔ 명함을 받은 후 바로 호주머니에 넣었다. 또한 협력 업체 직원에 대해 적고 싶은 것이 있어, 직원과의 만남이 끝난 후 명함에 부가 정보를 적었다.

① ⊙   ② ⓒ

③ ⓒ   ④ ⓔ

70. 다음 중 직장 내 괴롭힘 사건이라 할 수 없는 것은?

① 육아휴직 후 복직한 피해자에게 전에 담당하던 업무가 아닌 다른 업무를 맡기고, 피해자를 제외하고 다른 직원들만 참석한 회의에서 피해자를 내쫓기 위해 따돌릴 것을 지시하는 취지의 내용을 전달하였다. 이후 자리배치를 할 때도 책상을 뺄 것을 지시, 그를 직원으로 생각하지 않는다는 발언을 하는 등 심한 모욕감을 주어 피해자는 우울증을 앓았고, 결국 퇴사하였다.

② 본래 업무에 더해서 대표의 운전기사, 수행비서 역할까지 했고, 폭설이 내린 날에는 대표의 아들 자동차에 앉은 눈을 맨손으로 제거하도록 지시하였다. 직원을 동원해 대표 개인 텃밭의 채소 수확과 판매까지 시켰지만, 문제제기도 할 수 없는 분위기의 회사였다.

③ 똑같은 업무를 수년 동안 하다가 전혀 관련 없는 다른 업무를 배정받았다. 그런데 바뀐 업무에 필요한 단말기를 회사에서 제공하지 않았고, 업무를 진행할 수 있게 단말기를 달라고 요청했으나, 제공하지 않은 채 주기적으로 업무 압박만 반복되었다.

④ 입사동기 중 유일하게 부장이 되지 못한 입사 10년차 영업부 과장 윤 씨는 승진하려면 다음 근무평가 때 A등급을 꼭 받아야만 한다. 그러나 본부장은 윤 씨의 근무성적을 B등급으로 평가하였다. 윤 씨의 직속상사도 B등급을 받아 팀의 실적이 다른 팀보다 떨어지는 것은 객관적인 사실로 보인다. 승진을 앞두고 상사의 배려를 기대했던 윤 씨는 B등급이 나오자 본부장이 자신의 승진을 고의로 막는 게 아닐까 하는 생각들로 괴로워졌다.

파트

2

NCS

5대 발전회사
인성검사

인성검사란? 개개인이 가지고 있는 사고와 태도 및 행동 특성을 정형화된 검사를 통해 측정하여 해당 직무에 적합한 인재인지를 파악하는 검사를 말한다.

인성검사의 이해

1 인성검사, 왜 필요한가?

채용기업은 지원자가 '직무적합성'을 지닌 사람인지를 인성검사와 NCS기반 필기시험을 통해 판단한다. 인성검사에서 말하는 인성(人性)이란 그 사람의 성품, 즉 각 개인이 가지는 사고와 태도 및 행동 특성을 의미한다. 인성은 사람의 생김새처럼 사람마다 다르기 때문에 몇 가지 유형으로 분류하고 이에 맞추어 판단한다는 것 자체가 억지스럽고 어불성설일지 모른다. 그럼에도 불구하고 기업들의 입장에서는 입사를 희망하는 사람이 어떤 성품을 가졌는지 정보가 필요하다. 그래야 해당 기업의 인재상에 적합하고 담당할 업무에 적격한 인재를 채용할 수 있기 때문이다.

지원자의 성격이 외향적인지 아니면 내향적인지, 어떤 직무와 어울리는지, 조직에서 다른 사람과 원만하게 생활할 수 있는지, 업무 수행 중 문제가 생겼을 때 어떻게 대처하고 해결할 수 있는지에 대한 전반적인 개성은 자기소개서를 통해서나 면접을 통해서도 어느 정도 파악할 수 있다. 그러나 이것들만으로 인성을 충분히 파악할 수 없기 때문에 객관화되고 정형화된 인성검사로 지원자의 성격을 판단하고 있다.

채용기업은 필기시험을 높은 점수로 통과한 지원자라 하더라도 해당 기업과 거리가 있는 성품을 가졌다면 탈락시키게 된다. 일반적으로 필기시험 통과자 중 인성검사로 탈락하는 비율이 10% 내외가 된다고 알려져 있다. 물론 인성검사를 탈락하였다 하더라도 특별히 인성에 문제가 있는 사람이 아니라면 절망할 필요는 없다. 자신을 되돌아보고 다음 기회를 대비하면 되기 때문이다. 탈락한 기업이 원하는 인재상이 아니었다면 맞는 기업을 찾으면 되고, 경쟁자가 많았기 때문이라면 자신을 다듬어 경쟁력을 높이면 될 것이다.

2 인성검사의 특징

우리나라 대다수의 채용기업은 인재개발 및 인적자원을 연구하는 한국행동과학연구소(KIRBS), 에스에이치알(SHR), 한국사회적성개발원(KSAD), 한국인재개발진흥원(KPDI) 등 전문기관에 인성검사를 의뢰하고 있다.

이 기관들의 인성검사 개발 목적은 비슷하지만 기관마다 검사 유형이나 평가 척도는 약간의 차이가 있다. 또 지원하는 기업이 어느 기관에서 개발한 검사지로 인성검사를 시행하는지는 사전에 알 수 없다. 그렇지만 공통으로 적용하는 척도와 기준에 따라 구성된 여러 형태의 인성검사지로 사전 테스트를 해 보고 자신의 인성이 어떻게 평가되는가를 미리 알아보는 것은 가능하다.

인성검사는 필기시험 당일 직무능력평가와 함께 실시하는 경우와 직무능력평가 합격자에 한하여 면접과 함께 실시하는 경우가 있다. 인성검사의 문항은 100문항 내외에서부터 최대 500문항까지 다양하다. 인성검사에 주어지는 시간은 문항 수에 비례하여 30 ~ 100분 정도가 된다.

문항 자체는 단순한 질문으로 어려울 것은 없지만 제시된 상황에서 본인의 행동을 정하는 것이 쉽지만은 않다. 문항 수가 많을 경우 이에 비례하여 시간도 길게 주어지지만 단순하고 유사하며 반복되는 질문에 방심하여 집중하지 못하고 실수하는 경우가 있으므로 컨디션 관리와 집중력 유지에 노력하여야 한다. 특히 같거나 유사한 물음에 다른 답을 하는 경우가 가장 위험하다.

3 인성검사 척도 및 구성

❶ 미네소타 다면적 인성검사(MMPI)

　　MMPI(Minnesota Multiphasic Personality Inventory)는 1943년 미국 미네소타 대학교수인 해서웨이와 매킨리가 개발한 대표적인 자기 보고형 성향 검사로서 오늘날 가장 대표적으로 사용되는 객관적 심리검사 중 하나이다. MMPI는 약 550여 개의 문항으로 구성되며 각 문항을 읽고 '예(YES)' 또는 '아니오(NO)'로 대답하게 되어 있다.

　　MMPI는 4개의 타당도 척도와 10개의 임상척도로 구분된다. 500개가 넘는 문항들 중 중복되는 문항들이 포함되어 있는데 내용이 똑같은 문항도 10문항 이상 포함되어 있다. 이 반복 문항들은 응시자가 얼마나 일관성 있게 검사에 임했는지를 판단하는 지표로 사용된다.

구분	척도명	약자	주요 내용
타당도 척도 (바른 태도로 임했는지, 신뢰할 수 있는 결론인지 등을 판단)	무응답 척도 (Can not say)	?	응답하지 않은 문항과 복수로 답한 문항들의 총합으로 빠진 문항을 최소한으로 줄이는 것이 중요하다.
	허구 척도 (Lie)	L	자신을 좋은 사람으로 보이게 하려고 고의적으로 정직하지 못한 답을 판단하는 척도이다. 허구 척도가 높으면 장점까지 인정받지 못하는 결과가 발생한다.
	신뢰 척도 (Frequency)	F	검사 문항에 빗나간 답을 한 경향을 평가하는 척도로 정상적인 집단의 10% 이하의 응답을 기준으로 일반적인 경향과 다른 정도를 측정한다.
	교정 척도 (Defensiveness)	K	정신적 장애가 있음에도 다른 척도에서 정상적인 면을 보이는 사람을 구별하는 척도로 허구 척도보다 높은 고차원으로 거짓 응답을 하는 경향이 나타난다.
임상척도 (정상적 행동과 그렇지 않은 행동의 종류를 구분하는 척도로, 척도마다 다른 기준으로 점수가 매겨짐)	건강염려증 (Hypochondriasis)	Hs	신체에 대한 지나친 집착이나 신경질적 혹은 병적 불안을 측정하는 척도로 이러한 건강염려증이 타인에게 어떤 영향을 미치는지도 측정한다.
	우울증 (Depression)	D	슬픔·비관 정도를 측정하는 척도로 타인과의 관계 또는 본인 상태에 대한 주관적 감정을 나타낸다.
	히스테리 (Hysteria)	Hy	갈등을 부정하는 정도를 측정하는 척도로 신체 증상을 호소하는 경우와 적대감을 부인하며 우회적인 방식으로 드러내는 경우 등이 있다.
	반사회성 (Psychopathic Deviate)	Pd	가정 및 사회에 대한 불신과 불만을 측정하는 척도로 비도덕적 혹은 반사회적 성향 등을 판단한다.
	남성-여성특성 (Masculinity- Feminity)	Mf	남녀가 보이는 흥미와 취향, 적극성과 수동성 등을 측정하는 척도로 성에 따른 유연한 사고와 융통성 등을 평가한다.

	편집증 (Paranoia)	Pa	과대 망상, 피해 망상, 의심 등 편집증에 대한 정도를 측정하는 척도로 열등감, 비사교적 행동, 타인에 대한 불만과 같은 내용을 질문한다.
	강박증 (Psychasthenia)	Pt	과대 근심, 강박관념, 죄책감, 공포, 불안감, 정리정돈 등을 측정하는 척도로 만성 불안 등을 나타낸다.
	정신분열증 (Schizophrenia)	Sc	정신적 혼란을 측정하는 척도로 자폐적 성향이나 타인과의 감정 교류, 충동 억제불능, 성적 관심, 사회적 고립 등을 평가한다.
	경조증 (Hypomania)	Ma	정신적 에너지를 측정하는 척도로 생각의 다양성 및 과장성, 행동의 불안정성, 흥분성 등을 나타낸다.
	사회적 내향성 (Social introversion)	Si	대인관계 기피, 사회적 접촉 회피, 비사회성 등의 요인을 측정하는 척도로 외향성 및 내향성을 구분한다.

❷ 캘리포니아 성격검사(CPI)

CPI(California Psychological Inventory)는 캘리포니아 대학의 연구팀이 개발한 성검사로 MMPI와 함께 세계에서 가장 널리 사용되고 있는 인성검사 툴이다. CPI는 다양한 인성 요인을 통해 지원자가 답변한 응답 왜곡 가능성, 조직 역량 등을 측정한다. MMPI가 주로 정서적 측면을 진단하는 특징을 보인다면, CPI는 정상적인 사람의 심리적 특성을 주로 진단한다.

CPI는 약 480개 문항으로 구성되어 있으며 다음과 같은 18개의 척도로 구분된다.

구분	척도명	주요 내용
제1군 척도 (대인관계 적절성 측정)	지배성(Do)	리더십, 통솔력, 대인관계에서의 주도권을 측정한다.
	지위능력성(Cs)	내부에 잠재되어 있는 내적 포부, 자기 확신 등을 측정한다.
	사교성(Sy)	참여 기질이 활달한 사람과 그렇지 않은 사람을 구분한다.
	사회적 자발성(Sp)	사회 안에서의 안정감, 자발성, 사교성 등을 측정한다.
	자기 수용성(Sa)	개인적 가치관, 자기 확신, 자기 수용력 등을 측정한다.
	행복감(Wb)	생활의 만족감, 행복감을 측정하며 긍정적인 사람으로 보이고자 거짓 응답하는 사람을 구분하는 용도로도 사용된다.
제2군 척도 (성격과 사회화, 책임감 측정)	책임감(Re)	법과 질서에 대한 양심, 책임감, 신뢰성 등을 측정한다.
	사회성(So)	가치 내면화 정도, 사회 이탈 행동 가능성 등을 측정한다.
	자기 통제성(Sc)	자기조절, 자기통제의 적절성, 충동 억제력 등을 측정한다.
	관용성(To)	사회적 신념, 편견과 고정관념 등에 대한 태도를 측정한다.
	호감성(Gi)	타인이 자신을 어떻게 보는지에 대한 민감도를 측정하며, 좋은 사람으로 보이고자 거짓 응답하는 사람을 구분한다.
	임의성(Cm)	사회에 보수적 태도를 보이고 생각 없이 적당히 응답한 사람을 판단하는 척도로 사용된다.

제3군 척도 (인지적, 학업적 특성 측정)	순응적 성취(Ac)	성취동기, 내면의 인식, 조직 내 성취 욕구 등을 측정한다.
	독립적 성취(Ai)	독립적 사고, 창의성, 자기실현을 위한 능력 등을 측정한다.
	지적 효율성(Le)	지적 능률, 지능과 연관이 있는 성격 특성 등을 측정한다.
제4군 척도 (제1~3군과 무관한 척도의 혼합)	심리적 예민성(Py)	타인의 감정 및 경험에 대해 공감하는 정도를 측정한다.
	융통성(Fx)	개인적 사고와 사회적 행동에 대한 유연성을 측정한다.
	여향성(Fe)	남녀 비교에 따른 흥미의 남향성 및 여향성을 측정한다.

❸ SHL 직업성격검사(OPQ)

OPQ(Occupational Personality Questionnaire)는 세계적으로 많은 외국 기업에서 널리 사용하는 CEB 사의 SHL 직무능력검사에 포함된 직업성격검사이다. 4개의 질문이 한 세트로 되어 있고 총 68세트 정도 출제되고 있다. 4개의 질문 안에서 '자기에게 가장 잘 맞는 것'과 '자기에게 가장 맞지 않는 것'을 1개씩 골라 '예', '아니오'로 체크하는 방식이다. 단순하게 모든 척도가 높다고 좋은 것은 아니며, 척도가 낮은 편이 좋은 경우도 있다.

기업에 따라 척도의 평가 기준은 다르다. 희망하는 기업의 특성을 연구하고, 채용 기준을 예측하는 것이 중요하다.

척도	내용	질문 예
설득력	사람을 설득하는 것을 좋아하는 경향	– 새로운 것을 사람에게 권하는 것을 잘한다. – 교섭하는 것에 걱정이 없다. – 기획하고 판매하는 것에 자신이 있다.
지도력	사람을 지도하는 것을 좋아하는 경향	– 사람을 다루는 것을 잘한다. – 팀을 아우르는 것을 잘한다. – 사람에게 지시하는 것을 잘한다.
독자성	다른 사람의 영향을 받지 않고, 스스로 생각해서 행동하는 것을 좋아하는 경향	– 모든 것을 자신의 생각대로 하는 편이다. – 주변의 평가는 신경 쓰지 않는다. – 유혹에 강한 편이다.
외향성	외향적이고 사교적인 경향	– 다른 사람의 주목을 끄는 것을 좋아한다. – 사람들이 모인 곳에서 중심이 되는 편이다. – 담소를 나눌 때 주변을 즐겁게 해 준다.
우호성	친구가 많고, 대세의 사람이 되는 것을 좋아하는 경향	– 친구와 함께 있는 것을 좋아한다. – 무엇이라도 얘기할 수 있는 친구가 많다. – 친구와 함께 무언가를 하는 것이 많다.
사회성	세상 물정에 밝고 사람 앞에서도 낯을 가리지 않는 성격	– 자신감이 있고 유쾌하게 발표할 수 있다. – 공적인 곳에서 인사하는 것을 잘한다. – 사람들 앞에서 발표하는 것이 어렵지 않다.

겸손성	사람에 대해서 겸손하게 행동하고 누구라도 똑같이 사귀는 경향	– 자신의 성과를 그다지 내세우지 않는다. – 절제를 잘하는 편이다. – 사회적인 지위에 무관심하다.
협의성	사람들에게 의견을 물으면서 일을 진행하는 경향	– 사람들의 의견을 구하며 일하는 편이다. – 타인의 의견을 묻고 일을 진행시킨다. – 친구와 상담해서 계획을 세운다.
돌봄	측은해 하는 마음이 있고, 사람을 돌봐 주는 것을 좋아하는 경향	– 개인적인 상담에 친절하게 답해 준다. – 다른 사람의 상담을 진행하는 경우가 많다. – 후배의 어려움을 돌보는 것을 좋아한다.
구체적인 사물에 대한 관심	물건을 고치거나 만드는 것을 좋아하는 경향	– 고장 난 물건을 수리하는 것이 재미있다. – 상태가 안 좋은 기계도 잘 사용한다. – 말하기보다는 행동하기를 좋아한다.
데이터에 대한 관심	데이터를 정리해서 생각하는 것을 좋아하는 경향	– 통계 등의 데이터를 분석하는 것을 좋아한다. – 표를 만들거나 정리하는 것을 좋아한다. – 숫자를 다루는 것을 좋아한다.
미적가치에 대한 관심	미적인 것이나 예술적인 것을 좋아하는 경향	– 디자인에 관심이 있다. – 미술이나 음악을 좋아한다. – 미적인 감각에 자신이 있다.
인간에 대한 관심	사람의 행동에 동기나 배경을 분석하는 것을 좋아하는 경향	– 다른 사람을 분석하는 편이다. – 타인의 행동을 보면 동기를 알 수 있다. – 다른 사람의 행동을 잘 관찰한다.
정통성	이미 있는 가치관을 소중히 여기고, 익숙한 방법으로 사물을 대하는 것을 좋아하는 경향	– 실적이 보장되는 확실한 방법을 취한다. – 낡은 가치관을 존중하는 편이다. – 보수적인 편이다.
변화 지향	변화를 추구하고, 변화를 받아들이는 것을 좋아하는 경향	– 새로운 것을 하는 것을 좋아한다. – 해외여행을 좋아한다. – 경험이 없더라도 시도해 보는 것을 좋아한다.
개념성	지식에 대한 욕구가 있고, 논리적으로 생각하는 것을 좋아하는 경향	– 개념적인 사고가 가능하다. – 분석적인 사고를 좋아한다. – 순서를 만들고 단계에 따라 생각한다.
창조성	새로운 분야에 대한 공부를 하는 것을 좋아하는 경향	– 새로운 것을 추구한다. – 독창성이 있다. – 신선한 아이디어를 낸다.
계획성	앞을 생각해서 사물을 예상하고, 계획적으로 실행하는 것을 좋아하는 경향	– 과거를 돌이켜보며 계획을 세운다. – 앞날을 예상하며 행동한다. – 실수를 돌아보며 대책을 강구하는 편이다.

치밀함	정확한 순서를 세워 진행하는 것을 좋아하는 경향	- 사소한 실수는 거의 하지 않는다. - 정확하게 요구되는 것을 좋아한다. - 사소한 것에도 주의하는 편이다.
꼼꼼함	어떤 일이든 마지막까지 꼼꼼하게 마무리 짓는 경향	- 맡은 일을 마지막까지 해결한다. - 마감 시한은 반드시 지킨다. - 시작한 일은 중간에 그만두지 않는다.
여유	평소에 릴랙스하고, 스트레스에 잘 대처하는 경향	- 감정의 회복이 빠르다. - 분별없이 함부로 행동하지 않는다. - 스트레스에 잘 대처한다.
근심·걱정	어떤 일이 잘 진행되지 않으면 불안을 느끼고, 중요한 일을 앞두면 긴장하는 경향	- 예정대로 잘되지 않으면 근심·걱정이 많다. - 신경 쓰이는 일이 있으면 불안하다. - 중요한 만남 전에는 기분이 편하지 않다.
호방함	사람들이 자신을 어떻게 생각하는지를 신경 쓰지 않는 경향	- 사람들이 자신을 어떻게 생각하는지 그다지 신경 쓰지 않는다. - 상처받아도 동요하지 않고 아무렇지 않은 태도를 취한다. - 사람들의 비판에 크게 영향받지 않는다.
억제력	감정을 표현하지 않는 경향	- 쉽게 감정적으로 되지 않는다. - 분노를 억누른다. - 격분하지 않는다.
낙관적	사물을 낙관적으로 보는 경향	- 낙관적으로 생각하고 일을 진행시킨다. - 문제가 일어나도 낙관적으로 생각한다.
비판적	비판적으로 사물을 생각하고, 이론·문장 등의 오류에 신경 쓰는 경향	- 이론의 모순을 찾아낸다. - 계획이 갖춰지지 않은 것이 신경 쓰인다. - 누구도 신경 쓰지 않는 오류를 찾아낸다.
행동력	운동을 좋아하고, 민첩하게 행동하는 경향	- 동작이 날렵하다. - 여가를 활동적으로 보낸다. - 몸을 움직이는 것을 좋아한다.
경쟁성	지는 것을 싫어하는 경향	- 승부를 겨루게 되면 지는 것을 싫어한다. - 상대를 이기는 것을 좋아한다. - 싸워 보지 않고 포기하는 것을 싫어한다.
출세 지향	출세하는 것을 중요하게 생각하고, 야심적인 목표를 향해 노력하는 경향	- 출세 지향적인 성격이다. - 곤란한 목표도 달성할 수 있다. - 실력으로 평가받는 사회가 좋다.
결단력	빠르게 판단하는 경향	- 답을 빠르게 찾아낸다. - 문제에 대한 빠른 상황 파악이 가능하다. - 위험을 감수하고도 결단을 내리는 편이다.

1회 한국남동발전

2회 한국중부발전

3회 한국중부발전[사무]

3회 한국중부발전[기술]

4회 한국동서발전

5회 한국서부발전

6회 한국남부발전

인성검사

면접가이드

4 인성검사 합격 전략

❶ 포장하지 않은 솔직한 답변

"다른 사람을 험담한 적이 한 번도 없다.", "물건을 훔치고 싶다고 생각해 본 적이 없다."

이 질문에 당신은 '그렇다', '아니다' 중 무엇을 선택할 것인가? 채용기업이 인성검사를 실시하는 가장 큰 이유는 '이 사람이 어떤 성향을 가진 사람인가'를 효율적으로 파악하기 위해서이다.

인성검사는 도덕적 가치가 빼어나게 높은 사람을 판별하려는 것도 아니고, 성인군자를 가려내기 위함도 아니다. 인간의 보편적 성향과 상식적 사고를 고려할 때, 도덕적 질문에 지나치게 겸손한 답변을 체크하면 오히려 솔직하지 못한 것으로 간주되거나 인성을 제대로 판단하지 못해 무효 처리가 되기도 한다. 자신의 성격을 포장하여 작위적인 답변을 하지 않도록 솔직하게 임하는 것이 예기치 않은 결과를 피하는 첫 번째 전략이 된다.

❷ 필터링 함정을 피하고 일관성 유지

앞서 강조한 솔직함은 일관성과 연결된다. 인성검사를 구성하는 많은 척도는 여러 형태의 문장 속에 동일한 요소를 적용해 반복되기도 한다. 예컨대 '나는 매우 활동적인 사람이다'와 '나는 운동을 매우 좋아한다'라는 질문에 '그렇다'고 체크한 사람이 '휴일에는 집에서 조용히 쉬며 독서하는 것이 좋다'에도 '그렇다'고 체크한다면 일관성이 없다고 평가될 수 있다.

그러나 일관성 있는 답변에만 매달리면 '이 사람이 같은 답변만 체크하기 위해 이 부분만 신경 썼구나'하는 필터링 함정에 빠질 수도 있다. 비슷하게 보이는 문장이 무조건 같은 내용이라고 판단하여 똑같이 답하는 것도 주의해야 한다. 일관성보다 중요한 것은 솔직함이다. 솔직함이 전제되지 않은 일관성은 허위 척도 필터링에서 드러나게 되어 있다. 유사한 질문의 응답이 터무니없이 다르거나 양극단에 치우치지 않는 정도라면 약간의 차이는 크게 문제되지 않는다. 중요한 것은 솔직함과 일관성이 하나의 연장선에 있다는 점을 명심하자.

❸ 지원한 직무와 연관성을 고려

다양한 분야의 많은 계열사와 큰 조직을 통솔하는 대기업은 여러 사람이 조직적으로 움직이는 만큼 각 직무에 걸맞은 능력을 갖춘 인재가 필요하다. 그래서 기업은 매년 신규채용으로 입사한 신입사원들의 젊은 패기와 참신한 능력을 성장 동력으로 활용한다.

기업은 사교성 있고 활달한 사람만을 원하지 않는다. 해당 직군과 직무에 따라 필요로 하는 사원의 능력과 개성이 다르기 때문에, 지원자가 희망하는 계열사나 부서의 직무가 무엇인지 제대로 파악하여 자신의 성향과 맞는지에 대한 고민은 반드시 필요하다. 같은 질문이라도 기업이 원하는 인재상이나 부서의 직무에 따라 판단 척도가 달라질 수 있다.

❹ 평상심 유지와 컨디션 관리

역시 솔직함과 연결된 내용이다. 한 질문에 오래 고민하고 신경 쓰면 불필요한 생각이 개입될 소지가 크다. 이는 직관을 떠나 이성적 판단에 따라 포장할 위험이 높아진다는 뜻이기도 하다. 긴 시간 생각하지 말고 자신의 평상시 생각과 감정대로 답하는 것이 중요하며, 가능한 건너뛰지 말고 모든 질문에 답하도록 한다. 300 ~ 400개 정도 문항을 출제하는 기업이 많기 때문에, 끝까지 집중하여 임하는 것이 중요하다.

특히 적성검사와 같은 날 실시하는 경우, 적성검사를 마친 후 연이어 보기 때문에 신체적 · 정신적으로 피로한 상태에서 자세가 흐트러질 수도 있다. 따라서 컨디션을 유지하면서 문항당 7 ~ 10초 이상 쓰지 않도록 하고, 문항 수가 많을 때는 답안지에 바로바로 표기하자.

1회 한국남동발전

2회 한국중부발전[사무]

3회 한국중부발전[기술]

4회 한국동서발전

5회 한국서부발전

6회 한국남부발전

인성검사

면접가이드

🖂 1 인성검사 출제유형

인성검사는 기업이 추구하는 내부 기준에 따라 적합한 인재를 찾기 위해 가치관과 태도를 측정하는 것이다. 응시자 개인의 사고와 태도·행동 특성 및 유사 질문의 반복을 통해 거짓말 척도 등으로 기업의 인재상에 적합한지를 판단하므로 문항에 대한 정답은 없다.

🖂 2 문항군 개별 항목 체크

❶ 100개 내외의 문항군으로 구성된 검사지에 자신에게 해당되는 '① 정말그렇다 ② 그렇다 ③ 아니다 ④ 정말 아니다'에 표시한다. 아래를 참고하여 문항 내용이 자신의 평소 생각이나 행동에 조금이라도 더 가까운 쪽으로 한 문항도 빠짐없이 응답한다.

■ 다르거나 비슷하지 않다.	→	① 아니다
■ 약간 같거나 비슷하다.	→	② 약간 그렇다
■ 대체로 같거나 비슷하다.	→	③ 대체로 그렇다
■ 매우 같거나 비슷하다.	→	④ 매우 그렇다

번호	문항	아니다	정말 아니다	정말 그렇다	그렇다
1	내가 한 행동에 대해 절대 후회하지 않는다.	①	●	③	④
2	내 기분이 나쁘더라도 모임의 분위기에 맞춰 행동하려고 노력한다.	①	②	●	④
3	나보다 사정이 급한 사람이 있을 때는 순서를 양보해 준다.	①	②	③	●

❷ 각 문항의 내용을 읽고 평소 자신의 생각 및 행동과 유사하거나 일치하면 '예', 다르거나 일치하지 않으면 '아니오'에 표시한다.

1	나는 수줍음을 많이 타는 편이다.	○ 예	○ 아니오
2	나는 과거의 실수가 자꾸만 생각나곤 한다.	○ 예	○ 아니오
3	나는 사람들과 서로 일상사에 대해 이야기하는 것이 쑥스럽다.	○ 예	○ 아니오

❸ 구성된 검사지에 문항 수가 많으면 일관된 답변이 어려울 수도 있으므로 최대한 꾸밈없이 자신의 가치관과 신념을 바탕으로 솔직하게 답하도록 노력한다.

🔊 인성검사 Tip

1. 직관적으로 솔직하게 답한다.
2. 모든 문제를 신중하게 풀도록 한다.
3. 비교적 일관성을 유지할 수 있도록 한다.
4. 평소의 경험과 선호도를 자연스럽게 답한다.
5. 각 문항에 너무 골똘히 생각하거나 고민하지 않는다.
6. 지원한 분야와 나의 성격의 연관성을 미리 생각하고 분석해 본다.

📩 3 모의 연습

[01~100] 모든 문항에는 옳고 그른 답이 없습니다. 다음 문항을 잘 읽고 ① ～ ④ 중 본인에게 해당되는 부분에 표시해 주십시오.

| 주의사항 | 자신의 모습 그대로 솔직하게 응답하십시오. 솔직하고 성의 있게 응답하지 않을 경우 결과가 무효 처리됩니다.

번호	문항	아니다	정말 아니다	정말 그렇다	그렇다
1	내가 한 행동에 대해 절대 후회하지 않는다.	①	②	③	④
2	내 기분이 나쁘더라도 모임의 분위기에 맞춰 행동하려고 노력한다.	①	②	③	④
3	나보다 사정이 급한 사람이 있을 때는 순서를 양보해 준다.	①	②	③	④
4	내가 가진 지식을 다른 분야의 아이디어와 연결하여 활용한다.	①	②	③	④
5	절실해 보이는 사람에게 내가 가진 것을 양보할 수 있다.	①	②	③	④
6	나는 그 어떤 상황에서도 거짓말은 하지 않는다.	①	②	③	④
7	어차피 누군가가 해야 할 일이라면 내가 먼저 한다.	①	②	③	④
8	사소한 절차를 어기더라도 일을 빨리 진행하는 것이 우선이다.	①	②	③	④
9	사회적 관습이 잘 지켜져야 바람직한 사회이다.	①	②	③	④
10	나는 항상 상대방의 말을 끝까지 집중해서 듣는다.	①	②	③	④
11	나는 상황의 변화를 빠르게 인지한다.	①	②	③	④
12	정해진 원칙과 계획대로만 일을 진행해야 실수를 하지 않는다.	①	②	③	④

13	책임이 두려워 내 잘못을 다른 사람의 탓으로 돌린 적이 있다.	①	②	③	④
14	나는 여러 사람들과 함께 일하는 것이 좋다.	①	②	③	④
15	나는 누구의 지시를 받는 것보다 스스로 해야 할 일을 찾아서 해야 한다.	①	②	③	④
16	나는 어떤 사람에게든 똑같이 대한다.	①	②	③	④
17	나는 언제나 모두의 이익을 생각하면서 일한다.	①	②	③	④
18	친구가 평소와는 다른 행동을 하면 바로 알아챈다.	①	②	③	④
19	어려운 내용은 이해하는 데 너무 오래 걸려서 싫다.	①	②	③	④
20	나는 누구와도 어렵지 않게 어울릴 수 있다.	①	②	③	④
21	나의 부족한 점을 남들에게 숨기지 않는다.	①	②	③	④
22	비록 나와 관계없는 사람일지라도 도움을 요청하면 도와준다.	①	②	③	④
23	여러 사람들과 가깝게 지내는 것은 불편하다.	①	②	③	④
24	나는 사람들의 감정 상태를 잘 알아차린다.	①	②	③	④
25	나는 상대방이 나보다 먼저 하고 싶어 하는 말이 있는지 살핀다.	①	②	③	④
26	내 이익을 위해 편법을 사용할 수 있다면 그렇게 하겠다.	①	②	③	④
27	궁금했던 내용을 잘 알기 위해 공부하는 것은 즐거운 일이다.	①	②	③	④
28	팀 활동을 할 때는 나의 일보다 팀의 일이 우선순위에 있다.	①	②	③	④
29	나는 팀 과제에서 팀원들이 문제를 해결하도록 이끌 수 있다.	①	②	③	④
30	잘못을 숨기기보다는 솔직히 말하고 질타를 받는 것이 낫다.	①	②	③	④
31	문제 해결에 필요한 시간이 어느 정도인지를 생각하고 계획을 세운다.	①	②	③	④
32	필요하다면 편법을 사용할 수 있는 융통성이 필요하다.	①	②	③	④
33	다른 사람들은 나에게 도움을 많이 요청한다.	①	②	③	④
34	나는 아무리 힘들어도 해야 할 일을 미루지 않는다.	①	②	③	④
35	나는 이루고자 하는 명확한 목표가 있다.	①	②	③	④
36	나는 가족, 친구들과 사이가 아주 가깝다.	①	②	③	④
37	아무리 어려운 일이 있더라도 약속은 반드시 지킨다.	①	②	③	④
38	상대방의 행동이 내 마음에 들지 않더라도 어느 정도 참을 수 있다.	①	②	③	④
39	잘못은 드러나지만 않는다면 괜찮다.	①	②	③	④
40	나는 복잡한 문제의 핵심을 잘 파악한다.	①	②	③	④
41	나의 실수나 잘못을 순순히 인정한다.	①	②	③	④
42	나는 새로운 시도를 해 보는 것을 좋아한다.	①	②	③	④
43	하기 싫은 일을 맡아도 막상 시작하면 그 일에 몰두한다.	①	②	③	④

1회 한국남동발전

2회 한국중부발전[사무]

3회 한국중부발전[기술]

4회 한국동서발전

5회 한국서부발전

6회 한국남부발전

인성검사

면접가이드

44	내가 알게 된 새로운 정보나 노하우를 남에게 공유하고 싶지 않다.	①	②	③	④
45	나는 상대방의 행동의 의도나 이유를 잘 파악한다.	①	②	③	④
46	나는 혼자 하는 일을 더 좋아한다.	①	②	③	④
47	내가 생각해 낸 아이디어가 현실로 바뀌는 것은 매우 흥미로운 일이다.	①	②	③	④
48	나는 불규칙한 것보다 규칙적인 것을 좋아한다.	①	②	③	④
49	나는 어떤 일이든 할 때는 최선을 다한다.	①	②	③	④
50	나는 실수나 잘못을 잘 인정한다.	①	②	③	④
51	나는 결과가 어떨지 정확히 알 수 없어도 성공 가능성이 있다면 시작해 본다.	①	②	③	④
52	나는 대화할 때 상대방이 이해하기 쉽게 설명할 수 있다.	①	②	③	④
53	나는 내 주변의 모든 사람들을 좋아한다.	①	②	③	④
54	나는 배우겠다고 결심한 것이 있으면 아무리 바쁘더라도 시간을 낼 수 있다.	①	②	③	④
55	나 자신에게는 엄격하지만 다른 사람에게는 너그럽다.	①	②	③	④
56	나는 질서와 규율을 너무 강조하는 조직을 싫어한다.	①	②	③	④
57	나는 내 자신의 능력을 믿는다.	①	②	③	④
58	나는 매사에 행동을 조심하기 때문에 다른 사람들에게 나쁘게 평가받지 않는다.	①	②	③	④
59	다른 사람들 앞에서 내 자랑을 쉽게 할 수 있다.	①	②	③	④
60	나는 나의 개인적인 감정이 일에 영향을 주지 않도록 한다.	①	②	③	④
61	나는 문제의 원인을 단정하기에 앞서 다양한 가능성을 더 생각한다.	①	②	③	④
62	나는 아무리 화가 나도 평정심을 유지하려 노력한다.	①	②	③	④
63	나는 다른 사람들이 나를 어떻게 평가하는지 궁금하다.	①	②	③	④
64	나는 바쁘더라도 할 일이 많은 것이 좋다.	①	②	③	④
65	무엇이든 노력하면 해낼 수 있다고 믿는다.	①	②	③	④
66	나의 가치관을 남에게 내세우지 않는다.	①	②	③	④
67	나는 스스로 한 약속을 무슨 일이 있어도 지킨다.	①	②	③	④
68	나와 다른 의견도 있는 그대로 받아들인다.	①	②	③	④
69	나는 남들보다 뛰어난 능력이 있다.	①	②	③	④
70	사람들이 얘기하는 나의 행동 중에는 내가 전혀 기억하지 못하는 것도 종종 있다.	①	②	③	④

71	다양한 분야에 관심을 갖기보다 특정 분야에 집중하고 싶다.	①	②	③	④
72	나쁜 행동을 한 사람은 반드시 처벌을 받아야 한다.	①	②	③	④
73	보수는 각자가 기여한 정도에 따라 달리 받아야 한다.	①	②	③	④
74	특별한 대가나 혜택이 없다면 거래처로부터 접대나 향응을 받을 수 있다.	①	②	③	④
75	다른 사람의 필요에 대해 민감하다.	①	②	③	④
76	경험해보지 못한 다양한 문화와 언어를 익히길 좋아한다.	①	②	③	④
77	언제나 계획한 대로 실천한다.	①	②	③	④
78	머릿속에서 정리되지 않으면 결코 행동하지 않는다.	①	②	③	④
79	다른 사람들이 무심코 보아 넘기는 것에도 관심을 갖는다.	①	②	③	④
80	권위나 관습에 따르는 것을 싫어한다.	①	②	③	④
81	다른 사람의 느낌이 어떤가에 별로 관심이 없다.	①	②	③	④
82	완벽한 해결책보다는 실용적인 해결책을 찾는 것이 더 낫다.	①	②	③	④
83	새로운 일보다 내가 잘 아는 일을 하기를 좋아한다.	①	②	③	④
84	사람을 감동시키는 재주가 있다.	①	②	③	④
85	잘할 수 없는 일은 무조건 피하는 게 현명하다.	①	②	③	④
86	일주일에 몇 번씩 나에게 끔찍한 일이 일어날 것 같은 느낌이 든다.	①	②	③	④
87	도전적인 분야보다 비교적 검증되고 안정된 분야를 선호한다.	①	②	③	④
88	성급하게 결정을 내려 후회할 때가 많다.	①	②	③	④
89	이리저리 옮겨 다니며 사는 것이 좋다.	①	②	③	④
90	타인의 표정을 통해 마음을 읽을 수 있다.	①	②	③	④
91	내 생활 여건은 아주 좋은 편이다.	①	②	③	④
92	부정적인 말을 들으면 정말 싫다.	①	②	③	④
93	대부분 새로운 일보다 익숙한 일에 집중한다.	①	②	③	④
94	즉흥적으로 결정을 내리는 일은 거의 없다.	①	②	③	④
95	다시 태어나도 나는 지금처럼 살아갈 것이다.	①	②	③	④
96	청렴하게 살면 오히려 손해를 보게 된다고 생각한다.	①	②	③	④
97	쉬운 일(분야)보다 어렵고 힘든 일(분야)에 더 매력을 느낀다.	①	②	③	④
98	충동구매를 잘하는 편이다.	①	②	③	④
99	나 자신에 대해 불평한 적이 없다.	①	②	③	④
100	현실적 환경보다는 미래의 삶에 대해 더 많이 고민한다.	①	②	③	④

인성검사 연습

■ 본 검사는 200문항으로 구성되어 있으며 제한시간은 20분입니다.
■ 모든 문항에 대한 정답이 없습니다. 문항을 읽고 평소에 자신의 생각과 유사하거나 일치하면 '예(Ⓨ)', 다르거나 일치하지 않으면 '아니오(Ⓝ)'에 표시해 주시기 바랍니다.
■ 특정 문항에 어떻게 응답할지 고민하며 많은 시간을 보내지 말고 가능하면 빨리 표시하시기 바랍니다.

문번	질문	응답	
		예 Ⓨ	아니오 Ⓝ
1	나는 많은 것을 성취하고 싶다.	Ⓨ	Ⓝ
2	나는 변화가 많으면 혼란스럽다.	Ⓨ	Ⓝ
3	나는 내가 하고 싶은 일과 해야 할 일이 무엇인지 명확히 알고 있다.	Ⓨ	Ⓝ
4	내가 원하는 대로 일이 되지 않을 때 화가 많이 난다.	Ⓨ	Ⓝ
5	요즘 같은 세상에서는 누구든 믿을 수 없다.	Ⓨ	Ⓝ
6	나는 할 말은 반드시 하고 사는 사람이다.	Ⓨ	Ⓝ
7	나는 외국인 친구를 사귀기 위해 노력해 본 적이 있다.	Ⓨ	Ⓝ
8	나는 새로운 아이디어를 내는 것이 어렵다.	Ⓨ	Ⓝ
9	나는 노력한 만큼 인정받지 못하는 것 같다.	Ⓨ	Ⓝ
10	나는 사람들과 서로의 일상사에 대해 이야기하는 것이 자연스럽다.	Ⓨ	Ⓝ
11	나는 자꾸만 생각나는 과거의 실수가 있다.	Ⓨ	Ⓝ
12	나는 수줍음을 많이 타는 편이다	Ⓨ	Ⓝ
13	내 주변 사람들 중 뒤에서 나에 대한 안 좋은 이야기를 하는 사람이 있다.	Ⓨ	Ⓝ
14	나의 가족들과는 합리적인 대화가 잘되지 않는다.	Ⓨ	Ⓝ
15	나는 일이 잘못되었을 때 변명이나 불평을 하지 않는다.	Ⓨ	Ⓝ
16	나는 스트레스를 받으면 몸에 이상이 온다.	Ⓨ	Ⓝ
17	나는 재치 있다는 소리를 많이 듣는다.	Ⓨ	Ⓝ
18	많은 사람들은 잘 보이기 위해 마음에도 없는 거짓말을 한다.	Ⓨ	Ⓝ
19	다른 사람들을 위협적으로 대한 적이 있다.	Ⓨ	Ⓝ
20	나는 학창시절에 부지런하다는 이야기를 자주 들었다.	Ⓨ	Ⓝ
21	나는 쉽게 화를 내지만 쉽게 풀기도 한다.	Ⓨ	Ⓝ

22	나는 특별한 이유 없이 누군가가 미워질 때가 있다.	Ⓨ	Ⓝ
23	학창시절 마음 맞는 친구가 거의 없었다.	Ⓨ	Ⓝ
24	나는 용서하지 못하고 있는 사람들이 있다.	Ⓨ	Ⓝ
25	남이 나에게 피해를 입힌다면 나도 가만히 있지 않을 것이다.	Ⓨ	Ⓝ
26	나는 내 스스로에게 항상 솔직하다.	Ⓨ	Ⓝ
27	내가 속한 집단에서 인정받기 위해 교칙에 위배되는 행동을 한 적 있다.	Ⓨ	Ⓝ
28	내가 내는 세금으로 혜택을 받는 것은 하나도 없다.	Ⓨ	Ⓝ
29	나는 내가 한 결정에 대해 절대 후회하지 않는다.	Ⓨ	Ⓝ
30	나는 나의 외모 중 고치고 싶은 곳이 있다.	Ⓨ	Ⓝ
31	나는 시험 기간이 되면 학습 계획표를 작성했었다.	Ⓨ	Ⓝ
32	나는 궁금한 것이 많다.	Ⓨ	Ⓝ
33	나에게 의도적으로 피해를 입힌 사람은 용서할 수 없다.	Ⓨ	Ⓝ
34	많은 사람들이 모인 자리에 가면 대개 혼자 앉아 있거나 단둘이 얘기하는 경우가 많다.	Ⓨ	Ⓝ
35	나는 의견충돌이 있을 때 목소리가 점점 커지는 경향이 있다.	Ⓨ	Ⓝ
36	나는 누군가 내 것을 빼앗아 가면 참지 못한다.	Ⓨ	Ⓝ
37	나는 외국인과도 함께 팀을 이루어 일할 수 있다.	Ⓨ	Ⓝ
38	나는 스트레스를 잘 받지 않는다.	Ⓨ	Ⓝ
39	나는 웬만하면 위험한 일은 피하고 싶다.	Ⓨ	Ⓝ
40	나는 어떤 문제를 바로잡기 위해 주도적으로 나서곤 한다.	Ⓨ	Ⓝ
41	나는 새로운 사람들을 만나는 것이 좋다.	Ⓨ	Ⓝ
42	나는 계산이 틀리지 않았는지 여러 번 확인한다.	Ⓨ	Ⓝ
43	나는 내가 아닌 다른 사람이었으면 할 때가 많다.	Ⓨ	Ⓝ
44	나는 종종 터질 듯한 분노를 느낀다.	Ⓨ	Ⓝ
45	나도 남들처럼 든든한 배경이 있었다면 지금보다 훨씬 나은 위치에 있었을 것이다.	Ⓨ	Ⓝ
46	나는 종종 싸움에 휘말린다.	Ⓨ	Ⓝ
47	나의 능력과 무관하게 불이익을 받은 적이 있다.	Ⓨ	Ⓝ
48	누군가 내 의견을 반박하면 물러서지 않고 논쟁을 벌인다.	Ⓨ	Ⓝ

1회 한국도론발전
2회 한국중부발전(사무)
3회 한국중부발전(기술)
4회 한국동서발전
5회 한국서부발전
6회 한국남부발전
인성검사
면접가이드

49	나는 내가 왜 그렇게 화가 났는지 잘 모를 때가 있다.	Ⓨ	Ⓝ
50	나는 상대방이 화를 내면 더욱 화가 난다.	Ⓨ	Ⓝ
51	나는 반대의견을 이야기하더라도 상대방을 무시하는 말은 하지 않으려고 한다.	Ⓨ	Ⓝ
52	나는 학창시절 내가 속한 집단(동아리)에서 누구보다 충성도가 높은 사람이었다.	Ⓨ	Ⓝ
53	나는 새로운 집단에서 친구를 쉽게 사귀는 편이다.	Ⓨ	Ⓝ
54	나는 다른 사람을 챙기는 태도가 몸에 배어 있다.	Ⓨ	Ⓝ
55	나는 항상 겸손하려 노력한다.	Ⓨ	Ⓝ
56	나는 매사에 적극적으로 참여한다.	Ⓨ	Ⓝ
57	나의 가족들과는 어떤 주제를 놓고도 서로 대화가 잘 통한다.	Ⓨ	Ⓝ
58	나는 사람들과 어울리는 일에서 삶의 활력을 얻는다.	Ⓨ	Ⓝ
59	나는 무전 여행을 해 보고 싶다.	Ⓨ	Ⓝ
60	나는 내가 속한 집단을 전적으로 신뢰한다.	Ⓨ	Ⓝ
61	나는 논쟁 중에 상대방이 나에 대해 부정적인 인상을 가지지 않을까 내심 걱정한다.	Ⓨ	Ⓝ
62	사람들은 지키지도 못할 말을 너무 쉽게 하는 경향이 있다.	Ⓨ	Ⓝ
63	나중에 어떤 결과가 있을지를 생각하지 않고 행동에 옮기는 편이다.	Ⓨ	Ⓝ
64	나는 다른 사람들을 잘 웃긴다.	Ⓨ	Ⓝ
65	내 외모 때문에 부모님을 원망한 적이 있다.	Ⓨ	Ⓝ
66	나는 늘 다니던 길로만 다닌다.	Ⓨ	Ⓝ
67	나는 사람들 앞에서 발표하는 것이 두렵지 않다.	Ⓨ	Ⓝ
68	나는 다른 사람의 기분을 잘 알아차린다.	Ⓨ	Ⓝ
69	나는 과거의 일로 죄책감이 들곤 한다.	Ⓨ	Ⓝ
70	나는 다른 사람들 문제에 신경 쓰고 싶지 않다.	Ⓨ	Ⓝ
71	나는 화를 잘 참지 못한다.	Ⓨ	Ⓝ
72	나는 내 일에 대한 중장기적인 비전과 그에 맞는 계획을 가지고 있다.	Ⓨ	Ⓝ
73	나는 새로운 생각을 하는 것을 좋아한다.	Ⓨ	Ⓝ
74	나는 새로운 사람을 소개받는 자리가 불편하지 않다.	Ⓨ	Ⓝ

75	나는 리더 역할이 좋다.	Ⓨ	Ⓝ
76	나는 매우 빠르게 달리는 차의 속도감을 즐긴다.	Ⓨ	Ⓝ
77	나는 조직에서 최고의 자리에 오르는 것을 목표로 한다.	Ⓨ	Ⓝ
78	나는 힘들어 하는 사람을 보면 격려의 말을 해 준다.	Ⓨ	Ⓝ
79	나는 오랜 시간을 요구하는 과제에 집중을 잘 하지 못한다.	Ⓨ	Ⓝ
80	나는 새로운 것을 시도하는 것보다 습관적으로 하는 일이 더 좋다.	Ⓨ	Ⓝ
81	나와 말이 통하는 사람은 흔치 않다.	Ⓨ	Ⓝ
82	사람들과 어울리는 자리가 불편하다.	Ⓨ	Ⓝ
83	나는 처음 만나는 사람에게도 내 이야기를 먼저 하는 편이다.	Ⓨ	Ⓝ
84	나는 정해진 기일을 항상 맞춘다.	Ⓨ	Ⓝ
85	손님이 돌아가기를 바라면서도 붙잡는 척한 경우가 있다.	Ⓨ	Ⓝ
86	나는 일과 관련한 내용을 누구 앞에서든 자신 있게 설명할 수 있다.	Ⓨ	Ⓝ
87	만원버스 안에서 노인이 내 앞에 서 있으면 항상 자리를 양보한다.	Ⓨ	Ⓝ
88	나는 언제나 상대방의 입장에서 생각하려고 노력한다.	Ⓨ	Ⓝ
89	나는 다른 사람들의 화젯거리가 되는 것이 좋다.	Ⓨ	Ⓝ
90	나는 어느 누구와 대화를 하더라도 열심히 듣는다.	Ⓨ	Ⓝ
91	나는 외국인들이 자국 문화를 소개하는 행사에 참석한 적이 많다.	Ⓨ	Ⓝ
92	나는 내가 맡은 역할을 잃게 될까 봐 두렵다.	Ⓨ	Ⓝ
93	나는 친구를 오래 사귀지 못하는 편이다.	Ⓨ	Ⓝ
94	나는 특별한 이유 없이 누군가에게 화가 날 때가 있다.	Ⓨ	Ⓝ
95	나는 인생의 전반에서 다양한 변화를 경험해 보고 싶다.	Ⓨ	Ⓝ
96	나는 위험해 보이는 상황은 피하려고 노력한다.	Ⓨ	Ⓝ
97	우리 가족은 보통의 가족들처럼 화목하게 지낸다.	Ⓨ	Ⓝ
98	일할 때 다른 사람들의 시선이 느껴지면 집중이 잘되지 않는다.	Ⓨ	Ⓝ
99	나는 한번 시작한 일은 도중에 그만두지 않는다.	Ⓨ	Ⓝ
100	나는 다른 사람의 시선이 의식되면 불안해진다.	Ⓨ	Ⓝ
101	어렸을 적에 때때로 영문도 모르는 채로 부모님께 혼나곤 했다.	Ⓨ	Ⓝ

1회 한국남동발전
2회 한국중부발전[사무]
3회 한국중부발전[기술]
4회 한국동서발전
5회 한국서부발전
6회 한국남부발전
인성검사
면접가이드

102	나는 다른 문화권의 사람들에게 개방적이다.	Ⓨ	Ⓝ
103	나는 가끔씩 자극적이고 스릴 있는 놀이를 즐긴다.	Ⓨ	Ⓝ
104	우리 가정은 보통의 가정들에 비해 서로에게 무관심하고 불친절하다.	Ⓨ	Ⓝ
105	나는 즉흥적으로 선택하는 경우가 거의 없다.	Ⓨ	Ⓝ
106	나는 오늘 할 일을 내일로 미루지 않는다.	Ⓨ	Ⓝ
107	나는 매사에 계획을 세워서 하는 편이다.	Ⓨ	Ⓝ
108	나는 가끔씩 누군가에 대한 증오심을 느낀다.	Ⓨ	Ⓝ
109	나는 정기적으로 참여하는 모임이 여러 개 있다.	Ⓨ	Ⓝ
110	나는 단둘이 만나는 것보다 여러 명이 함께 보는 자리를 더 선호한다.	Ⓨ	Ⓝ
111	나는 사람을 가리지 않고 잘 사귄다.	Ⓨ	Ⓝ
112	나는 충분히 생각하고 결정을 내릴 때에도 놓친 부분은 없는지 다시 확인한다.	Ⓨ	Ⓝ
113	나는 울고 있는 사람을 보면 슬퍼진다.	Ⓨ	Ⓝ
114	나는 근심걱정이 많다.	Ⓨ	Ⓝ
115	나는 사람들이 듣고 싶어하는 말을 곧잘 한다.	Ⓨ	Ⓝ
116	나는 주기적으로 앞으로의 일정을 점검한다.	Ⓨ	Ⓝ
117	일을 벌여 놓고 수습하지 못하는 경우가 있다.	Ⓨ	Ⓝ
118	나는 같은 일을 해도 늘 새로운 방식을 추구한다.	Ⓨ	Ⓝ
119	나는 어렸을 때부터 사물들이 작동하는 원리에 관심이 많았다.	Ⓨ	Ⓝ
120	나는 불의를 보면 참지 않는다.	Ⓨ	Ⓝ
121	나는 내 지시대로 일이 처리되는 것이 좋다.	Ⓨ	Ⓝ
122	낯선 사람들과 같이 있는 것은 어색하고 불편하다.	Ⓨ	Ⓝ
123	나는 기존 방식대로 문제를 해결한다.	Ⓨ	Ⓝ
124	나는 겉으로는 화해해도 속으로는 용서가 잘 안 된다.	Ⓨ	Ⓝ
125	나는 항상 남들보다 높은 지위에 있고 싶다.	Ⓨ	Ⓝ
126	나는 사람들의 시선이 내게 집중되는 것을 원치 않는다.	Ⓨ	Ⓝ
127	모임이나 파티에 참여하는 것보다 혼자 시간을 보내는 것이 좋다.	Ⓨ	Ⓝ
128	나는 전에 해 보지 않았던 일을 하고 싶다.	Ⓨ	Ⓝ

129	어렸을 적에 부모님을 종종 원망했었다.	Ⓨ	Ⓝ
130	여러 사람들이 이미 모여서 대화하고 있을 때 끼어드는 것이 두렵지 않다.	Ⓨ	Ⓝ
131	믿었던 사람에게 배신을 당한 적이 있다.	Ⓨ	Ⓝ
132	평소 이런저런 이유로 인해 당황하는 일이 많다.	Ⓨ	Ⓝ
133	나는 대화할 때 상대방의 말하는 의도를 적극적으로 파악하며 듣는다.	Ⓨ	Ⓝ
134	나는 논쟁할 기회를 놓치고 싶지 않다.	Ⓨ	Ⓝ
135	나는 모험을 즐긴다.	Ⓨ	Ⓝ
136	나는 담당을 정해야 할 때 먼저 나서는 편이다.	Ⓨ	Ⓝ
137	나는 친구가 자신이 겪었던 안 좋은 일에 대해 이야기하면 같이 화를 낸다.	Ⓨ	Ⓝ
138	나는 한 가지 일을 오래하는 것을 잘하지 못한다.	Ⓨ	Ⓝ
139	나는 내가 지시한 대로 일이 진행되는 것을 좋아한다.	Ⓨ	Ⓝ
140	나는 계획을 세우는 것이 즐겁다.	Ⓨ	Ⓝ
141	나는 불안할 때가 많다.	Ⓨ	Ⓝ
142	다른 사람이 나의 외모 얘기를 하는 것이 싫다.	Ⓨ	Ⓝ
143	나는 별다른 이유 없이도 누군가에 대한 질투심을 느낀다.	Ⓨ	Ⓝ
144	나는 무슨 일이든 자신 있게 한다.	Ⓨ	Ⓝ
145	나는 대체로 다른 사람들이 화가 난 것을 잘 알아차린다.	Ⓨ	Ⓝ
146	우리 가족들은 서로 다투는 일이 자주 있다.	Ⓨ	Ⓝ
147	상대가 고집불통일 때는 모욕을 주어서라도 고집을 꺾는다.	Ⓨ	Ⓝ
148	내가 아무리 열심히 노력하더라고 그 노력을 모두 인정받지는 못할 것이다.	Ⓨ	Ⓝ
149	사람들은 나를 활력 넘치는 사람이라고 생각하는 것 같다.	Ⓨ	Ⓝ
150	나는 활동적인 사람이다.	Ⓨ	Ⓝ
151	프로젝트 팀을 구성할 때 같은 조건이라면 외국인 팀원을 선택할 것이다.	Ⓨ	Ⓝ
152	나는 한 달에 한 권 이상 책을 읽는다.	Ⓨ	Ⓝ
153	나는 자기 소신이 뚜렷한 사람이다.	Ⓨ	Ⓝ
154	내가 거짓말을 하면 사람들이 쉽게 알아차린다.	Ⓨ	Ⓝ
155	나는 물질적인 가치에 큰 비중을 두지 않는다.	Ⓨ	Ⓝ

1회 한국남부발전

2회 한국중부발전[사위]

3회 한국중부발전[기술]

4회 한국동서발전

5회 한국서부발전

6회 한국남부발전

인성검사

면접가이드

156	나는 경쟁을 강조하는 분위기가 싫다.	Ⓨ	Ⓝ
157	나는 내 인생 전반에 걸쳐 이루고자 하는 목표가 분명하다.	Ⓨ	Ⓝ
158	나는 주변 사람들이 나에 대해 너무 많이 아는 것이 불편하다.	Ⓨ	Ⓝ
159	나는 여행지에 가면 이곳저곳을 쉬지 않고 돌아다닌다.	Ⓨ	Ⓝ
160	나는 궁금하면 못 참는다.	Ⓨ	Ⓝ
161	나는 종종 정해진 원칙을 벗어나 행동하는 것을 즐긴다.	Ⓨ	Ⓝ
162	나는 다른 사람을 속이려는 마음을 먹는다고 해도 그것을 차마 실행에 옮기지는 못한다.	Ⓨ	Ⓝ
163	나는 비싼 귀금속을 많이 가지고 싶다.	Ⓨ	Ⓝ
164	나는 승부나 시험에서 지면 쉽게 잊지 못한다.	Ⓨ	Ⓝ
165	나는 처음 하는 일도 잘 해낼 수 있다.	Ⓨ	Ⓝ
166	나는 긴 글의 내용에서 핵심 내용만 뽑아 요약하는 습관이 있다.	Ⓨ	Ⓝ
167	비효율적인 규칙은 꼭 지킬 필요가 없다.	Ⓨ	Ⓝ
168	나는 문제가 생기면 오히려 더 침착해진다.	Ⓨ	Ⓝ
169	나는 아는 사람에게 특혜를 준 적이 있다.	Ⓨ	Ⓝ
170	나 자신에게 돈을 쓰는 일에는 별로 관심이 없다.	Ⓨ	Ⓝ
171	나는 내가 하기 어려운 과제를 해결하기 위해 다른 사람에게 부탁을 한 적이 있다.	Ⓨ	Ⓝ
172	나는 승부에서 진 뒤 이기기 위해 이를 악물고 연습한 적이 있다.	Ⓨ	Ⓝ
173	나는 어떤 사람이 되고 싶은지 아직 잘 모르겠다.	Ⓨ	Ⓝ
174	나는 어떠한 어려움도 극복할 자신이 있다.	Ⓨ	Ⓝ
175	나는 가까운 친지나 친구가 국제결혼을 한다면 적극적으로 권장하겠다.	Ⓨ	Ⓝ
176	나는 항상 무엇이든 배우려고 노력한다.	Ⓨ	Ⓝ
177	내 인생에서 궁극적으로 무엇을 이룰 것인지 확실치 않다.	Ⓨ	Ⓝ
178	나는 누구에게나 내 이야기를 허물없이 다 할 수 있다.	Ⓨ	Ⓝ
179	나는 모르는 것이 있어도 별로 궁금하지 않다.	Ⓨ	Ⓝ
180	나는 이야기를 하려다가 상대방의 표정을 보고 말하지 못하는 경우가 많다.	Ⓨ	Ⓝ
181	나에게 주변 사람들이 자신의 짜증을 분출하는 경우가 종종 있다.	Ⓨ	Ⓝ

182	지금 나의 친한 친구들 중 과거에 크게 다툰 적이 있는 친구들이 있다.	Y	N
183	나는 자신의 잘못에 대해 제대로 된 사과를 하지 않는 사람과는 친하게 지낼 수 없다.	Y	N
184	나는 지나치게 원칙을 고수하는 사람과 일하기 어렵다.	Y	N
185	나는 다른 사람의 반대에도 불구하고 나의 소신을 고수하여 일을 성공적으로 이끈 적이 종종 있다.	Y	N
186	나는 해야 하는 일을 했을 뿐인데, 선물을 받는 경우가 종종 있다.	Y	N
187	나는 이유 없는 호의나 선물은 없다고 생각한다.	Y	N
188	나는 매일 아침 그날의 할 일을 정리해 본다.	Y	N
189	나는 운동, 공부 등 자기관리를 위해 6개월 이상 꾸준히 해 본 활동이 있다.	Y	N
190	나는 목표가 없으면 열심히 하지 않는다.	Y	N
191	나는 작은 일이라도 의미를 찾으려고 노력한다.	Y	N
192	나는 내가 하는 일에 몰입하려 한다.	Y	N
193	나는 낯선 곳에 가게 되면 걱정이 많다.	Y	N
194	나는 새로운 조직에 들어가도 금방 사람들과 잘 어울린다.	Y	N
195	나는 대화 시 재미있는 표현을 잘 사용한다.	Y	N
196	나는 경험해 보고 싶은 다른 나라의 전통 문화가 많다.	Y	N
197	나는 최근 트렌드를 따라가는 것을 좋아하지 않는다.	Y	N
198	나는 궁금한 것은 누구에게 묻기보다 직접 해결하는 것을 좋아한다.	Y	N
199	나는 감동이나 재미보다 지식을 얻기 위한 독서를 선호한다.	Y	N
200	나는 관심사가 적은 편이다.	Y	N

1회 한국남동발전

2회 한국중부발전(사회)

3회 한국중부발전(기술)

4회 한국동서발전

5회 한국서부발전

6회 한국남부발전

인성검사

면접가이드

[1~5] 모든 문항에 대한 정답이 없습니다. 문항을 읽고 평소에 자신의 생각과 유사하거나 일치하면 ① ~ ④ 중에 표시해 주시기 바랍니다.

○○공사 이 대리는 거래처 고객과 동창이라는 이유로 자신의 전문분야(직무관련성이 없는 업무)가 아님에도 고객과의 협상에 참여하도록 상사에게 요청받았다. 이에 이 대리는 상사의 말을 따르기로 결정하였다.

문항	문제	정말 그렇다	그렇다	아니다	정말 아니다
1	만약 내가 김 대리 입장이라면 결정을 정당하게 받아들였을 것이다.	①	②	③	④
2	김 대리의 행동은 유리한 거래 조건을 이끌어내고 기업의 이익을 위해서 용인될 수 있는 행동이다.	①	②	③	④
3	인맥을 활용하는 것은 다른 직원들과 협력하는 팀플레이어로서 인정받을 수 있는 긍정적인 행동이다.	①	②	③	④
4	만약 이 사실이 언론에 공개된다면 문제가 될 수 있다.	①	②	③	④
5	만약 거절했다면 후에 승진이나 인사상에 불이익을 당할 것이다.	①	②	③	④

[06~10] 다음 제시된 문제를 읽고 적합한 곳에 표시하세요.

06 팀장이 협력사에서 받은 거라며 10만 원 상당의 선물세트를 팀원에게 나누어 주었다. 그러면서 상대방의 성의를 무시할 수 없어 받은 것이니 괜찮다고 하였다. 어떻게 하면 좋겠는가?

① 회사 기업윤리팀(감사팀)에 신고한 후 판단에 따른다.
② 부당하므로 그 자리에서 거부한다.
③ 상사가 주는 것이므로 감사함으로 받는다.
④ 일단 받고 적당한 기회에 팀장님께 되돌려준다.

07 쇼핑을 하던 중 마음에 드는 물건을 보았다. 돈이 부족했는데 가방에는 마침 동창회 회원들에게 받은 회비가 있어 고민하고 있다. 당신이라면 어떻게 하겠는가?

① 일단 회비를 꺼내 쓰고 나중에 채워 넣는다.
② 친구에게 전화를 걸어 필요한 돈을 보내 줄 것을 부탁한다.
③ 사는 것을 포기하고 그 자리를 떠난다.
④ 집에 가서 돈을 가져와 원하는 물건을 산다.

08 팀원들과 회식을 하던 중 식당에서 우연히 협력사 부장과 마주쳤다. 간단히 인사만 나눈 뒤 각자 식사를 했는데 계산을 하려고 보니 이미 식사비 30만 원이 지불된 상태였다. 어떻게 하면 좋겠는가?

① 감사 인사를 전한 뒤 다음에는 그러지 말 것을 정중히 부탁한다.
② 기업 윤리 담당팀이나 소관팀에 신고한다.
③ 상대방의 성의 표시라고 생각하고 기쁨으로 받는다.
④ 식사비 30만 원을 돌려보낸다.

09 동료 직원의 금품수수 사실을 알게 되었다. 어떻게 하면 좋겠는가?

① 동료가 불이익을 받을 수 있으므로 상황을 지켜본다.
② 많든 적든 바로 기업윤리팀(감사팀)에 신고한다.
③ 상사에게 보고한 후 상사의 판단에 따른다.
④ 동료에게 돌려줄 것을 조용히 요청한다.

10 회사의 윤리 청렴도 향상을 위해 가장 중점을 두어야 할 부분은?

① 부서장 및 팀장의 부당한 업무지시 방지
② 회사 대표의 솔선수범 및 리더십
③ 직원들의 관행 및 의식 개선
④ 부패 방지제도 강화 및 업무 절차의 투명성 강화

1회 한국남동발전 | 2회 한국중부발전[사무] | 3회 한국중부발전[기술] | 4회 한국동서발전 | 5회 한국서부발전 | 6회 한국남부발전 | 인성검사 | 면접가이드

NCS
5대 발전회사
면접가이드

면접이란? 지원자가 보유한 직무 관련 능력 및 직무적합도와 더불어 인품, 언행 등을 직접 만나 평가하는 것을 말한다.

5대 **발전회사**NCS
기출예상모의고사

NCS 면접의 이해

※ 능력중심 채용에서는 타당도가 높은 구조화 면접을 적용한다.

1 면접이란?

일을 하는 데 필요한 능력(직무역량, 직무지식, 인재상 등)을 지원자가 보유하고 있는지를 다양한 면접기법을 활용하여 확인하는 절차이다. 자신의 환경, 성취, 관심사, 경험 등에 대해 이야기하여 본인이 적합하다는 것을 보여 줄 기회를 제공하고, 면접관은 평가에 필요한 정보를 수집하고 평가하는 것이다.

- 지원자의 태도, 적성, 능력에 대한 정보를 심층적으로 파악하기 위한 선발 방법
- 선발의 최종 의사결정에 주로 사용되는 선발 방법
- 전 세계적으로 선발에서 가장 많이 사용되는 핵심적이고 중요한 방법

2 면접의 특징

서류전형이나 인적성검사에서 드러나지 않는 것들을 볼 수 있는 기회를 제공한다.

- 직무수행과 관련된 다양한 지원자 행동에 대한 관찰이 가능하다.
- 면접관이 알고자 하는 정보를 심층적으로 파악할 수 있다.
- 서류상의 미비한 사항과 의심스러운 부분을 확인할 수 있다.
- 커뮤니케이션, 대인관계행동 등 행동·언어적 정보도 얻을 수 있다.

3 면접의 평가요소

❶ 인재적합도

해당 기관이나 기업별 인재상에 대한 인성 평가

❷ 조직적합도

조직에 대한 이해와 관련 상황에 대한 평가

❸ 직무적합도

직무에 대한 지식과 기술, 태도에 대한 평가

4 면접의 유형

구조화된 정도에 따른 분류

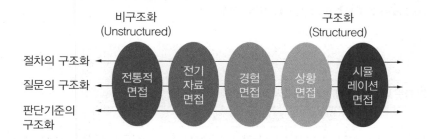

❶ 구조화 면접(Structured Interview)

사전에 계획을 세워 질문의 내용과 방법, 지원자의 답변 유형에 따른 추가 질문과 그에 대한 평가역량이 정해져 있는 면접 방식(표준화 면접)

> • 표준화된 질문이나 평가요소가 면접 전 확정되며, 지원자는 편성된 조나 면접관에 영향을 받지 않고 동일한 질문과 시간을 부여받을 수 있음.
> • 조직 또는 직무별로 주요하게 도출된 역량을 기반으로 평가요소가 구성되어, 조직 또는 직무에서 필요한 역량을 가진 지원자를 선발할 수 있음.
> • 표준화된 형식을 사용하는 특성 때문에 비구조화 면접에 비해 신뢰성과 타당성, 객관성이 높음.

❷ 비구조화 면접(Unstructured Interview)

면접 계획을 세울 때 면접 목적만 명시하고 내용이나 방법은 면접관에게 전적으로 일임하는 방식(비표준화 면접)

> • 표준화된 질문이나 평가요소 없이 면접이 진행되며, 편성된 조나 면접관에 따라 지원자에게 주어지는 질문이나 시간이 다름.
> • 면접관의 주관적인 판단에 따라 평가가 이루어져 평가 오류가 빈번히 일어남.
> • 상황 대처나 언변이 뛰어난 지원자에게 유리한 면접이 될 수 있음.

NCS 구조화 면접 기법

※ 능력중심 채용에서는 타당도가 높은 구조화 면접을 적용한다.

 1 경험면접(Behavioral Event Interview)

면접 프로세스

안내 ⟩ 지원자는 입실 후, 면접관을 통해 인사말과 면접에 대한 간단한 안내를 받음.

⌄

질문 ⟩ 지원자는 면접관에게 평가요소(직업기초능력, 직무수행능력 등)와 관련된 주요 질문을 받게 되며, 질문에서 의도하는 평가요소를 고려하여 응답할 수 있도록 함.

⌄

세부질문 ⟩ •지원자가 응답한 내용을 토대로 해당 평가기준들을 충족시키는지 파악하기 위한 세부질문이 이루어짐.
•구체적인 행동·생각 등에 대해 응답할수록 높은 점수를 얻을 수 있음.

• 방식
  해당 역량의 발휘가 요구되는 일반적인 상황을 제시하고, 그러한 상황에서 어떻게 행동했었는지(과거경험)를 이야기하도록 함.

• 판단기준
  해당 역량의 수준, 경험 자체의 구체성, 진실성 등

• 특징
  추상적인 생각이나 의견 제시가 아닌 과거 경험 및 행동 중심의 질의가 이루어지므로 지원자는 사전에 본인의 과거 경험 및 사례를 정리하여 면접에 대비할 수 있음.

• 예시

지원분야		지원자		면접관		(인)
경영자원관리 조직이 보유한 인적자원을 효율적으로 활용하여, 조직 내 유·무형 자산 및 재무자원을 효율적으로 관리한다.						
주질문						
A. 어떤 과제를 처리할 때 기존에 팀이 사용했던 방식의 문제점을 찾아내 이를 보완하여 과제를 더욱 효율적으로 처리했던 경험에 대해 이야기해 주시기 바랍니다.						
세부질문						
[상황 및 과제] 사례와 관련해 당시 상황에 대해 이야기해 주시기 바랍니다. [역할] 당시 지원자께서 맡았던 역할은 무엇이었습니까? [행동] 사례와 관련해 구성원들의 설득을 이끌어 내기 위해 어떤 노력을 하였습니까? [결과] 결과는 어땠습니까?						

기대행동	평점
업무진행에 있어 한정된 자원을 효율적으로 활용한다.	① - ② - ③ - ④ - ⑤
구성원들의 능력과 성향을 파악해 효율적으로 업무를 배분한다.	① - ② - ③ - ④ - ⑤
효과적 인적/물적 자원관리를 통해 맡은 일을 무리 없이 잘 마무리한다.	① - ② - ③ - ④ - ⑤

척도해설

1 : 행동증거가 거의 드러나지 않음	2 : 행동증거가 미약하게 드러남	3 : 행동증거가 어느 정도 드러남	4 : 행동증거가 명확하게 드러남	5 : 뛰어난 수준의 행동증거가 드러남
관찰기록 :				
총평 :				

※ 실제 적용되는 평가지는 기업/기관마다 다름.

 ## 2 상황면접(Situational Interview)

면접 프로세스

안내	지원자는 입실 후, 면접관을 통해 인사말과 면접에 대한 간단한 안내를 받음.

⌄

질문	• 지원자는 상황질문지를 검토하거나 면접관을 통해 상황 및 질문을 제공받음. • 면접관의 질문이나 질문지의 의도를 파악하여 응답할 수 있도록 함.

⌄

세부질문	• 지원자가 응답한 내용을 토대로 해당 평가기준들을 충족시키는지 파악하기 위한 세부질문이 이루어짐. • 구체적인 행동·생각 등에 대해 응답할수록 높은 점수를 얻을 수 있음.

- 방식
  직무 수행 시 접할 수 있는 상황들을 제시하고, 그러한 상황에서 어떻게 행동할 것인지(행동의도)를 이야기하도록 함.
- 판단기준
  해당 상황에 맞는 해당 역량의 구체적 행동지표
- 특징
  지원자의 가치관, 태도, 사고방식 등의 요소를 평가하는 데 용이함.

1회 한국남동발전

2회 한국중부발전[사무]

3회 한국중부발전[기술]

4회 한국동서발전

5회 한국서부발전

6회 한국남부발전

인성검사

면접가이드

- 예시

지원분야		지원자		면접관	(인)

유관부서협업

타 부서의 업무협조요청 등에 적극적으로 협력하고 갈등 상황이 발생하지 않도록 이해관계를 조율하며 관련 부서의 협업을 효과적으로 이끌어 낸다.

주질문
당신은 생산관리팀의 팀원으로, 2개월 뒤에 제품 A를 출시하기 위해 생산팀의 생산 계획을 수립한 상황입니다. 그러나 원가가 곧 실적으로 이어지는 구매팀에서는 최대한 원가를 줄여 전반적 단가를 낮추려고 원가절감을 위한 제안을 하였으나, 연구개발팀에서는 구매팀이 제안한 방식으로 제품을 생산할 경우 대부분이 구매팀의 실적으로 산정될 것이므로 제대로 확인도 해보지 않은 채 적합하지 않은 방식이라고 판단하고 있습니다. 당신은 어떻게 하겠습니까?

세부질문
[상황 및 과제] 이 상황의 핵심적인 이슈는 무엇이라고 생각합니까?
[역할] 당신의 역할을 더 잘 수행하기 위해서는 어떤 점을 고려해야 하겠습니까? 왜 그렇게 생각합니까?
[행동] 당면한 과제를 해결하기 위해서 구체적으로 어떤 조치를 취하겠습니까? 그 이유는 무엇입니까?
[결과] 그 결과는 어떻게 될 것이라고 생각합니까? 그 이유는 무엇입니까?

척도해설

1 : 행동증거가 거의 드러나지 않음	2 : 행동증거가 미약하게 드러남	3 : 행동증거가 어느 정도 드러남	4 : 행동증거가 명확하게 드러남	5 : 뛰어난 수준의 행동증거가 드러남
관찰기록 :				
총평 :				

※ 실제 적용되는 평가지는 기업/기관마다 다름.

3 발표면접(Presentation)

면접 프로세스

안내
- 입실 후 지원자는 면접관으로부터 인사말과 발표면접에 대해 간략히 안내받음.
- 면접 전 지원자는 과제 검토 및 발표 준비시간을 가짐.

발표
- 지원자들이 과제 주제와 관련하여 정해진 시간 동안 발표를 실시함.
- 면접관은 발표내용 중 평가요소와 관련해 나타난 가점 및 감점요소들을 평가하게 됨.

질문응답
- 발표 종료 후 면접관은 정해진 시간 동안 지원자의 발표내용과 관련해 구체적인 내용을 확인하기 위한 질문을 함.
- 지원자는 면접관의 질문의도를 정확히 파악하여 적절히 응답할 수 있도록 함.
- 응답 시 명확하고 자신있게 전달할 수 있도록 함.

- 방식
  지원자가 특정 주제와 관련된 자료(신문기사, 그래프 등)를 검토하고, 그에 대한 자신의 생각을 면접관 앞에서 발표하며, 추가 질의응답이 이루어짐.

- 판단기준
  지원자의 사고력, 논리력, 문제해결능력 등

- 특징
  과제를 부여한 후, 지원자들이 과제를 수행하는 과정과 결과를 관찰·평가함. 과제수행의 결과뿐 아니라 과제수행 과정에서의 행동을 모두 평가함.

4 토론면접(Group Discussion)

면접 프로세스

안내
- 입실 후, 지원자들은 면접관으로부터 토론 면접의 전반적인 과정에 대해 안내받음.
- 지원자는 정해진 자리에 착석함.

∨

토론
- 지원자들이 과제 주제와 관련하여 정해진 시간 동안 토론을 실시함(시간은 기관별 상이).
- 지원자들은 면접 전 과제 검토 및 토론 준비시간을 가짐.
- 토론이 진행되는 동안, 지원자들은 다른 토론자들의 발언을 경청하여 적절히 본인의 의사를 전달할 수 있도록 함. 더불어 적극적인 태도로 토론면접에 임하는 것도 중요함.

∨

마무리 (5분 이내)
- 면접 종료 전, 지원자들은 토론을 통해 도출한 결론에 대해 첨언하고 적절히 마무리 지음.
- 본인의 의견을 전달하는 것과 동시에 다른 토론자를 배려하는 모습도 중요함.

- 방식
  상호갈등적 요소를 가진 과제 또는 공통의 과제를 해결하는 내용의 토론 과제(신문기사, 그래프 등)를 제시하고, 그 과정에서의 개인 간의 상호작용 행동을 관찰함.

- 판단기준
  팀워크, 갈등 조정, 의사소통능력 등

- 특징
  면접에서 최종안을 도출하는 것도 중요하나 주장의 옳고 그름이 아닌 결론을 도출하는 과정과 말하는 자세 등도 중요함.

5 역할연기면접(Role Play Interview)

- 방식

  기업 내 발생 가능한 상황에서 부딪히게 되는 문제와 역할을 가상적으로 설정하여 특정 역할을 맡은 사람과 상호작용하고 문제를 해결해 나가도록 함.

- 판단기준

  대처능력, 대인관계능력, 의사소통능력 등

- 특징

  실제 상황과 유사한 가상 상황에서 지원자의 성격이나 대처 행동 등을 관찰할 수 있음.

6 집단면접(Group Activity)

- 방식

  지원자들이 팀(집단)으로 협력하여 정해진 시간 안에 활동 또는 게임을 하며 면접관들은 지원자들의 행동을 관찰함.

- 판단기준

  대인관계능력, 팀워크, 창의성 등

- 특징

  기존 면접보다 오랜 시간 관찰을 하여 지원자들의 평소 습관이나 행동들을 관찰하려는 데 목적이 있음.

 **1 한국남동발전**

❶ **인성역량면접(60점)**

❷ **상황면접(40점)**

※ 면접전형 60점 미만일 시 과락
※ 코로나19 상황 지속 시 온라인 면접 시행 가능
※ 2022년부터 직무면접(50점), 종합면접(50점)으로 변경

📋 인성역량면접 기출

1. 대인관계를 지속하면서 스트레스를 받을 때 이를 풀어내는 지원자만의 방법이 있다면?
2. 한국남동발전에 지원하게 된 계기에 대해서 말해 보시오.
3. 다른 사람들이 기피하는 일을 먼저 나서서 해 본 적이 있다면?
4. 자신의 실수로 인해 팀에 문제를 일으킨 경험이 있다면?
5. 한국남동발전의 현재 상황과 문제점 그리고 해결책에 대해 말해 보시오.

📋 상황면접 기출

1. 당신은 업체를 선정해야 하는 상황이다. 원칙에 따라 업체를 선정하면 일정에 맞출 수 없을 것으로 예상된다. 이때 원칙을 지켜서 업체를 선정할 것인가, 아니면 원칙을 무시하고서라도 일정을 맞출 수 있는 업체를 선정할 것인가?
2. 발전소에 화재가 발생했다. 주변의 도움을 받을 수는 없는 상황이고 매뉴얼대로 진행할 경우 회사에 손실이 일어나는 상황이다. 어떻게 대처할 것인가?
3. 악성 유튜버가 석탄 발전에 대해 비난하는 영상을 업로드했다. 어떻게 반응할 것인가?
4. 상사와 단둘이 회식을 하던 중 상사가 개인적인 일에 회사 공금을 썼다고 자랑한다면 어떻게 반응할 것인가?
5. 옆집에서 물이 새서 도와달라는 요청을 받았다. 만약 돕는다면 회사에 지각을 할 것 같은 상황에서 어떻게 반응할 것인가?

1회 한국남동발전 | 2회 한국중부발전(서울) | 3회 한국중부발전(기술) | 4회 한국동서발전 | 5회 한국서부발전 | 6회 한국남부발전 | 인성검사 | 면접가이드

2 한국중부발전

❶ 1차면접(직군별 직무역량평가)

- PT면접
- 토의면접

❷ 2차면접(태도 및 인성부분 등 종합평가)

- 임원진면접

📋 PT면접 기출

1. 국내 발전기술의 현재 상태와 이를 발전시키는 방안은?
2. 실제 발전소에서 어떤 사고들이 많이 일어나는지와 이에 대한 해결책은?
3. 한국중부발전의 기업 이미지 제고 방안은?
4. 한국중부발전 ESG의 적용 방안은?
5. 폐유 및 폐플라스틱 등의 폐기물 활용도의 증가 방안은?

📋 토의면접 기출

1. 발전소 발생 가능 문제와 보완 대책에 대해 토의해 보시오.
2. PRS 제도를 시행하는 것에 대한 찬반을 토의해 보시오.
3. 발전소 열효율 저하 원인과 점검 방안에 대해 토의해 보시오.
4. 미세먼지를 줄일 수 있는 방안에 대해 토의해 보시오.
5. 제시된 회사와 지역의 특성을 파악하여 회사와 지역의 상생 방안에 대해 토의해 보시오.

📋 임원진면접 기출

1. 한국중부발전에 지원한 동기가 무엇인가?
2. 취미에 대해 소개해 보시오.
3. 생활 신조와 좌우명에 대해 말해 보시오.
4. 주말, 휴일에는 보통 무엇을 하는가?
5. 희망하지 않는 분야에 배치된다면 어떻게 하겠는가?

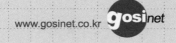

3 한국동서발전

❶ 1차면접(직무역량면접)

- 직무구술면접(50점)
- 직무PT토론면접(50점)

※직무구술면접과 직무PT토롭면접은 그룹별 집단면접 형태로 시행
※직무PT토론면접은 직문관련 주제, 상황 제시 및 개별 검토 후 집단토론을 통한 합의안을 도출

❸ 2차면접(태도 및 인성부분 등 종합평가)

- 인성면접(100점)

🗨 직무구술면접 기출

1. 한국동서발전이 향후 나아가야 하는 방향 및 전략에 대해 발표해 보시오.
2. 신재생에너지의 문제점 및 대응책과 신재생에너지 시스템의 확장 방안에 대해 발표해 보시오.
3. 석탄발전소 축소에 대응할 방안에 대해 발표해 보시오.
4. 원전 근처 지진 발생 시 대처 방안에 대해 발표해 보시오.
5. 청소년 대상 안전 캠페인을 진행하는 방법에 대해 발표해 보시오.

🗨 직무PT토론면접 기출

1. 개발과 환경 중 어떤 것이 더 중요한가?
2. 보안 유지와 데이터 활용 중 어떤 것이 더 중요한가?
3. 블랙컨슈머에 대처하는 방법은 무엇이 있는가?
4. 특정한 상황에서 계산기의 사용을 허용해야 하는가?
5. 발전소마다 통신 보안체계를 구축하고 마련할 수 있는 방안은 무엇이 있는가?

🗨 인성면접 기출

1. 직업을 선택할 시 본인만의 가치관 3가지를 말해 보시오.
2. 입사 후 본인이 싫어하는 업무를 맡았을 경우에 어떻게 할 것인가?
3. 야근이 많다면 어떻게 할 것인가?
4. 나를 가장 잘 나타낼 수 있는 캐릭터 또는 인물이 있다면 무엇인가?
5. 본인의 가치관과 철학 그리고 신념에 대해 말해 보시오.

1회 한국남동발전

2회 한국중부발전[서울]

3회 한국중부발전[기술]

4회 한국동서발전

5회 한국서부발전

6회 한국남부발전

인성검사

면접가이드

4 한국서부발전

❶ 개별인터뷰(60점)

– 인성면접

❷ 직무상황면접(40점)

– 그룹면접/토의면접

📮 개별인터뷰 기출

1. 아르바이트를 하며 진상 손님을 만나 봤던 경험이 있다면 말해 보시오.
2. 가장 성취감을 느꼈던 경험에 대해 말해 보시오.
3. 개인적인 상황에서 타인과 마찰을 겪었던 적이 있다면 말해 보시오.
4. 업무를 함에 있어 스스로가 보완해야 할 점은 무엇인가?
5. 공기업의 핵심 가치란 무엇인가?
6. 지방 근무가 가능한가?
7. 탈 원전에 대해 어떻게 생각하는가?

📮 직무상황면접 기출

1. 증기소비율과 열소비율에 대해 설명해 보시오.
2. 연소공학을 배웠다고 적혀 있는데, 석탄가스화발전에 이용하는 방법에 대해 말해 보시오.
3. 발전기의 진동 원인과 영향을 말하고 곡선을 그려 보시오.
4. 미세먼지 대처법에 대해 말해 보시오.
5. 열전도 계수 문제에 대한 해결방안을 말해 보시오.
6. 카르노 사이클이 왜 적용하기 힘든지에 대해 말해 보시오.
7. 석탄 발전의 장점과 단점에 대해 설명해 보시오.

5 한국남부발전

❶ 1차면접(300점)

- Presentation(100점), Group Discussion(100점), 실무역량(100점)
- NCS직업기초능력 및 직무수행능력 검증

❷ 2차면접(100점)

- 인성 및 조직적합성 평가

💬 1차면접 기출

1. 품질이 좋은 전기란 무엇이라고 생각하는가?
2. 풍력발전의 원리에 대해 설명해 보시오.
3. 전기안전관리 방식에 대해 설명해 보시오.
4. 밀폐공간 안전수칙에 대해 아는 만큼 소개해 보시오.
5. 에너지분야의 지속가능 성장을 위한 전략을 제시해 보시오.
6. 한국남부발전의 최근 이슈와 그에 대한 생각을 말해 보시오.
7. 스마트팩토리에 대해 아는 만큼 설명해 보시오.
8. 냉매수 활용 방안에 대해 제시해 보시오.

💬 2차면접 기출

1. 한국남부발전에 기여할 수 있는 점에 대해 말해 보시오.
2. 본인의 장점과 단점 그리고 단점을 극복한 사례가 있는가?
3. 나 자신을 하나의 단어로 표현해 보시오.
4. 발전소에 대해 어린아이에게 설명해 보시오.
5. 입사 후에 이루고 싶은 꿈이 있다면 무엇인가?
6. 개인의 가치관과 회사의 사업 방향이 다르다면 어떻게 하겠는가?
7. 공기업으로 사익과 공익 중 무엇을 선택해야 하는가?
8. 이론과 실무 중 더 중요한 것은 무엇인가?

Memo

미래를 창조하기에 꿈만큼 좋은 것은 없다.
오늘의 유토피아가 내일 현실이 될 수 있다.

**There is nothing like dream to create the future.
Utopia today, flesh and blood tomorrow.**

빅토르 위고 Victor Hugo

01_1회 한국남동발전

감독관 확인란

성명표기란

수험번호

(주민등록 앞자리) 생년제외 월일

※ 검사문항 : 1~50

문번	답란				문번	답란				문번	답란				문번	답란			
1	①	②	③	④	16	①	②	③	④	31	①	②	③	④	46	①	②	③	④
2	①	②	③	④	17	①	②	③	④	32	①	②	③	④	47	①	②	③	④
3	①	②	③	④	18	①	②	③	④	33	①	②	③	④	48	①	②	③	④
4	①	②	③	④	19	①	②	③	④	34	①	②	③	④	49	①	②	③	④
5	①	②	③	④	20	①	②	③	④	35	①	②	③	④	50	①	②	③	④
6	①	②	③	④	21	①	②	③	④	36	①	②	③	④					
7	①	②	③	④	22	①	②	③	④	37	①	②	③	④					
8	①	②	③	④	23	①	②	③	④	38	①	②	③	④					
9	①	②	③	④	24	①	②	③	④	39	①	②	③	④					
10	①	②	③	④	25	①	②	③	④	40	①	②	③	④					
11	①	②	③	④	26	①	②	③	④	41	①	②	③	④					
12	①	②	③	④	27	①	②	③	④	42	①	②	③	④					
13	①	②	③	④	28	①	②	③	④	43	①	②	③	④					
14	①	②	③	④	29	①	②	③	④	44	①	②	③	④					
15	①	②	③	④	30	①	②	③	④	45	①	②	③	④					

5대발전회사

02_2회 한국중부발전[사무]

감독관
확인란

※ 검사문항 : 1~80

문번	답란	문번	답란	문번	답란	문번	답란
1	① ② ③ ④	21	① ② ③ ④	41	① ② ③ ④	61	① ② ③ ④
2	① ② ③ ④	22	① ② ③ ④	42	① ② ③ ④	62	① ② ③ ④
3	① ② ③ ④	23	① ② ③ ④	43	① ② ③ ④	63	① ② ③ ④
4	① ② ③ ④	24	① ② ③ ④	44	① ② ③ ④	64	① ② ③ ④
5	① ② ③ ④	25	① ② ③ ④	45	① ② ③ ④	65	① ② ③ ④
6	① ② ③ ④	26	① ② ③ ④	46	① ② ③ ④	66	① ② ③ ④
7	① ② ③ ④	27	① ② ③ ④	47	① ② ③ ④	67	① ② ③ ④
8	① ② ③ ④	28	① ② ③ ④	48	① ② ③ ④	68	① ② ③ ④
9	① ② ③ ④	29	① ② ③ ④	49	① ② ③ ④	69	① ② ③ ④
10	① ② ③ ④	30	① ② ③ ④	50	① ② ③ ④	70	① ② ③ ④
11	① ② ③ ④	31	① ② ③ ④	51	① ② ③ ④	71	① ② ③ ④
12	① ② ③ ④	32	① ② ③ ④	52	① ② ③ ④	72	① ② ③ ④
13	① ② ③ ④	33	① ② ③ ④	53	① ② ③ ④	73	① ② ③ ④
14	① ② ③ ④	34	① ② ③ ④	54	① ② ③ ④	74	① ② ③ ④
15	① ② ③ ④	35	① ② ③ ④	55	① ② ③ ④	75	① ② ③ ④
16	① ② ③ ④	36	① ② ③ ④	56	① ② ③ ④	76	① ② ③ ④
17	① ② ③ ④	37	① ② ③ ④	57	① ② ③ ④	77	① ② ③ ④
18	① ② ③ ④	38	① ② ③ ④	58	① ② ③ ④	78	① ② ③ ④
19	① ② ③ ④	39	① ② ③ ④	59	① ② ③ ④	79	① ② ③ ④
20	① ② ③ ④	40	① ② ③ ④	60	① ② ③ ④	80	① ② ③ ④

성명표기란

수험번호

(주민등록 앞자리 생년제외)월일

수험생 유의사항

※ 답인은 반드시 컴퓨터용 사인펜으로 보기와 같이 바르게 표기해야 합니다.
〈보기〉 ① ② ③ ❹ ⑤

※ 성명표기란 위 칸에는 성명을 한글로 쓰고 아래 칸에는 성명을 정확하게 표기하십시오. (맨 왼쪽 칸부터 성과 이름은 붙여 씁니다)

※ 수험번호/월일 위 칸에는 아라비아 숫자로 쓰고 아래 칸에는 숫자와 일치하게 표기하십시오.

※ 월일은 반드시 본인 주민등록번호의 생년을 제외한 월 두 자리, 일 두 자리를 표기하십시오.
(예) 1994년 1월 12일 → 0112

성명표기란

수험번호

수험생 유의사항

※ 답안은 반드시 컴퓨터용 사인펜으로 보기와 같이 바르게 표기해야 합니다.

〈보기〉 ① ② ③ ❹ ⑤

※ 성명표기란 위 칸에는 성명을 한글로 쓰고 아래 칸에는 성명을 정확하게 표기하십시오. (맨 왼쪽 칸부터 성과 이름은 붙여 씁니다)

※ 수험번호란 아래에는 숫자로 숫자와 일치하게 표기하십시오.

※ 월일은 반드시 본인 주민등록번호의 생년월일을 제외한 월 두 자리, 일 두 자리를 표기하십시오.

〈예〉 1994년 1월 12일 → 0112

※ 검사문항 : 1~80

문번	답란	문번	답란	문번	답란	문번	답란
1	① ② ③ ④	21	① ② ③ ④	41	① ② ③ ④	61	① ② ③ ④
2	① ② ③ ④	22	① ② ③ ④	42	① ② ③ ④	62	① ② ③ ④
3	① ② ③ ④	23	① ② ③ ④	43	① ② ③ ④	63	① ② ③ ④
4	① ② ③ ④	24	① ② ③ ④	44	① ② ③ ④	64	① ② ③ ④
5	① ② ③ ④	25	① ② ③ ④	45	① ② ③ ④	65	① ② ③ ④
6	① ② ③ ④	26	① ② ③ ④	46	① ② ③ ④	66	① ② ③ ④
7	① ② ③ ④	27	① ② ③ ④	47	① ② ③ ④	67	① ② ③ ④
8	① ② ③ ④	28	① ② ③ ④	48	① ② ③ ④	68	① ② ③ ④
9	① ② ③ ④	29	① ② ③ ④	49	① ② ③ ④	69	① ② ③ ④
10	① ② ③ ④	30	① ② ③ ④	50	① ② ③ ④	70	① ② ③ ④
11	① ② ③ ④	31	① ② ③ ④	51	① ② ③ ④	71	① ② ③ ④
12	① ② ③ ④	32	① ② ③ ④	52	① ② ③ ④	72	① ② ③ ④
13	① ② ③ ④	33	① ② ③ ④	53	① ② ③ ④	73	① ② ③ ④
14	① ② ③ ④	34	① ② ③ ④	54	① ② ③ ④	74	① ② ③ ④
15	① ② ③ ④	35	① ② ③ ④	55	① ② ③ ④	75	① ② ③ ④
16	① ② ③ ④	36	① ② ③ ④	56	① ② ③ ④	76	① ② ③ ④
17	① ② ③ ④	37	① ② ③ ④	57	① ② ③ ④	77	① ② ③ ④
18	① ② ③ ④	38	① ② ③ ④	58	① ② ③ ④	78	① ② ③ ④
19	① ② ③ ④	39	① ② ③ ④	59	① ② ③ ④	79	① ② ③ ④
20	① ② ③ ④	40	① ② ③ ④	60	① ② ③ ④	80	① ② ③ ④

gosinet (주)고시넷

5대발전회사

04_4회 한국동서발전

감독관
확인란

※ 검사문항 : 1~50

성명표기란

성명

수험번호

월일
(주민등록 앞자리 생년제외)

문번	답란	문번	답란	문번	답란	문번	답란
1	① ② ③ ④	16	① ② ③ ④	31	① ② ③ ④	46	① ② ③ ④
2	① ② ③ ④	17	① ② ③ ④	32	① ② ③ ④	47	① ② ③ ④
3	① ② ③ ④	18	① ② ③ ④	33	① ② ③ ④	48	① ② ③ ④
4	① ② ③ ④	19	① ② ③ ④	34	① ② ③ ④	49	① ② ③ ④
5	① ② ③ ④	20	① ② ③ ④	35	① ② ③ ④	50	① ② ③ ④
6	① ② ③ ④	21	① ② ③ ④	36	① ② ③ ④		
7	① ② ③ ④	22	① ② ③ ④	37	① ② ③ ④		
8	① ② ③ ④	23	① ② ③ ④	38	① ② ③ ④		
9	① ② ③ ④	24	① ② ③ ④	39	① ② ③ ④		
10	① ② ③ ④	25	① ② ③ ④	40	① ② ③ ④		
11	① ② ③ ④	26	① ② ③ ④	41	① ② ③ ④		
12	① ② ③ ④	27	① ② ③ ④	42	① ② ③ ④		
13	① ② ③ ④	28	① ② ③ ④	43	① ② ③ ④		
14	① ② ③ ④	29	① ② ③ ④	44	① ② ③ ④		
15	① ② ③ ④	30	① ② ③ ④	45	① ② ③ ④		

05_5회 한국서부발전

감독관
확인란

성명표기란

수험번호

수험생 유의사항

※ 답안은 반드시 컴퓨터용 사인펜으로 보기와 같이 바르게 표기해야 합니다.
〈보기〉 ① ② ③ ❹ ⑤
※ 성명표기란 위 칸에는 성명을 한글로 쓰고 아래 칸에는 성명을 정확하게 표기하십시오. (맨 왼쪽 칸부터 성과 이름은 붙여 씁니다)
※ 수험번호란 위 칸에는 아라비아 숫자로 쓰고 아래 칸에는 숫자와 일치하게 표기하십시오.
※ 월일은 반드시 본인 주민등록번호의 생년을 제외한 월 두 자리, 일 두 자리를 표기하십시오.
(예) 1994년 1월 12일 → 0112

※ 검사문항 : 1~50

문번	답란
1	① ② ③ ④
2	① ② ③ ④
3	① ② ③ ④
4	① ② ③ ④
5	① ② ③ ④
6	① ② ③ ④
7	① ② ③ ④
8	① ② ③ ④
9	① ② ③ ④
10	① ② ③ ④
11	① ② ③ ④
12	① ② ③ ④
13	① ② ③ ④
14	① ② ③ ④
15	① ② ③ ④

문번	답란
16	① ② ③ ④
17	① ② ③ ④
18	① ② ③ ④
19	① ② ③ ④
20	① ② ③ ④
21	① ② ③ ④
22	① ② ③ ④
23	① ② ③ ④
24	① ② ③ ④
25	① ② ③ ④
26	① ② ③ ④
27	① ② ③ ④
28	① ② ③ ④
29	① ② ③ ④
30	① ② ③ ④

문번	답란
31	① ② ③ ④
32	① ② ③ ④
33	① ② ③ ④
34	① ② ③ ④
35	① ② ③ ④
36	① ② ③ ④
37	① ② ③ ④
38	① ② ③ ④
39	① ② ③ ④
40	① ② ③ ④
41	① ② ③ ④
42	① ② ③ ④
43	① ② ③ ④
44	① ② ③ ④
45	① ② ③ ④

문번	답란
46	① ② ③ ④
47	① ② ③ ④
48	① ② ③ ④
49	① ② ③ ④
50	① ② ③ ④

gosinet (주)고시넷

5대발전회사

06_6회 한국남부발전

※ 검사문항 : 1~70

감독관
확인란

성명표기란

수험번호

생년월일
(주민등록 앞자리 생년제외)

문번	답란	문번	답란	문번	답란	문번	답란
1	① ② ③ ④	21	① ② ③ ④	41	① ② ③ ④	61	① ② ③ ④
2	① ② ③ ④	22	① ② ③ ④	42	① ② ③ ④	62	① ② ③ ④
3	① ② ③ ④	23	① ② ③ ④	43	① ② ③ ④	63	① ② ③ ④
4	① ② ③ ④	24	① ② ③ ④	44	① ② ③ ④	64	① ② ③ ④
5	① ② ③ ④	25	① ② ③ ④	45	① ② ③ ④	65	① ② ③ ④
6	① ② ③ ④	26	① ② ③ ④	46	① ② ③ ④	66	① ② ③ ④
7	① ② ③ ④	27	① ② ③ ④	47	① ② ③ ④	67	① ② ③ ④
8	① ② ③ ④	28	① ② ③ ④	48	① ② ③ ④	68	① ② ③ ④
9	① ② ③ ④	29	① ② ③ ④	49	① ② ③ ④	69	① ② ③ ④
10	① ② ③ ④	30	① ② ③ ④	50	① ② ③ ④	70	① ② ③ ④
11	① ② ③ ④	31	① ② ③ ④	51	① ② ③ ④		
12	① ② ③ ④	32	① ② ③ ④	52	① ② ③ ④		
13	① ② ③ ④	33	① ② ③ ④	53	① ② ③ ④		
14	① ② ③ ④	34	① ② ③ ④	54	① ② ③ ④		
15	① ② ③ ④	35	① ② ③ ④	55	① ② ③ ④		
16	① ② ③ ④	36	① ② ③ ④	56	① ② ③ ④		
17	① ② ③ ④	37	① ② ③ ④	57	① ② ③ ④		
18	① ② ③ ④	38	① ② ③ ④	58	① ② ③ ④		
19	① ② ③ ④	39	① ② ③ ④	59	① ② ③ ④		
20	① ② ③ ④	40	① ② ③ ④	60	① ② ③ ④		

문번	답란				문번	답란				문번	답란				문번	답란			
1	①	②	③	④	16	①	②	③	④	31	①	②	③	④	46	①	②	③	④
2	①	②	③	④	17	①	②	③	④	32	①	②	③	④	47	①	②	③	④
3	①	②	③	④	18	①	②	③	④	33	①	②	③	④	48	①	②	③	④
4	①	②	③	④	19	①	②	③	④	34	①	②	③	④	49	①	②	③	④
5	①	②	③	④	20	①	②	③	④	35	①	②	③	④	50	①	②	③	④
6	①	②	③	④	21	①	②	③	④	36	①	②	③	④					
7	①	②	③	④	22	①	②	③	④	37	①	②	③	④					
8	①	②	③	④	23	①	②	③	④	38	①	②	③	④					
9	①	②	③	④	24	①	②	③	④	39	①	②	③	④					
10	①	②	③	④	25	①	②	③	④	40	①	②	③	④					
11	①	②	③	④	26	①	②	③	④	41	①	②	③	④					
12	①	②	③	④	27	①	②	③	④	42	①	②	③	④					
13	①	②	③	④	28	①	②	③	④	43	①	②	③	④					
14	①	②	③	④	29	①	②	③	④	44	①	②	③	④					
15	①	②	③	④	30	①	②	③	④	45	①	②	③	④					

잘라서 활용하세요!

5대발전회사

기출예상모의고사_연습용

※ 검사문항 : 1~70

감독관
확인란

문번	답란	문번	답란	문번	답란	문번	답란
1	① ② ③ ④	21	① ② ③ ④	41	① ② ③ ④	61	① ② ③ ④
2	① ② ③ ④	22	① ② ③ ④	42	① ② ③ ④	62	① ② ③ ④
3	① ② ③ ④	23	① ② ③ ④	43	① ② ③ ④	63	① ② ③ ④
4	① ② ③ ④	24	① ② ③ ④	44	① ② ③ ④	64	① ② ③ ④
5	① ② ③ ④	25	① ② ③ ④	45	① ② ③ ④	65	① ② ③ ④
6	① ② ③ ④	26	① ② ③ ④	46	① ② ③ ④	66	① ② ③ ④
7	① ② ③ ④	27	① ② ③ ④	47	① ② ③ ④	67	① ② ③ ④
8	① ② ③ ④	28	① ② ③ ④	48	① ② ③ ④	68	① ② ③ ④
9	① ② ③ ④	29	① ② ③ ④	49	① ② ③ ④	69	① ② ③ ④
10	① ② ③ ④	30	① ② ③ ④	50	① ② ③ ④	70	① ② ③ ④
11	① ② ③ ④	31	① ② ③ ④	51	① ② ③ ④		
12	① ② ③ ④	32	① ② ③ ④	52	① ② ③ ④		
13	① ② ③ ④	33	① ② ③ ④	53	① ② ③ ④		
14	① ② ③ ④	34	① ② ③ ④	54	① ② ③ ④		
15	① ② ③ ④	35	① ② ③ ④	55	① ② ③ ④		
16	① ② ③ ④	36	① ② ③ ④	56	① ② ③ ④		
17	① ② ③ ④	37	① ② ③ ④	57	① ② ③ ④		
18	① ② ③ ④	38	① ② ③ ④	58	① ② ③ ④		
19	① ② ③ ④	39	① ② ③ ④	59	① ② ③ ④		
20	① ② ③ ④	40	① ② ③ ④	60	① ② ③ ④		

성명표기란

수험번호

(주민등록 앞자리 생년제외) 월일

수험생 유의사항

※ 답안은 반드시 컴퓨터용 사인펜으로 보기와 같이 바르게 표기해야 합니다.
〈보기〉 ① ② ③ ❹ ⑤
※ 성명표기란 위 칸에는 성명을 한글로 쓰고 아래 칸에는 성명을 정확하게 표기하십시오. (맨 왼
쪽 칸부터 성과 이름은 붙여 씁니다)
※ 수험번호/월일 위 칸에는 아라비아 숫자로 쓰고 아래 칸에는 숫자와 일치하게 표기하십시오.
※ 월일은 반드시 본인 주민등록번호의 생년을 제외한 월 두 자리, 일 두 자리를 표기하십시오.
〈예〉 1994년 1월 12일 → 0112

고용보건복지_NCS

SOC_NCS

금융_NCS

저마다의 일생에는,

특히 그 일생이 동터 오르는 여명기에는

모든 것을 결정짓는 한 순간이 있다.

그 순간을 다시 찾아내는 것은 어렵다.

그것은 다른 수많은 순간들의 퇴적 속에

깊이 묻혀있다.

– 장 그르니에, 섬 LES ILES

한국남동발전

1회 기출예상모의고사
문제 24쪽

01	④	02	①	03	②	04	①	05	②
06	①	07	④	08	③	09	②	10	④
11	③	12	③	13	③	14	②	15	③
16	④	17	①	18	②	19	③	20	③
21	②	22	②	23	④	24	②	25	①
26	③	27	②	28	②	29	①	30	③
31	④	32	④	33	③	34	②	35	②
36	④	37	③	38	④	39	①	40	③
41	②	42	②	43	③	44	①	45	④
46	②	47	②	48	②	49	①	50	②

01 의사표현능력 빈칸에 들어갈 내용 파악하기

|정답| ④

|해설| B가 키오스크 사용을 선호하는 민원인에 대해 말한 다음 C는 '하지만'으로 대화를 시작하고 있으므로 B와는 반대되는 내용의 말을 해야 한다. 또한 D는 키오스크 이용에 대한 문제점을 말하고 있으며 '게다가'를 사용하여 C의 말에 부연설명하고 있으므로 이를 바탕으로 C의 발언을 추론하면 ④가 가장 적절하다.

02 의사표현능력 문맥에 맞게 대화하기

|정답| ①

|해설| 강 사원의 말을 보면 인공지능 기술이 인구 감소의 문제를 해결할 수 있는 대안이 될 것이라고 하였다. 이에 관련된 내용을 이어서 언급해야 하므로 인공지능이 일자리에 대해 긍정적인 영향을 미칠 것이라는 내용인 ①이 적절하다.

03 문서작성능력 글의 내용에 맞게 목차 만들기

|정답| ②

|해설| 두 번째 문단을 보면 지속 가능한 에너지의 생산에 대해 언급하고 있는데, 지속 가능한 에너지를 개발하기 위해서는 땅속에 갇힌 에너지가 아닌 지구에서 실시간으로 만들어지는 에너지를 이용하여야 한다고 언급하고 있으므로 적절하다.

|오답풀이|

① 세계 경기 침체에 관한 내용은 제시되지 않았다.

③ 자원이 필요 없는 시대로 도약해야 한다는 내용은 제시되지 않았다.

④ 세계 선진국들이 연합하였다는 내용은 제시되지 않았다.

04 문서이해능력 세부내용 파악하기

|정답| ①

|해설| 작업기억의 요소로는 일회적완충기, 시공간잡기장, 음운고리, 중앙집행장치가 있는데 중앙집행장치는 세 가지 요소보다 상위에 위치한다고 하였으므로 이외의 하위 요소들은 병렬적으로 구성되어 있다고 볼 수 있다.

|오답풀이|

② 단기기억은 감각 기억을 통해 받아들인 정보를 일시적으로 저장해 두는 곳이며 이 정보가 되뇌어지면 장기기억이 된다고 하였으므로 적절하다.

③ 작업기억은 단기기억보다 능동적인 작업이 포함된 것이라고 하였으므로 적절하다.

④ 최초의 작업기억의 요소로는 중앙집행장치, 시공간잡기장, 음운고리로 구성되었고, 일회적 완충기는 그 이후에 추가된 요소이므로 적절하다.

05 문서이해능력 작업기억의 요소 파악하기

|정답| ②

|해설| ㉠ 중앙집행장치는 음운고리와 시공간잡기장, ㉡ 일회적 완충기의 정보들을 통합하고 불필요한 정보를 통제할 뿐 기억 저장과의 기능은 수행하지 않는다.

1회 한국남동발전

2회 한국중부발전[사무]

3회 한국중부발전[기술]

4회 한국동서발전

5회 한국서부발전

6회 한국남부발전

06 문서이해능력 글의 내용을 바탕으로 추론하기

| 정답 | ①

| 해설 | 언택트 서비스의 증가로 비대면 디지털 격차가 심화되어 나타날 수 있는 부작용에 대해서는 언급되어 있지 않다.

07 문서이해능력 적절한 반응 파악하기

| 정답 | ④

| 해설 | 1문단에서 삼단논법은 2개의 전제와 1개의 결론으로 형성된다고 하였는데, 2개의 전제는 대전제와 소전제임을 알 수 있으므로 2개의 대전제가 있다는 설명은 적절하지 않다.

| 오답풀이 |

① 마지막 문단에서 현대논리학의 입장에서 볼 때, 모든 논증을 정언삼단논법으로 분석하려는 전통 논리학의 방식은 불충분하고 부정확하다고 주장하였음을 알 수 있다.

② 2번째 문단에서 일반적으로 정언삼단논법을 삼단논법이라고 이야기한다고 하였다.

③ 2번째 문단에서 가언삼단논법과 선언삼단논법은 결국 정언삼단논법에 귀착한다는 것이 전통논리학의 입장이라고 하였다.

08 문서이해능력 정언삼단논법의 예시 찾기

| 정답 | ③

| 해설 | 정언삼단논법은 "A는 B이다(대전제)", "C는 A이다(소전제)", "따라서 C는 B이다(결론)"라고 하는 논법이다. 미연이 한 말을 보면 "동물(A)는 모두 죽는다(B)"가 대전제가 되고, "미미(C)는 동물(A)이다"는 소전제가 되며 "미미(C)는 죽는다(B)"가 결론이 되므로 정언삼단논법의 예시로 적절하다.

09 문서이해능력 세부내용 이해하기

| 정답 | ②

| 해설 | B 이론에서는 개인을 언론에서 제공하는 정보에 관하여 무엇이 옳고, 무엇이 진실인가를 판별할 수 있는 존재로

전제하고 있으며 언론은 '자유로운 사상의 시장'으로서의 역할을 해야 한다고 주장하였다. 따라서 〈보기〉에서 주장하는 내용은 B 이론에 관한 내용임을 알 수 있다.

10 문서이해능력 세부내용 파악하기

| 정답 | ④

| 해설 | 4문단을 보면 C 이론은 언론의 4이론 중 가장 최근에 대두된 이론이며 이 이론의 핵심은 언론은 정부로부터 자유로우면서도 국민에 대해서는 책임을 져야 한다는 것임을 알 수 있다.

11 기초연산능력 주유 금액 구하기

| 정답 | ③

| 해설 | 편도 거리가 281km이므로 왕복하는 데에는 562(km)×0.07(L/km)=39.34(L)의 기름이 필요하다. 현재 김 대리의 자동차에 0.5L의 기름이 남아 있으므로 39.34-0.5=38.84(L)의 기름이 필요한데, 주유는 1L 단위로 한다고 했으므로 39L를 주유해야 한다. 따라서 주유할 최소 금액은 39×1,325=51,675(원)이다.

12 기초통계능력 확률 계산하기

| 정답 | ③

| 해설 | 첫 번째 프로젝트가 성공했을 때, 네 번째 프로젝트가 실패할 확률은 다음 네 가지 경우가 발생할 확률의 합으로 구할 수 있다.

ⅰ) 성공-성공-성공-실패할 경우

$$\frac{2}{3}\times\frac{2}{3}\times\left(1-\frac{2}{3}\right)=\frac{4}{27}$$

ⅱ) 성공-성공-실패-실패할 경우

$$\frac{2}{3}\times\left(1-\frac{2}{3}\right)\times\frac{2}{5}=\frac{4}{45}$$

iii) 성공 – 실패 – 성공 – 실패할 경우

$$\left(1-\frac{2}{3}\right)\times\left(1-\frac{2}{5}\right)\times\left(1-\frac{2}{3}\right)=\frac{1}{15}$$

iv) 성공 – 실패 – 실패 – 실패할 경우

$$\left(1-\frac{2}{3}\right)\times\frac{2}{5}\times\frac{2}{5}=\frac{4}{75}$$

따라서 첫 번째 프로젝트가 성공했을 때, 네 번째 프로젝트가 실패할 확률은 $\frac{4}{27}+\frac{4}{45}+\frac{1}{15}+\frac{4}{75}=\frac{241}{675}$이다.

13 기초연산능력 방정식 활용하기

|정답| ③

|해설| 구매한 쿠키와 커피의 개수를 각각 x개, y개라 하면 다음과 같은 식이 성립한다.

$x+y=21$ ·················· ㉠

$4,000x+6,000y=100,000$ ·················· ㉡

㉡을 정리하면,

$2x+3y=50$ ·················· ㉢

㉠×3 – ㉢을 하면 $x=13$, $y=8$이다.

따라서 김지원 씨가 구매한 쿠키의 개수는 13개이다.

14 기초연산능력 대여료 구하기

|정답| ②

|해설| 집에서 회사를 가는 데 30(km)÷15(km/h)=2(h), 즉 120분이 걸리므로 자전거 대여 요금은 1,000+(400×9)=4,600(원)이다. 회사에서 집으로 돌아올 때에도 동일하므로, A 씨가 하루에 지불해야 하는 자전거 대여 금액은 4,600×2=9,200(원)이다.

15 기초연산능력 유한집합의 원소의 개수 구하기

|정답| ③

|해설| A사의 드라이기 제품을 사용하고 있는 고객의 집합

을 P, 청소기 제품을 사용하고 있는 고객의 집합을 Q라 하면 설문 조사 결과를 다음과 같이 정리할 수 있다.

$n(P)=45$, $n(Q)=30$, $n(P\cup Q)=60$

$n(P\cap Q)=n(P)+n(Q)-n(P\cup Q)$이므로 $n(P\cap Q)=45+30-60=15$이다. 따라서 A 회사의 드라이기와 청소기를 모두 사용하고 있는 고객은 15명이다.

16 도표분석능력 취업률 계산하기

|정답| ④

|해설| 제시된 자료를 바탕으로 15세 이상 인구, 경제활동인구, 취업률을 순서대로 계산하면 다음과 같다.

구분	20X1년	20X2년	20X3년
고용률(㉠)	39.0%	40.9%	39.7%
취업자 수(㉡)	2,790천 명	3,400천 명	2,830천 명
비경제활동인구(㉢)	2,780천 명	3,200천 명	3,000천 명
15세 이상 인구 (㉣=㉡÷㉠×100) ※ 소수점 이하는 버림	7,153천 명	8,312천 명	7,128천 명
경제활동인구 (㉤=㉣-㉢)	4,373천 명	5,112천 명	4,128천 명
취업률 (㉥=㉡÷㉤×100)	63.8%	66.5%	68.6%

따라서 취업률이 높은 순서대로 나열하면 20X3년＞20X2년＞20X1년이다.

17 도표분석능력 자료의 수치 분석하기

|정답| ①

|해설| 200X년 제주특별자치도의 인구는 604,128명, 1인당 자동차 등록대수는 0.4대이므로 총 자동차 등록대수는 604,128×0.4=241,651.2(대)이다.

|오답풀이|

② 201X년 강원도의 1인당 자동차 등록대수는 0.5대, 총 자동차 등록대수는 782,700대이므로 인구는 782,700÷0.5=1,565,400(명)이다.

www.gosinet.co.kr **gosi**net

1회 한국남동발전

2회 한국중부발전[사무]

3회 한국중부발전[기술]

4회 한국동서발전

5회 한국서부발전

6회 한국남부발전

③ 200X년 대비 2019년에 총 자동차 등록대수가 백만 대 이상 증가한 곳은 경기도(4,014,392→5,765,692) 한 곳뿐이다.

④ 200X년 대비 201X년에 1인당 자동차 등록대수가 가장 많이 증가한 곳은 제주도로, 0.5대 증가하였다.

ㄹ. 연료전지와 태양광의 20X3년 대비 20X5년 생산량 증가율을 계산하면 다음과 같다.

• 연료전지 : $\dfrac{69,689 - 36,965}{36,965} \times 100 ≒ 88.5(\%)$

• 태양광 : $\dfrac{23,663 - 16,676}{16,676} \times 100 ≒ 41.9(\%)$

따라서 태양광의 생산량은 60% 미만 증가하였다.

---

18 도표분석능력 자료의 수치 분석하기

| 정답 | ②

| 해설 | ㄴ. 20X4 ~ 20X6년의 풍력에너지 생산량의 비율을 계산하면 다음과 같다.

• 20X4년 : $\dfrac{43}{316,807} \times 100 ≒ 0.0136(\%)$

• 20X5년 : $\dfrac{46}{350,880} \times 100 ≒ 0.0131(\%)$

• 20X6년 : $\dfrac{48}{381,547} \times 100 ≒ 0.0126(\%)$

따라서 20X4년부터 20X6년까지 풍력에너지 생산량의 비율은 근소하게 감소하였다.

ㄷ. 20X3 ~ 20X6년의 생산량 상위 4개의 신재생에너지가 차지하는 비율을 계산하면 다음과 같다.

• 20X3년 : $\dfrac{177,290 + 94,097 + 36,965 + 16,676}{335,138}$
$\times 100 ≒ 97.0(\%)$

• 20X4년 : $\dfrac{168,614 + 79,517 + 38,137 + 19,355}{316,807}$
$\times 100 ≒ 96.5(\%)$

• 20X5년 : $\dfrac{168,115 + 77,003 + 69,689 + 23,663}{350,880}$
$\times 100 ≒ 96.5(\%)$

• 20X6년 : $\dfrac{172,088 + 97,562 + 68,432 + 29,072}{381,547}$
$\times 100 ≒ 96.2(\%)$

따라서 매년 95% 이상이다.

| 오답풀이 |

ㄱ. 20X4년에는 연료전지, 태양광, 지열, 수력에서, 20X5년에는 연료전지, 태양광, 지열, 풍력에서, 20X6년에는 폐기물, 바이오, 태양광, 지열, 풍력에서 신재생에너지의 생산량이 증가하였다.

19 기초통계능력 확률 계산하기

| 정답 | ③

| 해설 | 총 20명 중에서 출장을 갈 2명을 뽑는 경우의 수는 ${}_{20}C_2 = \dfrac{20 \times 19}{2} = 190$(가지), 남자 12명 중에서 출장을 갈 2명을 뽑는 경우의 수는 ${}_{12}C_2 = \dfrac{12 \times 11}{2} = 66$(가지)이므로 확률은 $\dfrac{66}{190} \times 100 ≒ 34.7(\%)$이다.

20 도표분석능력 자료의 수치 분석하기

| 정답 | ③

| 해설 | 평균전력은 58,012 → 59,035 → 59,586 → 60,284 → 61,694 → 63,188 → 65,142(MW)로 매년 증가하였다.

| 오답풀이 |

① (가)는 $\dfrac{93,216 - 80,153}{80,153} \times 100 ≒ 16.3(\%)$이다.

② (나)는 $\dfrac{92,395 - 85,183}{85,183} \times 100 ≒ 8.5(\%)$이다.

④ 설비용량은 매년 증가하였으나 공급능력은 20X4년에 감소하였다.

21 사고력 어휘 관계 파악하기

|정답| ②

|해설| 국자, 접시, 냄비는 음식점에서 사용한다. 철근, 안전모, 안전화는 공사장에서 사용하므로 같은 규칙으로 배치된 것은 ②이다.

22 사고력 어휘 관계 파악하기

|정답| ③

|해설| 대각선상에 놓여 있는 입원과 퇴원은 반의 관계, 병과 우환은 유의 관계이다. 당선과 낙선도 반의 관계, 선정과 선별도 유의 관계이므로 같은 규칙으로 배치된 것은 ③이다.

23 사고력 어휘 관계 파악하기

|정답| ④

|해설| 왼쪽 아래의 단어는 위의 단어와 유의 관계, 오른쪽 아래의 단어는 위의 단어와 반의 관계이다. 따라서 A에는 개선과 유의 관계인 개량, B에는 개선과 반의 관계인 개악이 들어가는 것이 적절하다.

|오답풀이|

① 수정 : 바로잡아 고침.
　정정 : 글자나 글 따위의 잘못을 고쳐서 바로잡음.

② 개수 : 고쳐서 바로잡거나 다시 만듦.
　개환 : 고치고 바꾸어 놓음.

③ 개선, 발선 : 배가 떠남.
　출선 : 배가 항구를 떠나감.

24 사고력 어휘 관계 파악하기

|정답| ②

|해설| 위의 단어와 아래의 단어는 상하 관계이다. 따라서 A, B에는 현악기에 포함되는 하프와 비올라가 들어가는 것이 적절하다.

|오답풀이|

① 장구는 타악기, 베이스는 현악기이다.

③ 기타는 현악기, 꽹과리는 타악기이다.

④ 단소와 플루트는 관악기이다.

25 사고력 항상 참인 진술 고르기

|정답| ①

|해설| 출장을 가면 야근을 한다는 명제(출장 → 야근)와 야근을 하면 자료 수집을 한다(야근 → 자료 수집)는 명제의 삼단논법으로 출장을 가면 자료 수집을 한다는 명제가 만들어진다(출장 → 자료 수집). ①은 이 명제의 대우(~ 자료 수집 → ~ 출장)이므로 항상 참인 진술이 된다.

26 문제처리능력 자료 분석을 통해 문제해결하기

|정답| ③

|해설| 주소지를 회사 소재지인 서울에 두고 있는 최 부장은 기숙사에 입실할 수 없다. 나머지 3명은 입주 자격을 모두 충족하나, 입주 순위 결정 방식에 따라 나이가 많은 순서로 박 부장과 이 대리가 기숙사에 입실할 수 있다.

27 문제처리능력 자료 분석을 통해 문제해결하기

|정답| ②

|해설| 사내 기숙사 신청시 (제출일 기준) 2개월 이내에 작성된 흉부 X선 진단서를 제출해야 하므로, 작년에 입주하면서 제출한 흉부 X선 진단서는 이번 입실 신청에 대해서는 효력이 없다.

28 문제처리능력 일자리 안정자금 지원 기준 이해하기

|정답| ②

|해설| A : 30인 미만 고용사업주는 아니지만 업종이 공동주택 경비이므로 20X8년, 20X9년 모두 지원대상이다.

B : 30인 미만 고용사업주가 아니므로 20X8년, 20X9년 모두 지원대상이 아니다.

C : 30인 미만 고용사업주가 아니므로 20X8년엔 지원대상이 아니지만, 20X9년엔 노인돌봄서비스제공기관에 해당되어 지원대상이다.

D : 30인 미만 고용사업주가 아니므로 20X8년엔 지원대상이 아니지만, 20X9년엔 55세 이상 고령자를 고용하고 있는 경우에 해당되어 지원대상이다.

E, I : 30인 미만 고용사업주이므로 20X8년, 20X9년 모두 지원대상이다.

F : 30인 미만 고용사업주이지만 국가로부터 인건비 재정지원을 받고 있으므로 20X8년, 20X9년 모두 지원대상이 아니다.

G : 30인 미만 고용사업주가 아니므로 20X8년엔 지원대상이 아니지만, 20X9년엔 사회적기업에 해당되어 지원대상이다.

H : 30인 미만 고용사업주이지만 고소득 사업주이므로 20X8년, 20X9년 모두 지원대상이 아니다.

J : 30인 미만 고용사업주이지만 임금체불 명단 공개 중인 사업주이므로 20X8년, 20X9년 모두 지원대상이 아니다.

K : 30인 미만 고용사업주는 아니지만 업종이 공동주택 청소이므로 20X8년, 20X9년 모두 지원대상이다.

따라서 20X8년 대비 20X9년에 새롭게 지원대상 기업이 될 수 있는 사업주는 C, D, G로 3개이다.

29 문제처리능력 지원금 계산하기

|정답| ①

|해설| 〈자료 2〉에 월평균 보수액을 월평균 근로시간으로 나눈 금액이 20X9년 최저임금(8,350원)보다 적은 근로자가 있는 사업장에 대한 지원이 불가능하다고 명시되어 있다. 최○○의 20X9년 월평균 보수액은 1,650,000원, 월평균 근로시간은 209시간이므로 $\frac{1,650,000}{209} ≒ 7,895$(원)이 되어 지원이 불가능하다.

30 문제처리능력 혜택 금액 계산하기

|정답| ③

|해설| A ~ C 카드의 혜택을 계산하면 다음과 같다.

• A 카드
  전월 실적이 350만 원 미만이므로 혜택이 없다.

• B 카드
  연회비 12만 원을 월 분할 납부 : -10,000원
  서점 10% 할인 : $215,000 \times 0.1 = 21,500$(원) ➡ 할인금액 2만 원 한도
  주유소 1% 할인 : $380,000 \times 0.01 = 3,800$(원)
  식당 14시 이전 결제건 1% 할인 : $1,300,000 \times 0.01 = 13,000$(원)
  식당 18 ~ 22시 결제건 2% 할인 : $850,000 \times 0.02 = 17,000$(원)
  따라서 $-10,000 + 20,000 + 3,800 + 13,000 + 17,000 = 43,800$(원)만큼 혜택을 받는다.

• C 카드
  식당 18 ~ 22시 결제건 3% 할인 : $850,000 \times 0.03 = 25,500$(원)
  대중교통비 10% 할인 : $79,000 \times 0.1 = 7,900$(원)
  주유소 5% 할인 : $380,000 \times 0.05 = 19,000$(원)
  따라서 $25,500 + 7,900 + 19,000 = 52,400$(원)만큼 혜택을 받는다.

따라서 윤 사원이 선택할 카드는 C이다.

31 시간관리능력 조건에 맞는 유형 선택하기

|정답| ④

|해설| 쿠폰, 세트메뉴, 신메뉴 할인은 제약이 없고, 1+1 이벤트는 한 달 동안 진행 가능하다. 무한리필은 일주일 진행 가능하므로 선택될 수 없는 유형은 무한리필이다.

32 물적자원관리능력 점수 계산하기

|정답| ④

|해설| 가능 기간을 제외하고 순위와 점수를 매기면 다음과 같다.

기준 유형	고객 충성도	고객 만족도	표적 소비자
쿠폰	1순위(5점)	4순위(2점)	3순위(3점)
1+1 이벤트	5순위(1점)	1순위(5점)	4순위(2점)
세트메뉴	3순위(3점)	2순위(4점)	5순위(1점)
신메뉴 할인	4순위(2점)	2순위(4점)	1순위(5점)
무한리필	2순위(4점)	5순위(1점)	1순위(5점)

가중치를 반영하여 총점을 계산하면 다음과 같다.

- 쿠폰 : $(5 \times 2) + (2 \times 3) + 3 = 19$(점)
- 1+1 이벤트 : $(1 \times 2) + (5 \times 3) + 2 = 19$(점)
- 세트메뉴 : $(3 \times 2) + (4 \times 3) + 1 = 19$(점)
- 신메뉴 할인 : $(2 \times 2) + (4 \times 3) + 5 = 21$(점)
- 무한리필 : $(4 \times 2) + (1 \times 3) + 5 = 16$(점)

따라서 가장 높은 점수를 받은 신메뉴 할인을 선택한다.

33 물적자원관리능력 프로모션 유형 선택하기

|정답| ③

|해설| 〈경쟁사 프로모션 현황〉의 기간을 보면 A사(쿠폰), C사(신메뉴 할인), D사(세트메뉴)가 같은 기간에 프로모션을 진행함을 알 수 있다. 따라서 시너지 효과를 고려하여 순위와 점수를 매기면 다음과 같다.

기준 유형	고객 충성도	고객 만족도	표적 소비자	합계
쿠폰	★★★☆☆ (3순위, 3점)	★★★☆☆ (3순위, 3점)	직장인 (3순위, 3점)	9점
1+1 이벤트	★☆☆☆☆ (5순위, 1점)	★★★★★ (1순위, 5점)	주부 (4순위, 2점)	8점
세트메뉴	★★★☆☆ (2순위, 4점)	★★☆☆☆ (4순위, 2점)	학생 (5순위, 1점)	7점
신메뉴 할인	★★☆☆☆ (4순위, 2점)	★★★★☆ (2순위, 4점)	모든 고객 (1순위, 5점)	11점
무한 리필	★★★★☆ (1순위, 5점)	★☆☆☆☆ (5순위, 1점)	모든 고객 (1순위, 5점)	11점

따라서 신메뉴 할인과 무한리필 중 고객 충성도가 더 높은 무한리필을 선택한다.

34 물적자원관리능력 재료 보관하기

|정답| ②

|해설| 냉동칸과 냉장칸 모두 20%인 5칸은 비워놔야 하므로, 냉장고 내 재료는 다음과 같이 채워져 있다.

		냉동						
		딸기				우유		
		얼음				탄산 수		
		비워 둠				비워 둠		

〈냉동칸〉　　　　　　〈냉장칸〉

냉장칸, 냉동칸 모두 1칸만 남아 있으므로 적절하게 연결된 것은 ②이다.

|오답풀이|

① 우유 2팩을 추가로 보관하려면 2칸이 필요하다.

③ 탄산수 3병을 추가로 보관하려면 2칸이 필요하다.

④ 냉동딸기 5kg을 추가로 보관하려면 10칸이 필요하다.

35 물적자원관리능력 비어 있는 칸 계산하기

|정답| ②

|해설| 사용한 재료의 양을 계산하면 다음과 같다.

구분	아이스 아메리카노 30잔	아이스 라떼 15잔	딸기 라떼 6잔	딸기 에이드 16잔	합계
우유	-	1,500ml	1,200ml	-	2,700ml
탄산수	-	-	-	1,600ml	1,600ml
냉동딸기	-	-	600g	1,600g	2,200g
얼음	3,000g	1,500g	600g	1,600g	6,700g

- 우유

1팩에 200ml 들어있으므로 $2,700 \div 200 = 13.5$(팩) 사용

➡ 13칸 비워짐.

www.gosinet.co.kr **gosi**net

1회 한국남동발전
2회 한국중부발전[사무]
3회 한국중부발전[기술]
4회 한국동서발전
5회 한국서부발전
6회 한국남부발전

- 탄산수

1병에 200ml 들어있으므로 1,600÷200=8(병) 사용 ➡ 4칸 비워짐.
- 냉동딸기

2.2÷0.5=4.4이므로 4칸 비워짐.
- 얼음

6.7÷5=1.34이므로 1칸 비워짐.

따라서 냉장고 칸에서 비어있는 칸은 12(기존에 비어있던 칸)+13+4+4+1=34(칸)이다.

36 물적자원관리능력 비어 있는 칸 계산하기

| 정답 | ④

| 해설 | 내일 예상 판매 수량은 아이스 아메리카노 30잔, 아이스 라떼 15×1.4=21(잔), 딸기 라떼 6잔, 딸기에이드 16×0.5=8(잔)이므로 사용할 재료의 양을 계산하면 다음과 같다.

구분	아이스 아메리카노 30잔	아이스 라떼 21잔	딸기 라떼 6잔	딸기 에이드 8잔	합계
우유	-	2,100ml	1,200ml	-	3,300ml
탄산수	-	-	-	800ml	800ml
냉동딸기	-	-	600g	800g	1,400g
얼음	3,000g	2,100g	600g	800g	6,500g

35의 해설을 통해 우유는 0.5팩(100ml), 탄산수는 2병(400ml), 냉동딸기는 2,300g, 얼음은 43.3kg 남아있음을 알 수 있다. 모자란 재료만 채워 넣는다고 했으므로 우유 16팩(3,200ml), 탄산수 2병(400ml)만 채우면 된다. 우유 16팩은 16칸, 탄산수 2병은 1칸이 필요하므로 냉장고를 채운 직후 냉장고에 비어있는 칸은 총 34-16-1=17(칸)이다.

37 시간관리능력 배송 계획 세우기

| 정답 | ③

| 해설 | 오후 1-오후 2-오후 3-오후 4의 순서로 배송을 해야 한다.

16：00 ～ 16：20 물류창고→D 지역

16：20 ～ 16：30 이영현 고객 택배 배송

16：30 ～ 16：50 D 지역→E 지역

16：50 ～ 17：00 박종호 고객 택배 배송

17：00 ～ 17：10 김수민 고객 택배 배송

17：10 ～ 17：30 E 지역→G 지역

17：30 ～ 17：40 홍지수 고객 택배 배송

17：40 ～ 18：00 G 지역→E 지역

18：00 ～ 18：10 최보규 고객 택배 배송

18：10 ～ 18：50 E 지역→A 지역

18：50 ～ 19：00 박찬규 고객 택배 배송

19：00 ～ 19：20 A 지역→B 지역

19：20 ～ 19：40 윤미진, 임진희 고객 택배 배송

19：40 ～ 20：00 B 지역→C 지역

20：00 ～ 20：20 김현지, 한푸름 고객 택배 배송

따라서 마지막 배송 지역은 C, 배송이 끝난 시간은 오후 8시 20분이다.

38 시간관리능력 배송 계획 세우기

| 정답 | ④

| 해설 | • 육류

이름	지역	배송 시간대	제품
이영현	D 지역 △△아파트	오후 1	한우 선물세트 1호
김현지	C 지역 ◆◆오피스텔	오후 4	한우 선물세트 3호
윤미진	B 지역 ■■아파트	오후 4	한우 선물세트 2호
홍지수	G 지역 ▲▲아파트	오후 2	한우 선물세트 2호
최보규	E 지역 ●●오피스텔	오후 3	한우 선물세트 2호

16：00 ～ 16：20 물류창고→D 지역

16：20 ～ 16：30 이영현 고객 택배 배송

16：30 ～ 16：50 D 지역→G 지역(10분 대기)

17：00 ～ 17：10 홍지수 고객 택배 배송

17：10 ～ 17：30 G 지역→E 지역(30분 대기)

18：00 ～ 18：10 최보규 고객 택배 배송

18：10 ～ 18：50 E 지역→B 지역(10분 대기)

19 : 00 ~ 19 : 10 윤미진 고객 택배 배송

19 : 10 ~ 19 : 30 B 지역 → C 지역

19 : 30 ~ 19 : 40 김현지 고객 택배 배송

• 해산물과 과일

이름	지역	배송 시간대	제품
한푸름	C 지역 ○○빌라	오후 4	전복 선물세트 3호
김수민	E 지역 ○●아파트	오후 2	과일 세트
박종호	E 지역 ◇◇빌라	오후 1	굴비 선물세트 1호
박찬규	A 지역 ◇◆오피스텔	오후 3	과일 세트
임진희	B 지역 △▲아파트	오후 4	굴비 선물세트 2호

16 : 00 ~ 16 : 20 물류창고 → E 지역

16 : 20 ~ 16 : 30 박종호 고객 택배 배송

16 : 30 ~ 17 : 00 대기

17 : 00 ~ 17 : 10 김수민 고객 택배 배송

17 : 10 ~ 17 : 50 E 지역 → A 지역(10분 대기)

18 : 00 ~ 18 : 10 박찬규 고객 택배 배송

18 : 10 ~ 18 : 30 A 지역 → B 지역(30분 대기)

19 : 00 ~ 19 : 10 임진희 고객 택배 배송

19 : 10 ~ 19 : 30 B 지역 → C 지역

19 : 30 ~ 19 : 40 한푸름 고객 택배 배송

두 대 모두 오후 7시 40분에 배송이 끝나므로 이전 경로와 배송이 끝나는 시간의 차이는 40분이다.

39 예산관리능력 우수기업 선정하기

| 정답 | ①

| 해설 | 최근 3개년의 매출을 US$로 구하면 다음과 같다.

(단위 : US$)

연도\기업명	2X13년	2X14년	2X15년	합계
A	90,000	110,000	130,000	330,000
B	936,000 ÷7.76 ≒120,619	1,092,000 ÷7.75 ≒140,903	1,240,000 ÷7.75 =160,000	421,522

C	6,446,000 ÷58.6 =110,000	6,100,000 ÷61.03 ≒99,951	7,051,000 ÷64.14 ≒109,931	319,882
D	9,760,000 ÷97.6 =100,000	10,070,000 ÷105.95 ≒95,045	12,100,000 ÷121.04 ≒99,967	295,012
E	110,000 ÷1.03 ≒106,796	132,000 ÷1.11 ≒118,919	156,000 ÷1.25 =124,800	350,515
F	96,000 ÷0.75 =128,000	64,000 ÷0.75 ≒85,333	90,000 ÷0.9 =100,000	313,333
G	110,000 ÷1.04 ≒105,769	110,000 ÷1.11 ≒99,099	130,000 ÷1.33 ≒97,744	302,612

최근 3개년 매출 기준 상위 3개 기업은 A, B, E이다. 그러나 E 기업은 2X12년, 2X13년에 매출이 감소했으므로 제외된다. 따라서 선정될 3개 기업은 A, B, C이다.

40 예산관리능력 우수기업 선정하기

| 정답 | ③

| 해설 | 수정사항을 고려하여 최근 3개년의 매출을 US$로 구하면 다음과 같다.

(단위 : US$)

연도\기업명	2X13년	2X14년	2X15년	합계
A	90,000 ÷7.76 ≒11,598	110,000 ÷7.75 ≒14,194	130,000 ÷7.75 ≒16,774	42,566
B	936,000	1,092,000	1,240,000	3,268,000
C	6,446,000 ÷58.6 =110,000	6,100,000 ÷61.03 ≒99,951	7,051,000 ÷64.14 ≒109,931	319,882
D	9,760,000 ÷97.6 =100,000	10,070,000 ÷105.95 ≒95,045	12,100,000 ÷121.04 ≒99,967	295,012
E	72,000 ÷0.61 ≒118,033	66,000 ÷0.61 ≒108,197	70,000 ÷0.65 =107,692	333,922
F	96,000 ÷0.75 =128,000	64,000 ÷0.75 ≒85,333	90,000 ÷0.9 =100,000	313,333
G	110,000 ÷1.04 ≒105,769	110,000 ÷1.11 ≒99,099	130,000 ÷1.33 ≒97,744	302,612

www.gosinet.co.kr **gosinet**

1회 한국남동발전

2회 한국중부발전[사무]

3회 한국중부발전[기술]

4회 한국동서발전

5회 한국서부발전

6회 한국남부발전

최근 3개년 매출 기준 상위 3개 기업은 B, C, E이다. 그러나 B, C 기업만 2X14년과 2X15년 사이에 매출이 상승했으므로 선정될 3개 기업은 B, C, F이다.

41 컴퓨터활용능력 보고서의 구역 파악하기

| 정답 | ②

| 해설 | '페이지 머리글/바닥글'은 각각 매 페이지의 상단과 하단에 표시되며, 주로 날짜나 페이지 번호를 입력한다. 주의할 점은 데이터 출력 구역이 아니므로 페이지에 대한 요약함수를 사용할 수 없다.

| 오답풀이 |

① '본문'은 레코드 원본의 모든 행에 대해 한 번씩 출력되며, 보고서의 본문을 구성하는 컨트롤이 추가된다.

③ '보고서 머리글'은 보고서가 출력될 때 보고서의 맨 앞에 한 번 나타나며, 데이터 출력과 관련된 구역이므로 요약함수를 사용할 수 있다.

④ '그룹 머리글'은 각 그룹별로 맨 앞에 출력되며, 일반적으로 그룹의 이름을 표시할 때 사용한다.

42 정보능력 IoT 기술 이해하기

| 정답 | ②

| 해설 | IoT 기술은 인간의 도움 없이도 서로 알아서 정보를 주고받으며 대화를 나눌 수 있어야 한다. 블루투스 이어폰은 귀에 착용할 시 블루투스를 이용해 정보를 주고받지만 이어폰을 착용하고 작동시키는 데까지 인간의 개입이 필요하므로 IoT 기술이라 보기 어렵다.

43 정보능력 ICT 기술 이해하기

| 정답 | ③

| 해설 | ICT를 이용하면 정보의 수집, 생산과 관리, 가공, 보존, 전달을 보다 효율적으로 활용할 수 있으므로, 생산과 관리 그리고 전달에 대해 우려하는 것은 적절하지 않다. 다만 ICT 기술로는 처리할 수 없는 허점을 공략한 범죄가 일어날 수 있다는 보안상의 문제는 존재한다.

44 정보처리능력 프탈레이트 이해하기

| 정답 | ①

| 해설 | '프탈레이트는 동물이나 사람의 생체 호르몬 작용을 방해하는 내분비 교란 물질이다'라고 하였으므로 ①은 적절하지 않은 설명이다.

45 정보처리능력 규제에 따라 취해야 할 행동 고르기

| 정답 | ④

| 해설 | 전원코드, 소음 방지 고무, 충전용 케이블 등에 프탈레이트가 사용된다고 하였으므로, 추가 규제 사항을 위반하지 않기 위해 각각의 부품에 들어가는 성분을 파악하여야 한다.

| 오답풀이 |

① 추가 규제의 내용은 프탈레이트의 사용에 관한 것이므로 납, 수은, 카드뮴에 대한 확인은 적절하지 않다.

② 제습기는 추가 규제 품목에 해당되므로 판매를 중지해야 한다.

③ 가습기, 연수기는 추가 규제 품목이 아닌 기존 규제 품목이다.

46 정보능력 로봇청소기 운전하기

| 정답 | ②

| 해설 | 주어진 코드 입력을 해석하면 다음과 같다.

'왼쪽으로 두 칸 이동 → 앉기, 청소하기, 일어나기 → 아래로 한 칸, 왼쪽으로 한 칸, 아래로 한 칸 이동 → 넣기 → 위로 세 칸 이동 → 앉기, 청소하기, 일어나기 → 아래로 세 칸 이동 → 넣기'

따라서 모든 쓰레기를 청소할 수 있게 된다.

| 오답풀이 |

① 쓰레기를 청소하는 행동을 명령할 때 'Sit, Stand'의 전후 과정을 거쳐야 한다는 3번 조건이 없었으므로 적절하지 않다.

③ 한 번에 한 개의 쓰레기만 주울 수 있다고 하였으므로 적절하지 않다.

④ 중간 '3Up'의 명령에 있어서 움직임을 지시하는 'Move'가 생략되었으므로 적절하지 않다.

47 정보처리능력 개인정보 보호법 이해하기

| 정답 | ②

| 해설 | 개인정보를 제3자에게 제공하는 데에 정보주체의 동의를 받을 때에는 제17조 제2항에 따라 제3자에 대한 정보뿐만 아니라 그 이용 목적, 제공하는 개인정보의 항목, 보유 및 이용기간, 동의 거부에 대한 불이익 등을 설명해야 한다.

| 오답풀이 |

① 제17조 제1항 제1호에 따라 개인정보처리자는 정보주체의 동의를 받은 경우 제3자에게 정보주체의 개인정보를 제공 혹은 공유할 수 있다.

③ 개인정보처리자는 제17조 제2항에 따른 사항을 정보주체에게 알리고 동의를 받은 경우에 한하여 개인정보를 국외의 제3자에게 제공할 수 있다.

④ 제17조 제1항 제2호에 따라 개인정보를 수집한 목적 범위 내에서는 정보주체의 동의 없이 제3자에게 정보주체의 개인정보를 제공 혹은 공유할 수 있다. 또한 제4항에 따라 정보주체의 불이익 여부, 암호화 등의 안전성 확보 조치 여부를 고려하여 대통령령으로 정하는 바에 따라 정보주체의 동의 없이 개인정보를 제공할 수도 있다.

48 컴퓨터활용능력 멀웨어 이해하기

| 정답 | ②

| 해설 | 지인으로부터 온 전자 메일로 위장하여 그 첨부 파일을 통해 확산된 멀웨어가 시스템을 무력화시키고 네트워크 성능 감소 문제가 발생한 상황이다. 이는 문제에서 설명한 멀웨어의 종류 중 웜에 감염된 상황이다.

49 정보능력 전문가 시스템 이해하기

| 정답 | ①

| 해설 | 지식베이스는 문제를 이해하고 해결하는 데에 필요한 지식을 저장하는 곳이며, 규칙을 어떻게 적용할 것인가를 결정하는 규칙해석기와 규칙들이 작동되는 순서를 결정하는 스케줄러는 추론엔진의 구성요소에 해당한다.

| 오답풀이 |

② 전문가 시스템의 지식베이스는 전문적인 지식을 저장하는 곳으로, 여기에 지식을 넣는 주체는 해당 지식의 전문가이다.

③ 추론엔진은 문제를 해결하기 위해 지식베이스에 있는 지식을 제어하고 작동을 결정하는 역할을 수행한다.

④ 전문적인 지식이 입력되는 지식베이스에 비해 이를 바탕으로 지식을 제어하는 규칙과 작동순서를 결정하는 추론엔진은 보다 정적인 측면을 가지고 있다.

50 정보능력 CUE 이해하기

| 정답 | ②

| 해설 | 상담 프로그램은 시스템이 의사에게 정적 지식을 바탕으로 환자의 증상, 상태 등의 동적 지식을 획득하여 이를 지식베이스에 저장하는 프로그램이다. 의사가 시스템이 저장한 정보를 요구하는 과정은 질문·대답 프로그램에 해당한다.

| 오답풀이 |

① 'CUE'의 지식베이스는 의학의 일반적인 지식인 정적 지식과 환자의 증상 및 상태 등의 정보인 동적 지식으로 구성되어 있다.

③ 'CUE'의 설명 프로그램은 지식베이스를 기반으로 어떤 근거로 어떠한 진단을 내릴 것인지를 정하는 프로그램으로, 이는 전문가 시스템의 추론엔진의 기능에 대응한다.

④ 질문·대답 프로그램은 의사가 시스템에게 진단 또는 과정에 대한 정보를 요구하고 이를 제공하는 프로그램이다.

한국중부발전 [사무]

2회 기출예상모의고사
문제 70쪽

01	①	02	②	03	④	04	③	05	③
06	②	07	③	08	④	09	①	10	②
11	④	12	④	13	③	14	④	15	③
16	①	17	③	18	③	19	③	20	①
21	④	22	④	23	②	24	③	25	②
26	④	27	③	28	③	29	③	30	③
31	③	32	②	33	②	34	③	35	④
36	④	37	③	38	③	39	④	40	③
41	④	42	①	43	④	44	②	45	②
46	③	47	②	48	③	49	③	50	③
51	③	52	③	53	④	54	②	55	①
56	①	57	③	58	②	59	③	60	③
61	③	62	④	63	④	64	③	65	④
66	②	67	②	68	①	69	④	70	②
71	④	72	④	73	④	74	①	75	①
76	③	77	③	78	③	79	②	80	①

01 문서작성능력 글의 흐름에 맞는 뜻 찾기

| 정답 | ①

| 해설 | 제시된 문장과 ①의 '묻다'는 '일을 드러내지 아니하고 속 깊이 숨기어 감추다'는 의미로 쓰였다.

| 오답풀이 |

나머지 문장의 '묻다'의 의미는 다음과 같다.

② 무엇을 밝히거나 알아내기 위하여 상대편의 대답이나 설명을 요구함.

③ 가루, 풀, 물 따위가 그보다 큰 다른 물체에 들러붙거나 흔적이 남게 됨.

④ 어떠한 일에 대한 책임을 따짐.

02 문서작성능력 올바른 높임법 사용하기

| 정답 | ②

| 해설 | ㄱ. 말씀은 간접 높임의 대상이므로 '-시-'를 넣어 '있으시겠습니다.'라고 해야 한다.

ㄷ. 해당 문장의 '되다'는 '어떤 일이 가능하거나 허락될 수 있음'을 의미하므로 '되시는데요'로 쓰는 것은 적절하지 않다. '그렇게 하셔도 되는데요.'로 사용하는 것이 적절하다.

03 문서작성능력 문맥에 맞도록 문장 배열하기

| 정답 | ④

| 해설 | 먼저 근대 이전부터 많은 화학적 지식을 이용해 온 인류에 대해 얘기하고 있는 ㄴ이 맨 앞에 오고, 이처럼 많은 화학적 지식을 이용한 화학 기술의 발전은 비과학적이었다고 설명한 ㄹ이 다음에 온다. 뉴턴도 당시 경향에 따라 비과학적인 연금술에 심취해 있었음을 말하고 있는 ㄱ이 다음에 이어지고, 이런 상황에서 18세기 화학혁명은 화학을 근대과학의 한 분야로 이끌었다고 설명하는 ㄷ이 마지막에 온다. 따라서 글의 적절한 순서는 ㄴ-ㄹ-ㄱ-ㄷ이다.

04 문서작성능력 흐름에 맞게 개요 작성하기

| 정답 | ③

| 해설 | 'Ⅱ-1'은 기존 시행되고 있는 국민 절전 캠페인에 대한 문제점을 나열한 항목이다. '인근 지자체 협조 유도'는 활성화 방안에 더 어울리는 내용이므로 삭제하는 것이 적절하다.

| 오답풀이 |

① 국민 절전 캠페인의 다양성이 부족한 것이 문제점이었으므로 '국민 절전 캠페인 홍보의 다양화'는 적절한 방안이다. 따라서 그대로 두는 것이 옳다.

② 국민 절전 캠페인의 지속성이 부족한 것이 문제점이었으므로 '국민 절전 캠페인의 상시 진행 방안 마련'은 적절한 방안이다. 따라서 그대로 두는 것이 옳다.

④ 본론을 보면 기존 국민 절전 캠페인의 문제점을 파악하고 활성화하기 위한 방안을 마련하고 있다. 이를 모두 정리하는 내용이 결론에 들어가야 하므로 '내실 있는 국민 절전 캠페인으로의 변모 노력 촉구'는 적절하다. 따라서 그대로 두는 것이 옳다.

05 문서이해능력 세부내용 이해하기

|정답| ③

|해설| 매슬로의 욕구단계는 아래 단계의 기본적인 하위 욕구들이 채워져야 자아 성취와 같은 고차원적인 상위 욕구에 관심이 생긴다는 입장이다. 반면 진화 생물학적 관점은 이와는 달리 인간의 본질적 욕구를 채우는 데 도움이 되기 때문에 자아 성취를 한다는 입장이다. 따라서 두 관점에서 인간의 본질에 대한 해석은 다르다.

06 문서이해능력 흐름에 맞는 사자성어 고르기

|정답| ②

|해설| ㉠의 앞뒤 문맥을 고려할 때 쾌락을 뒷전에 두고 행복을 논하는 것은 이치에 맞지 않다는 의미가 완성되어야 한다. 따라서 '말이 조금도 사리에 맞지 아니하다'는 뜻의 '어불성설(語不成說)'이 빈칸에 들어가야 한다.

07 문서이해능력 보도자료 요약하기

|정답| ③

|해설| 전체적인 내용을 볼 때 주요 키워드는 '사랑나눔 헌혈 캠페인', '코로나19 장기화에 따른 혈액 수급난', '지역본부 임직원 단체 헌혈', '사회적 책임 실천' 등을 들 수 있다. 따라서 이 모든 내용이 포함된 ③이 가장 적절하다.

08 문서이해능력 세부내용 이해하기

|정답| ④

|해설| 구멍가게는 손님들에게 무관심한 편의점과는 달리 단순히 물건을 사고파는 장소가 아닌 주민들의 교류를 이끄는 허브 역할을 하며, 주인은 손님들을 예외 없이 '맞이'한다고 나와 있다.

|오답풀이|
① '편의점은 인간관계의 번거로움을 꺼려하는 도시인들에게 잘 어울리는 상업공간'이라고 나와 있다.
② 편의점 천장에 붙어 있는 CCTV는 도난 방지 용도만이 아니며, 고객의 연령대와 성별 등을 모니터링하려는 목적도 있다고 하였다.

③ 편의점 본사는 일부 지점에서 입력한 구매자들에 대한 정보와 CCTV로 녹화된 자료를 주기적으로 받아 이를 토대로 영업 전략을 세우는 데 활용한다고 나와 있다.

09 문서작성능력 흐름에 맞는 접속사 넣기

|정답| ①

|해설| ㉠ 앞 문장을 보면 구멍가게의 주인은 손님을 예외 없이 맞이하고 있다는 내용이, 뒤 문장을 보면 손님은 무엇을 살지 확실히 정하고 들어가야 한다는 내용이 나와 있다. 앞 문장이 뒤 문장의 원인이 되고 있으므로 '따라서' 또는 '그러므로'가 들어가야 한다.

㉡ 빈칸의 앞부분에는 손님을 맞이하는 구멍가게에 대해 설명하고, 뒷부분에는 손님에게 무관심한 편의점에 대해 설명하고 있다. 앞뒤 내용이 상반되므로 '그러나', '그런데', '하지만'이 들어가야 한다.

㉢ 앞 문장을 보면 편의점의 점원은 손님에게 '무관심'한 배려를 건넨다는 내용이, 뒤 문장을 보면 손님은 특별히 살 물건이 없어도 부담 없이 매장을 둘러볼 수 있다는 내용이 나와 있다. 앞 문장이 뒤 문장의 원인이 되고 있으므로 '그래서', 또는 '그러므로'가 들어가야 한다.

㉣ 빈칸의 앞 문단을 보면 손님에 대해 무관심한 배려를 건네는 편의점의 특징에 대해 설명하고 있고, 뒤 문단을 보면 '역설적으로' 고객의 정보를 상세하게 입수하고 있는 편의점에 대해 설명하고 있다. 앞뒤 내용이 상반되므로 '그런데', '하지만'이 들어가야 한다.

따라서 ㉠ ∼ ㉣에 들어갈 가장 적절한 것은 ①이다.

10 문서작성능력 적절한 제목 고르기

|정답| ②

|해설| 윗글의 핵심 내용은 △△발전의 연료전지 발전설비 준공이며, 친환경적인 연료전지 발전설비로 정부의 수소 경제 활성화 정책에 이바지하고 국내 최고의 신재생에너지 전문기업으로 발돋움하고자 한다는 것이다. '△△발전 연료전지 발전설비 준공, 국내 최고 신재생에너지 전문기업에 한 걸음 더 가까이'가 글의 제목으로 가장 적절하다.

11 문서작성능력 문맥상 의미 파악하기

| 정답 | ④

| 해설 | 제시된 글의 '축사(祝辭)'는 '축하의 뜻을 나타내는 글을 쓰거나 말을 함'의 의미로 쓰였다. '가축을 기르는 건물'은 '축사(畜舍)'로 쓴다.

12 문서작성능력 빈칸에 들어갈 문장 고르기

| 정답 | ④

| 해설 | 제시된 글의 전체적인 흐름을 보면 많은 사람들이 생물체는 세월이 지날수록 진화를 거쳐 더 훌륭한 존재로 발전된다고 여기며, 이에 따라 '진화'에는 발전과 개선의 성질이 내포되어 있을 것이라 생각하고 있음을 알 수 있다. 따라서 빈칸에는 단순한 진화의 결과일 뿐 그런 성질은 갖고 있지 않다는 내용인 ④가 가장 적절하다.

13 문서이해능력 문단별 중심내용 이해하기

| 정답 | ③

| 해설 | 하이퍼루프는 2024년 상용화될 예정이며, (다)에서는 하이퍼루프 기술이 적용된 '하이퍼루프 원'의 시험 운영 성공 사례와 기대 효과에 대해 서술하고 있다. 따라서 (다)의 중심 내용으로 '하이퍼루프 기술의 상용화 사례'는 적절하지 않다.

14 문서이해능력 세부내용 이해하기

| 정답 | ④

| 해설 | 마지막 (라) 문단을 보면 하이퍼루프는 진공 상태에서 작동하기 때문에 튜브에 약간의 틈만 생겨도 공기가 급격히 유입돼 치명적인 구조적 손상이 발생할 수 있다고 나와 있다. 따라서 하이퍼루프 기술이 제대로 사용되려면 튜브의 안전성 문제가 해결되어야 한다.

| 오답풀이 |
① 제시된 글만으로는 하이퍼루프 기술 방식 중 어떤 것이 더 효율적인지 알 수 없다.

② 하이퍼루프 초고속열차는 시간당 3,000여 명을 실어 나를 수 있다고 언급되어 있으며, 버진 하이퍼루프 원은 최대 승객 28명을 태울 수 있다고 언급되어 있다.

③ 전문가들은 초기 엘론 머스크가 추산한 60억 달러는 현실적으로 불가능하고, 무려 1,000억 달러(약 118조 원)가 들 것이라고 예상하였다.

15 문서이해능력 세부내용 이해하기

| 정답 | ③

| 해설 | 세 번째 문단을 보면 지난해 코로나 여파로 관광객이 크게 감소했음에도 생활폐기물을 크게 줄이지 못한 점이 아쉬움으로 남는다고 제시되어 있다.

16 문서작성능력 이해를 위한 자료 추가하기

| 정답 | ①

| 해설 | 제시된 기사는 관광객이 크게 줄어들었으나 재활용 쓰레기 배출은 급증한 제주도의 상황에 대해 서술하고 있다. 따라서 이와 관련된 '제주의 20X5 ∼ 20X9년 생활폐기물 재활용률을 나타낸 막대그래프'가 추가할 자료로 가장 적절하다.

17 문서이해능력 글의 세부내용 이해하기

| 정답 | ③

| 해설 | 첫 번째 문단에서 물리적인 경계는 의미가 없고, 단말도 데이터도 절대 신뢰와 안전을 보증할 수 없다고 말하고 있다. 이를 통해 데이터 노출을 보호해 주는 개인용 PC는 각광받을 만한 사업이 아님을 추론할 수 있다.

18 문서이해능력 빈칸에 들어갈 내용 고르기

| 정답 | ③

| 해설 | 어떤 장치로든 접근이 가능해야 하는 디지털 트랜스포메이션 환경의 핵심이 ZTNA이고 ⊙ 다음 문장을 보면 물리적인 경계 없이 접근 가능한 보안 정책이며, 데이터/서

1회 한국남동발전

2회 한국중부발전[사무]

3회 한국중부발전[기업]

4회 한국동서발전

5회 한국서부발전

6회 한국남부발전

비스 중심의 접근 중심 철학이라고 하였다. 따라서 ZTNA
는 모든 접근을 의심하고 점검 및 모니터링한다는 개념으
로 운영되어야 한다는 것이 가장 적절하다.

| 오답풀이 |

① 마지막 문장을 보면 IP 중심의 접근 통제가 아닌 데이터
/서비스 중심의 접근 중심임을 알 수 있다.

② 두 번째 문단에서 보안의 패러다임은 시설 장비 중심에
서 데이터 중심으로 변화되었다고 언급하고 있다. 따라
서 디지털 트랜스포메이션 환경에서 물리적인 장비의
보안은 적절하지 않다.

③ 첫 번째 문단에서 외부에서 내부로 가해지는 위협을 차
단하는 방어는 한계에 도달했음을 알 수 있어 적절하지
않다.

19 문서작성능력 내용 요약하기

| 정답 | ③

| 해설 | ㄱ. 개별요금제는 자사의 발전기 사정에 맞게 경제
적으로 LNG를 구매하는 것이므로 ○○공사가 개별
발전사와 직접 가격 협상을 진행하는 것은 개별 발전
사이다.

ㄴ. 기존에는 계약 시점마다 책정 가격 등이 달라지는 가격
차이를 없애기 위해 평균 가격으로 공급하는 평균요금
제를 실시하였다.

ㄷ. 개별요금제는 발전사들의 선택권을 확대하는 요금제도
이다.

ㄹ. 개별요금제를 시행하면 천연가스를 싸게 수입해 오는
것에 대해 원료비 이윤을 추구하지 않아도 되므로 요
금이 인하되어 소비자에게도 영향을 미친다.

20 문서작성능력 문단별 제목 작성하기

| 정답 | ①

| 해설 | (가)에서는 기존 평균요금제의 비효율적인 부분을
개선하고자 발전사들의 선택권을 확대하는 개별요금제를
도입하였다는 탄생 배경을 말하고 있다.

21 업무이해능력 명함 예절 이해하기

| 정답 | ④

| 해설 | 명함을 받고 바로 지갑에 넣어 보관하는 것은 예
의에 어긋나는 행동이며, 명함을 살펴본 후에 넣거나 탁자 위
에 보이게 놓은 채로 대화를 하는 것이 적절한 예의이다.

22 경영이해능력 경영전략 추진과정 이해하기

| 정답 | ④

| 해설 | 경영전략 추진과정은 다음과 같다.

따라서 바르게 들어간 것은 (C) 평가 및 피드백, (다) 경영
전략 결과 평가이다.

23 업무이해능력 문서 종류 파악하기

| 정답 | ②

| 해설 | 업무를 진행할 때 업무와 집행 결정권자에게 특정
안건에 대한 수행을 목적으로 의사를 표시하여 승인할 것
을 요청하는 문서는 결의서이다. 결의서에는 수령자, 수량,
금액 등의 정보를 표기해야 한다.

| 오답풀이 |

① 계획서 : 어떠한 일을 시작하기 전에 미리 해당 일에 대
한 계획을 세워 그 내용을 기재한 문서이다. 계획서를
작성함으로써 업무의 체계적인 진행이 가능하며, 일의
능률도 향상시킬 수 있다.

③ 제안서 : 서비스(또는 제품)를 제공하는 기업이 사업제
안을 의뢰한 기업으로부터 제안 받은 사업을 어떻게 수
행할 것인지를 포괄적으로 정리한 문서로, 제안 요청서
를 근거로 각 서비스 제공회사의 사업 수행능력, 사업
수행방법, 비용 등과 같은 내용을 포괄적으로 표기한다.

④ 보고서 : 특정한 일에 관한 현황이나 그 진행사항 또는
연구, 검토 결과 등을 보고하거나 건의하고자 할 때 작
성하는 문서를 말한다. 업무 진행에 있어 지속적인 자료
로 활용할 수 있다.

24 경영이해능력 | 경영참가제도의 유형 이해하기

| 정답 | ③

| 해설 | • 의사결정참가 : 경영자의 권한인 의사결정과정에 근로자 또는 노동조합이 참여하는 것을 말하며 경영참가라고도 한다.

• 종업원지주제도 : 종업원에게 자사의 주식을 일정 정도 보유하게 하여 주주로서 발언권을 갖도록 하고 회사 안에서 일체감을 형성하고 자본의 안정적 확보와 종업원의 재산형성에 기여하는 제도이다.

• 이윤참가 : 경영의 성과증진에 근로자 혹은 노동조합이 적극적으로 기여하고 그 대가로서 임금 이외의 형태로 보상받는 것을 말한다.

| 오답풀이 |

• 노동주제도 : 근로자가 노동을 제공하는 것을 일종의 노무출자로 보고 그들에게 주식을 주는 제도로서 우리나라에서는 우리사주제도라고 한다.

25 업무이해능력 | 대응 방안 파악하기

| 정답 | ②

| 해설 | ㄱ. 수요가 집중되는 시기에는 이를 충족하는 보완서비스를 제공한다고 하였으므로, 수요 분산을 위해 서비스 수준을 제한할 수 있다.

ㄹ. 종업원이 본인 업무 외 다른 업무의 진행상황을 인식하지 못한다고 하였으므로, 직무순환을 통해 종업원 능력의 다양화를 도모할 수 있다.

26 업무이해능력 | 효율적으로 업무 추진하기

| 정답 | ④

| 해설 | 관행업무는 요식성이고 형식적인 무목적성의 업무이므로, 시간을 단축해야 할 필요가 있다. 따라서 대인보고 및 회의시간 확대를 통하여 관행업무를 더욱 강화하는 것은 적절하지 않은 방안이다.

27 업무이해능력 | SWOT 분석 활용하기

| 정답 | ③

| 해설 | 경쟁이 심화되고 있는 것은 위험(Threat)이고, 높은 브랜드 인지도를 활용하는 것은 강점(Strength)이므로 ST 전략으로 볼 수 있다.

28 체제이해능력 | 아메바형 조직 이해하기

| 정답 | ③

| 해설 | 대응 방안으로 제시된 조직은 아메바형 조직으로 다양하게 분열, 증식하는 조직을 말한다. 자율성과 유연성을 기본으로 하여 서로 협력하며 조직의 편성이나 변경, 분할과 증식이 자유롭게 나타난다는 특징을 가지고 있다.

29 경영이해능력 | 기업 유형별 특징 이해하기

| 정답 | ②

| 해설 | 합명회사는 수익 분배나 지분 양도 등의 문제를 자율성으로 정할 수 있으며 주식회사처럼 별도 이사회를 설치하거나 내부 감사기관을 둘 의무가 없다.

30 경영이해능력 | 산업분야 이해하기

| 정답 | ③

| 해설 | 엔터테인먼트 산업과 같은 문화산업은 다른 산업에 비해서 창구효과가 크다. 초기에는 많은 투자비용이 들지만 생산된 이후 이를 재생산하는 경우에는 한계비용이 낮다. 또, 하나의 콘텐츠를 다양한 방식으로 활용하여 판매하는 전략은 최소 비용으로 높은 부가가치를 창출하기 때문에 수익창출 극대화가 가능하다.

31 경영이해능력 | 주식회사 이해하기

| 정답 | ③

| 해설 | 주식회사는 주식의 발행으로 설립된 회사이다. 주식회사의 경영자는 주주들로부터 경영권을 위탁받아 기업을 경영한다.

1회 한국남동발전 | 2회 한국중부발전[사무] | 3회 한국중부발전[기술] | 4회 한국동서발전 | 5회 한국서부발전 | 6회 한국남부발전

| 오답풀이 |

① 주식회사는 주주와 경영자로 나뉘는데, 경영자는 출자자를 모집해 출자금을 모은 다음 그 자금으로 경영을 한다.

② 주식회사의 위험은 투자자들이 나누어서 부담한다.

④ 주식회사의 목적은 소유와 경영을 분리하는 것으로, 소유는 주주가 하며 경영은 전문 경영자가 맡는다.

32 체제이해능력 조직체제 구성요소 이해하기

| 정답 | ②

| 해설 | ㄱ. 조직의 목표는 조직이 달성하고자 소망하는 상태를 말한다. 조직의 목표는 조직활동의 방향을 제시하고 현재 활동에 실질적 영향을 미친다.

ㄹ. 조직의 규칙 또는 규정은 조직구성원들에게 행동의 범위를 설정해 주고 조직구성원들의 행동에 일관성을 부여하는 역할을 한다.

| 오답풀이 |

ㄴ. 조직의 구조는 조직구성원의 유형화된 교호작용을 말한다. 조직 내의 부문 사이에 공유되는 생활양식과 가치는 조직의 문화이다.

ㄷ. 조직도는 체계가 짜여 있는 단체의 직위 상하관계, 부서별 구성내용 등을 한눈에 살펴볼 수 있도록 그림으로 나타낸 표 서식으로, 조직에서의 위치나 직무에 따른 역할 등을 파악할 수 있다.

33 업무이해능력 갈등 원인 파악하기

| 정답 | ②

| 해설 | 국유화는 기업 또는 자원을 국가의 소유로 만드는 것이다. 주어진 자료를 통하여 카스피 해에 매장되어 있는 석유를 국가의 자원으로 확보하기 위한 카자흐스탄과 이란의 갈등임을 유추할 수 있다.

| 오답풀이 |

③ 자원민족주의는 자연적 자원을 많이 보유하고 있는 개발도상국들이 자원을 국유화 내지 국제정치에 무기화하려는 현상이다.

34 업무이해능력 6T 산업 파악하기

| 정답 | ③

| 해설 | ㄴ. (나)는 CT산업으로 명명한다. CT기술은 디지털 미디어에 기반한 첨단 문화예술산업을 반전시키기 위한 기술을 총칭하는 말이다.

ㄹ. (라)는 ST산업으로 명명한다. ST산업은 위성체, 발사체, 항공기 등의 개발과 관련된 복합 기술로, 기술개발 결과가 타 분야에 미치는 파급효과가 매우 큰 종합기술로 인정받고 있다.

| 오답풀이 |

ㄱ. (가)는 BT산업으로 명명한다. BT산업은 생명현상을 일으키는 생체나 생체유래물질 또는 생물학적 시스템을 이용하여 산업적으로 유용한 제품을 제조하거나 공정을 개선하기 위한 기술이다.

ㄷ. (다)는 ET산업으로 명명한다. ET산업은 환경오염을 저감·예방·복원하는 기술로 환경기술, 청정기술, 에너지기술 및 해양환경기술을 포함한다. ET산업은 과학문명이 고도로 발전하고 있는 현대사회에서 그 중요성이 증대되고 있다.

보충 플러스+

6T 산업이란 우리나라 차세대 산업을 지칭한다. IT(정보통신), BT(생명공학), NT(초밀나노), ET(환경공학), CT(문화콘텐츠), ST(우주항공)산업을 묶어 6T 산업이라 한다.

• IT(Infomation Technology)산업 : 정보기술의 생산 및 유통과 관련된 산업

• BT(Bio Technology)산업 : 원자나 분자 등 나노 수준에서 분석 및 조작하는 기술을 응용 한 산업

• NT(Nano Tecnology)산업 : 첨단 반도체 기술을 바탕으로 하여 나노 포토닉스, 나노소자, MEMS, 나노 바이오 등의 나노기술을 응용한 산업

• ET(Environment Technology)산업 : 대기·수질·폐기물·소음 및 진동 등의 환경오염 실태를 측정하고, 오염물질 배출 방지, 오염 상태를 개선하는 데 투입되는 모든 재화와 서비스에 관련된 산업

• CT(Culture Technology)산업 : 문화상품(출판, 게임, 영상, 방송, 음반 등)중 디지털화와 관련된 상품 및 서비스 산업

• ST(Space Technology)산업 : 항공기, 인공위성, 우주선 및 발사체 등과 관련된 상품, 부품 및 서비스 산업

35 경영이해능력 | 기업 형태별 특징 이해하기

| 정답 | ④

| 해설 | 유한책임회사는 주식회사처럼 출자자들이 유한책임을 지면서도 이사나 감사를 의무적으로 선임하지 않아도 되는 등 회사의 설립·운영과 구성 등에서 사적인 영역을 폭 넓게 인정하는 회사 형태이다.

| 오답풀이 |

① 협동조합은 회사가 아니라 같은 목적을 가지고 모인 조합원들이 물자 등의 구매·생산·판매·소비 등의 일부 또는 전부를 협동으로 영위하는 조직단체이다.

② 합명회사는 사원 모두가 회사의 채무에 대하여 직접 연대하여 무한 책임을 지는 회사이다. 소규모 기업에서 흔히 볼 수 있다.

③ 주식회사는 주식의 발행을 통하여 여러 사람으로부터 자본을 조달받는 회사이다. 7인 이상의 주주가 유한 책임 사원이 되어 설립되는 회사로, 자본과 경영이 분리되는 회사의 대표적인 형태이다.

36 업무이해능력 | 간트차트 이해하기

| 정답 | ④

| 해설 | 김동국 사원이 작성한 업무수행 시트는 간트차트이다. 이는 단계별로 업무를 시작해서 끝나는 데까지 걸리는 시간을 바(bar) 형식으로 표시한 것으로 전체 일정을 한눈에 볼 수 있고 단계별로 소요되는 시간과 각 업무활동 사이의 관계를 보여 준다는 특징을 가진다.

| 오답풀이 |

① 체크리스트에 대한 설명이다.

②, ③ 워크플로시트에 대한 설명이다.

37 경영이해능력 | BCG 매트릭스 이해하기

| 정답 | ②

| 해설 | BCG 매트릭스는 보스턴컨설팅그룹에 의해 1970년대 초반 개발된 것으로, 기업의 경영전략 수립에 있어 하나의 기본적인 분석도구로 활용되는 사업포트폴리오 분석기법이다. BCG 매트릭스는 X축을 '상대적 시장점유율'로 하고, Y축을 '시장성장률'로 한다. 성장성은 좋으나 점유율이 낮아 미래가 불투명한 사업을 물음표, 점유율과 성장성이 모두 좋은 사업을 스타, 성장성이 낮아도 투자에 비해 수익이 월등한 사업을 현금젖소, 점유율과 성장률이 둘 다 낮아

철수해야하는 사업을 개로 구분했다. 따라서 (가) ~ (라)에 들어갈 전략은 순서대로 스타, 현금젖소, 물음표, 개다.

38 업무이해능력 | 3정 5S 이해하기

| 정답 | ③

| 해설 | 3정 5S는 쾌적한 작업환경조성 및 사무환경을 조성하여 작업현장의 낭비제거와 문제발견능력을 향상시키고 품질향상, 생산성향상, 원가절감, 납기단축의 기반을 조성하는 방법이다. 선반, 자재, 작업 공구류, 작업 지도서 등을 지정장소에 두어 한눈에 발견할 수 있는 상태로 유지하는 것은 정돈에 해당한다.

보충 플러스+

3정 5S

- 3정 : 눈으로 보는 관리를 위한 수단이며 물건이 어디에(정위치), 어떻게(정품), 얼마큼(정량) 있는지를 누구라도 쉽게 알 수 있도록 하는 것이다.
- 5S

용어	의미
정리 (Seiri)	• 필요한 것과 불필요한 것을 구분하여 불필요한 것은 과감히 버리는 행위를 말한다. • 가용품은 지정된 장소에만 놓고 불요품은 등록된 면책지역으로 반납 조치하여 처리 결과에 따라 신속하게 처분한다.
정돈 (Seldon)	• 필요한 것을 쉽게 찾아 사용할 수 있도록 각종 물품의 보관수량과 보관장소를 표시해 두는 행위를 말한다. • 정돈은 보기 좋게 물건은 줄지어 놓는 것이 아니다.
청소 (Seosoh)	• 작업장의 바닥, 벽, 설비, 비품 등 모든 것을 구석구석 닦아 먼지, 이물 등을 제거하여 더러움이 없는 환경을 조성하는 행위를 말한다. • 청소의 순서는 청소 대상의 결정→청소 담당자 결정→청소 방법의 결정→청소 점검 실시로 진행된다.
청결 (Seiketsu)	• 먼지, 쓰레기 등 더러운 것이 없이 언제나 깨끗하고 문제점이 발생될 시 이를 한눈에 발견할 수 있는 상태로 유지하는 행위를 말한다. • 지저분하지 않고 깨끗한 것, 위생적이고 청결한 것, 인격이나 품행이 고결하고 단정한 것을 포함한다.
습관화 (Shitsuke)	회사의 규율이나 규칙, 작업방법 등을 정해진 대로 준수하는 것이 몸에 익어 무의식 상태에서 지킬 수 있는 상태를 말한다.

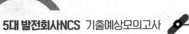

39 업무이해능력 결재 문서 이해하기

| 정답 | ④

| 해설 | 우선 홍보계획 수립은 기획팀의 업무이므로 번호는 '2021. 01. 04. 기획팀'이므로 제목은 '▶5년, 홍보계획 수립'이다. 또한 전결자는 과장이지만, 과장은 출장으로 결재를 하기 어려워 차장이 대결하였으므로 마지막으로 수신처에는 대결을 한 차장을 적는다.

40 업무이해능력 결재 문서 작성하기

| 정답 | ③

| 해설 | 240만 원에 해당하므로 지출기준은 500만 원 이하다. 총무팀의 500만 원 이하 금액에 대한 결재는 과장이 전결, 차장이 대결을 한다. 현재 총무팀 과장은 출장 중이므로 차장이 대결을 하고 과장 란에는 '출장'을 적는다. 마지막으로 비고란에 대결자인 차장을 기입한다.

41 물적자원관리능력 창고 레이아웃의 기본원칙 이해하기

| 정답 | ④

| 해설 | 레이아웃이란 어떠한 행위를 하고자 할 때 흐름에 맞추어서 시설물을 공간적으로 적절히 배치하는 것이다. 레이아웃의 목적은 공장의 경우 생산 시스템의 효율성을 극대화하기 위해, 물류 창고일 경우는 보관 시스템의 효율성을 극대화하기 위해서이다.

창고 레이아웃을 설정할 때에는 모듈화의 원칙에 따라 운반기기, 랙, 통로입구와 기둥간격 등의 모듈화 등을 통해서 여분의 공간을 감소시켜야 한다.

> **보충 플러스+**
>
> **창고 레이아웃의 기본원칙**
> • 직진성의 원칙 : 물품이나 통로, 운반기기, 작업자 등의 흐름 방향을 직진성에 중점을 두고 레이아웃을 행해야 한다는 원칙
> • 역행교차 회피의 원칙 : 동선이나 창고 레이아웃을 짤 때 교차를 회피할 수 있는 형태로 레이아웃을 구성해야 한다는 원칙
> • 물품 취급 횟수 감소의 원칙 : 최소한으로 물품을 취급할 수 있도록 창고 레이아웃을 해야 한다는 원칙

> • 물품 이동 간 고저 간격 축소의 원칙 : 물품이 이동되는 흐름 속에서 높낮이 차의 크기를 가급적이면 줄여야 한다는 원칙
> • 모듈화의 원칙 : 화물 형태나 운반기기, 랙, 통로 등을 고려해서 모듈화를 추구해야 한다는 원칙

42 인적자원관리능력 조직차원의 인적자원관리 이해하기

| 정답 | ①

| 해설 | 기업의 인적자원이 가지는 특성으로는 능동성, 개발가능성, 전략적 중요성이 있다. 그 중에서 개발가능성은 인적자원은 자연적으로 성장하고 성숙되며, 동시에 오랜 기간에 걸쳐 개발될 수 있는 잠재능력과 자질을 보유하고 있어 특히 환경변화와 조직변화가 심할수록 인적관리가 더욱 중요하다는 것을 의미한다.

| 오답풀이 |

② 인적자원의 전략적 중요성은 조직의 성과가 인적자원을 효과적이고 능률적으로 활용하는 것에 달려 있으며, 이러한 인적자원을 활용하는 주체까지도 사람, 즉 인적자원이라는 점을 의미한다.

③ 인적자원의 능동성은 인적자원의 성과는 인적자원의 욕구와 동기, 태도와 행동, 만족감 등에 따라 결정되는 능동적이고 반응적인 성격을 가지고 있다는 것을 의미한다.

43 자원관리능력 자원낭비의 원인 이해하기

| 정답 | ④

| 해설 | 자원낭비의 원인으로는 크게 비계획적 행동, 편리성 추구, 자원에 대한 인식 부재, 노하우 부족으로 분류할 수 있다.

㉠ 시간자원이 충분하지 않음에도 자원을 낭비한 경우로, 시간자원에 대한 인식의 부재로 발생한 자원낭비의 사례이다.

㉡ 자원 활용에 대한 명확한 계획이 없이 프로젝트를 진행한 경우로, 비계획적인 행동으로 발생한 자원낭비의 사례이다.

㉢ 자원을 효과적으로 활용하는 법을 모르는 노하우 부족에서 발생하는 자원낭비의 사례로, 실패한 경험을 축적

하거나 별도의 학습을 통해 극복할 수 있는 자원낭비의 사례이다.

ⓒ 일회용품의 잦은 사용은 자원 활용에서 편리성을 최우선으로 추구하여 발생하는 자원낭비의 사례이다.

44 시간관리능력 작업의 우선순위 결정하기

| 정답 | ②

| 해설 | 작업의 우선순위를 결정할 때 고려해야 할 원칙은 아래와 같다.

• 납기 우선순위 : 납기가 가장 급박한 순서대로 작업한다.

• FIFO(First In First Out) : 먼저 작업지시가 내려진 순서대로 작업을 진행한다.

• 전체 작업 시간이 가장 짧은 순서로 진행한다.

• 최소여유시간(납기-잔여작업일수)이 가장 작은 순서대로 작업한다.

• 긴급률이 가장 작은 순서대로 진행한다.

$$\left(긴급률 = \frac{잔여납기일수}{잔여작업일수} = \frac{납기-현재일}{잔여작업일수}\right)$$

45 물적자원관리능력 합리적 선택하기

| 정답 | ②

| 해설 | 굿즈에 대한 높은 고객수요를 바탕으로 신상품 개발에 어려움을 겪는 상황을 협력업체와의 전략적 제휴를 통한 촉진 전략으로 해결하고자 한다. 이와 동시에 협력업체의 매출 증대도 함께 검토해야 하므로, 이를 모두 고려한 해결방안을 선택한다.

이때 협력업체의 유명 캐릭터가 포함된 본사 상품을 출시할 경우 신상품 개발 문제와 고객들의 굿즈 수요를 충족하면서 동시에 협력업체의 매출액 증대도 가능한 촉진 전략에 해당하므로 문제에서 제시한 사항을 모두 충족하는 해결방안이 될 수 있다.

| 오답풀이 |

① 협력업체와 신제품을 공동으로 출시하는 방안은 고객들의 굿즈 수요를 반영하지 못한 해결 방안이다.

③ 협력업체의 배송차량을 이용하는 방안은 협력업체의 매출 증대와 신상품 개발 문제를 반영하지 못한 해결 방안이다.

④ 협력업체와의 가격 할인상품 공유는 신상품 개발 문제를 반영하지 못한 해결 방안이다.

46 인적자원관리능력 인력배치의 유형 이해하기

| 정답 | ③

| 해설 | 인력배치의 유형으로는 양적 배치, 질적 배치, 적성 배치 등이 있다. 이 중 각 부문의 작업량과 조업도, 여유 또는 부족 인원을 감안하여 배치하는 것을 양적 배치, 팀원의 적성과 흥미에 따라 인력을 배치하는 것을 적성 배치, 팀원의 능력과 성격을 반영하여 개개인의 능력을 발휘할 수 있도록 배치하는 것을 질적 배치라고 한다.

47 예산관리능력 직접비용 · 간접비용 파악하기

| 정답 | ②

| 해설 | 예산을 직접비용과 간접비용으로 구분할 때, 직접비용은 제품 생산과 서비스 창출을 위해 직접 소비되는 비용으로 재료비, 시설비, 출장비, 인건비 등이 있다. 한편 간접비용은 제품의 생산에 직접 관여하지 않는 비용으로 직접비용을 제외한 모든 비용을 간접비용으로 구분하며, 예를 들어 보험료, 건물관리비, 광고비, 통신비, 사무비품비, 공과금 등이 있다.

따라서 문제에서의 간접비용에 해당하는 품목은 보험료, 광고비, 공과금, 비품비로 해당 항목의 총합은 138+2,450+721+127=3,436(만 원)이다.

48 물적자원관리능력 재고관리시스템 이해하기

| 정답 | ③

| 해설 | 회의록에서는 현재의 재고관리시스템은 먼저 구매한 상품을 먼저 판매하는 선입선출법이 물가가 상승할 경우 현재의 수익이 과거의 원가와 대응되어 순이익이 과대계상되는 문제가 발생한다는 점을 지적하면서, 재고자산이 현재의 물가를 신속하게 반영할 수 있는 재고관리법을 적용할 것을 주문하고 있다.

후입선출법은 선입선출법과 반대로 나중에 입고된 재고품목을 먼저 판매하여 물가의 상승이 수익에 바로 대응할 수

1회 한국남동발전 2회 한국중부발전[사무] 3회 한국중부발전[기술] 4회 한국중부발전 5회 한국남부발전 6회 한국남부발전

있으며, 이동평균법은 상품의 재고단가와 매입단가가 다를 때마다 그 이동단가를 구하여 기말재고자산의 단가를 결정하므로 물가의 변동을 실시간으로 반영하는 재고관리가 가능해진다.

49 물적자원관리능력 자재소요계획표 이해하기

|정답| ③

|해설| 부품의 조달 기간이 1주이므로 계획발주량은 그 다음 주차의 계획보충량과 같다. 따라서 ㉠ ~ ㉢에 들어갈 값을 합한 계획발주량은 400+500+200=1,100이다. 문제에서 표기되지 않은 순소요량과 계획발주량을 모두 기재한 결과는 다음과 같다.

주차	1	2	3	4	5	6
총 소요량	100		400	500		250
예상 가용량	180	80	80	80	80	80	30
순소요량		0	0	320	420		
계획 보충량				400	500		200
계획 발주량		400	500		200		

50 예산관리능력 합리적 선택하기

|정답| ③

|해설| 우선 각 속성의 수용수준이 '양호'이므로 RAM이 '보통'으로 평가된 P 브랜드와 내구성이 '보통'으로 평가된 S 브랜드와 K 브랜드는 검토하지 않는다. 중요도를 점수로 환산하기 위해 중요도가 높은 순서대로 4부터 1까지의 가중치로 표기하고 평가점수는 '최상'을 3점, '매우 양호'는 2점, '양호'를 1점으로 두어 L 브랜드와 H 브랜드의 점수를 비교하면 다음과 같다.

제품 속성	기중치	L 브랜드		H 브랜드	
		평가	점수	평가	점수
CPU	4	3	12	2	8
RAM	3	1	3	3	9
A/S	2	1	2	1	2
내구성	1	1	1	1	1
		합계	18	합계	20

따라서 총점이 더 높은 H 브랜드를 구매하기로 결정하는 것이 가장 적절하다.

51 인적자원관리능력 우수 인재 선발하기

|정답| ③

|해설| A ~ E의 평가점수 총점을 계산하면 다음과 같다.
A : 80×0.3+86×0.3+90×0.4=85.8(점)
B : 84×0.3+80×0.3+92×0.4=86(점)
C : 85×0.3+90×0.3+87×0.4=87.3(점)
D : 93×0.3+88×0.3+85×0.4=88.3(점)
E : 91×0.3+94×0.3+80×0.4=87.5(점)
따라서 평가점수의 총점이 가장 높은 D가 우수 인재로 선발된다.

52 인적자원관리능력 부서 배치하기

|정답| ②

|해설| 총점이 높은 순서는 D-E-C-B-A이다. 먼저 D는 희망 부서인 홍보기획팀에 배치되고, E는 미래전략팀에 배치된다. 다음으로 C의 희망부서는 미래전략팀인데 미래전략팀의 정원은 1명이므로 C는 희망 부서에 배치되지 못한다.

53 물적자원관리능력 바코드와 QR 코드 이해하기

|정답| ④

|해설| 바코드와 QR 코드 모두 그 자체만으로는 육안으로 정보를 인식할 수 있음을 고려하지 않았으나, 바코드나 QR 코드에 상품이나 정보를 디자인을 통해 시각화하여 그 특징을 가시적으로 표현할 수 있다.

54 물적자원관리능력 6시그마 파악하기

|정답| ②

|해설| ㄱ. 6시그마는 시그마(sigma : σ)라는 통계척도를 사용하여 모든 품질수준을 정량적으로 평가하고 품질혁신을 달성하는 전략이다.

ㄷ. 6시그마는 전문 기관을 통해 6시그마 관련 자격증을 취득한 사내 전문가들을 챔피언(Champion), 마스터 블랙벨트(Master Black Belt), 블랙벨트(Black Belt) 등으로 구성한 전문화된 추진조직의 주도하에 실행 된다.

ㅁ. 6시그마는 제품 100만 개당(ppm) 2개 이하의 결함을 목표로 하는 것으로 사실상 무결점 수준의 품질을 추구 하고 있다.

| 오답풀이 |

ㄴ. 6시그마는 품질개선을 리더가 지시하는 Top-down 방식이다.

ㄹ. 6시그마는 고객의 관점에서 제품의 결함을 제거하여 고객이 원하는 제품을 생산하여 고객만족을 최대화하 고자 하는 경영전략이다.

55 예산관리능력 회계 처리하기

| 정답 | ①

| 해설 | ㄱ. (가)에서 K 씨는 100,000,000원을 출자하여 A 기업을 설립하였으므로 자산과 자본이 100,000,000원 이다.

ㄴ. (나)에서 A 기업은 책상과 의자를 구입하였으므로 자산 이 증가하였으며, 현금 300,000원이 감소하였다.

| 오답풀이 |

ㄷ. (나)에서 A 기업은 현금 300,000원을 사용하였으므로 재무 상태가 변화하였다.

ㄹ. (다)에서 A 기업은 물품을 외상으로 구입하였으므로 자 산과 부채가 변동하였다.

56 물적자원관리능력 물적자원 관리 방법 분석하기

| 정답 | ①

| 해설 | 최종 결론을 보면 A 기업은 계량 단위의 수량 조건 을 활용하여 보관하고 거래처와의 거래에서 계량 단위의 거래를 추가하기로 하였다. 따라서 추가할 계량 단위가 무 엇인지 파악해야 한다. 대안에서 개수 단위의 보관형태 이 외의 대안을 모색한다고 하였으므로 개수를 세는 단위가 아닌 길이(ㄱ), 면적(ㄷ) 단위를 추가하는 것이 적절하다.

| 오답풀이 |

ㄴ. 그로스(Gross) : 12다스를 한 단위로 세는 말.

ㄹ. 다스(Dozen) : 물건 12개를 한 단위로 세는 말.

57 예산관리능력 4대보험 이해하기

| 정답 | ③

| 해설 | ㉠에 들어갈 말은 4대보험이다. 2021년 보험요율은 국민연금이 9%, 건강보험이 6.86%이며 산재보험요율은 사업장마다 차이가 있으므로 건강보험의 보험요율이 가장 크다고 할 수 없다.

58 물적자원관리능력 화물 운송 방법 선택하기

| 정답 | ②

| 해설 | ㄱ. 소급화물이란 하나의 수송 문건에 의하여 수송 되는 짐의 무게나 부피가 한 개의 화차에 차지 아니하 는 짐을 말한다. 주요내용에서 기차 1량의 단위로 전세 를 낼 정도의 주문은 발생하지 않는다고 하였으므로 소 급이 적절하다.

ㄷ. 소화물이란 철도화물 가운데 화물차 이외의 열차(여객 열차·소화물열차)로 신속한 수송을 필요로 하는 소형 화물에 해당한다.

| 오답풀이 |

ㄴ. 차급화물이란 한 짐차에 실은 것을 한꺼번에 같은 운송 장으로 나르는 짐을 말한다. 석탄, 목재, 시멘트, 알곡 과 같이 한꺼번에 많이 날라야 할 짐 등을 가리키므로 적절하지 않다.

ㄹ. 수하물은 철도이용객이 여행에 필요로 하는 물품을 같 은 여객열차편에 운송하는 화물로, 화물의 범주가 아닌 여객의 여행상 편의를 주는 일종의 서비스 제공에 해당 한다.

59 예산관리능력 총 예산 구하기

| 정답 | ③

| 해설 | 카메라는 1대를 추가하여 총 3대, 마이크는 5개를 추가하여 총 9개이므로 각 물품별 예산을 계산하면 다음과 같다.

1회 한국남동발전

2회 한국중부발전[사무]

3회 한국중부발전[기술]

4회 한국중부발전

5회 한국서부발전

6회 한국남부발전

- 카메라 : $530,000 \times 3 = 1,590,000$(원)
- 스피커 : $120,000 \times 2 = 240,000$(원)
- 화이트보드 : 80,000원
- 마이크 : $110,000 \times 9 = 990,000$(원)

따라서 총 예산은 $1,590,000 + 240,000 + 80,000 + 990,000$ $= 2,900,000$(원)이다.

60 예산관리능력 여비 정산서 작성하기

| 정답 | ③

| 해설 | 만일 여비교통비를 가지급금으로 계상한 다음 이를 상계하는 방식으로 회계처리를 할 경우, 출장 전 우선 가지급금에 따른 현금지출에 따라 다음과 같은 회계처리를 한다.

(차변) 가지급금 400,000원 / (대변) 현금 400,000원

그리고 출장 후 작성된 여비 정산서를 통해 실제로 지출된 여비교통비가 250,000원으로 확정되었으므로, 여비교통비(숙박비, 교통비, 식비의 합)에 해당하는 가지급금을 여비교통비 계정으로 전환하는 회계처리를 한다.

(차변) 여비교통비 250,000원 / (대변) 가지급금 250,000원

이와 함께 거래처 기념품 구입 역시 올바른 계정으로 전환하고, 출장비로 지급된 금액 중 실제 소요 후 남은 금액인 100,000원에 대한 회계처리를 다음과 같이 실시한다.

(차변) 현금 100,000원 / (대변) 가지급금 100,000원

따라서 여비 정산서가 작성된 이후의 회계처리에서 차변에 나타날 계정과목은 현금과 여비교통비이다.

61 기초연산능력 일률 활용하기

| 정답 | ③

| 해설 | 전체 일의 양을 1로 두면, 1시간에 A 사원이 하는 일의 양은 $\frac{1}{4}$, B 사원은 $\frac{1}{6}$이다. A 사원과 B 사원이 함께 일을 하면 1시간에 $\frac{1}{4} + \frac{1}{6} = \frac{5}{12}$만큼의 일을 하므로 $1 \div \frac{5}{12} = \frac{12}{5}$(시간), 즉 2시간 24분이 걸린다.

62 기초연산능력 수익 계산하기

| 정답 | ③

| 해설 | 월 임대료는 $8 \times 20 = 160$(만 원)이고, 한 달 수익은 $1 \times 20 \times 30 = 600$(만 원)이므로 한달 순 수익은 440만 원이다.

63 기초연산능력 대피경보 발령 시간 구하기

| 정답 | ④

| 해설 | 대피 경보는 $110 \div 20x = 5.5$(시간), 즉 5시간 30분 후에 발령된다.

64 기초연산능력 확률 구하기

| 정답 | ③

| 해설 | B는 현재 1승 2패로, B가 최종 우승할 확률은 다음 두 가지로 나누어 계산한다.

- B가 4승 2패로 이길 확률 : 3번째 경기 이후로 3승할 확률이므로 ${}_3C_3 \left(\frac{1}{2}\right)^3 = \frac{1}{8}$이다.
- B가 4승 3패로 이길 확률 : 3번째 경기 이후로 2승 1패하고 7번째 경기를 이기는 확률이므로 ${}_3C_2 \left(\frac{1}{2}\right)^2 \left(\frac{1}{2}\right)$ $\left(\frac{1}{2}\right) = \frac{3}{16}$이다.

따라서 B가 우승할 확률은 $\frac{1}{8} + \frac{3}{16} = \frac{5}{16}$이다.

65 기초연산능력 비율 계산하기

| 정답 | ④

| 해설 | 전체 합격자 중 여자의 비율은 $\frac{2,825}{4,413} \times 100 ≒ 64.0$ (%)이다.

| 오답풀이 |

① 전체 합격률은 $\frac{2,825 + 1,588}{12,250 + 14,560} \times 100 = \frac{4,413}{26,810} \times$ $100 ≒ 16.5$(%)이다.

www.gosinet.co.kr gosinet

1회 한국남동발전

2회 한국중부발전[사무]

3회 한국중부발전[기술]

4회 한국동서발전

5회 한국서부발전

6회 한국남부발전

② 남자 응시생이 여자 응시생보다 많으므로 50% 이상 이다.

③ 전체 합격자 중 남자의 비율은 $\dfrac{1,588}{1,588+2,825}\times 100$ $=\dfrac{1,588}{4,413}\times 100 ≒ 36(\%)$이다.

66 기초연산능력 전기요금계 계산하기

| 정답 | ②

| 해설 | • 기본요금 : '201 ~ 400kWh 사용'에 해당하므로 1,600원

• 전력량 요금 : $(200\times 93.3)+(120\times 187.9)=41,208$(원)

• 대가족 할인 30%(월 16,000원 한도) : $(1,600+41,208)$ $\times 0.3=12,842.4$(원)

따라서 전기요금계는 $1,600+41,208-12,842.4=29,965.6$ $≒29,966$(원)이다.

67 기초연산능력 전기요금계 계산하기

| 정답 | ①

| 해설 | 66의 해설을 참고하면 대가족 할인 30%는 12,842.4원이 감액되므로 감액 요금이 더 큰 장애인 할인 16,000원이 적용된다. 따라서 전기요금계는 $1,600+$ $41,208-16,000=26,808$(원)이다.

68 기초연산능력 도형의 넓이 계산하기

| 정답 | ①

| 해설 | 무선청소기가 지나간 부분의 넓이는 아래 그림의

 넓이에서 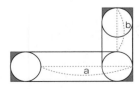 5개의 넓이를 빼면 된다.

무선청소기의 반지름의 길이를 r이라 하면 다음과 같은 식이 성립한다.

$$\{(2r+a)\times 2r+2br\}-\left\{\left(r^2-\dfrac{1}{4}\pi r^2\right)\times 5\right\}=9+\dfrac{5}{4}\pi$$

$$4r^2+2ar+2br-5r^2+\dfrac{5}{4}\pi r^2=9+\dfrac{5}{4}\pi$$

위 식에서 $\dfrac{5}{4}\pi r^2=\dfrac{5}{4}\pi$이므로 $r=1$임을 알 수 있다.

이를 다시 대입하면,

$$4+2a+2b-5+\dfrac{5}{4}\pi=9+\dfrac{5}{4}\pi$$

$$2a+2b=10$$

$$a+b=5$$

따라서 $a+b$의 값은 5이다.

69 기초연산능력 인원 수 구하기

| 정답 | ④

| 해설 | 제시된 자료를 바탕으로 근속 기간별 직원 수를 정리하면 다음과 같다.

근속 기간	1년 미만	1년 이상 ~ 3년 미만	3년 이상 ~ 5년 미만	5년 이상 ~ 10년 미만	10년 이상 ~ 15년 미만	15년 이상
사원 수 (명)	32	94	202	71	(?)	(?)

근속 기간이 3년 미만인 직원의 수는 전체의 24%이므로 전체 직원 수를 x명이라 하면 다음과 같은 식이 성립한다.

$$\dfrac{126}{x}\times 100=24$$

$$\therefore\ x=525(명)$$

총 525명의 직원 중 근속 기간이 15년 이상인 직원의 수를 y명이라 하면, 근속 기간이 10년 이상 15년 미만인 직원의 수는 $2y$명이므로 다음과 같은 식이 성립한다.

$$399+2y+y=525$$

$$3y=126$$

$$\therefore\ y=42(명)$$

따라서 근속 기간이 3년 이상 15년 미만인 직원은 $202+71$ $+84=357$(명)이다.

70 도표분석능력 자료의 수치 분석하기

|정답| ①

|해설| ㉠ 각 연도별 민간부담금의 비율은 다음과 같다.

- 20X0년 : $\dfrac{31,527}{110,913} \times 100 ≒ 28.4(\%)$

- 20X1년 : $\dfrac{32,705}{109,841} \times 100 ≒ 29.8(\%)$

- 20X2년 : $\dfrac{23,585}{92,605} \times 100 ≒ 25.5(\%)$

- 20X3년 : $\dfrac{32,875}{127,748} \times 100 ≒ 25.7(\%)$

- 20X4년 : $\dfrac{32,271}{120,603} \times 100 ≒ 26.8(\%)$

따라서 민간부담금의 비율은 20X2년에 가장 낮았다.

㉡ 민간부담금 중 현금부담은 20X3년에 가장 큰 폭인 $12,972 - 5,358 = 7,614$(백만 원) 상승했다.

|오답풀이|

㉢ 20X1년 민간부담금 중 현물부담금은 총사업비의 $\dfrac{23,820}{109,841} \times 100 ≒ 21.7(\%)$로, 25% 미만이다.

㉣ 20X4년 민간부담금 중 현금부담금은 정부지원금 대비 $\dfrac{13,378}{88,332} \times 100 ≒ 15.1(\%)$로, 20% 미만이다.

71 도표분석능력 자료의 수치 분석하기

|정답| ③

|해설| 20X1년 유럽연합 대비 한국의 석유 소비량은 $\dfrac{128.9}{646.8}$ $\times 100 ≒ 19.9(\%)$로 20% 미만이다.

|오답풀이|

① 20X1년 OECD 대비 한국의 석유 소비량은 $\dfrac{128.9}{2,204.8} \times$ $100 ≒ 5.8(\%)$로 5% 이상이다.

② 20X1년 OECD 대비 중국의 석유 생산량은 $\dfrac{189.1}{1,198.6} \times$ $100 ≒ 15.8(\%)$로 15% 이상이다.

72 기초연산능력 전기요금 계산하기

|정답| ④

|해설| 구간에 따라 기본요금과 전력량 요금이 다르므로 A 씨의 전력사용량이 어느 구간에 속하는지를 먼저 파악해야 한다.

A 씨의 전력사용량을 400kWh라고 하면 전기요금은 다음과 같다.

- 기본요금 : 1,700원

- 사용요금 : $200(kWh) \times 80(원/kWh) + 200(kWh) \times 210$ $(원/kWh) = 58,000(원)$

- 부가가치세 : $(1,700 + 58,000) \times 0.1 = 5,970(원)$

- 전력산업기반기금 : $(1,700 + 58,000) \times 0.04 = 2,388(원)$

- 전기요금 : $1,700 + 58,000 + 5,970 + 2,388 = 68,058(원)$

A 씨가 이번 달에 내야 하는 전기요금이 93,822원이므로 A 씨의 전력사용량은 400kWh 초과임을 알 수 있다.

A 씨의 전력사용량을 x kWh(단, $x > 400$)라고 하면 전기요금은 다음과 같다.

- 기본요금 : 6,300원

- 사용요금 : $200(kWh) \times 80(원/kWh) + 200(kWh) \times 210$ $(원/kWh) + (x - 400)(kWh) \times 360(원/kWh) = 360x -$ $86,000(원)$

- 부가가치세 : $(6,300 + 360x - 86,000) \times 0.1 = 36x -$ $7,970(원)$

- 전력산업기반기금 : $(6,300 + 360x - 86,000) \times 0.04 =$ $14.4x - 3,188(원)$

- 전기요금 : $6,300 + (360x - 86,000) + (36x - 7,970) +$ $(14.4x - 3,188) = 93,822(원)$

$410.4x - 90,858 = 93,822$

$410.4x = 184,680$

$x = 450(kWh)$

따라서 A 씨의 전력사용량과 전력산업기반기금을 합한 값은 $x + 14.4x - 3,188 = 15.4x - 3,188 = 15.4 \times 450 - 3,188$ $= 3,742$이다.

73 도표분석능력 자료의 수치 분석하기

|정답| ④

|해설| 2021년 11월에서 2021년 12월 사이의 고용률 감소

율은 $\dfrac{60.4-59.1}{60.4}\times100 ≒ 2.15(\%)$로, 2020년 12월에서

2021년 1월 사이의 고용률 감소율인 $\dfrac{61.9-61.2}{61.9}\times100$

$≒ 1.13(\%)$의 2배 미만이다.

| 오답풀이 |

① 조사 기간 중 전월 대비 고용률이 증가한 구간은 2021년 4월에서 2021년 5월, 2021년 9월에서 2021년 10월, 2021년 10월에서 2021년 11월 구간으로 총 3개이다.

② 조사 기간 중 전월 대비 고용률이 가장 크게 감소한 구간은 2021년 11월에서 2021년 12월 구간으로, 60.4－59.1＝1.3(%p) 감소하였다.

③ 2021년 12월 고용률은 59.1%로 전년 동월 대비 61.9－59.1＝2.8(%p) 하락했고, 취업자 수는 683만 3천 명으로 전년 동월 703만 명에서 19만 7천 명 감소했다.

74 도표분석능력 자료의 수치 분석하기

| 정답 | ③

| 해설 | ㄱ. 6월 6일 ~ 13일 중 검사 의뢰자 수가 가장 많은 날짜는 6월 7일로, 569명이 검사를 받았다.

ㄴ. 전날 대비 확진자 수가 증가한 6월 7일, 6월 8일, 6월 11일, 6월 12일의 확진자 수 증가율을 구하면 다음과 같다.

- 6월 7일 : $\dfrac{257-214}{214}\times100 ≒ 20.1(\%)$

- 6월 8일 : $\dfrac{357-257}{257}\times100 ≒ 38.9(\%)$

- 6월 11일 : $\dfrac{289-242}{242}\times100 ≒ 19.4(\%)$

- 6월 12일 : $\dfrac{310-289}{289}\times100 ≒ 7.3(\%)$

따라서 전날 대비 확진자 수의 증가율이 가장 큰 날짜는 6월 8일이다.

ㄷ. 확진 여부는 검사 의뢰 바로 다음날 확인 가능하다고 했으므로 6월 5일에 검사를 의뢰한 사람의 확진 여부를 6월 6일에 확인할 수 있다. 6월 5일의 검사 의뢰자 수는 487명, 6월 6일의 확진자 수는 214명이므로 6월 6일에 음성 판정을 받은 사람은 487－214＝273(명)이다.

| 오답풀이 |

ㄹ. 6월 7일에서 6월 8일 사이에 완치된 환자 수는 1,526－1,357＝169(명), 6월 12일에서 6월 13일 사이에 완치된 환자 수는 2,312－2,146＝166(명)으로, 6월 12일에서 6월 13일 사이에 완치된 환자 수가 더 적다.

75 기초연산능력 객실 수 구하기

| 정답 | ①

| 해설 | ○○호텔의 객실 수를 x개라고 하면 다음과 같은 식이 성립한다.

$4x < 90$, $x < 22.5$

$5x > 90$, $x > 18$

$\therefore 18 < x < 22.5$

따라서 ○○호텔의 객실 수가 될 수 없는 것은 ①이다.

76 도표작성능력 표를 그래프로 변환하기

| 정답 | ③

| 해설 | 표의 수치와 그래프의 수치가 일치한다.

| 오답풀이 |

① 원자력에너지 정격용량이 아닌, 원자력에너지 정격용량의 비율을 그래프로 나타냈다.

② 표에는 2017 ~ 2021년의 자료만 제시되어 있으므로 2030년까지의 그래프는 작성할 수 없다.

④ 2020년 에너지원별 피크기여도 비율이 아닌, 절대적인 피크기여도수치를 그래프로 나타냈다.

77 기초연산능력 방정식 활용하기

| 정답 | ③

| 해설 | ○○공사의 작년 채용인원을 x명이라 하면 다음과 같은 식이 성립한다.

$x\times(1-0.19)=162$

$0.81x=162$

$\therefore x=200$(명)

따라서 작년 채용인원은 200명이다.

www.gosinet.co.kr gosinet

1회 한국남부발전
2회 한국중부발전[사무]
3회 한국중부발전[기술]
4회 한국동서발전
5회 한국서부발전
6회 한국남부발전

78 기초연산능력 삼각함수의 그래프 활용하기

|정답| ③

|해설| $Y=2\sin\dfrac{\pi}{10}(t+5)+24$ 는 $Y=2\sin\dfrac{\pi}{10}t$ 의 그래프를 t축으로 -5, Y축으로 24만큼 평행이동한 그래프로, 최댓값은 $|2|+24=26$, 최솟값은 $-|2|+24=22$, 주기는 $\dfrac{2\pi}{\left|\dfrac{\pi}{10}\right|}=20$이다. 이를 그래프로 나타내면 다음과 같다.

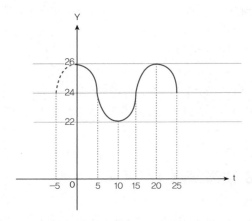

온도가 내려가는 중일 때에는 냉방이 가동 중인 상태라고 했으므로 25분 동안 냉방이 가동된 시간은 15분이다.

79 기초연산능력 날짜 구하기

|정답| ②

|해설| • 1월 1일 : 1,200원 사용

• 1월 2일 ~ 1월 5일 : 매일 2,400원씩 총 $2,400 \times 4 =$ 9,600(원) 사용

• 1월 6일 ~ 1월 X일 : 매일 2,600원씩 총 $2,600(X-6+1)$ $=2,600X-13,000$(원) 사용

그러므로 다음과 같은 식이 성립한다.

$1,200+9,600+2,600X-13,000<50,000$

$2,600X<52,200$

$\therefore \ X<20.07\cdots$

따라서 버스카드를 충전하지 않고 1월 20일까지 사용할 수 있다.

80 기초연산능력 방정식 활용하기

|정답| ①

|해설| C 선물세트를 전체 직원 수의 $\dfrac{1}{4}$만큼 구매하였으므로 C 선물세트는 $52 \times \dfrac{1}{4} = 13$(개), A와 B 선물세트는 총 $52-13=39$(개) 구매하였음을 알 수 있다.

구매한 A 선물세트의 개수를 a개, B 선물세트의 개수를 b개라 하면 다음과 같은 식이 성립한다.

$a+b=39$ ·········· ㉠

$23,500a+31,400b=1,389,800-(27,900 \times 13)$ ·· ㉡

㉡을 정리하면,

$235a+314b=10,271$ ·········· ㉢

㉢$-($㉠$\times 235)$를 하면, $79b=1,106$이므로 $b=14$(개)이다.

따라서 윤 사장이 구매한 B 선물세트는 14개이다.

한국중부발전 [기술]

3회 기출예상모의고사 문제 124쪽

01	②	02	④	03	④	04	③	05	③
06	①	07	③	08	③	09	②	10	①
11	②	12	③	13	④	14	③	15	④
16	③	17	④	18	②	19	③	20	①
21	③	22	③	23	②	24	①	25	①
26	③	27	①	28	②	29	③	30	②
31	③	32	③	33	③	34	②	35	③
36	③	37	③	38	③	39	④	40	④
41	④	42	②	43	③	44	②	45	①
46	③	47	②	48	①	49	④	50	②
51	③	52	①	53	②	54	④	55	②
56	④	57	④	58	②	59	③	60	④
61	④	62	②	63	④	64	②	65	②
66	③	67	①	68	④	69	④	70	②
71	④	72	③	73	③	74	④	75	④
76	①	77	④	78	③	79	④	80	②

01 문서이해능력 세부 내용 이해하기

| 정답 | ②

| 해설 | ㄱ. 수력발전소는 일단 건설되고 나면 더 이상 직접적인 폐기물은 방출하지 않으며, 이산화탄소도 발생시키지 않는다고 나와 있다.

ㄷ. 싼샤 댐의 건설로 인해 양쯔강 하류의 빈번한 범람을 막을 수 있게 되었으며, 나일강 중류에 아스완 댐이 건설된 이후 연중 특정한 시기에 범람하던 일도 더는 일어나지 않는다고 하였다. 따라서 수력발전 건설은 연중 특정한 시기의 범람도 막을 수 있다.

| 오답풀이 |

ㄴ, ㅁ. 수력발전의 가장 큰 단점은 호수를 만들기 위해 계속 전체가 물에 잠기게 된다는 것이며, 이런 환경의 변화로 인근 생태계가 큰 영향을 받을 뿐 아니라 그 지역에 살던 사람들도 터전을 떠나야만 한다는 것이다.

ㄹ. 나일강은 연중 특정한 시기에 범람하여 물과 함께 떠내려 온 퇴적물이 강변의 농지를 비옥하게 만들어 왔으나, 아스완 댐이 건설된 이후 이러한 일이 더는 일어나지 않아 곡식을 키우기가 어려워졌다.

02 문서이해능력 글에 어울리는 사자성어 찾기

| 정답 | ④

| 해설 | 제시된 글은 수력발전소 건설로 인한 장점과 단점에 대해 얘기하고 있다. 따라서 장점이 있으면 단점도 동시에 존재한다는 뜻의 일장일단(一長一短)과 가장 관련이 깊다.

| 오답풀이 |

① 소탐대실(小貪大失) : 작은 것을 탐하다가 큰 손실을 입음.

② 결자해지(結者解之) : 일을 저지른 사람이 그 일을 해결해야 함.

③ 사필귀정(事必歸正) : 모든 일은 반드시 바른 길로 돌아감.

03 문서작성능력 내용에 맞게 제목 작성하기

| 정답 | ④

| 해설 | 제시된 글은 우리나라가 물 부족 국가가 아니라 물 스트레스 국가임을 알리고, 세계 물의 날을 맞아 물 절약을 위해 개인이 실천할 수 있는 작은 노력에 대해 소개하고 있다. 따라서 윗글의 제목으로 '물 스트레스 국가인 한국에서 우리가 할 수 있는 것은?'이 가장 적절하다.

04 문서작성능력 문맥에 맞게 글 수정하기

| 정답 | ③

| 해설 | 물 부족이 현실이 된다는 것은 사용 가능한 자원에 비해 물 수요가 많을 때를 말한다. 따라서 '공급이'로 수정하라는 지시는 적절하지 않다.

05 문서이해능력 보도 자료 내용 파악하기

| 정답 | ③

| 해설 | 염전 태양광 발전시스템은 소금과 전력을 동시에 생산할 수 있는 시스템으로, 여름철에는 염수에 의한 냉각으

1회 한국남동발전 2회 한국중부발전[사무] 3회 한국중부발전[기술] 4회 한국동서발전 5회 한국서부발전 6회 한국남부발전

로 일반 지상 태양광과 비교하여 발전량이 5% 개선됐고, 태양광 모듈에서 발생하는 복사열로 염수의 증발시간이 줄어 소금생산량도 늘었다고 나와 있다. 따라서 발전량과 소금생산량이 반비례 관계라는 설명은 적절하지 않다.

| 오답풀이 |

① 염전 태양광 발전시스템은 ○○공사가 녹색△△연구원, □□소프트웨어와 공동으로 개발한 것이다.

② 국내 염전 중 약 85%가 전라남도에 밀집해 있다고 언급되어 있다.

④ 현재까지는 전기안전 및 태양광 모듈 성능저하 등 운영 결함은 없으나 계속 점검할 계획이라고 하였으므로 성능저하의 가능성이 있음을 알 수 있다.

06 문서이해능력 글에 어울리는 사자성어 찾기

| 정답 | ①

| 해설 | 염전 태양광 발전시스템을 통해 전기와 소금을 동시에 생산하므로, 한 가지 일을 하여 두 가지 이익을 얻는다는 의미의 일거양득(一擧兩得)이 ⊙에 들어갈 말로 가장 적절하다.

| 오답풀이 |

② 절치부심(切齒腐心) : 몹시 분하여 이를 갈고 마음을 썩임.

③ 조삼모사(朝三暮四) : 간사한 꾀로 남을 속여 희롱함.

④ 권토중래(捲土重來) : 어떤 일에 실패한 뒤 힘을 가다듬어 다시 그 일에 착수함.

07 문서이해능력 세부 내용 이해하기

| 정답 | ③

| 해설 | 세 번째 문단을 보면 맥컬록과 피츠는 생물학적 신경망 이론을 단순화하여 논리, 산술, 기호 연산 기능을 구현할 수 있는 신경망 이론을 제시하였다고 나와 있다.

| 오답풀이 |

① 첫 번째 문단을 보면 컴퓨터가 등장하여 비로소 인간의 사고 과정, 뇌 구조의 기능, 그 속에서 일어나는 생리 현상에 대한 연구가 촉진되었다고 나와 있다.

② 첫 번째 문단을 보면 소프트웨어로 프로그램을 제어할 수 있게 되면서 하드웨어로 구성된 논리 회로는 과거와 완전히 달라졌다고 하였다.

④ 마지막 문단을 보면 신경망 이론을 발판으로 삼아 사람처럼 시각적으로 사물을 인지하도록 훈련시킬 수 있는 프로그램인 퍼셉트론을 개발했다고 나와 있다.

08 문서이해능력 글의 내용에 맞게 과정 정리하기

| 정답 | ③

| 해설 | 컴퓨터의 등장에 따라 학자들은 인간이 지닌 것과 같은 지식을 컴퓨터에 어떻게 넣어 주느냐를 고민하기 시작했고(ㄹ), 모든 지식을 컴퓨터에 입력하는 일은 실질적으로 불가능하므로 인간 두뇌의 신경망을 이용할 것을 착안하였다(ㄴ). 워렌 맥컬록과 월터 피츠는 생물학적인 신경망 이론을 단순화하여 논리, 산술, 기호, 연산 기능을 구현할 수 있는 신경망 이론을 제시하였고, 이를 이론적으로 증명하였다(ㄷ). 신경망 이론을 발판삼아 미국의 프랭크 로젠블랫은 사람처럼 시각적으로 사물을 인지하도록 훈련시킬 수 있는 프로그램인 퍼셉트론을 개발하였다(ㄱ). 따라서 순서는 ㄹ-ㄴ-ㄷ-ㄱ이 적절하다.

09 문서이해능력 대화 내용 이해하기

| 정답 | ②

| 해설 | 김 팀장은 부서별 다양한 의견 수렴의 기회가 없이 회사 단합대회가 진행되는 것에 대해 아쉬워하고 있으나, 송 부장의 설명을 듣고 참석하도록 일정을 조정해 보겠다고 하였다.

10 문서이해능력 글을 읽고 추론하기

| 정답 | ①

| 해설 | 지금까지 회사 단합대회는 여러 사원들의 의견을 모아 시기, 장소, 내용 등을 결정해 왔으나, 부서별로 업무 진행 상황이 각각 달라 의견을 모을 시간이 부족한 데다 다음 달 대규모 인사이동으로 국내외 발령자가 많아질 예정이므로 올해는 임원회의에서 결정된 사항에 따라 진행된다고 하였다. 이를 통해 조직의 상황과 목적에 따라 의사결정 방식이 달라질 수 있음을 알 수 있다.

1회 한국남동발전

2회 한국중부발전[사무]

3회 한국중부발전[기술]

4회 한국동서발전

5회 한국서부발전

6회 한국남부발전

11 문서이해능력 세부 내용 이해하기

| 정답 | ②

| 해설 | • 윤 사원 : 기획재정부는 공공기관의 공시 데이터의 신뢰성을 제고하기 위해 매년 상·하반기 2회에 나누어 점검을 실시한다고 하였다.
• 백 사원 : 최근 3년간 지속적으로 무벌점을 달성한 9개 기관은 차년도 통합공시점검에서 제외한다고 나와 있다.

| 오답풀이 |
• 하 사원 : 통합공시점검 시 상반기에는 직원평균보수, 신규채용 및 유연근무현황, 요약 재무상태표 등을 점검하고, 하반기에는 임직원 수, 임직원채용정보, 수입지출 현황, 납세정보 현황 등을 점검한다고 나와 있다.
• 정 사원 : 올해 점검 결과, 공시오류는 작년보다 0.8점 감소하였으며, 불성실공시기관은 작년보다 3개 감소하였다고 나와 있다.
• 손 사원 : 〈연도별 통합공시 점검결과〉 표를 보면 우수공시기관은 20X8년까지 매해 꾸준히 증가하다가 20X9년에 감소하였으며, 불성실공시기관은 감소와 증가를 반복하고 있음을 알 수 있다.

12 문서작성능력 올바른 단어 사용하기

| 정답 | ③

| 해설 | 홈페이지에 그 사실을 올려 여러 사람에게 알리고 두루 보게 하려는 목적이므로 '게시'가 올바른 쓰임이다.

| 오답풀이 |
① '사면'은 죄를 용서하여 형벌을 면제한다는 의미이고, '면제'는 책임이나 의무 따위를 면하여 준다는 의미이다. 문맥상 '면제'로 고치는 것이 알맞다.
② '수록'은 모아서 기록하거나 그렇게 한 기록을 의미하고, '반영'은 다른 것에 영향을 받아 어떤 현상이 나타남을 의미한다. 문맥상 '반영'으로 고치는 것이 알맞다.
④ '청구'는 남에게 돈이나 물건 따위를 달라고 요구함을 의미하고, '요청'은 필요한 어떤 일이나 행동을 청함을 의미한다. 문맥상 '요청'으로 고치는 것이 알맞다.

13 문서이해능력 세부 내용 이해하기

| 정답 | ④

| 해설 | • B : 보직 변경 예정일만 제시되어 있으므로 몇 달 후인지는 알 수 없다.
• D : 영업부에서 인사부로 변경하는 것이 아니라 영업부(해외영업1팀)에서 영업부(해외영업3팀)로 이동하는 것이다.

| 오답풀이 |
제시된 문서는 보직을 변경하기 위해 상사에게 검토를 받기 위한(C) 기안서이며 이러한 기안서를 사내 공문서(A)라고도 한다.

14 문서작성능력 뒷받침할 내용 추가하기

| 정답 | ③

| 해설 | (A)의 주장은 신기술의 발달이 노동자를 대체할 수도 있다고 믿는 것으로 이를 뒷받침하는 내용은 ㄴ과 ㄹ이다. (B)의 주장은 신기술이 새롭게 진보하여도 노동자들의 일자리를 위협하지 않는다고 믿는 것으로 이를 뒷받침하는 내용은 ㄱ과 ㄷ이다.

15 문서이해능력 주장에 대해 반박하기

| 정답 | ④

| 해설 | 바실리 레온티에프는 지난 수십 년 동안 말은 가장 중요한 생산요소 중 하나였으나, 기술 변화에 따라 그 역할이 점점 감소한 것을 예로 들어 인간의 역할 또한 줄어들 것이라 주장하였다. 이에 대해 인간은 말이 아니며, 인간과 말 사이에는 중요한 차이점이 많다는 사실을 간과했다고 반박할 수 있다.

16 문서작성능력 적절한 제목 찾기

| 정답 | ③

| 해설 | 제시된 기사문은 울산시가 부유식 해상풍력 생산에 적절하며, 그린뉴딜 사업으로 2030년까지 6GW 이상의 부유식 해상풍력발전단지를 조성하겠다는 내용을 담고 있다. 따라서 제목으로 ③이 적절하다.

17 문서이해능력 세부 내용 이해하기

| 정답 | ④

| 해설 | 울산시는 '수심 200m 이내 넓은 대륙붕과 연중 평균풍속 초속 8m 이상 우수한 자연조건, 신고리원전이나 울산화력 등의 발전소와 연결된 송·배전망 인프라, 여기에 미포산업단지 등 대규모 전력 소비처, 세계적인 조선해양 플랜트 산업 기반'을 가지고 있어 부유식 풍력발전 생산에 유리한 것이지 부유식 해상 풍력 클러스터를 이미 갖추고 있어서 유리한 것이 아니다.

18 문서작성능력 올바른 띄어쓰기 파악하기

| 정답 | ②

| 해설 | '나 만큼'의 '만큼'은 '앞말과 비슷한 정도나 한도임을 나타내'는 조사로 쓰였으므로 앞말과 붙여 써야 한다. '만큼'이 의존명사로 쓰일 때에는 주로 어미 '-은, -는, -을', 또는 '-은, -는, -던' 뒤에 쓰인다.

19 문서이해능력 글의 내용과 관련된 의문사항 추론하기

| 정답 | ③

| 해설 | 검색사이트에 검색한 내용을 보고 독감에 걸린 환자들을 추측하는 것은 독감에 걸렸을 경우에 검색을 할 것이라는 전제로 예측한 결과이다. 하지만 독감에 걸리지 않고도 검색을 해 볼 수 있다는 것을 가정하면 이러한 예측은 정확성이 떨어질 수 있다. 따라서 ③은 적절한 의문사항이다.

20 문서이해능력 세부 내용 이해하기

| 정답 | ①

| 해설 | '2. 견학가능일'의 '견학시간'을 보면 오전 10시부터 오후 5시까지 견학이 가능하며, 점심시간은 제외된다고 나와 있다. 따라서 하루에 견학가능한 시간은 총 6시간이다.
| 오답풀이 |
② '3. 견학대상'의 '가능인원'을 보면 최소 10명부터 최대 30명까지 구성해야 한다고 나와 있다.
③ '3. 견학대상'의 '견학대상'을 보면 초, 중, 고교생은 인솔자가 필수 참석해야 한다고 나와 있다.

④ '1. 견학내용'을 보면 신청은 견학 1주일 전까지 접수되어야 한다고 나와 있다.

21 사고력 논리적 오류 이해하기

| 정답 | ③

| 해설 | 제시된 글에서 범하고 있는 논리적 오류는 순환논증의 오류이다. 이는 전제의 진리와 본론의 진리가 서로 의존하는 것과 같은 하나의 의론이 그대로 되풀이되는 허위의 논증 방법으로, ③에서 이와 같은 오류를 범하고 있다.
| 오답풀이 |
① 무지에 호소하는 오류이다. 이는 단순히 어떤 명제가 거짓이라는 것이 증명되지 않았다는 것을 근거로 그 명제가 참이라고 주장하거나, 반대로 그 명제가 참이라는 것이 증명되지 않았기 때문에 그 명제는 거짓이라고 주장하는 오류이다.
② 성급한 일반화의 오류이다. 이는 특수하고 부족한 양의 사례를 근거로 섣불리 일반화하고 판단하는 오류이다.
④ 흑백논리의 오류이다. 이는 어떤 상황을 두 가지의 양강 구도로 나누어 보려고 하는 오류이다.

22 사고력 진술을 바탕으로 추론하기

| 정답 | ③

| 해설 | 들찬이는 아름이보다 크고 윤슬이 들찬보다 크므로 아름 < 들찬 < 윤슬 순이 된다. 도담이 제일 작고 윤슬이 제일 큰 사람은 아니므로 작은 순서대로 나열하면 도담 < 아름 < 들찬 < 윤슬 < 벼리 순이 된다.

23 사고력 진위 추론하기

| 정답 | ②

| 해설 | 주어진 명제만으로 추론할 수 없는 내용이다.
| 오답풀이 |
① 첫 번째 명제의 대우에 해당하므로 참이다.
③ 두 번째 명제의 대우에 해당하므로 참이다.
④ 두 번째 명제, 세 번째 명제, 첫 번째 명제의 삼단논법에 의해 참이다.

www.gosinet.co.kr **gosi**net

1회 한국남동발전

2회 한국중부발전[사무]

3회 한국중부발전[기술]

4회 한국동서발전

5회 한국서부발전

6회 한국남부발전

24 사고력 정보를 바탕으로 추론하기

| 정답 | ①

| 해설 | 세 명의 나이가 모두 다르며 나래보다 미르의 나이가 더 많다. 나래는 사진작가보다 수입이 많은데, 프로그래머는 수입이 가장 적으므로 나래는 프로그래머가 아니고 나이가 가장 어리지도 않다. 따라서 나래는 프로그래머와 사진작가가 아닌 엔지니어이다. 이를 바탕으로 정리하면 해안이 가장 나이가 어리며 직업은 프로그래머이고 나이가 가장 많은 미르의 직업은 사진작가가 된다.

25 문제해결능력 문제의 유형 파악하기

| 정답 | ①

| 해설 | (A)는 미래지향적으로 새로운 목표를 설정함에 따라 나타나는 목표지향적인 설정형 문제에 해당한다. (B)는 불만이 야기된, 즉 이미 눈앞에 문제가 발생한 것으로 원상복귀가 필요한 발생형 문제에 해당한다. (C)는 현재는 눈에 보이지 않으나 방치하면 후에 큰 손실이 따르는 문제를 말하며 조사나 분석을 통해 찾을 수 있는 탐색형 문제에 해당한다.

26 사고력 사고 유형 파악하기

| 정답 | ③

| 해설 | 제시된 사고 방법은 가설 지향적 사고로, 실제 정보 수집이나 분석 활동에 앞서 그 과정이나 결과를 추론해 보는 것이다. 가설 지향적 사고가 유용한 경우로는 문제 해결을 위한 시간적 제약으로 해결방안을 빠르게 수립해야 하는 경우, 일반적으로 나타나는 정형적인 문제의 원인 분석이 필요한 경우, 난해한 문제에 대해 원인을 명확히 알지 못해 찾아야 하는 경우, 여러 사안 및 그룹들이 감정적으로 대립하고 있는 경우, 실험·시행착오·실패가 비교적 자유롭게 허용되는 경우가 있다. 가설 지향적 사고는 관련 부서에 관련 자료를 요청해야 하는 일이 생길 수 있으므로, 사내 커뮤니케이션이나 정보공유가 제대로 이루어지지 않는 경우에는 가설 지향적 사고를 적용하기 어렵다.

27 문제처리능력 갈등해결 전략 파악하기

| 정답 | ①

| 해설 | 수용은 어떠한 것을 받아들인다는 뜻으로, 행동이나 태도를 반드시 용서하는 것과는 관계없이 가치 자체를 긍정적으로 인식하는 것이다. 따라서 제시된 상황에서는 '알루미늄 제조 공장 조성 사업'에 대한 긍정적인 가치를 인식해 수용하고 있음을 알 수 있다.

| 오답풀이 |

② 경쟁은 같은 목적에 대하여 이기거나 앞서려고 서로 겨루는 것이다.

③ 협력은 우호적이고 생산적인 집단분위기를 형성하기 위하여 서로 돕는 것이다.

④ 회피는 현재 존재하지는 않는 혐오 자극을 피해 미리 특정 행동을 하는 것이다.

28 사고력 논리적 오류 추론하기

| 정답 | ④

| 해설 | A의 청정 시골을 고속도로로 뒤덮지 말자는 말은 지나친 개발을 하지 말자는 것인데, B는 아예 고속도로를 놓지 말자는 말이냐며 그럼 어떻게 통행을 하라는 식으로 논점에서 벗어난 왜곡된 반론을 하고 있다. 이는 허수아비 공격의 오류를 범하고 있는 것으로, 이와 같은 오류를 범하고 있는 것은 ④이다.

| 오답풀이 |

① 많은 사람의 선호나 인기를 이용하여 자신의 주장을 정당화하는 대중(여론)에 호소하는 오류이다.

② 부적합한 사례나 제한된 정보를 근거로 한 주장을 일반화하는 성급한 일반화의 오류이다.

③ 주장하는 논리와는 관계없이 상대방의 인격을 손상하며 주장이 틀렸다고 비판하는 인신공격의 오류이다.

29 사고력 시험 결과 추론하기

| 정답 | ③

| 해설 | A의 시험 점수가 19점이고 정답이면 2점 가점, 오답이면 1점 감점이므로 A는 10문제 이상 정답을 맞히고 오

답으로 감점을 받아 19점이 된다는 것을 알 수 있다. 이를 바탕으로 추론하면 A가 전체 20문제 중 정답을 13문제 쓰고 오답을 7문제 썼다면 아무런 답을 쓰지 않은 문제 없이 19점을 받을 수 있다. 따라서 답을 쓰지 않은 문제가 반드시 있는 건 아니다.

| 오답풀이 |

④ 정답을 쓴 문제가 14문제일 경우 정답으로 받은 점수는 28점이므로 19점이 되려면 오답을 쓴 문제가 9문제여야 하는데 그럴 경우 문제 수가 23문제가 되므로 적절하지 않다.

30 사고력 dpi 이해하기

| 정답 | ②

| 해설 | 1,200dpi로 인쇄할 때 점의 개수는 300dpi로 인쇄할 때 점 개수의 16배인 1,440,000개이다.

| 오답풀이 |

① 500dpi로 인쇄하면 300dpi로 인쇄할 때보다 160,000개 많은 점을 넣을 수 있다.

③ 600dpi로 인쇄할 때 점의 개수는 360,000개이고, 200dpi로 인쇄할 때 점 개수는 40,000개이므로 9배이다.

④ 1,200dpi로 인쇄하면 600dpi로 인쇄할 때보다 1,080,000개 더 많은 점을 찍어 넣을 수 있다.

31 문제처리능력 자료의 질문 추론하기

| 정답 | ④

| 해설 | 질문 중 출시하자마자 대박이 났다는 것과 관련한 답변이 없으므로 적절하지 않다. 4Q에는 '출시 과정에도 우여곡절이 많았다는데?'와 같은 질문이 적절하다.

| 오답풀이 |

① 국내뿐 아니라 중국, 베트남 등 글로벌 시장에서도 사랑받는 과자를 만들어내고자 하므로 5Q에 적절하다.

② 영업이익이 나타나 있는 2Q에 적절하다.

③ 실패와 시도를 거듭하고 있는 1Q에 적절하다.

32 사고력 브레인라이팅 기법 파악하기

| 정답 | ③

| 해설 | 제시된 내용은 타인의 아이디어를 검토하고 자기 의견을 기입하는 3단계에서 하는 것이다.

33 사고력 MECE 적용 절차 이해하기

| 정답 | ③

| 해설 | MECE(Mutually Exclusive Collectively Exhaustive)는 문제를 분석하기 위하여 서로 중복하지 않으면서 빠짐없이 나눈 분석적 사고기법을 말한다. MECE의 문제해결 절차는 다음과 같다.

(1) 중심 제목에 문제의 핵심을 정리한다.

(2) 어떤 것이 문제의 핵심 요소인지 여러 가지 분류기준으로 분해하여 기록한다.

(3) 이렇게 분해된 각각의 핵심 요소를 또다시 하위 핵심요소로 분해한다.

(4) 분해된 핵심 요소가 중복과 누락 없이 전체를 포함하고 있는지 확인한다.

(5) 분해된 요소 중 실행 가능한 요소를 찾아낸다.

(6) 실행 가능한 요소를 분해할 수 없을 때까지 반복해서 분해한다.

(7) MECE라는 엄격한 틀로 파악한 내용에 대해 즉각 실행 가능한 대책을 제시한다.

(8) 이상적인 해결책이 아닌 현 상태에서 할 수 있는 최선의 실행 가능한 해결책을 제시한다.

(9) 최선의 선택이라고 판단하여 제시한 대책이 유효하지 않을 경우 선택하지 않은 방법 중 최선의 방법을 다시 제시하고 실행한다.

〈보기〉를 순서대로 나열하면 Ⓕ → Ⓒ → Ⓔ → Ⓑ → Ⓐ → Ⓓ가 적절하다.

34 문제처리능력 교육과정 이수 날짜 구하기

| 정답 | ①

| 해설 | 각각의 날짜에 수강할 수 있는 과목을 표시하면 다음과 같다. 괄호 안의 숫자는 남은 수강 횟수를 의미한다.

			202X년 1월			
일	월	화	수	목	금	토
			1 자(0) 예(1) 직(1)	2 예(0) 직(0)	3 정(1) 커(2)	4
5	6 정(0) 커(1)	7 커(0)	8 문(2)	9 문(1)	10 문(0)	11
12	13 실(4)	14 실(3)	15 실(2)	16 실(1)	17 실(0)	18
19	20	21	22	23	24	25
26	27	28	29	30	31	

따라서 가장 빨리 모든 교육과정을 이수할 수 있는 날은 1월 17일이다.

35 문제처리능력 그래프 분석하기

|정답| ③

|해설| 4월 온, 오프라인의 판매량을 비교하면 온라인은 $297,000 \times 0.24 = 71,280$(대), 오프라인은 $660,000 \times 0.19 = 125,400$(대)가 판매되었다. 따라서 오프라인보다 온라인 판매량이 더 적다.

|오답풀이|

① 온라인 3월의 판매량은 $297,000 \times 0.14 = 41,580$(대)이다.

② 온라인, 오프라인 모두 5월이 각각 38%, 33%로 판매량이 가장 많다.

④ 오프라인 6월 판매량은 $660,000 \times 0.23 = 151,800$(대)로 오프라인 5월 판매량인 $660,000 \times 0.33 = 217,800$(대)와 대비하여 $\frac{217,800 - 151,800}{217,800} \times 100 ≒ 30.3$(%) 감소하였다.

36 문제처리능력 맥락에 맞게 문장 배열하기

|정답| ③

|해설| 일단 개기월식이 있는 날이라며 일상적인 소개로 주제를 제시하는 (마)가 가장 먼저 와야 한다. 이어서 사람들이 개기월식에 흔히 가지고 있는 잘못된 생각을 소개하고 이에 대해 정정하는 (다)가 와야 한다. 다음으로는 개기월식 때 햇빛의 일부가 달에 도달하게 되는 과정을 설명한 (가), 이렇게 도달한 빛이 붉은색으로 변하는 이유를 설명한 (나)가 차례대로 이어져야 한다. 마지막으로 유사한 예시를 들며 정리하는 (라)가 이어져야 한다. 따라서 순서는 (마)-(다)-(가)-(나)-(라) 순이 가장 적절하다.

37 문제처리능력 반드시 거짓인 진술 고르기

|정답| ③

|해설| 85점을 얻기 위해서는 9문제를 맞히고 1문제를 틀리면 된다. 따라서 '라'가 어느 문제를 틀렸는지를 알 수 있다면 모든 문제의 정답을 알 수 있게 된다. 만일 3번 문제의 정답이 X라면 '라'는 3번 문제를 틀리게 되므로, 그 외 문제의 정답은 '라'가 제출한 답과 같음을 알 수 있다. 이를 기준으로 점수를 계산하면 다음과 같다.

문항	정답	가	나	다	라
1	O	O	X	X	O
2	X	X	O	O	X
3	X	O	O	O	O
4	X	O	O	X	X
5	O	X	X	O	O
6	X	X	X	X	X
7	O	O	O	O	O
8	X	X	X	X	X
9	O	O	O	O	O
10	O	O	O	O	O
점수 (점)	100	70-15 =55	50-25 =25	70-15 =55	85

따라서 3번의 정답이 X일 때 네 사람의 점수가 문제의 조건과 일치하므로 3번의 정답은 X이다.

|오답풀이|

① 1번 문제의 정답이 X라면 '라'는 1번 문제를 틀리게 되므로, 그 외 문제의 정답은 '라'가 제출한 답과 같다. 이 경우

'나'는 7문제를 맞춰 55점, '다'는 9문제를 맞춰 85점을 획득하게 되므로 옳지 않다. 따라서 1번 문제의 정답은 O임을 알 수 있다.

② 2번 문제의 정답이 O라면 '라'는 2번 문제를 틀리게 되므로 그 외 문제의 정답은 '라'가 제출한 답과 같다. 이 경우 '나'는 7문제를 맞춰 55점, '다'는 9문제를 맞춰 85점을 획득하게 되므로 옳지 않다. 따라서 2번 문제의 정답은 X임을 알 수 있다.

38 [사고력] 논리적 오류 이해하기

| 정답 | ④

| 해설 | 제시된 ⊙에서는 무지에 호소하는 오류를 범하고 있다. 무지에 호소하는 오류는 전제가 거짓으로 증명되어 있지 않은 것을 근거로 참임을 주장하거나 전제가 참으로 증명되어 있지 않은 것을 근거로 거짓임을 주장하는 오류로, 이와 같은 오류는 ④에서 나타나고 있다.

| 오답풀이 |

① 특수하고 부족한 양의 사례를 근거로 섣불리 일반화를 하고 판단하는 성급한 일반화의 오류를 범하고 있다.

② 부당하게 적용된 비유에 의해 일부분이 비슷하다고 해서 나머지도 비슷할 것이라고 여기는 잘못된 유추의 오류를 범하고 있다.

③ 개별적으로는 참이나, 그 부분들의 결합으로는 거짓인 것을 참으로 주장하는 결합(합성)의 오류를 범하고 있다.

39 [문제처리능력] 자료 분석을 통해 문제해결하기

| 정답 | ④

| 해설 | • 과장 B : 조달청 입찰참가자격 등록은 개찰일 전일인 5월 31일까지 해야 한다.

• 대리 D : 입찰등록 시 입찰보증금을 내는 것은 모든 입찰자가 아니라 낙찰자로 선정된 입찰자이다.

40 [문제처리능력] 자료 분석을 통해 문제해결하기

| 정답 | ④

| 해설 | 공사기간은 제시되어 있지만 시작일은 제시되어 있지 않다.

| 오답풀이 |

① '2. 입찰참가자격'에 따라 건설산업기준법에 의한 기계설비공사업 면허를 보유하고 조달청 나라장터(G2B) 시스템 이용자 등록을 필한 업체는 참가 가능하다.

② '4. 낙찰자 결정방법'에 따라 답변할 수 있다.

③ 전자입찰서 개찰일은 20XX년 6월 1일 11시로 입찰담당관 PC에 낙찰자 결정 직후 온라인에 게시된다.

41 [정보능력] 자료, 정보, 지식 구분하기

| 정답 | ④

| 해설 | 맥도너(McDonough)의 정보경제학에 따르면 정보와 지식을 교환 가능한 용어로 사용하고 있지만 일반적으로 자료와 정보, 지식과의 관계를 '자료⊃지식⊃정보'와 같은 포함관계로 나타낼 수 있다.

42 [정보능력] 5W2H 원칙 이해하기

| 정답 | ②

| 해설 | 정보의 소스(정보원)를 파악하는 단계는 Where(어디에서)에 해당한다.

보충 플러스+

정보 기획의 5W2H
① What(무엇을?) : 정보의 입수대상을 명확히 한다.
② Where(어디에서?) : 정보의 소스(정보원)를 파악한다.
③ When(언제까지?) : 정보의 요구(수집)시점을 고려한다.
④ Why(왜?) : 정보의 필요목적을 염두에 둔다.
⑤ Who(누가?) : 정보활동의 주체를 확정한다.
⑥ How(어떻게?) : 정보의 수집방법을 검토한다.
⑦ How much(얼마나?) : 정보수집의 비용성(효용성)을 중시한다.

43 [컴퓨터활용능력] 정보검색방식 파악하기

| 정답 | ③

| 해설 | 인터넷을 이용한 정보검색 시 검색엔진의 유형에는 대표적으로 키워드 검색방식, 주제별 검색방식, 자연어 검색방식, 통합형 검색방식 등이 있다.

44 컴퓨터활용능력 소프트웨어 간 차이점 이해하기

| 정답 | ④

| 해설 | 텍스트에디터는 글자들만 단순히 입력할 수 있으며 글자의 크기, 색깔 등은 표현이 불가능하다. 텍스트 파일로 저장이 되므로 전문적인 텍스트에디터가 없더라도 읽기가 가능하여, 불특정 다수에게 배포할 파일로 유리하다. 또한 문서를 직접 암호화할 수는 없으며 ZIP나 RAR과 같은 프로그램으로 압축한 후 암호를 걸 수 있다. 대표적인 텍스트에디터로는 메모장이 있다.

| 오답풀이 |

ㄱ, ㄷ. 워드프로세서의 특성에 해당한다.

45 정보처리능력 정보 수집하기

| 정답 | ①

| 해설 | 숫자는 정보수집의 기준점이 될 수 있으므로 외우고 있는 것이 좋으며 필요할 때 찾아봐서는 안 된다.

46 정보처리능력 자료 구분하기

| 정답 | ③

| 해설 | 사전, 백과사전, 편람, 연감, 서지데이터베이스 등은 2차 자료에 해당한다.

47 컴퓨터활용능력 데이터베이스의 필요성 이해하기

| 정답 | ②

| 해설 | 데이터베이스는 서로 연관된 파일을 의미하며, 여러 개의 파일이 서로 연관되어 있으므로 사용자는 정보를 한 번에 검색해 볼 수 있다. 데이터가 중복되지 않고 한 곳에만 기록되어 있으므로 데이터의 무결성, 즉 결함이 없는 데이터를 유지하는 것이 훨씬 쉽다. 데이터가 변경되면 한 곳에서만 수정하면 되므로 해당 데이터를 이용하는 모든 애플리케이션은 즉시 최신의 데이터를 이용할 수 있다.

| 오답풀이 |

① 데이터베이스 시스템을 이용하면 데이터의 중복이 현저하게 줄어들며, 여러 곳에서 이용되는 데이터를 한 곳에서만 가지고 있으므로 데이터 유지비용을 줄일 수 있다.

③ 데이터가 훨씬 조직적으로 저장되어 있으므로 이러한 데이터를 이용하는 프로그램의 개발이 훨씬 쉬워지고 기간도 단축된다.

④ 대부분의 데이터베이스 관리시스템은 사용자가 정보에 대한 보안등급을 정할 수 있게 해 준다. 예를 들어 어떤 부서의 관리자는 급여데이터에 대해 읽기 권한만을 가질 수 있고, 급여부서의 총책임자에게는 읽기와 쓰기 권한을 모두 부여하여 데이터를 변경할 수 있게 할 수 있다. 일반 사원에게는 읽기와 쓰기 권한 모두 허용되지 않으므로 급여사항에 대한 보안을 유지할 수 있다.

48 컴퓨터활용능력 컴퓨터를 활용하여 문서 작성하기

| 정답 | ①

| 해설 | 상대가 보낸 메일에 대해 답장하거나 해당 메일에 대한 문의가 있을 경우, 기존의 메일 제목에 'Re :'만 붙인 채로 그대로 회신하는 것이 상대방이 메일 내용을 파악하는 데 있어 훨씬 더 편리하다.

| 오답풀이 |

② 개인적으로 익숙한 프로그램보다는 회사에서 권장하는 프로그램을 사용하여 문서를 작성해야 한다.

③ 가공 가능한 상태로 파일을 공유할 경우 내용이 변질될 우려가 있으므로, 공동으로 작업을 하더라도 수정이 필요한 내용은 담당자 한 사람을 통하여야 한다.

④ 타 부서로부터 전달받은 파일을 마음대로 바꿔서는 안 되며, 파일을 임의로 변환할 경우 문서가 변형될 우려가 있다.

49 정보능력 정보사회의 특징 이해하기

| 정답 | ④

| 해설 | 정보사회에서는 시간·장소·연령·계층에 관계없이 누구나 쉽게 교육을 받을 수 있다.

1회 한국남동발전 | 2회 한국중부발전[사]|| 3회 한국중부발전[기술] | 4회 한국동서발전 | 5회 한국서부발전 | 6회 한국남부발전

50 컴퓨터활용능력 파워포인트 기능 이해하기

| 정답 | ②

| 해설 | 파워포인트의 '수식 도구' 기능을 통해 키보드에서 지원하지 않는 복잡한 수식을 입력할 수 있다.

| 오답풀이 |

① WordArt 기능을 통해 미리 설정되어 있는 다양한 디자인으로 글자를 입력할 수 있다.

④ 클립아트는 문서 제작 시 편리하게 이용할 수 있도록 모아놓은 그림들을 의미한다.

51 컴퓨터활용능력 데이터베이스의 작업 순서 이해하기

| 정답 | ③

| 해설 | 데이터베이스를 이용한 업무 작업 순서는 시작 → 데이터베이스 만들기 → 자료입력 → 저장 → 자료검색 → 보고서 인쇄 → 종료 순서로 진행한다.

52 컴퓨터활용능력 스프레드시트 기능 이해하기

| 정답 | ①

| 오답풀이 |

ㄹ. 3차원 꺾은선형 차트에는 추세선을 사용할 수 없고, 차트를 3차원 꺾은선형으로 변형하면 추세선은 삭제된다.

ㅁ. 방사형, 원형, 도넛형 차트에는 추세선을 사용할 수 없다.

53 컴퓨터활용능력 기억장치의 종류 이해하기

| 정답 | ②

| 해설 | 플래시 메모리(Flash Memory)는 전원이 차단되어도 기록이 남고 데이터의 입력과 수정이 자유로운 비휘발성 기억장치로, 빠른 속도와 적은 전력소모와 휴대가 간편하다는 장점을 가지고 2000년대부터 USB 드라이브로 사용되기 시작되어, 각종 메모리카드와 하드디스크의 결점을 보완하는 솔리드 스테이트 드라이브(SSD) 등의 형태로 대부분의 전자기기에서 사용되고 있다.

| 오답풀이 |

① 클라우드 스토리지(Cloud Storage)는 데이터를 네트워크에 저장하는 시스템 혹은 이를 제공하는 호스팅 업체의 서비스를 의미한다.

③ 하드 디스크 드라이브(Hard Disk Drive)는 컴퓨터의 보조기억장치로 주로 사용되는 대용량의 비휘발성 기억장치이다.

④ 캐시 메모리(Cache Memory)는 데이터를 빠르게 로드하기 위한 데이터를 미리 복사하여 저장하는 기억장치로 주로 CPU나 디스크 옆에 부착되어 있다.

54 컴퓨터활용능력 스프레드시트 활용하기

| 정답 | ④

| 해설 | 2018년 시장 점유율 1, 2, 3위는 순서대로 JL(48.7%), KWO(16.7%), BH(9.8%)이다.

| 오답풀이 |

① 지역별 시장 점유율이 0인 지역이 8개 이상인 회사는 CB, HIL, MH 총 세 곳이다.

② 지역별 시장 점유율 편차가 가장 큰 회사는 시장 점유율 92.2%와 0% 지역이 있는 HIL이다.

③ KWO의 연도별 시장 점유율은 2014년 5%에서 2018년 16.7%로 꾸준하게 증가하였다.

55 컴퓨터활용능력 워드프로세서 기능 이해하기

| 정답 | ②

| 오답풀이 |

ㄷ. 차트를 선택하고 마우스 오른쪽 버튼을 눌러 [범례]를 선택하여 범례에 들어갈 글자의 옵션과 범례의 위치를 지정할 수 있다.

ㄹ. 차트를 선택하고 마우스 오른쪽 버튼을 눌러 [제목]을 선택하여 제목의 글자 크기 및 속성을 지정할 수 있다. 차트를 설명하는 캡션을 달기 위해서는 마우스 오른쪽 버튼을 눌러 [캡션 달기]를 선택하여 입력하며, 캡션의 위치는 [개체 속성]에서 설정할 수 있다.

56 컴퓨터활용능력 | 파워포인트 기능 이해하기

| 정답 | ④

| 해설 | 문제의 슬라이드 작성에서 목차에는 WordArt 기능이 사용되지 않았다. 4번 목차의 밑줄은 [글꼴]에서 설정할 수 있다.

57 컴퓨터활용능력 | 워드프로세서 기능 이해하기

| 정답 | ④

| 해설 | 글자에 취소선을 적용하기 위해서는 [글자 모양]-[기본]-[속성]에서 취소선을 선택한다.

58 컴퓨터활용능력 | 스프레드시트 기능 이해하기

| 정답 | ②

| 해설 | [셀 서식]-[표시 형식]-[사용자 지정]에서 형식을 yyyy-mm-dd(aaa)로 설정하면 2019-05-13(월)과 같은 형식으로 나타난다.

| 오답풀이 |

① 셀 표시 형식을 yyyy-mm-dd(aaaa)로 설정하면 2019-05-13(월요일)과 같은 형식으로 나타난다.

59 컴퓨터활용능력 | 엑셀 함수 활용하기

| 정답 | ③

| 해설 | AVERAGEIF(C3:C11, ">=2,000")는 C3과 C11에 있는 값들 중 2,000보다 크거나 같은 값들의 평균을 구하는 함수식이다.

따라서 $\dfrac{3,000+5,000+5,000+2,000+3,000+3,000}{6}$ =3,500이다.

60 컴퓨터활용능력 | 파워포인트 단축키 알기

| 정답 | ④

| 해설 | Ctrl+M은 '새 슬라이드 추가'의 단축키이다.

61 기술선택능력 | 벤치마킹의 종류 파악하기

| 정답 | ④

| 해설 | A 기업은 경쟁기업인 B 기업을 분석하여 벤치마킹을 실행하였다. 동일 업종에서 고객을 공유하는 경쟁기업을 대상으로 했으므로 경쟁적 벤치마킹에 해당한다.

| 오답풀이 |

① 내부 벤치마킹 : 같은 기업 내의 다른 지역, 타 부서, 국가 간의 유사한 활용을 비교 대상으로 한다.

② 간접적 벤치마킹 : 인터넷 및 문서형태의 자료를 통해서 수행한다.

③ 글로벌 벤치마킹 : 프로세스에 있어 최고로 우수한 성과를 보유한 동일업종의 비경쟁적 기업을 대상으로 한다.

62 기술능력 | 위험요인 구분하기

| 정답 | ①

| 해설 | 개인적(비업무적) 위험요인으로는 유전, 성, 연령, 성격, 식습관, 흡연, 운동습관 등이 있다. 가 직원은 본인이 기존에 가지고 있는 병으로 인해 뇌심혈관 질환의 발병 위험이 있는 것으로 나타났다.

| 오답풀이 |

②는 사회심리적 요인, ③은 정신적 요인, ④는 화학적 요인으로 모두 업무적 위험 요인에 해당한다.

63 기술능력 | 저탄소 계획기법 이해하기

| 정답 | ④

| 해설 | 저탄소 녹색도시로 탈바꿈하기 위한 계획 중 하나인 녹색교통정책은 도로상의 에너지 절감과 도시환경 개선에 관한 정책으로, 대표적인 녹색교통수단으로는 보행, 자전거, 대중교통 등이 있다.

구분	계획지표	계획기법
탄소 저감	토지이용	바람길을 고려한 단지 배치, 복합적 토지 이용
	녹색교통	대중교통연계시스템, 친환경 교통수단, 자전거 활성화 시스템, 보행권 중심의 저탄소 녹색교통 수단 도입
	자원순환	우수유출 억제, 빗물이용, 쓰레기·폐기물 재활용
	에너지 창출	태양광, 태양열, 지열시스템, 집단에너지공급시스템
탄소 흡수	공원녹지	저탄소 공원녹지 계획, 공원녹지의 네트워크 강화
	생태공간	자연형 하천조성

구분	유형 I	유형 II
혁신의 성격	존속성	파괴적 혹은 보완적
혁신의 주도	기존 업체(제조업체)	외부의 ICT 기업과 스타트업
주요 사례	산업인터넷, 스마트공장	• 파괴적 : 자율주행차, O2O, 핀테크 • 보완적 : 디지털 헬스케어, 스마트 에너지, 리걸테크
혁신의 주안점	하드웨어 장비 제조역량과 소프트웨어의 결합	주로 소프트웨어적 혁신

64 기술능력 노하우(know-how)의 개념 알기

|정답| ②

|해설| know-how는 경험적이고 반복적인 행위에 의해 얻어지는 것이며, know-why는 이론적인 지식으로서 과학적인 탐구에 의해 얻어지는 것이다.

65 기술능력 기술능력 향상 방법 이해하기

|정답| ②

|해설| 전문연수원을 통한 기술과정 연수를 실시할 경우, 연수비가 자체적으로 교육을 하는 것보다 저렴하며, 고용보험환급을 받을 수 있어 교육비 부담이 적다.

66 기술적용능력 4차 산업혁명 이해하기

|정답| ③

|해설| (A)는 기존 업체(제조업체)가 혁신을 주도하며 혁신의 성격은 존속적이라고 하였다. 따라서 (A)에 해당되는 디지털 전환 사례는 스마트공장이다.
|오답풀이|
①, ② (B)에 해당한다.
④ (C)에 해당한다.

67 기술이해능력 재생에너지 종류 이해하기

|정답| ①

|해설| 재생에너지는 햇빛, 물, 바람, 옥수수, 사탕수수와 같은 식물, 동물의 배설물, 우리가 사용하고 버린 폐기물과 같이 재생 가능한 에너지를 전기, 열 또는 연료로 변환시켜 이용하는 에너지로, 태양에너지, 풍력에너지, 수력에너지, 해양에너지, 지열에너지, 바이오에너지, 폐기물에너지 등이 이에 속한다. 신에너지는 기존에 쓰이던 석유, 석탄 천연가스 등과 같은 전통적 에너지원에 새로운 기술을 도입하여 얻은 새로운 에너지로, 연료전지, 석탄액화가스화, 수소에너지 등이 이에 속한다.

68 기술이해능력 적정기술 구분하기

|정답| ④

|해설| 적정기술은 지역사회의 사회·경제·정치·문화적 조건에 적합하고 환경에 대한 영향을 줄이면서 삶의 질을 향상시키는 기술로, 거대·첨단기술과는 달리 수요자의 필요, 환경 친화적, 가치와 편익의 나눔 등을 가치로 두고 있다. 따라서 가치와 편익의 집중은 적정기술에 해당하지 않는다.

보충 플러스+

거대기술과 적정기술

거대기술		적정기술
중앙 집중, 권위주의	• 따뜻한 자본주의 • 정보통신기술 발전 • 거대기술의 위험과 기술 민주주의 • MDG, 지속가능한 발전 • 기업의 사회적 책임 • 사회적 경제	분산형, 민주주의
공급자 중심		수요자의 필요
자본집약적		노동집약적
환경파괴		환경친화적
복잡, 거대		단순, 소규모
기술 발전		삶의 질 향상
가치와 편익의 집중		가치와 편익의 나눔

69 기술이해능력 기술시스템 이해하기

|정답| ④

|해설| 기술시스템은 인공물의 집합체만이 아니라 회사, 투자회사, 법적 제도, 정치, 과학, 자연자원을 모두 포함하는 것이기 때문에 기술적인 것과 사회적인 것이 결합해서 공존하고 있다. 이러한 의미에서 기술시스템은 사회기술시스템이라고 불리기도 한다.

70 기술이해능력 실패를 성공으로 만드는 포인트 알기

|정답| ②

|해설| 두 사례 모두 실제 업무의 성공가능성을 높이기 위해 실패의 고통스러운 순간을 체험하는 가상 실패 체험을 하고 있다. 실제 현장을 잘 알고 미리 비슷한 작은 실패를 경험했다면 안전관리나 고객의 불만을 보다 진지하게 생각하면서 타인의 실패를 자신의 성공으로 만드는 것이다.

71 기술적용능력 기술경영자의 능력 파악하기

|정답| ④

|해설| AMD 부사장 리사 수는 기존의 기술인 CPU와 GPU에만 집중하지 않고 새로운 기술이지만 효과적으로 활용

되지 못했던 APU를 적절하게 활용하였다. 따라서 김 사원은 리사 수의 사례에서 '빠르고 효과적으로 새로운 기술을 습득하고 기존의 기술에서 탈피하는 능력'을 배울 수 있다.

72 기술선택능력 기술선택의 우선순위 결정하기

|정답| ③

|해설| 제품의 성능이나 원가에 미치는 영향력이 큰 기술을 우선적으로 선택해야 한다.

73 기술선택능력 산업재산권의 종류 파악하기

|정답| ③

|해설| 전○○ 씨는 물품의 외관에 탁월한 심미성을 갖춘 디자인을 접목하였고 이를 B 회사에서 모방하였다. 심미감을 느낄 수 있는 물품의 형상, 모양은 산업재산권 중 디자인권에 해당한다.

|오답풀이|

① 상표권 : 회사가 자사제품의 신용을 유지하기 위해 제품이나 포장 등에 표시하는 상호나 마크에 관한 산업재산권이다.

② 특허권 : 자연법칙을 이용한 기술적 사상(idea)의 창작으로서 기술 수준이 높은 것에 해당하는 산업재산권이다.

④ 실용신안권 : 기술적 창작 수준이 소발명 정도인 실용적인 창작을 보호하기 위한 산업재산권이다.

74 기술능력 산업재해의 원인 파악하기

|정답| ④

|해설| 산업재해의 직접적 원인에는 불안전한 행동과 불안전한 상태가 있다. 제시된 사례 속 민 사원은 매뉴얼을 충분히 숙지하고, 작업 매뉴얼에 따라 기기 가동 준비를 하였으므로 불안전한 행동이 나타나지 않았다. 사고의 원인은 시설물의 결함이므로 이는 불안전한 상태에 해당한다.

75 기술적용능력 제품사용설명서 적용하기

| 정답 | ④

| 해설 | [A/S 및 A/S 보내기 전 확인 사항]의 세 번째 항목을 보면 구성품에 대한 언급이 있으나 이는 A/S를 보내기 전 확인해야 할 사항이다. 김 사원은 마사지건이 작동되지 않는 원인을 찾고자 하므로 구성품이 모두 있는지 확인하는 것은 적절하지 않다.

76 기술선택능력 제품설명서 이해하기

| 정답 | ①

| 해설 | 전기요금이 많이 나오는 경우에 대한 설명은 〈사용 시 주의사항〉에 나와 있다. 공기 청정 운전은 에어컨 내부의 습기와 곰팡이를 제거하는 방법으로, 〈장시간 사용하지 않을 때 제품 보관 방법〉에 제시되어 있다.

77 기술선택능력 제품 설명서 이해하기

| 정답 | ④

| 해설 | 〈A/S 신청 전 확인사항〉 중 정상보다 시원하지 않을 때 해야 하는 확인 항목을 살펴보면, 네 번째 항목에 햇빛이 실내로 직접 들어오는지 확인해 보라는 지침이 있다.

78 기술선택능력 제품 설명서 이해하기

| 정답 | ③

| 해설 | 〈A/S 신청 전 확인사항〉 중 실내기에 물이 넘쳤을 때 해야 하는 확인 항목을 살펴보면, 무거운 물건이 호스를 눌렀는지, 배수 호스 끝이 물받이 연결부보다 높게 설치되었는지, 호스가 꼬여있는지를 확인해야 함을 알 수 있다.

79 기술선택능력 산업재산권의 종류 이해하기

| 정답 | ④

| 해설 | 화물 유동량 증가를 유도하기 위한 M사의 인센티브 지급 계획은 아직 계획 단계이며, 무형의 전략 자체가 반드시 산업재산권으로 보호받을 수 있다고 할 수는 없다.

| 오답풀이 |
① 특허권에 해당한다.
② 상표권에 해당한다.
③ 디자인권에 해당한다.

80 기술선택능력 산업재산권의 특징 이해하기

| 정답 | ②

| 해설 | 특허권의 가장 기본적인 목적은 독점권을 보장받는 것에 있다. 나만이 가지고 있는 독창적인 기술에 대한 보호이며, 이러한 기술을 제3자가 무단으로 따라하지 않도록 하는 힘을 가지고 있는 것이 특허권이다.

| 오답풀이 |
③ 상표권의 가장 중요한 내용은 지정상품에 대하여 그 등록상표를 사용하는 것인데, 그 외에도 상표권은 재산권의 일종으로서 특허권 등과 같이 담보에 제공될 수 있으며, 지정상품의 영업과 함께 이전할 수도 있다.

1회 한국남동발전
2회 한국중부발전[서류]
3회 한국중부발전[기술]
4회 한국동서발전
5회 한국서부발전
6회 한국남부발전

한국동서발전

4회 기출예상모의고사

문제 184쪽

01	③	02	②	03	②	04	④	05	①
06	③	07	①	08	③	09	③	10	①
11	④	12	①	13	④	14	①	15	②
16	④	17	②	18	④	19	②	20	①
21	③	22	④	23	④	24	①	25	④
26	③	27	②	28	②	29	③	30	④
31	④	32	②	33	①	34	④	35	①
36	③	37	②	38	③	39	④	40	④
41	③	42	③	43	①	44	①	45	②
46	③	47	④	48	③	49	③	50	④

01 문서작성능력 보도자료 제목 정하기

| 정답 | ③

| 해설 | 제시된 보도자료의 전체적인 내용은 통합관제센터로 인해 산단 내 위험물질과 환경오염, 교통문제 등을 디지털로 통합 관리하여 관련 사고를 실시간으로 파악하고 사전에 방지함으로써 산단의 안전을 확보하는 역할을 수행한다는 것이다. 따라서 제목으로는 ③이 적절하다.

02 문서이해능력 보도자료 이해하기

| 정답 | ②

| 해설 | 스마트그린산단 실행전략 발표 후 인력양성 사업을 통해 2,000여 명에 교육을 제공하는 등의 작고 다양한 성과를 이루었다.

| 오답풀이 |

① 정부는 발표 이후, 현재까지 관련 법적 근거 마련, 사업단 구성 등 체계를 잡아왔다고 제시되어 있다.

③ 정부는 작년 7월 한국판 뉴딜 10대 과제 중 하나로 '스마트그린산단'을 선정하였다고 제시되어 있다.

④ H부가 중앙부처 간 그리고 중앙과 지방 간 협업에 온힘을 다할 것이라고 언급했다고 제시되어 있다.

03 문서이해능력 세부 내용 이해하기

| 정답 | ②

| 해설 | 통합관제센터로 인해 그동안 화재가 발생하거나 화학물질이 유출되면 주변의 신고에 의해 처리함에 따라 빠른 대처가 어려웠으나, 앞으로는 열감지 카메라 센서 등을 통해 화재발생 및 화학물질 유출을 즉시 감지할 수 있게 된다고 하였다. 따라서 관련 신고 센터를 구축하는 것은 통합관제센터의 기능으로 적절하지 않다.

04 문서이해능력 세부 내용 이해하기

| 정답 | ④

| 해설 | A 발전이 초전도 송전 연구에 돌입한 것은 2001년이고, 초전도 케이블을 개발하는 데 성공한 것은 2004년이다. 따라서 약 3년 만에 교류 23kV 초전도 케이블 발명에 성공한 것이다.

| 오답풀이 |

① 초전도는 일반적으로 자기부상열차, 병원 MRI, 입자가속기 등에 활용된다고 제시되어 있다.

② 우리나라의 A 발전은 2019년 11월 또다시 세계 최초로 초전도 송전 상용화에도 성공했다고 제시되어 있다.

③ 기존에는 고전압 송전을 위한 대규모의 송전 설비를 설치할 필요가 있었다고 제시되어 있다.

05 문서작성능력 빈칸에 알맞은 말 넣기

| 정답 | ①

| 해설 | ㉠의 앞에서는 어떤 물체가 움직일 때 생기는 저항에 대해 설명하고 있고 ㉠의 뒤에서는 그 저항의 예시를 제시하고 있다. 따라서 ㉠에 들어갈 말로는 '예를 들어' 등이 적절하다.

06 문서이해능력 보도자료 이해하기

| 정답 | ③

| 해설 | '서비스 로봇'을 주제로 총 800만 불 규모의 대형 하향식 프로그램인 라이트하우스를 하반기 중 착수할 계획이라고 제시되어 있다. 라이트하우스는 그간 추진해 온 기업

수요에 기반한 상향식 R&D 지원과 차별하여, 정책적 필요와 사전 기획을 바탕으로 한 하향식 기술협력 프로그램이라고 설명되어 있으므로, 상향식 기술협력 프로그램을 착수하지 않는다.

| 오답풀이 |

① 산업기술협력협정은 이스라엘과의 상호호혜적인 기술협력을 위해 1999년 최초 체결한 우리나라 유일의 산업기술협력조약이라고 제시되어 있다.

② 이스라엘이 강점이 있는 자율주행기술을 결합한 자율차 분야의 협력을 강화해 나가기로 하였다고 제시되어 있다.

④ 이스라엘은 최근 한국의 제조기업들이 필요로 하는 정보통신기술(ICT)·생명공학기술(BT)에 매우 강점이 있어 디지털전환과 바이오 혁명시대에 최적의 협력파트너로 그 의미가 크다고 제시되어 있다.

07 문서작성능력 보도자료 제목 정하기

| 정답 | ①

| 해설 | 제시된 보도자료의 전체적인 내용은 한−이스라엘 당국이 산업기술협력협정 전면 개정안에 서명했음을 보도하고 있다. 따라서 제목으로는 ①이 적절하다.

08 문서이해능력 보도자료를 읽고 나눈 대화 이해하기

| 정답 | ③

| 해설 | 이번 「한−이스라엘 산업기술협력협정」 개정을 통해 양국은 각각 400만 불씩 총 800만 불 규모의 출자 금액을 조성할 수 있게 되었다.

09 문서이해능력 세부 내용 이해하기

| 정답 | ③

| 해설 | 대규모 CCUS 실증 및 상용화 기반구축 사업은 기존에 구축된 습식 0.5MW급 CO_2 포집 실증플랜트를 활용해 국내 습식포집 기술의 성능을 평가하고, 실증 단계를 넘어 상용 150MW급 CO_2 포집 플랜트를 설계하는 것을 기본 골자로 한다.

10 문서작성능력 적절한 연결어 찾기

| 정답 | ①

| 해설 | ㉠ 앞의 글에서는 '2X50 탄소중립' 정부정책을 실현하고자 하는 A 발전의 연구 개발에 대해 설명하고 있다. ㉠ 뒤의 글에서 역시 같은 내용을 전개하고 있으므로 '또한'이 가장 적절한 연결어이다.

11 문서작성능력 첨부할 자료 파악하기

| 정답 | ④

| 해설 | 매체순환연소 기술은 화석연료가 공기와 직접 접촉하는 연소방식과 달리, 두 개의 반응기 내에서 니켈계 금속물인 산소전달입자가 순환하면서 연료를 연소하는 차세대 친환경 발전기술이라고 했으므로 화석연료가 공기와 직접 접촉하는 과정을 설명하는 것은 적절하지 않다.

12 문서이해능력 세부 내용 이해하기

| 정답 | ①

| 해설 | 기존 기술은행 이용 시에는 사용자가 검색어 입력 시 전문 기술용어를 입력해야 정확한 정보를 검색할 수 있어 접근성과 활용성을 보다 높일 필요성이 제기되었다고 하였으므로 적절하다.

| 오답풀이 |

② 공공연구기관이 보유기술을 이전할 때는 각 공공연구기관에서 기술 정보를 직접 등록한다.

③ 기존 기술은행 정보 검색 시의 시간 소요 문제에 대해서는 제시되어 있지 않다.

④ AI 기술을 활용하여 사용자가 기술 연관정보를 체계적으로 파악하여 관리할 수 있도록 하였다.

13 문서작성능력 글에 따른 소제목 매치하기

| 정답 | ④

| 해설 | ㉣에 해당하는 글의 내용은 기존의 공공연구기관 보유 기술 등록·관리 기능을 우수한 민간(기업) 보유기술 발굴 및 등록까지 확대한다는 것이다. 따라서 ㉣에 들어갈 제목으로는 '민간 기술정보 탑재 확대 및 동영상 서비스 제공' 등이 적절하다.

14 문서이해능력 보도자료를 바탕으로 답변하기

|정답| ①

|해설| 기술예상가격의 개편 전후 차이점에 대해서는 언급되어 있지 않다.

|오답풀이|

② '㉠(기술은행 현황 및 개편배경)'을 통해 알 수 있다.

③ '01. ㉡(AI 기반 기술 매칭 및 기술예상가격 제공)'을 통해 알 수 있다.

④ '02. ㉢(기술정보 관계망 서비스 제공)'을 통해 알 수 있다.

15 문서이해능력 자료 내용 파악하기

|정답| ②

|해설| 석션버켓 해상풍력시스템은 해상풍력발전기 기초구조물에 펌프를 이용, 구조물 내외부 수압 차이만을 이용해 하부기초를 설치하는 기술로, 설치시간을 획기적으로 줄일 수 있다고 제시되어 있다. 또한 이 기술을 서남해 해상풍력발전단지의 지지구조에 적용하면 기존 기술 대비 1,500억 원의 건설비용 절감이 가능하다고 제시되어 있다.

|오답풀이|

① 재생에너지 확대에 따라서 발생할 수 있는 전력품질 저하도 고려한다고 제시되어 있다.

③ 4차 산업혁명 시대에 이르러 디지털 기술을 통해 사람 －사물－공간의 초연결과 초지능화가 이루어짐으로써, 기존의 여러 기술 및 산업 사이에 명확했던 경계가 허물어지고 있다고 제시되어 있다.

④ 변전소 관리 업무를 디지털 기술 기반으로 수행함에 따라, 인력에 의존해야 했던 기존의 변전소 관리와 개별설비 진단, 건전도 평가 등을 온라인으로 수행할 수 있게 됐다고 제시되어 있다.

16 문서이해능력 자료를 읽고 답변하기

|정답| ④

|해설| J 연구원은 예전부터 '재생에너지 3020로드맵' 이행을 위해 태양광, 풍력과 같은 에너지원에 관한 연구뿐만 아니라 재생에너지 확대에 따라서 발생할 수 있는 전력품질 저하도 고려하여 에너지의 생산과 소비까지 연결되는 프로세스를 구축하기 위해 노력해 왔다고 제시되어 있다.

|오답풀이|

① 리튬이온 배터리의 단점을 보완한다고만 했지, 단점에 대해서는 구체적으로 제시되어 있지 않다.

② 해상풍력 일괄설치선박 설계를 적용한 실제 사례에 대해서는 제시되어 있지 않다.

③ 안정적인 전력망 운영 시스템의 개발 단계에 대해서는 제시되어 있지 않다.

17 문서이해능력 자료를 읽고 대화 나누기

|정답| ②

|해설| 위험성이 있는 현장에 대한 선제 대책이 필요한 시점에서 J 연구원이 자체 개발한 송전선로 감시 드론 기술은 자동항법 장치를 갖추고 연료전지를 활용해 장시간 운영이 가능하며, 고성능 감시카메라와 레이저 거리측정기 및 열화상 카메라 등 다양한 감시장치를 장착하여 산간지역, 해월구간 등의 송전선로를 정확하게 진단하고 있다고 하였다. 고 사원의 마지막 말은 '송전선로 감시 드론 기술의 도입'을 이야기하고 있으므로 빈칸에 들어갈 문장으로는 ②가 적절하다.

18 문서이해능력 자료 내용 이해하기

|정답| ④

|해설| RE 100은 기업 규제를 위한 정책이 아닌 기업이 사용전력을 100% 재생에너지로 조달하는 자발적 캠페인이다.

19 문서이해능력 글을 토대로 적절한 문장 찾기

|정답| ②

|해설| O 직원이 망 이용요금 부과의 형평성에 관련해 질문을 했으므로 빈칸에는 망 이용요금 부과 방식이 형평성을 훼손한다는 내용이 들어가야 한다. 따라서 ②가 적절하다.

1회 한국남동발전

2회 한국중부발전[사무]

3회 한국중부발전[기술]

4회 한국동서발전

5회 한국서부발전

6회 한국남부발전

20 문서작성능력 관련이 깊은 문단 찾기

| 정답 | ①

| 해설 | 〈보기〉의 문장은 우리나라의 현재 발전측 망 이용 요금 부과 현황과 직접 PPA 발전측 망 이용요금을 부과할 시 필요한 것에 대해 설명하고 있다. 따라서 PPA 계약의 발전측 고객에 대한 망 이용요금 부과에 대해 언급하고 있는 (가)와 가장 관련이 깊다.

21 기초연산능력 연간 사업비용 구하기

| 정답 | ③

| 해설 | 각 분기별 누적 사업비용과 예산 연간 사업비용을 구하면 다음과 같다.

• 1분기
- 누적 사업비용 : 150만 원
- 예상 연간 사업비용 : $150 \times \frac{4}{1} = 600$(만 원)

• 2분기
- 누적 사업비용 : $150 + 210 = 360$(만 원)
- 예상 연간 사업비용 : $360 \times \frac{4}{2} = 720$(만 원)

• 3분기
- 누적 사업비용 : $150 + 210 + 170 = 530$(만 원)
- 예상 연간 사업비용 : $530 \times \frac{4}{3} ≒ 707$(만 원)

• 4분기
- 누적 사업비용 : $150 + 210 + 170 + 160 = 690$(만 원)
- 예상 연간 사업비용 : $690 \times \frac{4}{4} = 690$(만 원)

따라서 2분기와 3분기에 예상 연간 사업비용이 연초에 설정한 연간 예산인 700만 원을 초과한다.

22 기초연산능력 증가율 계산하기

| 정답 | ④

| 해설 | 각 발전 방식의 10년 후 예상 월평균 발전량의 현재 대비 증가율은 다음과 같다.

• 태양광 : $\frac{1,260 - 490}{490} \times 100 ≒ 157.1$(%)

• 풍력 : $\frac{1,050 - 280}{280} \times 100 = 275$(%)

• 연료전지 : $\frac{840 - 210}{210} \times 100 = 300$(%)

• 바이오매스 : $\frac{735 - 175}{175} \times 100 = 320$(%)

따라서 증가율이 가장 큰 발전 방식은 바이오매스이다.

23 기초연산능력 점검 완료율 구하기

| 정답 | ④

| 해설 | 각 점검 일자별 점검 완료율은 다음과 같다.

• 1일 차 : 30%
• 2일 차 : $30 + \{(1-0.3) \times 0.5 \times 100\} = 30 + 35 = 65$(%)
• 3일 차 : $65 + \{(1-0.65) \times 0.1 \times 100\} = 65 + 3.5 = 68.5$(%)
• 4일 차 : $68.5 + \{(1-0.685) \times 0.2 \times 100\} = 68.5 + 6.3 = 74.8$(%)

따라서 4일 차까지의 점검 완료율은 총 74.8%이다.

24 기초통계능력 당첨 확률 구하기

| 정답 | ①

| 해설 | 두 개의 복권을 뽑아 당첨금의 합계가 100만 원이 되기 위해서는 50만 원을 두 번 뽑거나, 100만 원과 0원을 한 번씩 뽑는 방법이 있다.

• 두 개의 복권에서 모두 50만 원을 뽑을 확률 :
$\frac{5}{100} \times \frac{4}{99}$

• 첫 번째에서 100만 원, 두 번째에서 0원을 뽑을 확률 :
$\frac{2}{100} \times \frac{92}{99}$

• 첫 번째에서 0원, 두 번째 시도에서 100만 원을 뽑을 확률 : $\frac{92}{100} \times \frac{2}{99} = \frac{2}{100} \times \frac{92}{99}$

www.gosinet.co.kr gosinet

1회 한국남동발전

2회 한국중부발전(서부)

3회 한국중부발전(기술)

4회 한국동서발전

5회 한국서부발전

6회 한국남부발전

한편 문제에서 $\frac{7}{99}=0.07$, $\frac{95}{99}=0.95$이라고 하였으므로

$\frac{4}{99}=1-\frac{95}{99}=1-0.95=0.05$, $\frac{92}{99}=1-\frac{7}{99}=1-0.07$ $=0.93$이 된다.

따라서 당첨금의 합계가 100만 원이 될 확률은

$\{(\frac{5}{100}\times\frac{4}{99})+(\frac{2}{100}\times\frac{92}{99})+(\frac{92}{100}\times\frac{2}{99})\}\times100$

$=\{(\frac{5}{100}\times\frac{4}{99})+(\frac{2}{100}\times\frac{92}{99})\times2\}\times100$

$=\{(0.05\times0.05)+(0.02\times0.93)\times2\}\times100=(0.0025+$ $0.0372)\times100=3.97(\%)$이다.

25 기초연산능력 생산량 구하기

| 정답 | ④

| 해설 | 연초에 수립한 의약품 생산 계획에서의 총 생산량과 연말에 확인된 실제 의약품 총 생산량을 비교한다. 3공장의 경우 7월 1일부터 6개월 동안 가동되었으나, 실제 원자재 투입량과 그에 따른 공정 손실률, 그리고 실제 생산량은 가동 날짜와 관계가 없음에 유의한다.

- 의약품 생산 계획
  - 1공장 : $90,000\times(1-0.1)=81,000(L)$
  - 2공장 : $100,000\times(1-0.1)=90,000(L)$
  - 계획한 총 생산량 : $81,000+90,000=171,000(L)$
- 실제 의약품 생산량
  - 1공장 : $90,000\times(1-0.15)=76,500(L)$
  - 2공장 : $100,000\times(1-0.05)=95,000(L)$
  - 3공장 : $100,000\times(1-0.3)=70,000(L)$
  - 실제 총 생산량 : $76,500+95,000+70,000=241,500$ (L)

따라서 계획한 총 생산량과 실제 총 생산량의 차이는 $241,500-171,000=70,500(L)$이다.

26 도표분석능력 증감률 구하기

| 정답 | ③

| 해설 | ⓒ 1990년 대비 2000년 전 세계 전력 소비량은

$\frac{12,698-9,702}{9,702}\times100≒30.9(\%)$ 증가하였다.

| 오답풀이 |

㉠ 1990년 대비 2000년 한국의 전력 소비량은

$\frac{240-94}{94}\times100≒155.3(\%)$ 증가하였다.

ⓛ 2000년 대비 2010년 한국의 전력 소비량은

$\frac{434-240}{240}\times100≒80.8(\%)$ 증가하였다.

ⓔ 2000년 대비 2010년 전 세계 전력 소비량은

$\frac{17,887-12,698}{12,698}\times100≒40.9(\%)$ 증가하였다.

27 도표분석능력 자료의 수치 분석하기

| 정답 | ②

| 해설 | 1990년 대비 2000년 중국의 전력 소비량 증가값은 $1,073-478=595(TWh)$임에 비해 미국의 전력 소비량 증가값은 $3,500-2,634=866(TWh)$으로 더 크다.

| 오답풀이 |

① 제시된 국가들 중 1990년 전력 소비량이 가장 큰 국가는 2,634TWh의 미국이며, 전 세계 합계 전력 소비량의 25%는 $9,702\times0.25=2425.5(TWh)$이다. 따라서 1990년 전력 소비량이 가장 큰 미국은 같은 해 전 세계 합계 전력 소비량의 25% 이상을 소비했다.

③ 2000년 대비 2010년의 전력 소비량은 변화가 없는 영국을 제외한 모든 국가가 증가했다.

④ 제시된 10개 국가들 중 2010년 대비 2020년 전력 소비량이 감소한 국가는 미국, 일본, 독일, 프랑스, 영국, 이탈리아 총 6개로 전력 소비량이 감소한 국가 수가 증가한 국가 수보다 더 많다.

28 도표분석능력 자료의 수치 분석하기

| 정답 | ①

| 해설 | 2017년 대비 2018년 당뇨병 사망률의 증감률은 $\frac{17.9-19.2}{19.2}\times100≒-6.77(\%)$로 7% 미만 감소하였다.

|오답풀이|

② 2020년 기준 전년 대비 사망률이 증가한 사망원인은 폐암과 기타 질환으로 이 둘의 증가값은 각각 1.4%p, 0.3%p이므로 2020년 기준 전년 대비 사망률의 증가값이 가장 큰 사망원인은 폐암이다.

③ 도표에서 위암으로 인한 사망률은 2015년 17.6%부터 2020년 14.7%까지 매년 감소하고 있다.

④ 도표에서 심장 질환은 2015년 52.4%부터 2020년 60.4%까지 매년 주요 사망원인별 사망률이 가장 높은 것으로 기록되었다.

29 도표작성능력 올바르게 작성된 그래프 찾기

|정답| ③

|해설| 2018년 각종 암의 사망률 합계는 15.7+20.9+35.1=71.7(%p)로 60%를 초과하며, 당뇨병으로 인한 사망률은 17.9%로 20% 미만, 심장 질환으로 인한 사망률은 60.2%로 60% 선에 근접하고, 기타 질환으로 인한 사망률은 24.3%로 20%를 초과하므로 모든 항목에서 올바르게 작성되었다.

|오답풀이|

① 2016년 각종 암의 사망률 합계는 16.7+22.2+34.1=73(%p)로 60%를 초과한다.

② 2017년 당뇨병으로 인한 사망률은 19.2%로 20% 미만이며, 기타 질환으로 인한 사망률은 25.6%로 20%를 초과한다.

④ 2019년 심장 질환으로 인한 사망률은 62.4%로 60%를 초과한다.

30 도표분석능력 자료의 수치 분석하기

|정답| ④

|해설| 수력 발전원의 발전전력량이 가장 적은 달은 425 GWh를 기록한 11월이다.

|오답풀이|

① 2X20년 4월 총 발전량의 3월 대비 증감률은 $\frac{42,252-46,141}{46,141}\times100 ≒ -8.4(\%)$이다.

② 2X20년 4월 복합 발전원은 동년 전월 대비 발전전력량이 감소하였다. 2X20년 4월의 전월 대비 발전전력량이 증가한 발전원은 기력과 대체에너지이다.

③ 2X20년 6월의 발전원별 발전전력량이 두 번째로 많은 발전원은 원자력, 9월은 복합이다.

31 도표분석능력 변동 추이 파악하기

|정답| ④

|해설| 각 발전원별 3분기와 4분기의 분기별 발전량과 그 증감은 다음과 같다.

(단위 : GWh)

발전원	3분기 합계	4분기 합계	증감
기력	58,946	66,023	7,077
원자력	35,540	42,576	7,036
복합	35,679	40,597	4,918
수력	2,566	1,395	−1,171
대체에너지	7,564	8,238	674
기타	2,249	868	−1,381

따라서 기타 발전원과 같이 4분기에 발전량이 감소한 항목은 수력 발전원이다.

32 도표작성능력 그래프 작성하기

|정답| ②

|해설| 대체에너지의 발전량은 3월 2,904GWh로 시작하여 4월에 소폭 증가한 후 5월부터 7월까지 2,607GWh, 2,402GWh, 2,153GWh로 계속 하락하는 추세를 그린다. 그러나 ⓒ 그래프는 6월에 전월 대비 소폭 상승하는 추세이므로 적절하지 않다.

| 오답풀이 |

㉠ 복합 발전원의 발전량은 3월 13,477GWh에서 4월에 9,287GWh로, 5월에 7,555GWh까지 감소하였다가 6월에 9,439GWh, 7월에는 10,367GWh로 다시 10,000 GWh 이상의 발전량을 기록하였다. 따라서 ㉠ 그래프는 왼쪽 세로축을 기준으로 볼 때 적절한 그래프임을 알 수 있다.

㉢ 수력 발전원은 3월 534GWh부터 시작해서 7월까지 소폭 감소와 증가를 반복하다 7월에 612GWh를 기록하였다. 따라서 ㉢ 그래프는 오른쪽 세로축을 기준으로 적절한 그래프임을 알 수 있다.

㉣ 기타 발전원은 3월 738GWh로 시작하여 4월에 소폭 하락 후 6월까지 882GWh로 상승하고 7월에 다시 788GWh로 소폭 하락하는 추세를 그린다. 따라서 ㉣ 그래프는 오른쪽 세로축을 기준으로 그래프가 인접한 기준선을 700 ~ 750GWh 사이로 해석하면 적절한 그래프임을 알 수 있다.

33 도표분석능력 자료의 수치 분석하기

| 정답 | ①

| 해설 | 공자예수원금상환이 가장 적은 해는 2X18년으로, 해당 연도의 공자예수금은 120억 원이다. 그러나 자료에서 2X14년부터 2X17년까지의 공자예수금은 각각 1억 원 미만을 기록하므로 2X18년의 공자예수금보다 더 적다.

| 오답풀이 |

② 자료에서 전년 대비 정부출연금이 감소한 해는 2X16년과 2X17년으로, 해당 연도의 전년대비 정부출연금의 감소액은 각각 1,564억과 200억으로 2X16년의 감소액이 더 크다.

③ 전년 대비 정부출연금의 증가액이 가장 큰 해는 7,664－4,590＝3,074(억 원)이 증가한 2X15년으로, 해당 연도의 재정운영결과의 전년 대비 증가액은 112억 원이다. 이는 재정운영결과가 전년 대비 증가한 해인 2X13년, 2X15년, 2X17년, 2X18년 중 가장 낮은 수치이다.

④ ㉠에 들어갈 값은 3,100+1,621−70−2,088＝2,563, ㉡은 4,590−70−2,076＝2,444로 ㉠이 ㉡보다 더 크다.

34 도표작성능력 그래프 작성하기

| 정답 | ④

| 해설 | 제시된 그래프는 2X13년에 그 수치가 상승한 이후 2X15년까지 완만한 상승세를 그리다 2X16년에 크게 감소한 후 2X17년에 다시 상승하는 추세를 그리고 있다. 자료에서 이러한 추세를 나타내는 항목은 재정운영결과이다.

| 오답풀이 |

① 정부출연금은 2X12년부터 2X15년까지 큰 폭으로 상승한 후 2X16년과 2X17년에 하락하였다.

② 공자예수금은 2X14년부터 2X17년까지 모두 1억 원 미만을 기록하였다.

③ 공자예수원금상환은 2X12년부터 2X16년까지 일정하다 2X17년 하락하였다.

35 도표분석능력 자료의 수치 분석하기

| 정답 | ①

| 해설 | 2X17년 석탄의 총 수입액은 900＋13,500＋750＝15,150(백만 US$)로 15,000백만 US$인 천연가스의 수입액보다 더 많다.

| 오답풀이 |

② 2X18년 석탄의 총 수입량은 8,100＋131,500＋9,450＝149,050(천 ton)으로, 총 수입량의 80%는 149,050×0.8＝119,240(천 ton)이다. 2X18년 유연탄의 총 수입량이 131,500천 ton이므로 2X18년 석탄의 총 수입량에서 유연탄이 차지하는 비중은 80% 이상(약 88%)이다.

③ 2X16년의 2X15년 대비 나프타 수입량의 증감률은 $\frac{186,200-195,000}{195,000}\times100 ≒ -4.5(\%)$, LPG 수입량의 증감률은 $\frac{45,100-49,100}{49,100}\times100 ≒ -8.1(\%)$로 LPG 수입량의 감소율이 더 크다.

④ 각 연도별 석탄과 석유의 총 수입액은 다음과 같다.

(단위 : 백만 US$)

분류	2X15	2X16	2X17	2X18
석탄	10,000	9,250	15,150	16,700
석유	73,100	58,800	77,600	105,400

따라서 석탄과 석유의 총 수입액 모두 동일하게 2X16년에는 감소, 2X17년과 2X18년에는 증가하였다.

36 도표분석능력 자료의 수치 분석하기

| 정답 | ③

| 해설 | ⓒ에 들어갈 값은 $\frac{108,750}{478,500} \times 100 ≒ 22.7\,(\%)$이다.

| 오답풀이 |

① ⓐ에 들어갈 값은 $\frac{102,700}{436,500} \times 100 ≒ 23.5\,(\%)$이다.

② ⓑ에 들어갈 값은 $\frac{80,850}{406,000} \times 100 ≒ 19.9\,(\%)$이다.

④ ⓓ에 들어갈 값은 $\frac{145,850}{535,000} \times 100 ≒ 27.3\,(\%)$이다.

37 도표분석능력 자료의 수치 계산하기

| 정답 | ②

| 해설 | 2X17년 연간 비경제활동인구인 1,618만 명은 전년 대비 1.3만 명이 감소한 것이므로, 전년도인 2X16년의 연간 비경제활동인구는 1,618＋1.3＝1,619.3(만 명)이다.

38 도표분석능력 자료의 수치 분석하기

| 정답 | ③

| 해설 | 자료에서 재학·수강 등의 연간 평균 비경제활동 인구증감은 2X17년부터 2X19년까지 매년 감소하였으나, 2X20년의 경우는 2분기까지의 자료만이 제시되어 있어 3, 4분기를 포함한 2X20년 전체의 비경제활동인구증감에 관한 내용은 알 수 없다.

| 오답풀이 |

① 2X19별 분기별 실업자 수는 1분기 124.8만 명부터 4분기 89.1만 명까지 지속적으로 감소하였다.

② 2X18년과 2X19년 연간 기록을 비교했을 때 2X19년 경제활동참가율은 0.02%p 증가하였고 비경제활동인구 역시 1628.4만 명에서 1632.1만 명으로 3.7만 명 증가하였다.

④ 자료의 기간 동안 전체 실업률은 5%를 초과하지 않은 반면 15 ～ 29세의 실업률은 8% 미만을 기록하지 않았다.

39 도표작성능력 그래프 작성하기

| 정답 | ④

| 해설 | 2X19년 4분기 30대의 실업률은 3분기 3.2%에서 2.9%로 감소하였고, 40대의 실업률 역시 2.1%에서 2%로 감소하였다. 선택지의 그래프는 2X19년 4분기 실업률이 상승한 것으로 표시되어 있으므로 적절하지 않다.

| 오답풀이 |

① 2X17년 연간 실업자 수 102.3만 명은 2X16년 연간 실업자 수에 2X17년 실업자수 증감량을 합산한 것이다. 2X17년 실업자수는 1.2＋0.1＝1.3(만 명)이 증가하였으므로, 2X16년 연간 실업자 수는 102.3－1.3＝101(만 명)이다. 선택지의 그래프는 이를 포함하여 2X19년까지의 연간 평균 실업자수를 적절하게 표시하였다.

40 도표분석능력 그래프 해석하기

| 정답 | ④

| 해설 | 같은 수의 국공립대학, 사립대학, 정부출연기관, 기타 공공연구기관을 대상으로 조사한 것이므로 비교가 가능하다. 특허권을 10 ～ 20건 미만 등록한 기관 중 비율이 가장 높은 것은 정부출연기관이다.

| 오답풀이 |

① 국공립대학 중에서는 특허권을 2건 미만 등록한 대학의 비율이 가장 높다.

② 사립대학 중에서는 특허권을 2 ～ 4건 미만 등록한 대학의 비율이 가장 높다.

③ 정부출연기관 중에서는 특허권을 20 ～ 50건 미만 등록한 기관의 비율이 가장 높다.

41 문제처리능력 자료 분석하기

| 정답 | ③

| 해설 | Nu-Star 창업경진대회의 모집분야 항목에서 ○○발전, △△기술, □□공단 고유 업(業) 특성이나 사회적 가치 실현 등을 고려한 산업 아이템의 제출을 주문하고 있다.

www.gosinet.co.kr gosinet

1회 한국남동발전

2회 한국중부발전[사무]

3회 한국중부발전[기술]

4회 한국동서발전

5회 한국서부발전

6회 한국남부발전

| 오답풀이 |

① Nu-Star 창업경진대회는 ○○발전과 △△기술, □□ 공단, ☆☆창조경제혁신센터가 공동으로 주관한다.

② Nu-Star 창업경진대회 참가 신청기간은 기존 신청기 간에서 10월 22일 18시까지 연장하기로 확정되어 공지 되었다.

④ Nu-Star 창업경진대회의 모집 분야는 원자력과 관련 된 전 분야에 적용이 가능한 산업 아이템으로, 특히 기 존의 원자력 관련 산업과 연계할 수 있는 응용 산업, 디 지털 4차 산업, 산업 안전, 환경 서비스 관련 분야의 산 업 아이템을 모집하고 있다.

---

42 문제처리능력 **자료를 바탕으로 문의답변하기**

| 정답 | ③

| 해설 | 창업경진대회 관련 문의는 전화 이외에 담당자의 이 메일을 통해서도 가능하다.

| 오답풀이 |

① 모집분야 항목에서 각 참여기관의 고유 업(業) 특성이나 사회적 가치를 실현하는 사업 아이템을 모집하고 그에 관한 예시를 제시하고는 있으나, 모집한 산업 아이템 을 선정할 때의 각 참여기관별 평가항목은 제시되지 않았다.

---

43 문제처리능력 **자료 분석하기**

| 정답 | ①

| 해설 | 협력이익공유제도에서의 위탁기업과 수탁기업 간의 협력의 범위는 프로젝트, 물품ㆍ부품 외에도 개별기업 간 의 협력 등 기업의 상황에 따라 자율적으로 선택할 수 있도 록 하고 있다.

| 오답풀이 |

② 수탁기업의 실질적 혜택을 도모하기 위해 협력이익공유 제도의 협력이익은 판매량, 영업이익과 같은 재무적 성 과로 한정한다고 정의하고 있다.

③ 협력사업형을 통해 위탁기업은 기업가치를 향상시키는 효과를 기대할 수 있고, 구조도를 통해 수탁기업 역시 위탁기업과 수익을 공유하는 관계임을 알 수 있다.

---

④ 이익공유 유형은 전 업종을 대상으로 인센티브형을 적 용할 수 있으나, 그 외에 제조업의 경우는 협력사업형, 유통과 IT 등의 플랫폼 업종의 경우는 마진보상형을 적 용할 수 있다.

---

44 문제처리능력 **자료에 사례 적용하기**

| 정답 | ①

| 해설 | ①은 수탁기업과 위탁기업의 R&D 공동 협력을 통 해 수익을 발생시키고 이를 서로 공유하는 구조를 통해 이 익공유의 유형 중 협력사업형에 속함을 알 수 있다. 한편 나머지 사례는 수탁기업들의 공동노력으로 인한 성과 달 성, 위탁기업의 자율평가, 달성률에 따른 성과급 지급 등의 내용을 통해 이익공유의 유형 중 인센티브형에 해당함을 알 수 있다.

---

45 문제처리능력 **자료를 도식화하여 나타내기**

| 정답 | ②

| 해설 | ㉠ 마진보상형 이익공유에 관한 사례를 나타낸 그 림에서 위탁기업이 수탁기업에게 ㉠을 사이에 두고 콘 텐츠를 제공하는 구조임을 통해 ㉠은 플랫폼, 그중에서 도 콘텐츠를 제공하는 IT 플랫폼임을 알 수 있다.

ㄴ IT 플랫폼 업종에서의 마진보상형 이익공유 구조에서 플랫폼은 위탁기업이 제공한 콘텐츠의 플랫폼 내 재무 적 성과와 연계하여 수수료 인하 혹은 면제 등의 사업적 이익을 제공한다.

---

46 문제처리능력 **자료 분석하기**

| 정답 | ③

| 해설 | 심사담당사업소 품질담당부서가 등록신청서를 심사 하고 그 결과를 종합하는 업무를 수행하는 것은 정비적격 업체가 아니라 유자격업체 등록 신청 절차에 관한 내용이 다. 정비적격업체 등록신청의 내용을 심사하는 업무는 사 업소 담당부서가 수행한다.

47 문제처리능력 자료 분석하기

| 정답 | ④

| 해설 | 정비적격업체 등록은 발전설비 업체 중에서 발전소의 신뢰성 품목 중 정비가 필요한 품목의 정비를 담당할 업체에게 요구된다.

| 오답풀이 |

① 유자격업체 등록 신청 절차의 첫 번째에서 등록신청서를 전산으로 입력할 것을 요구하고 있다.

② 유자격업체 등록 신청 절차에서 등록신청서 개별심사 후 필요시 실체조사 절차를 거칠 것을 요구하고 있다.

③ 유자격업체 적격 여부 판정 후 적격 판정 시 유자격업체 명부등재 후 신청업체에 결과를 통보하고, 부적 격시에는 명부 등재 없이 바로 신청업체에 그 결과를 통보하도록 하고 있다.

48 문제처리능력 자료 분석하기

| 정답 | ②

| 해설 | 발전사업자 지원사업은 발전소가 가동되는 기간 외 발전소가 건설되는 기간 동안에도 시행된다.

| 오답풀이 |

① 발전사업자 지원사업을 20X6년부터 발전사업자 자체자금으로 기금사업과 동일한 규모로 시행할 수 있는 정책 근거를 마련하였다고 제시되었다.

③ 본사실무회의 검토는 필요시에 한해 지역위원회 협의 또는 본사심의위원회 심의 전에 실시한다.

④ 발전사업자 지원사업은 교육·장학 지원사업, 지역경제 협력사업, 주변환경개선사업, 지역복지사업, 지역전통문화진흥사업의 다섯 가지 사업 외에도 지역홍보 등을 위한 부대사업 등의 기타 사업자 지원사업까지를 포함하고 있다.

49 문제처리능력 자료를 바탕으로 사업 선정하기

| 정답 | ③

| 해설 | 회의 내용을 통해 위원 D가 제시한 내용대로 지역 내의 숨은 역량을 강화하는 지역경제의 형성과 관련된 사업을 진행할 예정임을 알 수 있다. 따라서 ㉠에는 이에 관한 발전사업자 지원사업인 지역경제협력사업이 들어가는 것이 가장 적절하다.

50 문제처리능력 자료를 바탕으로 문의답변하기

| 정답 | ④

| 해설 | 발전사업자 지원사업은 회계연도 개시 1개월 전에 사업소에 통보된다.

| 오답풀이 |

② 사업공모 과정에서 지자체, 교육청, 지역주민 단체 등을 대상으로 발전사업자 지원사업을 공모한다는 내용을 통해 이들을 대상으로 하는 지원사업임을 추론할 수 있다.

한국서부발전

5회 기출예상모의고사   문제 230쪽

01	①	02	④	03	①	04	①	05	①
06	②	07	②	08	④	09	④	10	②
11	④	12	③	13	③	14	①	15	②
16	③	17	③	18	①	19	①	20	④
21	②	22	①	23	①	24	③	25	①
26	①	27	③	28	④	29	③	30	④
31	④	32	③	33	④	34	②	35	③
36	③	37	④	38	③	39	④	40	②
41	④	42	②	43	②	44	③	45	②
46	③	47	③	48	②	49	③	50	②

01 경청능력 필요한 경청 태도 파악하기

| 정답 | ①

| 해설 | 김 대리는 최 사원의 이야기를 끝까지 듣지 않고 도중에 끊고 있다. 상대방의 이야기를 경청하는 데 있어 상대방의 말을 끝까지 주의 깊게 듣는 것은 중요한 태도이다. 따라서 김 대리가 가져야 할 경청 태도로는 ①이 가장 적절하다.

02 문서작성능력 기사문 제목 정하기

| 정답 | ④

| 해설 | 제시된 기사의 내용은 미국의 청소년 흡연율이 높은 수치를 기록하며, 높은 청소년 흡연율과 낮은 담배 구입 연령 제한이 연관이 있다는 연구 결과가 나와 미국의 여러 주가 담배 구입 연령 제한을 상향했다는 것이다. 따라서 '미국, 심각한 청소년 흡연율에 다수의 주들 담배 구입 연령 21세로 상향 조정'이 가장 적절하다.

03 문서이해능력 글을 읽고 추론하기

| 정답 | ①

| 해설 | '휴리스틱 접근법은 가장 이상적인 방법을 구하는 것이 아니라'를 통해 휴리스틱 접근법을 사용하면 이상적인 방법이 아닌 가장 현실적으로 만족할 만한 해답을 찾을 수 있다는 것을 알 수 있다.

| 오답풀이 |

② '그러나 기업은 정보의 부족과 시간제약으로 인하여 완벽한 의사결정을 할 수 없는 것이 현실이다'를 통해 알 수 있다.

③ '기업이 어떤 사안에 대한 의사를 결정하기 위해서는 다양한 변수를 고려하여야 한다'와 '이것을 위해 필요한 것이 바로 휴리스틱 접근법이다'를 통해 알 수 있다.

④ '즉, 일정한 규칙과 지침을 갖고 판단과 의사결정이 이뤄지며 전체 상황·가정·전제조건 등을 모두 고려한다'를 통해 알 수 있다.

04 문서이해능력 세부내용 이해하기

| 정답 | ①

| 해설 | A. 과제와 관련된 정보에 주의를 줘서 '실내 체력단련'이라는 목표를 선정하고 있다. 따라서 이는 배외측 전전두엽과 내측 전전두엽 전두극 피질이 하는 일임을 알 수 있다.

B. 세운 목표인 '맛있는 밥 짓기'에 대해 '물에 어느 정도 불린 다음 짓는다'는 순서를 정하고 있다. 따라서 이는 중앙 배외측 전전두엽이 하는 일임을 알 수 있다.

| 오답풀이 |

C. '좋은 회사에 취업하기'라는 상위 목표에 대한 하위 목표인 '학점관리, 대외활동, 어학성적, 자격증 취득'을 처리하고 있다. 따라서 이는 전두극 피질이 하는 일임을 알 수 있다.

D. 무기력함을 느끼고 어떤 일에도 의욕과 호기심을 느끼지 못하고 있다. 따라서 이는 행동을 시작하는 동기와 힘을 담당하는 내측 전전두엽의 보조운동영역과 전측대상피질과 관련된 일임을 알 수 있다.

05 문서이해능력 세부내용 이해하기

| 정답 | ①

| 해설 | '만인의 만인에 대한 전쟁 상태야말로 자연 상태에서 인간의 생존 조건이라고 천명하고 있는 홉스에게선 전쟁이 평화에 대해 논리적으로 우선할 수밖에 없었다'를 통해 홉스는 전쟁 상태가 우선시되고 그 뒤로 평화로운 상태가 따라온다고 주장했음을 알 수 있다.

| 오답풀이 |

② '전쟁 상태라 하면 일단은 사생결단의 물리적 충돌을 의미하나 홉스는 이 정의에다 일종의 냉전이라 할 수 있는 적대 관계를 포함시켰다'를 통해 알 수 있다.

③, ④ '만인이 만인에게 적인 전쟁 상태에 수반되는 온갖 사태는 인간이 자신의 힘과 창의에 의해 얻을 수 있는 것 이외에는 다른 어떠한 보장도 없이 살아가야 하는 상태에 수반되는 사태와 동일하다'를 통해 알 수 있다.

06 문서이해능력 변경된 법안 이해하기

| 정답 | ②

| 해설 | 사회적기업 중에서 대통령령으로 정하는 사회적기업은 중소기업에 포함한다는 내용은 제2조 제1항 제2호로 변경 전에도 존재했던 법안이다.

07 문서이해능력 변경된 법안 적용하기

| 정답 | ②

| 해설 | ㉠ 제2조 제1항 단서에 따라 중소기업에 해당되지 않는다.

㉢ 비영리단체는 제2조 제1항에서 정의한 중소기업에 해당되지 않는다.

| 오답풀이 |

㉡ 제2조 제1항 제3호에 따라 중소기업에 해당된다.

㉣ 제2조 제3항에 따라 중소기업에 해당된다.

08 문서이해능력 규정문 이해하기

| 정답 | ④

| 해설 | '(4) 로마자성명 표기/변경' 항목에 따라 한글성명의 로마자표기는 국어의 로마자 표기법에 따라 적고 붙여 쓰는 것을 원칙으로 해야 한다. 따라서 이혜진 씨의 여권 정보 이름란에는 'HYEJIN'이 기입되어야 한다.

| 오답풀이 |

① 훼손된 여권에 본인확인이 가능한 신원 정보면이 남아 있다면 별도의 신분증 제출을 필요로 하지 않는다.

② 만 12세의 박명준 씨는 미성년자에 해당하므로 본인 직접방문의 예외에 해당한다.

③ 2020년 1월 8일로 유효기간이 만료된 김경호 씨는 신규 여권(10년)을 재발급 받아야 하므로, 48면 여권 신규발급 수수료로 53,000원을 지불해야 한다.

09 문서이해능력 보도자료 이해하기

| 정답 | ④

| 해설 | 〈대상〉 항목에 따르면 기상예보사, 기상감정사는 면허 취득 후 매 5년이 지나는 날부터 1년 이내에 보수(補修)교육을 받아야 한다.

10 문서이해능력 기사문 이해하기

| 정답 | ②

| 해설 | (주)◇◇는 유전영동 집진기술을 적용해 이동이 많은 곳에 대한 솔루션을 내놓는다 했으므로, 이동이 많은 승강장 부문에 참여했음을 알 수 있다.

11 기초연산능력 동시에 출발하는 배차간격 구하기

| 정답 | ④

| 해설 | 1, 2, 3번 창구의 배차간격이 각각 21분, 7분, 14분이므로, 그 최소공배수에 해당하는 42분마다 세 개의 창구에서 배송 차량이 동시에 출발하게 된다. 문제에서 배송 차량이 동시에 출발한 시간이 14시 30분이라고 하였으므로, 그 다음으로 배송 차량이 동시에 출발하는 시각은 42분 뒤인 15시 12분이다.

12 기초연산능력 허용되는 오답의 최대 개수 구하기

| 정답 | ③

| 해설 | 기말고사를 통과할 수 있는 오답의 개수를 a라고 했을 때, 정답의 개수는 $20-a$가 된다.

시험을 통과하기 위해서는 100점 이상이 되어야 하므로 $10(20-a)-5a \geq 100$가 성립한다.

즉 $a \leq \dfrac{20}{3}$ ≒ 6.7이며 a는 자연수여야 하므로 a의 최댓값은 6이다.

13 기초통계능력 3팀의 A형 사원일 확률 구하기

| 정답 | ③

| 해설 | 2팀 O형의 수를 a라고 했을 때, 2팀 A형은 2팀 O형의 수와 같고, 1팀 O형은 2팀 A형의 2배이므로 2팀 A형의 수는 a, 1팀 O형의 수는 $2a$이다. 또한 3팀 A형의 수는 1팀 O형의 수와 같은 $2a$이다.

한편 헌혈하게 될 회사원들 중 임의로 선택한 사원이 A형인 확률이 $\dfrac{12}{25}$라고 하였으므로, A형의 총 인원은 24명, O형의 총 인원은 26명이 된다.

1팀 O형	$2a$	1팀 A형	$24-3a$
2팀 O형	a	2팀 A형	a
3팀 O형	$26-3a$	3팀 A형	$2a$
계	26명		24명

그런데 헌혈하게 될 O형 사원 중 임의로 선택한 사원이 1팀일 확률이 $\dfrac{5}{13}$이므로, 1팀 O형의 총 인원은 10명, a의 값은 5가 된다.

1팀 O형	10명	팀 A형	9명
2팀 O형	5명	2팀 A형	5명
3팀 O형	11명	3팀 A형	10명
계	26명		24명

따라서 헌혈하게 될 A형 사원 중 임의로 선택한 사람이 3팀일 확률은 $\dfrac{10}{24}=\dfrac{5}{12}$이다.

14 도표분석능력 예금상품비교표 분석하기

| 정답 | ①

| 해설 | H 사원은 예치하고자 하는 금액은 3,600만 원의 40%인 1,440만 원을 36개월 동안 예치하고자 한다. 따라서 최소가입금액이 1,500만 원인 C 은행과 가입기간이 24개월 이하인 D 은행은 선택 대상에서 제외된다.

따라서 검토해야 할 경우는 A 은행의 1.1% 단리 상품의 수령액, A 은행의 신용카드에 가입했을 때의 A 은행의 1.2% 단리 상품의 수령액에서 신용카드 연회비를 제한 금액, B 은행의 1.0% 월복리 상품의 수령액의 세 가지 경우이다.

1. A 은행에서 1.1%의 단리 상품에 가입할 경우의 이자 : $14,400,000 \times 0.011 \times 3 = 475,200$(원)

2. A 은행에서 연회비 2만원을 부담하고 1.2%의 단리 상품에 가입할 경우의 이자 : $(14,400,000 \times 0.012 \times 3) - 60,000 = 518,400 - 60,000 = 458,400$(원)

3. B 은행에서 연 1.0%의 월복리 상품에 가입할 경우의 이자 : 만기수령액이 $14,400,000 \times (1+\dfrac{0.01}{12})^{36}$ ≒ $14,838,360$(원)이므로 이자는 만기수령액에서 원금을 제한 $438,360$(원)이다.

따라서 H 사원은 A 은행에서 1.1%의 단리 상품에 가입하는 것이 가장 실수령액이 높다.

15 기초연산능력 재산세 산정 요령 이해하기

| 정답 | ②

| 해설 | 재산세 과세표준이 15,200만 원이므로 납부해야 할 주택재산세는 195,000원에서 15,000만 원의 초과금액인 200만 원의 0.25%인 5,000원을 더한 200,000원이 된다. 따라서 지방교육세는 여기의 20%이므로 40,000원이 부과된다.

| 오답풀이 |

① 주택공시가격이 11,000만 원이라면 과세표준은 그 50%인 5,500만 원으로, 세율 0.3%이 적용된다. 따라서 주택재산세는 5,500만 원의 0.3%인 165,000원, 지방교육세는 그 20%인 33,000원, 도시지역분은 과세표준액인 5,500만 원의 0.14%인 7,700원이다. 따라서 총 납부할 세금은 $165,000+33,000+7,700=205,700$(원)이다.

③ 지방교육세가 6,800원이므로 재산세액은 34,000원이다. 선택지에서 세율이 0.1%가 적용되었다 하였으므로 과세표준액은 3,400만 원이며, 주택공시가격은 그 2배인 6,800만 원이 된다.

④ 도시지역분 268,800원은 과세준의 0.14%이므로 과세표준액은 19,200만 원이 된다. 따라서 주택재산세는 195,000원에 15,000만 원의 초과분 4,200만 원의 0.25%인 105,000원을 더한 300,000원으로, 실질적으로는 $\frac{300,000}{192,000,000} \times 100 = 0.15625(\%)$, 즉 약 0.16%의 세율이 적용된 것이 된다.

---

16 문제처리능력 필요한 자료 고르기

|정답| ③

|해설| 보고서의 첫 번째 문단에서는 〈연도별 식중독 환자 수〉의 내용을 인용하였고, 두 번째 문단에서 20X8년 연도별 식중독 발생 672건이라는 내용으로 〈연도별 식중독 신고건수〉의 내용을 인용하였다.

그 밖에도 두 번째 문단에서 〈20X8년 식품별 식중독 발생현황〉, 세 번째 문단에서는 식중독이 가장 많이 발생하는 곳이 학교급식이라는 내용을 통해 〈20X8년 식품합격업체 업종별 식중독 발생 현황〉을 인용하였음을 알 수 있다.

---

17 문제처리능력 자료 분석하기

|정답| ③

|해설| ㉠ 국공립 박물관과 대학 박물관의 수는 모두 17개이다.

㉣ 박물관 개수의 총합이 두 번째로 높은 구는 16개의 중구이며, 가장 적은 구는 7개의 용산구로 그 차이는 9개다.

㉤ 종로구의 박물관 개수의 총합은 35개, 전체 박물관 개수의 총합은 101개이므로 전체 박물관 대비 종로구의 박물관 개수의 비율은 $\frac{35}{101} \times 100 ≒ 34.7(\%)$이다.

|오답풀이|

㉡ 박물관의 총합이 가장 많은 종로구의 대학 박물관의 수는 3개인 데 비해 동대문구는 4개로 더 많은 대학 박물관을 보유하고 있다.

㉢ 종로구를 제외한 다른 행정구역의 박물관 수의 총합은 66개로 종로구의 박물관 수인 35개보다 크다.

---

18 사고력 조건에 맞춰 추론하기

|정답| ①

|해설| 용산구의 국공립 미술관의 총 개수는 3개이며, 이는 사립 미술관과 대학 미술관의 합보다 크다. 그런데 조건 1에 따라 제시된 행정구역 내에는 국공립, 사립, 대학 미술관이 적어도 한 개씩은 존재하므로 용산구의 사립 미술관과 대학 미술관은 모두 1개씩이며, 조건 6에 따라 (B)는 1이 된다.

한편 서울시 전체 미술관의 개수에서 (B)를 뺀 값이 종로구의 대학 미술관 개수(3개)의 24배이므로, 서울시 전체 미술관의 수는 24×3+1=73(개)이다. 그런데 서울시 전체 미술관의 개수 중 (A)의 비율이 약 16%이므로 (A)의 값은 $73 \times \frac{16}{100} = 11.68 ≒ 12$가 된다.

---

19 문제처리능력 제시된 표 이해하기

|정답| ①

|해설| (C)에 들어갈 값은 433,657−141,856−156,275= 135,526이다. 즉 20X9년에는 전년도에 비해 C국에 대한 수입량이 감소하였다.

|오답풀이|

② (A)에 들어갈 값은 120,221이므로 D국의 수입량 합계는 271,105이다. 따라서 최근 3개년 국가별 수입량 합계가 가장 적은 국가는 D국이다.

③ (D)에 들어갈 값은 879,449이므로 3년간 석유 수입량은 매해 증가하였다.

④ (B)에 들어갈 값은 354,736이므로 E국의 3개년 합계는 965,733이고 20X8년 총 수입량보다 더 크다.

20 문제처리능력 총 수입량 파악하기

| 정답 | ④

| 해설 | (A) 120,221, (B) 354,736, (C) 135,526, (D) 879,449
이므로 (D)에서 (A), (B), (C)를 뺀 값은 879,449−120,221
−354,736−135,526=268,966이다.

21 문제처리능력 문제해결절차 파악하기

| 정답 | ②

| 해설 | 많은 인원이 퇴사한다는 것을 인식하여 내부에 문
제가 있다는 것을 도출하였다. 채용인원을 낮추고 조직 개
편안을 시행하는 등 해결안을 개발하여 실행 및 평가하고
있다는 것을 볼 수 있다. 하지만 정확한 핵심 문제 분석을
통해 근본 원인을 도출하여 해결하고 있지 않다. 따라서
제시된 글에서 나타나지 않는 문제해결절차는 원인 분석
이다.

22 사고력 테이블 정리 횟수 추론하기

| 정답 | ①

| 해설 | 대기번호 순서대로 동시에 입장하면 1번이 테이블
한 개, 2번이 테이블 두 개, 3번이 테이블 두 개에 앉는다.
두 번째 조건에 따라 1 ~ 3번이 떠난 후 테이블을 정리한
다(1번). 이후 대기번호 4번이 테이블 두 개, 5번이 테이블
2개를 사용한다. 6번은 테이블 두 개를 사용해야 하는데,
남은 테이블은 한 개이므로 4 ~ 5번이 떠나 테이블을 정리
한 후(2번) 입장할 수 있다. 따라서 테이블을 정리한 횟수
는 총 2번이다.

23 문제처리능력 자료 활용하기

| 정답 | ①

| 해설 | 업체정보에 따라 점수를 확인하면 다음과 같다.

구분		A	B	C	D
기존 DB	기상정보 종류	6	12	6	3
	수집기간	4	7	15	1

관측기술	15	5	15	25
재난대응정책	10	5	20	10
관측정확도	35	20	5	20

총점	70	49	61	59
순위	1	4	2	3

따라서 2순위 업체인 C가 기상정보종류를 5개 늘려서 6점
이 높아지더라도 1순위인 A 업체보다 낮기 때문에 순위는
변하지 않는다.

24 사고력 자격증 선정하기

| 정답 | ③

| 해설 | 가. 자격증 결정 기준 1에 따르면 1순위가 가장 많은
HSK 5급이, 기준 4에 따르면 합산 점수가 높은 상위
2개 사무자동화산업기사와 HSK 5급 중 1순위가 더 많
은 HSK 5급이 선정된다. 따라서 동일한 자격증이 선
정된다.
나. 기준 2에 따라 5순위가 가장 적은 자격증은 사무자동화
산업기사와 SPA 6급이므로 이 중에서 학습할 자격증
이 선정될 것이다.
다. 기준 3에 따르면 기준 4와 마찬가지로 사무자동화산업
기사나 HSK 5급이 선정되는데 자격증 결정 조건에서
이에 대한 내용이 없으므로 아무도 스터디에서 나가지
않는다.

| 오답풀이 |
라. 팀에서 2명이 나가는 경우는 토익스피킹 7등급이 선정
되는 경우이다. 토익스피킹 7등급이 선정되면 임화가
나가고, 임화가 나가면 김기림도 나가게 된다. 하지만
기준 1 ~ 4 중 토익스피킹 7등급이 선정되는 기준이
없으므로 옳지 않다.

25 문제처리능력 자료를 적용하여 추론하기

| 정답 | ①

| 해설 | '산림공원 내 시설 확장' 계획을 보면 주차장, 도로
확장, 공용 편의시설, 건축물 시공이 가능해야 한다. 이 조건에

맞는 건설사는 □□와 ◆◆이다. '한지체험박물관 건설'의 건축물 시공, 도로 확장 조건에 맞는 건설사는 ★★, □□, ◆◆이다. '도시 외곽 체육시설 건설'의 수상스포츠 및 암벽장 시공이 가능한 건설사는 ◆◆이다. 따라서 참여하지 않는 건설사는 ○○이다.

26 [문제처리능력] 우선순위 파악하기

| 정답 | ①

| 해설 | • '산림공원 내 시설 확장'에 적절한 부지는 산림공원 내에 위치하는 것이 좋다. 또 동쪽에 있는 숲을 최대한 보존하기를 원하므로 동쪽에 대나무 숲이 있어야 한다. 따라서 B 부지가 가장 적절하다.

• '한지체험박물관'은 산림공원 및 대나무 숲과 인접해야 하며 주민들이 쉽게 접근할 수 있도록 주거지역에 인접한 것이 좋다. 따라서 D 부지가 가장 적합하다.

• '도시 외곽 체육시설'은 도시 외곽에 위치하며 수상스포츠 시공을 필요로 하므로 강 등의 물이 가깝고 자연 암벽장을 시공할 수 있는 곳이어야 한다. 따라서 E 부지가 적합하다.

이를 정리하면 건설 계획에 우선순위가 가장 낮은 부지는 A, C 부지이다.

27 [사고력] 평가항목 추론하기

| 정답 | ③

| 해설 | ◉은 1차에서 4점, 2차에서 3점을 받았다. 조건에서 1차 평가점수가 2차 평가점수보다 높은 평가항목은 '포용력', '기획 및 창의력', '대인관계'라 하였으므로 선택지 중에서 ◉에 들어갈 평가항목은 '기획 및 창의력'이다.

28 [사고력] 평가점수의 합 산출하기

| 정답 | ④

| 해설 | 1차 평가에서 3점 미만인 평가항목은 없었으므로 모두 4 또는 5점이다. '나'에 해당하는 '판단력'은 분석표를 통해 1차 평가에서 5점을 받았음을 알 수 있다. 따라서 '판단력'과 '대인관계' 두 항목의 1차 평가점수 합은 9 또는 10점이므로 선택지에서 고를 수 있는 것은 10점이다.

29 [문제처리능력] 자료 이해하기

| 정답 | ③

| 해설 | 20X3년과 20X4년을 비교해 보았을 때 AED 설치수가 가장 많이 증가한 지역은 대구이다. 따라서 대구의 AED 설치 현황을 파악해야 하며 이는 AED의 관내 설치 현황 파악, 점검, 지도, 관리와 설치 지원을 하는 시도 위원회를 통해 알아볼 수 있다.

| 오답풀이 |

① 20X5년 AED 1대당 인구수가 가장 많은 곳은 광주와 울산이다.

② 20X4년에 전국 인구수가 감소함에 비해 AED 설치는 계속해서 증가하였다.

④ 조사기간동안 AED 수가 한 번이라도 줄어든 지역은 대구(20X5년), 인천(20X3년), 대전(20X2, 20X5년), 울산(20X5년)으로 총 네 곳이다.

30 [문제처리능력] 자료를 참고하여 추론하기

| 정답 | ④

| 해설 | 주말 가격 중 주말 저녁이 더 비싸므로 이 가격으로 추론하면, 만 40세 이상인 할머니와 아버지는 30% 할인을 받아 각각 16,100원씩, 어머니는 23,000원을 지불하며, 청소년인 딸과 어린이인 사촌 동생은 각각 21,000원과 15,000원을 지불한다. 따라서 최대 총 $(16,100 \times 2) + 23,000 + 21,000 + 15,000 = 91,200$(원)을 지불하게 된다.

| 오답풀이 |

① 만 65세 이상 이용권 무료는 평일 이용권에만 적용된다.

② 주말 점심 이용 시, 할머니와 아버지는 30% 할인을 받아 각각 14,000원, 어머니는 20,000원, 딸은 19,000원이므로 총 $(14,000 \times 2) + 20,000 + 19,000 = 67,000$(원)을 지불해야 한다.

③ 평일 점심 이용 시 만 65세 이상인 할머니만 전액 할인을 받을 수 있다.

31 시간관리능력 업무순서 나열하기

| 정답 | ④

| 해설 | 오늘 해야 할 업무를 정리해보면 먼저 3시 회의 전 자료를 인쇄해야 하고, 회의가 끝나면 용산역에 가서 현수막 설치를 해야 한다. 이때 용산역 가기 전 식당 예약을 해야 하므로, 업무 순서는 ⓒ-ⓒ-ⓒ이다.

다음으로 내일 해야 할 업무를 정리해보면 아침에 출근하자마자 업무보고를 하고, 11시 아침 회의 전 테이블 배치와 마이크 체크를 해야 한다. 따라서 내일 업무 순서는 ⓜ-ⓡ이다.

이를 정리하면 전체 업무순서는 ⓒ-ⓒ-ⓒ-ⓜ-ⓡ이다.

32 인적자원관리능력 조건에 맞는 사원 선발하기

| 정답 | ③

| 해설 | 〈K 기업 채용 조건〉에 따라 각 지원자들의 점수를 계산하면 다음과 같다.

(단위 : 점)

구분	한국사능력검정시험 1급	토익	경력/신입	합계
최우혁	–	5	4	9
김선호	5	10	–	15
김다은	5	10	–	15
이지혜	5	–	–	5

김선호와 김다은이 15점으로 동점이지만, 김다은이 컴퓨터활용능력 1급을 소지했으므로 최종 합격자는 김다은이다.

33 시간관리능력 오로라 최대 경관일 파악하기

| 정답 | ④

| 해설 | 최대 경관일은 13일마다 반복되므로 마지막 최대 경관일인 8월 19일부터 계산하면 8월 19일 ⇨ 9월 1일 ⇨ 9월 14일 ⇨ 9월 27일 ⇨ 10월 10일 ⇨ 10월 23일이다. 따라서 L 씨가 예상할 수 있는 날짜는 10월 23일이다.

34 시간관리능력 적절한 항공편 고르기

| 정답 | ②

| 해설 | 각 비행기별 비행시간을 계산하면 다음과 같다.

• AK-433 : 10월 1일 23 : 40 출발-10월 3일 15 : 20 도착

=39시간 40분

• BG-873 : 10월 1일 23 : 35 출발-10월 3일 15 : 25 도착

=39시간 50분

• CE-359 : 10월 3일 13 : 42 출발-10월 3일 23 : 37 도착

=9시간 55분

• DW-198 : 10월 3일 16 : 35 출발-10월 4일 2 : 15 도착

=9시간 40분

따라서 AK-433을 탄 후, DW-198로 갈아타는 것이 가장 비행시간이 적다.

35 예산관리능력 택배 비용 파악하기

| 정답 | ③

| 해설 | 각자 원하는 방법으로 배송할 경우, 다희에게 보낼 택배는 크기가 52+47+20=119(cm)로 0 ~ 10kg 기준이 적용되어 8,500원, 상혁은 5kg 기준이 적용되어 3,200원으로 총 11,700원이 든다.

| 오답풀이 |

① 택배를 일반소포로 보낸다면 다희는 4,700원, 상혁은 3,200원으로 총 7,900원이 든다.

② 상혁의 택배를 가장 빠른 방법, 즉 제주(익일배달)로 보낸다면 택배비는 7,000원이 든다.

36 예산관리능력 적합한 피아노 구매하기

| 정답 | ③

| 해설 | 〈대화〉에서 김 사원은 비전공자들에게 적합한 모델로 총 300만 원 이하, 즉 한 대에 100만 원 이하의 피아노를 구매하고자 한다. 따라서 플라스틱 건반인 ZL-810, SS-110 중 가격이 100만 원 이하인 SS-110이 가장 적합하다.

37 예산관리능력 사업 예산 파악하기

| 정답 | ④

| 해설 | 제품·공정개선의 지정공모과제는 7개 과제/2.24억 원, 품목지정과제는 4개 과제/4억 원이므로 두 과제 모두 2억 원 이상 3억 원 이하의 예산에 해당되지 않는다.

| 오답풀이 |
① 스마트공장 R&D - 디지털현장 개발 : 1개 과제당 2.5억
원의 예산이 들어간다.
② 신규서비스 창출 : 2개 과제/4.5억 원이므로 한 과제당
2.25억 원의 예산이 들어간다.
③ 스마트공장 R&D - 클라우드 기반 플랫폼 개발 : 1개 과
제당 2억 원의 예산이 들어간다.

38 예산관리능력 사업 예산 파악하기

| 정답 | ③

| 해설 | 중소벤처기업부 장관이 품목을 지정하는 과제는 품
목지정과제로, 신규과제 추진계획에서 품목지정과제는 총 5
개였으나 최종 선정된 것은 4개이다. 따라서 중소벤처기업
부 장관이 품목을 지정하는 과제는 하나가 포함되지 않았다.

39 인적자원관리능력 사업 책임자 선발하기

| 정답 | ④

| 해설 | 〈상황〉의 마지막 문장에서 총괄 책임자는 관련 분
야 전문성 및 근무경험, 외국어 의사소통 능력, 현지 적응
력 등이 요구된다고 했다. 후보자 D는 영어회화가 우수하
고 현지에 거주한 경험이 있으며 업무 습득력이 뛰어나고,
현장 경험이 많으며 융통성 있고 변화를 선호하므로 책임
자로 적절하다.

| 오답풀이 |
① 후보자 A는 변화를 수용하지 못하고 화술이 다소 부족
하다는 평가를 받았으므로 현지 적응력과 의사소통 능
력 측면에서 부적절하다.
② 후보자 B는 영어 회화능력과 현장 근무경험이 부족하므로
근무 경험 측면과 의사소통 능력 측면에서 부적절하다.
③ 후보자 C는 변화 상황에 대한 대처능력, 융통성이 부족
하다고 했으므로 현지 적응력 측면에서 부적절하다.

40 예산관리능력 강의실 대관하기

| 정답 | ②

| 해설 | 〈행사 진행 사항〉에 따르면 총 인원이 48명이므로

48명이 수용되는 강의실 1개가 필요하며 행사 1시간 전후
로 세팅 및 정리가 필요하므로 총 대여시간은 10 : 00 ~ 1
4 : 00이 되어 오전과 오후를 모두 대여해야 한다. 또한 1
시부터는 12명씩 4개의 강의실로 나누어 진행해야 하므로
오후 시간대에 12명이 수용 가능한 4개의 강의실을 추가로
대여해야 한다.
따라서 A 강의실을 오전, 오후 시간대, 토론관 4개를 오후
시간 동안 대여 할 때, 보증금을 포함한 이용료는 총 165,
000 + 165,000 + 36,700 × 4 + 50,000 = 526,800(원)으로
예산을 충족함을 확인할 수 있다.

| 오답풀이 |
③ 미래관 1개, 토론관 4개를 대여할 경우, 보증금을 포함
한 이용료는 총 180,000 + 180,000 + 36,700 × 4 + 50,000
= 556,800(원)으로 예산을 초과한다.
④ C 강의실 1개, 소강의실 4개를 대여할 경우, 보증금을
포함한 이용료는 220,000 + 220,000 + 87,000 × 4 +
50,000 = 838,000(원)으로 예산을 초과한다.

41 기술선택능력 벤치마킹의 종류 이해하기

| 정답 | ④

| 해설 | 경쟁적 벤치마킹에 대한 설명이다. 경쟁적 벤치마
킹은 동일 업종에서 고객을 직접적으로 공유하는 경쟁기업
을 대상으로 하는 벤치마킹으로, 경영성과와 관련된 정보
입수가 가능하며 업무 · 기술에 대한 비교가 가능한 반면
윤리적인 문제가 발생할 소지가 있으며 대상의 적대적 태
도로 인해 자료 수집이 어렵다는 단점이 있다.

42 기술선택능력 기술선택절차 이해하기

| 정답 | ②

| 해설 | 사업전략 수립은 사업영역을 결정하고 경쟁사와의
경쟁에서 우위를 확보하는 방안을 수립하는 과정을 의미하
는 것으로, 문제의 〈기술선택절차〉에서는 제시되어 있지
않다. (나)는 기술선택절차 중 기업의 매출목표와 이익목표
를 설정하는 중장기 사업목표 설정 과정에 해당하고, (다)
는 핵심기술을 선택하고 기술을 획득하는 방법을 결정하는
기술전략 수립 과정에 해당한다.

| 오답풀이 |

① 외부환경 분석은 수요 변화 및 경쟁자의 변화, 기술 변화 등을 분석하는 과정으로, 문제의 (가)에 해당한다.

③ 내부역량 분석은 현재 보유하고 있는 기술능력, 생산능력 등을 분석하는 과정으로, 문제의 (라)에 해당한다.

④ 요구기술 분석은 제품 설계 및 디자인 기술, 생산 공정, 원재료 및 부품 제조기술을 분석하는 절차로, 문제의 (마)에 해당한다.

43 기술능력 **산업재해의 원인 이해하기**

| 정답 | ②

| 해설 | 사례에서는 A 공장 폭발사고와 B 공장 폭발사고와의 유사점을 제시하면서, 특히 마지막 문단에서 배관을 설치하는 용접 작업에 투입되는 하청업제 노동자를 대상으로 하는 취급 전 안전교육의 부재를 폭발사고의 근본적 원인으로 지적하고 있다.

44 기술선택능력 **사용설명서 이해하기**

| 정답 | ③

| 해설 | 먼지가 많은 곳을 회전하면서 집중적으로 청소를 하고 있는 것이므로 다른 곳으로 옮기는 것은 적절하지 않다.

45 기술선택능력 **벤치마킹의 유형 이해하기**

| 정답 | ②

| 해설 | A 식품의 한국지사에서의 마케팅 성공사례를 바탕으로 미국에 위치한 본사가 이를 벤치마킹하였다는 점을 통해 〈사례〉는 같은 기업 내 다른 지사의 사례를 벤치마킹하는 내부 벤치마킹에 해당함을 알 수 있다. 따라서 〈사례〉와 유사한 유형의 벤치마킹 사례는 동부지부 공정팀이 서부지부의 다른 공정팀에서의 사례를 분석하여 불량률을 감소시킨 D 식품의 내부 벤치마킹 사례에 해당한다.

| 오답풀이 |

① B 전자와 동종업계에서 직접적으로 경쟁하고 있는 C 전자의 성공사례를 분석하여 연구하여 기술을 보완하는 경쟁적 벤치마킹에 해당한다.

③ E 제화와 직접적인 경쟁관계에 있지 않는 F 식품의 사례를 벤치마킹하여 마케팅 전략을 설정하는 비경쟁적 벤치마킹에 해당한다.

④ 동일한 업종에 대해 해외에 위치한 독일 H사라는 비경쟁적 대상의 사례를 벤치마킹하는 글로벌 벤치마킹에 해당한다.

46 기술능력 **보호구 이름 바로 알기**

| 정답 | ③

| 해설 | 물체가 흩날릴 위험이 있는 작업에는 '보안경'을 착용해야 한다.

> **보충 플러스+**
>
> 산업안전보건기준에 관한 규칙 제32조(보호구의 지급 등) ① 사업주는 다음 각호의 어느 하나에 해당하는 작업을 하는 근로자에 대해서는 다음 각호의 구분에 따라 그 작업조건에 맞는 보호구를 작업하는 근로자 수 이상으로 지급하고 착용하도록 하여야 한다.
> 1. 물체가 떨어지거나 날아올 위험 또는 근로자가 추락할 위험이 있는 작업 : 안전모
> 2. 높이 또는 깊이 2미터 이상의 추락할 위험이 있는 장소에서 하는 작업 : 안전대(安全帶)
> 3. 물체의 낙하·충격, 물체에의 끼임, 감전 또는 정전기의 대전(帶電)에 의한 위험이 있는 작업 : 안전화
> 4. 물체가 흩날릴 위험이 있는 작업 : 보안경
> 5. 용접 시 불꽃이나 물체가 흩날릴 위험이 있는 작업 : 보안면
> 6. 감전의 위험이 있는 작업 : 절연용 보호구
> 7. 고열에 의한 화상 등의 위험이 있는 작업 : 방열복
> 8. 선창 등에서 분진(粉塵)이 심하게 발생하는 하역작업 : 방진마스크
> 9. 섭씨 영하 18도 이하인 급냉동어창에서 하는 하역작업 : 방한모·방한복·방한화·방한장갑
> 10. 물건을 운반하거나 수거·배달하기 위하여 「자동차관리법」 제3조 제1항 제5호에 따른 이륜자동차(이하 "이륜자동차"라 한다)를 운행하는 작업 : 「도로교통법 시행규칙」 제32조 제1항 각 호의 기준에 적합한 승차용 안전모

47 기술선택능력 **프로그래밍 언어별 특징 이해하기**

| 정답 | ②

| 해설 | AA++언어는 AA 언어의 확장판 개념으로 출시되어 BB 언어의 기능을 포함한 객체 지향 언어이다.

| 오답풀이 |

① AA 언어는 높은 대중성을 가지고 있으며, 유료로 판매하지 않는다.

③ 모듈식 설계가 용이한 언어는 CC 언어이다.

④ 포인터, 다중상속, 헤더 파일, 구조체, 공용체 등의 기능을 제거한 것은 BB 언어에 대한 설명이다.

48 기술선택능력 **적절한 프로그래밍 언어 선택하기**

| 정답 | ②

| 해설 | 기존에 사용하던 AA 언어의 기능을 완전히 포함하여 새로운 언어 프로그램의 사용에 큰 부담이 없고 다양한 응용 프로그램을 작성할 수 있는 기능을 그대로 가지고 있으면서 하드웨어 접근 능력을 가지고 있는 객체 지향 언어라는 조건을 모두 만족하는 AA++언어를 선택하는 것이 가장 적절하다.

49 기술선택 **기술능력 향상방법 이해하기**

| 정답 | ③

| 해설 | A와 D는 전문 연수원을 통한 기술과정 연수를 선호하고 있으며, B와 E는 e−Learning을, C는 상급학교 진학을 통한 기술교육을 선호하고 있다. C는 첫 번째 발언에서 대학원에 진학하고 싶다고 하였는데 두 번째 발언에서 상급학교를 통한 기술교육이 인적 네트워크 형성에 도움이 되고 e−Learning처럼 학습을 스스로 조절하거나 통제할 수 있다고 하였다. 하지만 대학원의 경우 수업시간이 정해져 있고 정해진 학기를 다녀야 하므로 학습을 스스로 조절하거나 통제하기가 어렵다. 따라서 일관성을 지키지 못하는 사람은 C이다.

50 기술능력 **산업재해의 원인 이해하기**

| 정답 | ②

| 해설 | 산업 재해의 직접적 원인이 되는 불안전한 상태는 시설물 자체의 결함, 안전 보호 장치의 결함 등으로, 이를 제거하기 위해서는 각종 기계나 설비 등의 안전성을 보장하도록 제작하고, 그 유지 관리를 철저히 하는 등의 사전적 예방조치를 요구한다. 현장 담당자를 처벌하는 징벌적 조치는 불안전한 상태를 제거하는 직접적인 방법이 될 수 없다.

한국남부발전

6회 기출예상모의고사

문제 280쪽

01	②	02	②	03	④	04	①	05	②
06	④	07	④	08	③	09	④	10	②
11	②	12	①	13	③	14	④	15	④
16	③	17	①	18	④	19	②	20	④
21	①	22	②	23	④	24	④	25	①
26	②	27	③	28	②	29	③	30	①
31	②	32	④	33	④	34	④	35	②
36	④	37	④	38	③	39	②	40	①
41	②	42	②	43	③	44	②	45	②
46	④	47	①	48	④	49	②	50	③
51	①	52	①	53	①	54	③	55	②
56	③	57	④	58	①	59	①	60	④
61	④	62	②	63	④	64	①	65	②
66	③	67	③	68	④	69	④	70	④

01 문서작성능력 적절하지 않은 맞춤법 찾기

|정답| ②

|해설| ⓒ '아니하고'의 줄임말은 '않고'라고 써야 한다.
ⓔ 범죄가 일어나는 비율은 '범죄율'로 써야 한다.

|오답풀이|

㉠ 해묵다는 '어떤 일이나 감정이 해결되지 못한 상태에서 여러 해를 넘기거나 많은 시간이 지나다'를 의미한다.

ⓛ 명사 뒤에 오는 '대로'는 조사로서 앞말과 반드시 붙여 써야 한다.

ⓜ '단언컨대'는 '단언하건대'의 줄임말로, '하'의 'ㅎ'과 '건'의 'ㄱ'이 합하여 'ㅋ'이 된다.

ⓗ '괜찮다'는 한글맞춤법 4장 5절 39항에 따라 '괜찮다'로 적는다.

보충 플러스+

한글맞춤법 4장 5절 39항
어미 '-지' 뒤에 '않-'이 어울려 '-잖-'이 될 적과 '-하지' 뒤에 '않-'이 어울려 '-찮-'이 될 적에는 준 대로 적는다.

02 문서이해능력 글의 주제 파악하기

|정답| ②

|해설| 제시된 글은 미국의 28대 대통령인 토머스 우드로 윌슨 대통령에 관한 일화이다. 그는 5분짜리 연설을 들려주기 위해서는 하루 정도 준비시간이 있어야 하며, 30분 정도의 연설일 때에는 3시간 정도의 준비시간이 필요하며, 2시간 정도의 연설일 때는 준비시간 없이 당장 할 수 있다고 하였다. 따라서 짧은 시간에 설득력 있게 말을 하려면 많은 준비가 필요하다는 것이 제시된 글의 주제이다.

03 문서작성능력 단어의 올바른 쓰임 알기

|정답| ④

|해설| '지양하다'는 '더 높은 단계로 오르기 위하여 어떠한 것을 하지 않다'는 뜻으로 편의점과 고객 간 지속적인 관계를 긍정적으로 바라보는 글의 맥락에 있어 ⓔ에는 '지향하다'가 들어가야 한다.

04 문서이해능력 필자의 견해 파악하기

|정답| ①

|해설| 마지막 문단을 보면 각종 쓰레기의 증가와 기후 변화에 따른 먹이 자원의 변화, 섬의 공생 시스템과 외래종의 침입 장벽 와해 등과 같은 문명 발전으로 인한 문제점들이 제시되고 있다. 마지막 줄에는 이러한 짧고 강력한 위협 요인들이 바닷새에게 적응할 시간을 주지 않고 있다고 언급되고 있다. 따라서 문명 발전은 섬에 사는 생물들이 환경에 적응하여 생존하는 것을 어렵게 만들었다는 관점이 가장 적절하다.

05 문서작성능력 문맥에 따라 문단 배치하기

|정답| ②

|해설| 친환경농업직불제에 관해 화두를 제시한 (가) 문단이 가장 먼저 온다. (라) 문단은 현행 직불제에 대해 설명하고 있으므로 (가) 문단 뒤에 온다. (나) 문단은 지급방식 변경 방안에 관련한 문단으로 (라) 문단의 마지막 문장과 이어지는 내용이기 때문에 (라) 문단의 다음에 오는 것이 적절

하다. 마지막으로 (다) 문단은 개편안에 대한 예시를 들고 있으므로 (나) 문단의 뒤에 와야 한다.

따라서 글의 순서는 (가)-(라)-(나)-(다)가 적절하다.

06 문서이해능력 유의사항 이해하기

|정답| ④

|해설| 일곱 번째 유의사항을 보면 '채용과 관련하여 본 공고에서 특별히 정한 내용 이외에는 사내·외 관련규정 및 법률, 각종 정부가이드 라인에 따른다'고 나와 있다. 따라서 채용과 관련된 모든 절차가 우선 따르는 것은 아니다.

07 문서이해능력 사례의 내용 이해하기

|정답| ④

|해설| 아인슈타인이 이야기하고 있는 것은 '내집단 편향' 이다. 이는 '팔은 안으로 굽는다', '가재는 게 편이다'라는 말처럼 자신이 속한 내집단을 합당한 이유 없이 외집단에 비해 편애하거나 우대하는 경향이다.

08 문서이해능력 일치하지 않는 내용 찾기

|정답| ③

|해설| 세 번째 문단을 통해 우리가 일상적으로 사용하는 PC는 약 1초에 10억 번 정도 연산을 할 수 있음을 알 수 있다.

|오답풀이|

① 두 번째 문단을 통해 알 수 있다.

② 네 번째 문단을 통해 알 수 있다.

④ 세 번째 문단을 통해 알 수 있다.

09 문서이해능력 보도자료 이해하기

|정답| ④

|해설| ㄱ. 제시된 자료에는 어느 부서에서 누가 보도자료를 배포하였는지 나와 있지 않다.

ㄴ. 〈2021년 보급지원사업 주요 추진 내용〉의 마지막 문장을 보면 지자체와 정부부처가 함께 협업하여 진행할 것임을 알 수 있다.

ㄷ. 보급지원사업의 주요 추진 내용만 나와 있을 뿐 어떻게 진행될 것인지에 대해서는 자세하게 나와 있지 않다.

ㄹ. 보도자료의 제목은 핵심 내용을 담고 있어야 한다. 따라서 주택과 건물에 대한 태양광 보조금 상향이 핵심 내용임을 알 수 있다.

따라서 ㄱ, ㄴ, ㄷ, ㄹ 모두 옳은 설명이다.

10 문서이해능력 청중의 반응 파악하기

|정답| ④

|해설| 화이트박스 암호와 블랙박스 암호 모두 한계점을 지니고 있다고 제시되어 있다. 따라서 플랫폼이 다양한 초연결사회에서는 더욱 다양한 플랫폼과 콘텐츠를 통해 안정성이 확보된 화이트크립션이 가장 각광받게 될 것임을 추론할 수 있다.

11 문서작성능력 적절한 접속어 파악하기

|정답| ②

|해설| ㉠ 앞에서 블랙박스 암호에 대해 서술한 후 ㉠ 뒤에서 블랙박스 암호의 단점과 취약점을 보완한 화이트박스 암호에 대해 서술하고 있으므로 '반면'이 가장 적절하다.

12 문서이해능력 중심내용 이해하기

|정답| ①

|해설| 지구온난화로 인한 가뭄 때문에 생활용수 부족 현상이 발생하고 있다. 해수면 상승으로 인해 투발루인들이 아침 주식으로 먹는 식물이 죽고 있어 그들의 식생활마저 바뀌었다. 따라서 식생활을 바꾸는 것은 가뭄이 아닌 해수면 상승이다.

13 문서이해능력 세부 내용 이해하기

|정답| ③

|해설| 제시된 글은 지구온난화의 심각성에 대한 내용이다. 따라서 기후변화를 과거부터 있던 자연스러운 현상이라고 주장하는 ③은 지구온난화의 심각성과 관련된 자료로 적절하지 않다.

14 문서이해능력 **올바른 공감적 듣기 사례 찾기**

|정답| ④

|해설| 제시된 글에 따르면 '공감적 듣기'는 귀와 눈 그리고 마음으로 듣는 자세다. 강 대리는 신입사원의 얘기를 들으며 마음으로 함께 공감해 주고 있으므로 '공감적 듣기'의 사례로 가장 적절하다.

15 문서작성능력 **문단에 들어갈 위치 찾기**

|정답| ④

|해설| 첫 문장을 고려했을 때, 서로 이야기를 함에도 불구하고 대화가 원활히 이뤄지지 않는 상황이 앞에 제시되어야 한다. (라)의 앞 문단에는 남의 말을 듣기보다 자신의 말을 하는 데 주력하여 대화가 원활히 이뤄지지 않는 경우가 제시되어 있고, 뒷 문단에는 '이러한 것' 즉, 제시된 문단에서 언급된 '공감적 듣기'의 장점을 알면서도 하지 않는 경우에 대해 말하고 있다. 따라서 문맥상 (라)에 들어가는 것이 가장 적절하다.

16 문서이해능력 **세부내용 이해하기**

|정답| ③

|해설| 세 번째 문단을 보면 품질이 낮은 석유는 밀도와 점성이 높고, 황의 함유량이 높고, 온갖 불순물이 함유되어 있다고 하였다. 따라서 품질이 높은 석유일수록 밀도와 점성이 낮다.

|오답풀이|

① 첫 번째 문단의 첫 번째 문장에 나와 있다.

② 세 번째 문단을 보면 중질원유를 정제하기 위해서는 세계에서 가장 발달한 산업시설을 갖춰야 하는데, 미국의 정유시설은 최고의 기술력을 갖추고 있기 때문에 가장 무거운 원유까지도 휘발유로 변모시킨다고 나와 있다.

④ 다섯 번째 문단을 보면 미국인들은 담배에 불을 붙이거나 뒷마당에서 바비큐를 할 때 프로판, 부탄, 펜탄 등을 가장 많이 쓴다고 하였다.

17 문서이해능력 **정보 수집 목적 이해하기**

|정답| ①

|해설| 수집한 정보들은 모두 LPG 차량과 관련된 내용으로, LPG 차량은 친환경성이 우수하여 대기오염 완화에 기여하는 차량임을 알 수 있다. 또한 택시와 렌터카 등에만 제한적으로 사용할 수 있었던 LPG 차량은 앞으로 일반인들도 구입할 수 있을 것으로 전망된다고 하였다. 따라서 P 사원은 LPG 차량을 구입하기 위하여 정보를 수집하였다고 보는 것이 가장 적절하다.

18 문서이해능력 **세부내용 이해하기**

|정답| ④

|해설| ㄷ. 네 번째 질문을 통해 디지털 커뮤니케이션으로 인해 다양한 모임이 생겨나고 있다는 것을 알 수 있다.

ㄹ. 세 번째 질문을 통해 코로나19로 인해 예술이나 스포츠 분야까지 온라인으로 옮겨 소비할 수 있음을 시사하고 있음을 알 수 있다.

따라서 ㄷ, ㄹ이 적절한 설명이다.

19 문서이해능력 **글을 바탕으로 사례 제시하기**

|정답| ②

|해설| 제시된 글은 디지털 문명으로 이동하는 다양한 영역에 대해 소개하고 있다. 따라서 교외 카페에 가서 휴식을 취하고 사진을 찍는 것은 디지털 플랫폼으로 이동한 것이라고 볼 수 없다.

20 문서이해능력 **세부내용 이해하기**

|정답| ④

|해설| ㄱ, ㄴ. 첫 번째 문단을 보면 천연가스도 결국 화석연료라는 태생적 한계 때문에 이에 대한 반감과 우려가 기후변화 가속화와 맞물려 고조되면서 천연가스 산업이 자금 공여 대상에서 점점 제외되고 있음을 알 수 있다.

ㄷ. 마지막 문단을 보면 기후정책 추진이 본격화된다면 천연가스 수요의 감소가 예상되므로 이에 대한 천연가스 산업의 향후 적절한 대응이 필요하다고 판단하고 있다.

1회 한국남부발전

2회 한국중부발전[서]

3회 한국중부발전[기술]

4회 한국동서발전

5회 한국서부발전

6회 한국남부발전

| 오답풀이 |

ㄹ. 세 번째 문단을 보면 세계 각국의 에너지전환 정책이 본격 추진되어 천연가스 산업에 영향을 미친다면, 이는 천연가스 산업의 투자비용을 증가시키는 요인으로 작용, 곧 천연가스 사업 규모 축소로 이어질 수 있다고 나와 있다.

$52x - 52y = 1,560$ ·················· ㉠
$52x + 52y = 6,240$ ·················· ㉡
㉠과 ㉡을 더하면
$104x = 7,800$
$x = 75, \ y = 45$
따라서 윤석이의 속력은 75m/분이다.

21 기초통계능력 지각할 확률 구하기

| 정답 | ①

| 해설 | 수요일에 비가 올 확률을 계산하면 다음과 같다.

- 월요일 비○ - 화요일 비○ - 수요일 비○ : $0.4 \times 0.4 = 0.16$
- 월요일 비○ - 화요일 비× - 수요일 비○ : $0.6 \times 0.3 = 0.18$

수요일에 비가 올 확률은 $0.16 + 0.18 = 0.34$이고, 비가 오지 않을 확률은 $1 - 0.34 = 0.66$이다. 따라서 수요일에 A가 지각할 확률은 $0.34 \times 0.7 + 0.66 \times 0.1 = 0.238 + 0.066 = 0.304$이다.

22 기초연산능력 날짜 계산하기

| 정답 | ②

| 해설 | 쇠젓가락 5,000개 중 3,300개는 매일 300개씩, 1,700개는 매일 340개씩 나누어 주므로 전부 다 나누어 주려면 $(3,300 \div 300) + (1,700 \div 340) = 16$(일)이 걸린다. 마지막으로 쇠젓가락을 나누어 준 날이 22일이므로 나누어 주기 시작한 날은 16일 전인 7일이다.

23 기초연산능력 거리 · 속력 · 시간 이용하기

| 정답 | ③

| 해설 | 윤석이의 속력을 xm/분, 상호의 속력을 ym/분이라고 할 때 두 사람이 같은 방향으로 걸었을 때 세울 수 있는 식은 $52x - 52y = 1,560$이고, 두 사람이 반대 방향으로 걸었을 때 세울 수 있는 식은 $13x + 13y = 1,560$이다. 이 두 식을 연립하면 다음과 같다.

24 기초연산능력 월급 계산하기

| 정답 | ④

| 해설 | 홍 씨의 월급을 x만 원이라 하면 다음과 같은 식이 성립한다.

$$\left\{ x \times \frac{3}{4} \times \frac{2}{3} - 36 \right\} \times \frac{3}{5} - 52 = \frac{1}{14}x$$

$$\left(\frac{1}{2}x - 36 \right) \times \frac{3}{5} - 52 = \frac{1}{14}x$$

$$\frac{3}{10}x - \frac{108}{5} - 52 = \frac{1}{14}x$$

$$21x - 1,512 - 3,640 = 5x$$

$$16x = 5,152$$

$$\therefore \ x = 322(만 \ 원)$$

따라서 홍 씨의 월급은 322만 원이다.

25 기초연산능력 비밀번호 유추하기

| 정답 | ①

| 해설 | 비밀번호를 abcde라고 하면 다음과 같다.

- cde : 'escape'의 여섯 가지 알파벳을 일렬로 나열하는 경우의 수는 $6! = 6 \times 5 \times 4 \times 3 \times 2 = 720$(가지)이다. 하지만 여섯 개의 알파벳 중에 e가 두 개 포함되어 있으므로 $\frac{720}{2} = 360$(가지)이다. 따라서 cde는 360이다.
- ab : 50 ~ 70 사이의 소수는 53, 59, 61, 67로 네 가지가 있는데 네 번째 조건에 따라 b는 $10 - (3+6) = 1$이므로, ab는 61이다.

따라서 비밀번호는 61360이다.

1회 한국남동발전

2회 한국중부발전[사무]

3회 한국중부발전[기술]

4회 한국동서발전

5회 한국서부발전

6회 한국남부발전

26 도표분석능력 자료의 수치 분석하기

| 정답 | ②

| 해설 | 20X9년 1인 가구 수의 비중은

$$\frac{6,148}{6,148+5,663+4,218+4,315}\times 100 = \frac{6,148}{20,344}\times 100$$

$=30.2(\%)$이므로 30% 이상이다.

| 오답풀이 |

① 조사기간 동안 매년 3인 가구 수가 가장 적다.

③ 1인 가구는 $5,619 \rightarrow 5,849 \rightarrow 6,148$천 가구로 매년 증가하는 추세이다.

④ 2인 가구 수의 비중은 20X8년 $\frac{5,446}{19,980}\times 100 = 27.3$

(%), 20X9년 $\frac{5,663}{20,344}\times 100 = 27.8$(%)로 그 차이는

0.5%p이다.

27 기초연산능력 체감 온도 계산하기

| 정답 | ③

| 해설 | $T=3$, $V=25$이므로 주어진 식에 대입하면 다음과 같다.

체감 온도($℃$)$=33-\dfrac{(10+5.3\sqrt{25}-0.3\times 25)(30-3)}{20}$

$=33-39.15 = -6.1(℃)$

28 기초통계능력 경쟁률 계산하기

| 정답 | ③

| 해설 | 직무분야별 경쟁률을 계산하면 다음과 같다(소수점 아래 셋째 자리에서 반올림).

• 경영 — $4:130=1:32.5$

• 재무 — $11:346 = 1:31.45$

• 마케팅 — $6:200 = 1:33.33$

• 기계 — $5:208=1:41.6$

• 전기 — $5:157=1:31.4$

• 건축 — $9:290 = 1:32.22$

따라서 경쟁률이 가장 높은 분야는 기계이다.

29 도표분석능력 변동 추이 이해하기

| 정답 | ③

| 해설 | 34 ~ 36개의 회원국 중에서 매년 27위 이하이므로 상위권이라 볼 수 없다.

| 오답풀이 |

① CPI 순위가 가장 낮은 해는 52위의 2017년이고, OECD 순위가 가장 낮은 해는 30위의 2019년이다.

②, ④ 청렴도가 가장 높은 해는 2020년으로 59.0점이고, 2013년도의 청렴도 점수는 56.0점이므로 점수의 차이는 3.0점이다.

30 기초통계능력 신뢰도 계산하기

| 정답 | ①

| 해설 | 제시된 조건을 식으로 표현하면 다음과 같다.

$$2.58\times \frac{\sigma}{\sqrt{n}} = (20X1년 \ 신뢰도)\times \frac{\sigma}{\sqrt{\frac{1}{4}n}}$$

$$= (20X1년 \ 신뢰도)\times \frac{2\sigma}{\sqrt{n}}$$

$2.58=(20X1년 \ 신뢰도)\times 2$

∴ $(20X1년 \ 신뢰도)=1.29$

따라서 신뢰도는 81%이다.

31 도표분석능력 히스토그램 분석하기

| 정답 | ②

| 해설 | 그래프를 표로 정리하면 다음과 같다.

10 이상 20 미만	2	15 이상 25 미만	5
20 이상 30 미만	5	25 이상 35 미만	5
30 이상 40 미만	4	35 이상 45 미만	5
40 이상 50 미만	4	45 이상 55 미만	1
50 이상 60 미만	2	55 이상 65 미만	1

오른쪽 히스토그램에서 15 미만인 자료는 없음을 알 수 있다. 따라서 왼쪽 히스토그램에서 10 이상 20 미만인 자료가 2개라는 것을 통해 15 이상 20 미만인 자료가 2개임을 알 수 있다. 이와 같은 방식으로 계급별 자료의 개수를 구하면 다음과 같다.

10 이상 15 미만	0
15 이상 20 미만	2
20 이상 25 미만	3
25 이상 30 미만	2
30 이상 35 미만	3
35 이상 40 미만	1
40 이상 45 미만	4
45 이상 50 미만	0
50 이상 55 미만	1
55 이상 60 미만	1

따라서 자료의 중앙값은 30 이상 35 미만의 구간에 속한다.

| 오답풀이 |

① 40 이상 45 미만인 자료는 4개이다.

③ 히스토그램이 이루는 면적은 같다.

④ 히스토그램을 이용해 구한 평균은 서로 다르다.

- 왼쪽 히스토그램
$$\frac{(15 \times 2) + (25 \times 5) + (35 \times 4) + (45 \times 4) + (55 \times 2)}{17}$$
≒34.4

- 오른쪽 히스토그램
$$\frac{(20 \times 5) + (30 \times 5) + (40 \times 5) + (50 \times 1) + (60 \times 1)}{17}$$
≒32.9

32 도표분석능력 그래프 해석하기

| 정답 | ④

| 해설 | 근로자 평균 연령의 변화폭은 $42-38.5=3.5$(년), 근속연수의 변화폭은 $6.5-6=0.5$(년)으로 근로자 평균 연령의 변화폭이 더 크다.

| 오답풀이 |

① 근로자 평균 연령은 2016년에 0.1년 감소하였지만 대체로 높아지고 있는 추세이다.

② 2020년이 6.5년으로 근로자 평균 근속연수가 가장 길었다.

③ 2013년 대비 2020년의 근로자 평균 연령은 $42-39.6=2.4$(년) 증가하였다.

33 도표분석능력 빈칸에 들어갈 수치 계산하기

| 정답 | ④

| 해설 |
- A : $34.4+9.3+3.1+8.8=55.6$(kg)
- B : $55.6-8.8=46.8$(kg)
- C : $\dfrac{55.6}{1.7^2} ≒ 19.2$(kg/m^2)
- D : $\dfrac{8.8}{55.6} \times 100 ≒ 15.8$(%)
- 3월 체지방량 : $18 = \dfrac{x}{60} \times 100,\ x=10.8$(%)

따라서 A ~ D의 합은 $55.6+46.8+19.2+15.8=137.4$, 3월 체지방량은 10.8%이다.

34 도표분석능력 영화 순위 표 분석하기

| 정답 | ④

| 해설 | '오퍼나지'와 '동감'의 스크린당 관객 수는 다음과 같다.

- 오퍼나지 : $\dfrac{491,532}{1,081} ≒ 454.70$(명)
- 동감 : $\dfrac{464,015}{837} ≒ 554.38$(명)

따라서 스크린당 관객 수는 '동감'이 '오퍼나지'보다 많다.

| 오답풀이 |

① CJ가 배급한 영화는 '신세계, 비커밍제인, 오퍼나지' 3개로 가장 많다.

② 5월 6일에 만 12세와 만 13세가 함께 볼 수 있는 영화는 '위대한 쇼맨, 킬러의 보디가드, 패왕별희, 비커밍제인, 이별의 아침에, 언더워터'로 6편이다.

③ '신세계'의 관객 수는 4,808,821로 '언더워터'의 관객 수보다 $\dfrac{4,808,821}{393,524} ≒ 12.2$(배) 더 많다.

35 도표분석능력 자료를 바탕으로 수치 계산하기

| 정답 | ②

| 해설 | 답을 기입한 문항 수와 정답을 맞힌 문항 수를 각각 $a \sim d$, $a' \sim d'$의 미지수로 설정하고, 정확도와 점수를 나타내면 다음과 같다.

www.gosinet.co.kr **gosi**net

1회 한국남동발전

2회 한국중부발전[사무]

3회 한국중부발전[기술]

4회 한국동서발전

5회 한국서부발전

6회 한국남부발전

구분	답을 기입한 문항 수	정답을 맞힌 문항 수	정확도	점수
A	a	a'	$\dfrac{a'}{a}\times100=65$	$a'-(a-a')$ $=2a'-a=12$
B	b	b'	$\dfrac{b'}{b}\times100=77.8$	$b'-(b-b')$ $=2b'-b=10$
C	c	c'	$\dfrac{c'}{c}\times100=62.5$	$c'-(c-c')$ $=2c'-c=8$
D	d	d'	$\dfrac{d'}{d}\times100=66.7$	$d'-(d-d')$ $=2d'-d=8$

정확도와 점수를 바탕으로 연립방정식을 세워 풀면 다음과 같다.

• A

$$\dfrac{a'}{a}\times100=65 \qquad \dfrac{a'}{a}=0.65 \quad\cdots\cdots\cdots\cdots\cdots ㉠$$

$$2a'-a=12 \qquad a'=\dfrac{1}{2}a+6 \quad\cdots\cdots\cdots ㉡$$

㉡을 ㉠에 대입하면,

$$\dfrac{1}{2}+\dfrac{6}{a}=0.65 \qquad \dfrac{6}{a}=0.15$$

$$\therefore\ a=40$$

따라서 A가 답을 기입하지 않은 문항은 $50-40=10$(문항)이다.

B ~ D도 A와 같은 방식으로 계산하면 답을 기입하지 않은 문항은 순서대로 32문항, 19문항, 26문항이다. 따라서 답을 가장 많이 기입하지 않은 사람은 B이다.

36 기초연산능력 전기요금계 계산하기

| 정답 | ④

| 해설 | ㄱ. 6월 전기 사용량이 300kWh이라면 2구간에 해당하므로 기본요금은 1,600원으로 책정된다. 전력량 요금은 200kWh까지는 1kWh당 1구간의 요금이 적용되어 $200\times93.3=18,660$(원)이 책정되고 초과한 나머지 100kWh는 2구간의 요금이 적용되어 $100\times187.9=18,790$(원)이 책정된다. 따라서 A 주택의 6월 전기요금계는 총 $1,600+18,660+18,790=39,050$(원)이다.

ㄴ. 7월 전기 사용량은 300kWh이지만 여름 기간이므로 완화된 누진 구간이 적용되어 2구간이 아니라 1구간에 속한다. 따라서 기본요금은 910원이고 전력량 요금은 $300\times93.3=27,990$(원)이 책정된다. 따라서 B 주택의

7월 전기요금계는 $910+27,990=28,900$(원)으로 6월의 39,050원보다 10,150원만큼 감소하였다.

ㄷ. 7월 청구요금 합계는 28,900원에 부가가치세 $28,900\times\dfrac{10}{100}=2,890$(원)과 전력산업기반기금 $28,900\times\dfrac{3.7}{100}≒1,060$(원)이 추가되어 총 32,850원이다.

따라서 ㄱ, ㄴ, ㄷ 모두 옳은 설명이다.

37 도표분석능력 자료의 수치 분석하기

| 정답 | ④

| 해설 | 표의 빈칸에 들어갈 숫자를 구하면 다음과 같다.

〈연도별 만족도〉

(단위 : 점)

구분		20X7년 고객만족도 (A)	20X8년 고객만족도 (B)	증감 (B-A)
종합만족도		84.34	88.60	4.26(↑)
차원별 만족도	서비스 환경	82.41	86.44	4.03
	서비스 과정	84.30	87.21	2.91
	서비스 결과	85.20	89.42	4.22
	사회적 만족	85.76	90.38	4.62
	전반적 만족	83.48	88.53	5.05

〈20X8년 차선별 만족도〉

(단위 : 점)

구분		경기선	전라선	강원선	경남선
종합만족도 (차원별 만족도 항목의 평균)		87.742	88.394	90.588	87.732
차원별 만족도	서비스 환경	86.70	85.38	86.95	88.33
	서비스 과정	86.77	87.04	88.45	87.71
	서비스 결과	88.71	89.24	91.89	89.17
	사회적 만족	89.24	91.08	93.30	88.17
	전반적 만족	87.29	89.23	92.35	85.28

ㄹ. 〈20X8년 차선별 만족도〉에 따르면 강원선은 서비스 과정, 서비스 결과, 사회적 만족, 전반적 만족 총 4개 부분에서 최고 점수를 받았고, 경기선은 서비스 과정, 서비스 결과 총 2개 부분에서 최저 점수를 받았다.

ㅁ. 〈20X8년 차선별 만족도〉에 따르면 종합만족도가 90점을 넘는 노선은 강원선 1개이다.

| 오답풀이 |

ㄱ. 〈연도별 만족도〉에 따르면 20X8년 고객만족도가 가장 높은 항목은 90.38점을 받은 사회적 만족이며, 가장 낮은 항목은 86.44점을 받은 서비스 환경이다. 따라서 그 차이는 90.38-86.44=3.94(점)이다.

ㄴ. 〈연도별 만족도〉에 따르면 종합만족도 증감보다 더 큰 증감을 보인 항목은 사회적 만족, 전반적 만족 총 2개이다.

ㄷ. 〈20X8년 차선별 만족도〉에 따르면 서비스 환경 차원에서 경남선이 가장 높은 점수(88.33)를 받았으며, 전라선이 가장 낮은 점수(85.38)를 받았다.

38 도표분석능력 자료 해석하기

| 정답 | ③

| 해설 | 노르웨이와 한국을 비교해 보면 한국이 노르웨이보다 아빠 전속 육아휴직 기간이 5배 이상 길지만 노르웨이의 소득대체율이 더 높은 것을 알 수 있다. 따라서 육아휴직 기간이 길수록 소득대체율이 높은 것은 아니다.

| 오답풀이 |

① 육아휴직 사용자 중 남성의 비중이 가장 큰 국가는 아이슬란드로 45.6%이고, 가장 작은 국가는 일본으로 2.3%이다. 두 국가의 차이는 45.6-2.3=43.3(%p)이다.

② 아이슬란드 남성의 육아휴직 사용 비중은 45.6%로 가장 높지만 아빠 전속 육아휴직 기간은 13주로 일본, 포르투갈, 한국 등에 비해 짧다.

④ 일본의 아빠 전속 육아휴직 기간은 52주로 포르투갈의 17.3주보다 3배 이상 길다.

39 기초연산능력 주차면적 구하기

| 정답 | ②

| 해설 | 전체 주차면적은 다음과 같이 가로 30m, 세로 10m이다.

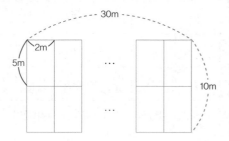

따라서 확장형 주차면으로 변경하면 두 줄로 각각 10면인 전체 20면을 운영할 수 있다.

40 기초연산능력 동일한 이익을 얻기 위한 인상률 구하기

| 정답 | ①

| 해설 | 일반형 주차면으로는 30면, 확장형 주차면으로는 20면을 운영할 수 있으므로 두 종류 모두 최대 주차대수인 20대를 수용할 수 있다. 따라서 요금을 인상하지 않아도 동일한 이익을 얻을 수 있다.

41 문제처리능력 시험 결과 분석하기

| 정답 | ②

| 해설 | 지원자 A ~ F의 필기시험 점수 총합을 구하면 다음과 같다.

(단위 : 점)

지원자	성별	실무능력 점수	정보처리 점수	외국어 점수	점수 총합
A	남	12	16	6	34
B	여	17	18	7	42
C	여	14	12	17	43
D	여	7	17	12	36
E	남	14	13	13	40
F	남	16	9	11	36

실무능력 점수, 정보처리 점수, 외국어 점수가 각각 8점 이상이고 점수의 총합이 36점 이상인 지원자는 C, E, F이다. 점수 총합이 가장 높은 지원자는 43점을 받은 C로 합격하였다.

42 문제처리능력 포지션 배치하기

| 정답 | ②

| 해설 | 포인트가드를 먼저 채우므로 선수별 평균 어시스트와 평균 스틸의 합을 구하면 다음과 같다.

구분	A	B	C	D	E
평균 어시스트와 평균 스틸의 합(회)	4.6	5.4	11	11.4	7.4

평균 어시스트와 평균 스틸 횟수의 합은 D 선수가 가장 높으므로 포인트가드는 D 선수이다.

다음으로 센터를 채우는데, D 선수를 제외하고 신장이 제일 큰 선수는 A 선수이다. 따라서 센터는 A 선수이다.

다음으로 파워 포워드를 채운다. B, C, E 선수 중에서 B 선수의 평균 리바운드 횟수가 가장 많으므로 파워 포워드는 B 선수이다.

다음으로 슈팅가드 선수를 채운다.

구분	A	B	C	D	E
야투 성공률과 3점 슛 성공률의 평균(%)	34	32	31	34	33

C와 E 중 야투 성공률과 3점 슛 성공률의 평균은 E 선수가 가장 높으므로 슈팅가드는 E 선수이다.

따라서 스몰 포워드는 C 선수이다.

43 문제처리능력 자료의 수치 분석하기

| 정답 | ③

| 해설 | ㄷ. 2021년 12월의 사무종사자와 판매종사자의 취업자 수는 전년 동월 대비 각각 2천 명, 50천 명 감소하였다.
ㄹ. 2021년 12월의 전년 동월 대비 취업자 수의 증감을 살펴보면 서비스종사자, 단순노무종사자, 농림어업숙련종사자는 각각 238천 명, 196천 명, 70천 명 증가하였다.

| 오답풀이 |
ㄱ. 2021년 12월의 취업자 수는 농림어업숙련종사자가 1,178천 명, 단순노무종사자가 3,546천 명으로 단순노무종사자가 더 많다.
ㄴ. 판매종사자 수가 급감한 이유는 자료를 통해 알 수 없는 내용이다.

44 문제처리능력 자료를 바탕으로 추론하기

| 정답 | ②

| 해설 | 제시된 자료를 바탕으로 사원번호에 대한 추론을 하면 다음과 같다.
• 사원번호 4 ~ 5번째 숫자(팀별로 통일) : 소속팀 번호
• 맨 앞자리 영문(두 번째 설명 참고) : 'N'은 신입직, 'C'는 경력직
• 사원번호 2 ~ 3번째 숫자(첫, 세 번째 설명 참고) : 입사년도

2 ~ 3번째 숫자가 '13'인 직원 중 홍보기획팀 손○○ 대리는 맨 앞자리가 'N'이므로, 신입직으로 채용되었음을 알 수 있다. 따라서 2013년에는 경력직 채용만 진행되었다는 추론은 적절하지 않다.

| 오답풀이 |
① 직원 명단 일부의 사원번호를 보면 2 ~ 3번째 숫자가 '18'인 직원은 총 3명이다. 따라서 2018년에 입사한 직원은 최소 3명이다.
③ 소속팀을 가리키는 4 ~ 5번째 숫자가 '02'이므로 노○○ 사원은 연구팀 소속임을 알 수 있다.
④ 사원번호 중 6 ~ 8번째 숫자가 직급이 높은 순서대로 순차 생성된다면, 홍보기획팀은 총 7명이고 윤○○ 사원의 6 ~ 8번째 숫자가 '003'이므로 홍보기획팀에서 직급이 사원인 사람은 003 ~ 007로 총 5명임을 알 수 있다.

45 문제처리능력 수치 계산하기

| 정답 | ②

| 해설 | 각 관측지점의 수심을 구하면 다음과 같다.

1회 한국남동발전
2회 한국중부발전(사무)
3회 한국중부발전(기술)
4회 한국동서발전
5회 한국서부발전
6회 한국남부발전

관측지점	수심
갑	3,900
을	7,125
병	5,775
정	6,750

따라서 수심이 가장 깊은 관측지점은 을이다.

46 문제처리능력 글의 흐름에 맞게 빈칸 파악하기

| 정답 | ④

| 해설 | 환경 문제가 에너지 사용에서 비롯됐다고 보면서 이 문제를 해결하기 위해서는 새로운 에너지(재생 가능한 에너지)를 도입해야 하지만 이것만으로도 한계가 있으며 이 한계를 극복하기 위해서는 새로운 생활 방식과 산업 체제를 수립해야 한다고 마지막 문장에서 말하고 있다. 따라서 빈칸에는 현 산업 체제의 에너지 수요는 감당하기 어렵다는 내용이 있어야 한다.

47 사고력 발산적 사고의 개발 방법 이해하기

| 정답 | ②

| 해설 | 발산적 사고를 개발하는 방법에는 자유연상법, 강제연상법, 비교발상법이 있고 〈설명〉에서 말하는 사고 방향을 미리 정해 강제로 연결 지어 발상하는 방법은 강제연상법이다.

48 문제처리능력 광고업체 선정하기

| 정답 | ④

| 해설 | • A 광고업체 : (현수막) 30+25×4+(전단지) 30+5×5=130+55=185(만 원)
• B 광고업체 : (현수막) 5×7+3×23+(전단지) 8×3+6×3+4×4=104+58=162(만 원)
• C 광고업체 : (현수막) 18×6+(전단지) 12×5=108+60=168(만 원)
• D 광고업체 : (현수막) 10×4+2.5×20+(전단지) 17×4=90+68=158(만 원)

49 인적자원능력 해외 파견근무자 선정하기

| 정답 | ②

| 해설 | 첫 번째 조건에 따라 을, 경은 선발되지 않고 정은 반드시 선발되어야 한다. 이때 네 번째 조건에 따라 정과 같은 부서의 팀장인 무는 선발되지 않는다. 병은 직전 해외 파견근무가 종료된 지 2년이 경과되지 않아 두 번째 조건에 따라 선발될 수 없고, 세 번째와 네 번째 조건에 따라 총무부의 과장인 갑과 동일 부서에 근무하는 기가 함께 선발된다. 따라서 갑, 정, 기가 2022년 10월 해외 파견근무자로 선정된다.

50 예산관리능력 금액 계산하기

| 정답 | ③

| 해설 | ㄱ. 출퇴근을 6,000번 하는 경우 구입 및 타이어 교체 비용은 A 자동차가 2,000+(6,000÷20)×20=8,000(만 원), B 자동차가 2,400+(6,000÷80)×40=5,400(만 원)이다. 따라서 B 자동차를 구입해야 한다.
ㄷ. 출퇴근을 9,000번 하는 경우 A 자동차 타이어의 교체 비용이 10만 원이면 총 비용은 2,000+(9,000÷20)×10=6,500(만 원), B 자동차의 비용은 2,400+(9,000÷80)×40=6,900(만 원)이므로 A 자동차를 구입해야 한다.

| 오답풀이 |

ㄴ. 출퇴근을 8,000번 하는 경우 A 자동차 비용은 2,000+(8,000÷20)×20=10,000(만 원), B 자동차 비용은 2,400+(8,000÷80)×40=6,400(만 원)이므로 B 자동차를 구입해야 한다.

51 예산관리능력 금액 계산하기

| 정답 | ①

| 해설 | 기계장치의 취득원가는 500,000원, 내용연수 5년에 추정잔존가치는 0원이므로 정액법에 따라 기계장치의 감가상각비를 계산하면 $\frac{500,000-0}{5}=100,000$(원)이다. 즉 20X8년 12월 31일 기준으로 기계장치의 장부금액은 20X7년과 20X8년 총 2년분의 감가상각비를 반영하여

$500,000-200,000=300,000$(원)이 된다.

문제에서 무형자산에 해당되는 것은 1,000,000원의 개발비와 400,000원의 특허권이다. 모든 무형자산의 내용연수는 10년이고 추정잔존가치는 없다고 하였으므로 무형자산의 감가상각비는 $\dfrac{1,400,000-0}{10}=140,000$(원)이 된다.

52 사고력 우주인 선정하기

| 정답 | ①

| 해설 | 1차 평가에서 통과되는 사람은 A, B, C이다.

2차 평가에서 통과되는 사람은 A(63+52=115), B(58+56=114), C(61+52=113) 중 A, B이다.

마지막으로 3차 평가에서 상황대처능력 점수가 높은 A가 선정된다.

53 예산관리능력 금액 계산하기

| 정답 | ①

| 해설 | ㉠에 들어갈 차월 이월금액은 7월 31일 기준의 외상 잔액으로, 7월 5일 전월 이월된 3,000,000원에서 7월 10일에 추가된 외상 1,700,000원을 더하고, 7월 17일 현금으로 회수한 외상 대금 1,100,000원을 제한 3,600,000원이 기록되어야 한다.

54 문제처리능력 지원가능한 기업의 수 파악하기

| 정답 | ③

| 해설 | 전년 대비 매출액이 50% 이상 감소한 기업은 A, B, D, F, G, I, J 총 7개 기업이며, 이들에게 모두 대출자금을 지원할 경우 필요한 예산은 2,000+2,000+1,800+1,500+1,500+1,000+800=10,600(만 원)이다. 그러나 가용할 수 있는 예산이 1억 원이므로 대상 기업을 모두 지원할 수 없고, 문제에서는 다른 조건 없이 최대한 많은 기업을 지원하도록 하고 있으므로 최대 6개의 기업을 지원할 수 있다.

55 예산관리능력 금액 계산하기

| 정답 | ②

| 해설 | 회원권의 유무에 따라 구매한 가격을 비교하면 다음과 같다.

구분	회원권 없이 구매한 가격	회원권을 가지고 구매한 가격
철수	1,000×20+2,000×40 +3,500×5=117,500(원)	117,500×0.9+12,000 =117,750(원)
희정	1,800×30+3,400×20 =122,000(원)	122,000×0.9+12,000 =121,800(원)
인호	1,500×30+2,500×20 =95,000(원)	95,000×0.8+18,000 =94,000(원)
예린	2,100×35+3,300×4 =86,700(원)	86,700×0.8+18,000 =87,360(원)
태훈	4,200×16+6,500×5 =99,700(원)	99,700×0.85+15,000 =99,745(원)

따라서 회원권을 구매하는 것이 이득인 사람은 희정, 인호이다.

56 예산관리능력 비품의 단가 계산하기

| 정답 | ③

| 해설 | 비품의 단가와 구매 수량, 합계를 참고하여 계산하면 다음과 같다.

$340,000=15,000+(3,000×20)+20,000+(A)+75,000+90,000$

$\therefore (A)=80,000$

57 문제처리능력 일정 문의에 답변하기

| 정답 | ④

| 해설 | P사는 이틀간 세미나실을 사용할 예정으로 첫날 10시에 입실하기를 원하고 있다. 호텔 규정에 따르면 13시가 입실 시간이지만 선예약이 없을 경우에는 우선 입실이 가능하다. 또한 토요일과 일요일에는 세미나실을 개방하지 않으므로, P사가 입실할 수 있는 날은 10일뿐이다. 따라서 ④가 적절한 답변이다.

58 시간관리능력 출발 시간 계산하기

| 정답 | ①

| 해설 | 집에서 김포공항 국내선 청사까지 이동하는 데 걸리는 시간은 10+20+40+5=75(분)이므로 각 항공기를 타기 위해 집에서 나와야 하는 시간은 다음과 같다.

- A 항공 : 8시 20분까지 공항에 도착해야 하므로 7시 5분에 출발해야 하는데 30분 일찍 도착한다고 했으므로 6시 35분에 집에서 나와야 한다.

  ➡ 금릉역에서 오전 7시 20분에 지하철의 첫차가 출발하므로 불가능하다.

- B 항공 : 9시 5분까지 공항에 도착해야 하므로 7시 50분에 출발해야 하는데 30분 일찍 도착한다고 했으므로 7시 20분에 집에서 나와야 한다.

  7시 20분(출발) → 7시 30분(금릉역) → 8시 35분(김포공항) → 10시 5분(김포 출발) → 11시 15분(제주 도착) → 11시 22분(셔틀버스 탑승 장소 도착) → 12시(셔틀버스 출발)→13시 10분(리조트 도착)

- C 항공 : 9시 45분까지 공항에 도착해야 하므로 8시 30분에 출발해야 하는데 30분 일찍 도착한다고 했으므로 8시에 집에서 나와야 한다.

  8시(출발) → 8시 10분(금릉역) → 9시 15분(김포공항) → 10시 45분(김포 출발) → 11시 55분(제주 도착) → 12시 2분(셔틀버스 탑승 장소 도착) → 14시(셔틀버스 출발) → 15시 10분(리조트 도착)

  ➡ 세미나에 늦으므로 불가능하다.

- D 항공 : 9시 55까지 공항에 도착해야 하므로 8시 40분에 출발해야 하는데 30분 일찍 도착한다고 했으므로 8시 10분에 집에서 나와야 한다.

  8시 10분(출발) → 8시 20분(금릉역) → 9시 25분(김포공항) → 10시 55분(김포 출발) → 12시 5분(제주 도착) → 12시 12분(셔틀버스 탑승 장소 도착) → 14시(셔틀버스 출발) → 15시 10분(리조트 도착)

  ➡ 세미나에 늦으므로 불가능하다.

따라서 B 항공기를 타기 위해 07 : 20에 집에서 나와야 한다.

59 예산관리능력 추가 비용 계산하기

| 정답 | ①

| 해설 | 김포공항까지 교통편은 동일하게 이동하므로, 김포공항에서 △△리조트까지 이동하는 데 추가로 드는 비용을 계산하면 된다.

- 항공권 가격 : 항공권 가격은 A, B 항공편 모두 124,900원이므로 수수료 5,000원만 추가로 지불하면 된다.
- 제주공항에서 △△리조트까지의 대중교통비 : 3,000원

따라서 추가로 드는 비용은 5,000+3,000=8,000(원)이다.

60 예산관리능력 손익분기점 분석하기

| 정답 | ④

| 해설 | ㄷ. 2/4분기 권고안에서는 고정비율이 1-0.55=0.45로 증가하였다.

ㄹ. 1/4분기와 비교했을 때 2/4분기의 권고안에서는 인건비 지출이 없어지고, 기타비용이 200,000원에서 100,000원으로 감소하여 손익분기점 매출액이 $\frac{1,250,000}{0.45}$ ≒ 2,777,777(원)으로 감소하였다.

| 오답풀이 |

ㄱ. 2/4분기 권고안에서는 판매가격을 10,000원에서 11,000원으로 인상하였다.

ㄴ. 물품 1박스를 판매했을 때의 매출액(판매가격)은 10,000원이며, 만일 1/4분기에 814박스를 판매하였다면 매출액은 8,140,000원이 된다. 한편 물품 1박스 당 재료비는 5,000원, 포장비가 1,500원이므로 물품 1박스를 판매했을 때의 변동비는 총 6,500원이다. 만일 1/4분기에 814박스를 판매하였다면 변동비는 6,500× 814=5,291,000(원)이므로 고정비 2,850,000원과 합산한 비용총계는 8,141,000원이 되어 매출액보다 1,000원 더 많아진다. 즉 만일 1/4분기에 814박스를 판매하였다면 1,000원의 손해를 보았을 것이다.

61 직업윤리 직업윤리의 덕목 파악하기

| 정답 | ④

| 해설 | 전문가의식이란 자신의 일이 누구나 할 수 있는 것이

아니라 해당 분야의 지식과 교육을 밑바탕으로 성실히 수행해야만 가능한 것이라 생각하는 태도이다. 따라서 디자이너 A 씨의 사례에서는 전문가의식이 나타나 있지 않다.

|오답풀이|

① 소명의식은 자신이 맡은 일은 하늘에 의해 맡겨진 일이라 생각하는 태도이다.

② 직분의식은 자신이 하고 있는 일이 사회나 기업을 위해 중요한 역할을 하고 있다고 믿고 자신의 활동을 수행하는 태도이다.

③ 천직의식은 자신의 일이 자신의 능력과 적성에 꼭 맞는다 여기고 그 일에 열성을 가지고 성실히 임하는 태도이다.

62 공동체윤리 CSR의 여러 가지 영역 이해하기

|정답| ②

|해설| 사례의 ○○카페는 커피 판매 및 이익추구뿐만 아니라 커피원두를 구매하는 과정에서 윤리적인 책임을 지며, △△마트는 탄소감축 등 에너지자원에 대한 사회적 책임을 다하기 위해 경영방식을 실천한 것으로 사회책임경영 실천 영역과 가장 관련이 깊다.

63 근로윤리 근로윤리의 요소 이해하기

|정답| ③

|해설| 제시된 글의 주인공은 허투루 쉬지 않고 작업에 착수하여 기간 내에 엄청난 양의 청자를 납품할 수 있었다. 이는 성실함의 태도가 성과를 가져다준 사례로 성실과 가장 관련이 깊다.

64 직업윤리 직업관의 유형 파악하기

|정답| ①

|해설| '일 본위의 직업윤리'는 자기, 직장, 국가본위의 3가지 유형과는 다른 것으로 어떠한 목적도 없이 일 자체만을 위해 헌신하며 노력하는 직업관이다.

|오답풀이|

② '자기본위의 직업윤리'는 직업에 종사하는 각 개인은 자기의 가족이나 자기 자신을 위하여 일을 열심히 해야 한다는 직업관이다.

③ '직장본위의 직업윤리'라는 것은 그 개인이 소속하고 있는 직장이나 그 직장에서의 사회적 지위 향상을 위하여 맡은 직무나 관련활동을 충실히 수행하고, 이를 통해 직장이나 집단 전체의 유지 및 번영을 위하여 공헌해야 한다는 직업관이다.

④ '국가본위의 직업윤리'는 개인들이 국가와 같은 전체 사회의 발전과 그 사회를 구성하는 전체 구성원의 공공복지 향상을 위해 전념해야 한다는 직업관이다.

65 직업윤리 개인윤리와 직업윤리 구분하기

|정답| ②

|해설| 새해 기업의 목표는 무조건적인 이익추구보다 기업의 사회적 책임 역할까지 함께 고려하여 추진해야 한다고 제시되었다. 따라서 기업의 사회적 책임을 다해야 한다는 ②가 가장 적절하다.

66 직업윤리 직업의 속성 이해하기

|정답| ③

|해설| 직업의 속성 중 계속성은 주기적으로 일을 하거나, 명확한 주기가 없어도 계속 행해지며 계속할 의지와 가능성이 있어야 함을 의미한다.

67 공동체윤리 기업의 사회적 책임 이해하기

|정답| ③

|해설| 기업의 사회적 책임은 경제적인 이윤 추구만을 목적으로 하지 않고 기업 활동에 있어서 영향을 서로 주고받는 직·간접적 이해 관계자에 대해 윤리적 책임까지 다하는 경영 기법이다. 제시되어 있는 모든 기업들은 직접적인 소비자들로부터의 단순한 이윤추구가 아닌 사회적으로 윤리적인 책임을 지는 모습을 보이고 있다.

68 근로윤리 직장에서의 전화예절 이해하기

| 정답 | ④

| 해설 | 직장에서 전화통화를 할 때에는 빨리 말하는 것보다 상대방의 말을 끊지 않고 대답을 기다리며 차분하게 소통하는 것이 적절하다.

69 공동체윤리 명함 교환 예절 알기

| 정답 | ④

| 해설 | 명함을 주고받을 때 유의할 점은 다음과 같다.

- 명함은 새 것을 사용하여야 한다.
- 명함은 반드시 명함 지갑에서 꺼내고 상대방에게 받은 명함도 명함 지갑에 넣어야 한다.
- 상대방에게 명함을 받으면 받은 즉시 호주머니에 넣지 않고 명함에 대해 한두 마디의 대화를 건네는 것이 좋다.
- 명함은 하위에 있는 사람이 먼저 꺼내고, 상위자에 대해서는 왼손으로 가볍게 받치는 것이 예의이다.
- 쌍방이 명함을 동시에 꺼낼 경우 왼손으로 서로 교환하고 오른손으로 옮겨진다.
- 명함에 부가 정보를 적을 경우 상대방과의 만남이 끝난 후에 적어야 한다.

따라서 ④는 적절하지 않은 행동이다.

70 공동체윤리 직장 내 괴롭힘 파악하기

| 정답 | ④

| 해설 | 승진을 위해 상사의 배려를 간절히 바라던 윤 씨가 인사평가에서 원하는 등급을 받지 못한 것은 사실이나, 높은 실적을 내지 못했다는 것은 객관적인 사실이므로 이는 고의로 괴롭혔다고 볼 수 없다.

고시넷 NCS 5대발전회사

기출예상문제집

고시넷 초록이
모듈형 3 통합모의고사

■ 364쪽　　■ 정가_20,000원

코레일_NCS

철도공기업_NCS

에너지_NCS